农产品期货

付上金　编著

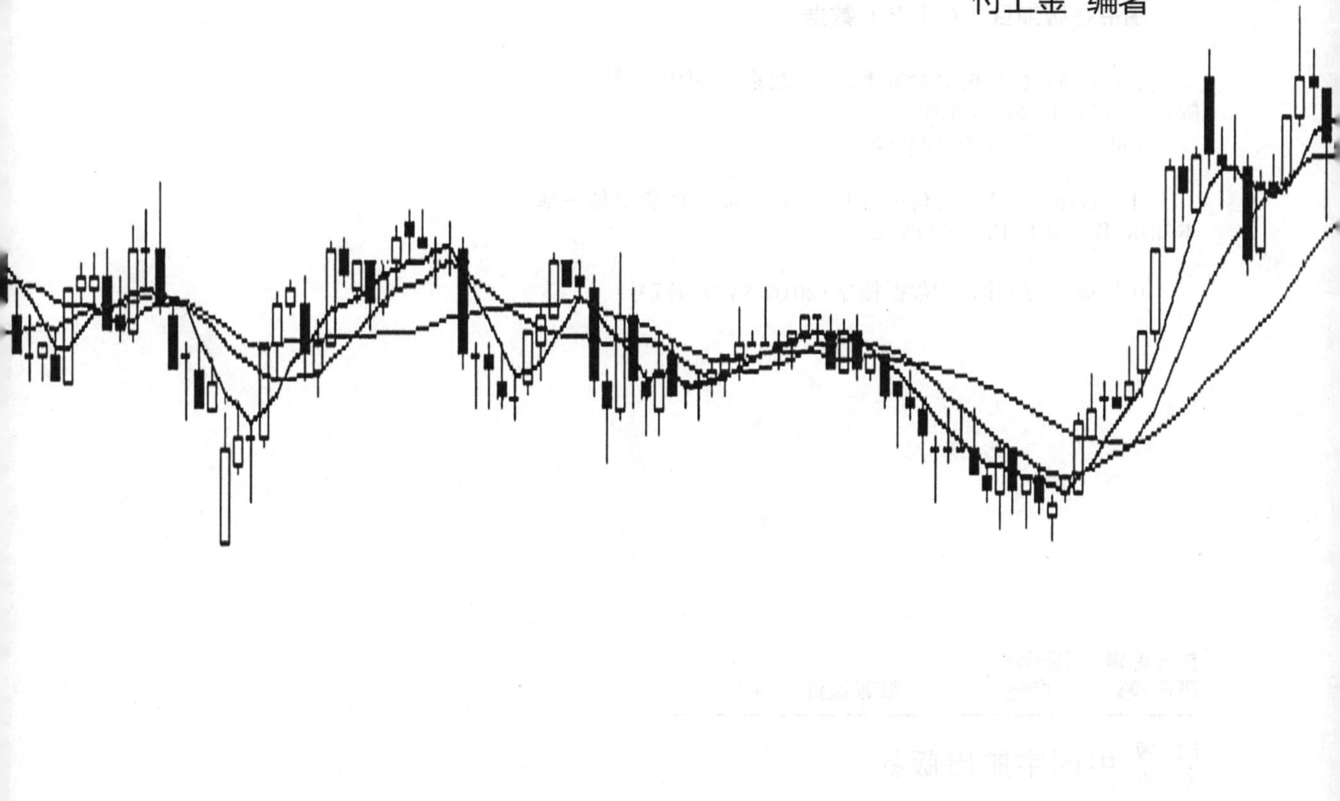

中国宇航出版社
·北京·

内 容 简 介

本书系统全面地讲解了农产品期货投资的基本知识、分析方法、投资技巧以及影响期货价格的主要因素。分品种讲解了大豆、豆粕、大豆油、菜粕、菜油、棕榈油、棉花、白糖、橡胶、鸡蛋、玉米、稻谷、小麦等期货品种的投资知识和操作技巧，对期货投资者的实战操盘具有较强的指导意义。

图书在版编目（CIP）数据

农产品期货 / 付上金编著. -- 北京 : 中国宇航出版社, 2017.1 (2023.5重印)
ISBN 978-7-5159-1251-6

Ⅰ. ①农… Ⅱ. ①付… Ⅲ. ①农产品－期货交易－基本知识 Ⅳ. ①F713.35②F762

中国版本图书馆CIP数据核字(2016)第294477号

责任编辑　田芳卿
责任校对　白希国　　**装帧设计**　宇星文化

出版发行　中国宇航出版社
社　址　北京市阜成路8号　　**邮　编**　100830
(010)68768548
网　址　www.caphbook.com
经　销　新华书店
发行部　(010)68767386　(010)68371900
(010)68767382　(010)88100613(传真)
零售店　读者服务部
(010)68371105
承　印　北京厚诚则铭印刷科技有限公司

版　次　2017年1月第1版
2023年5月第5次印刷
规　格　787×1092
开　本　1/16
印　张　29.75
字　数　514千字
书　号　ISBN 978-7-5159-1251-6
定　价　58.00元

前　言

期货市场是一个知识密集型市场，资金对抗激烈，多空对垒凶猛，利益纠缠复杂多变。期货市场是一个智慧、胆识的较量场，是一个人力、物力、财力的消耗场。这里没有人情，只有资金的较量，人性的比拼，思维的搏击。

国内期货市场经过 20 多年的发展，日趋完善和成熟，期货品种日益丰富。商品期货交易已经比较规范稳定，又推出了金融期货，将来还会推出其他金融期货品种，如股指期权等，涵盖的行业也更加广泛。期货已经成为各类市场参与者规避风险、发现价格的有效工具，期货市场已经成为促进宏观经济稳定、支持实体经济发展的重要力量。

目前国内期货市场中，期货品种分为四大类。第一类是农副产品，主要有大豆、豆油、豆粕、菜油、菜粕、棕榈油、橡胶、白糖、棉花、鸡蛋等；第二类是能源化工，主要有原油、燃油、焦炭、焦煤、沥青、动力煤、PTA、玻璃、塑料、甲醇、聚丙烯等；第三类是金属，主要有铜、铝、锌、铅、金、银、螺纹钢、铁矿石等；第四类是金融，主要有股指期货、国债期货、期权等。

当下，无论是主管期货的官方机构，还是有实力的期货公司，或者权威财经媒体，比较系统的各期货品种基础资料、技术分析工具以及成功的操作手法都比较匮乏。市面上很难找到一本完整的全面系统介绍某个期货品种的学习资料。

针对以上缺憾，本人以自己的期货专业素养为基础，大量广泛收集、整理了农产品类期货品种的数据资料、技术分析工具以及成功的操作手法，加上自己的创新，一并呈现给投资者，方便投资者日常查阅，更好地为投资者实战交易服务。

期货投资者都想拥有一个属于自己的稳定的期货交易系统。但是现实中，这个稳定的期货交易系统对绝大多数人来讲很难找到。只有极少数人通过多年的磨炼，甚至经过生死的考验，得到了一个稳定的期货交易系统，步入了稳定盈利的期货交易阶段，逐步实现了财务自由，实现了人生理想。

本书目的是为投资者打造一个迈向稳定交易系统的阶梯，通过本书的学习，投资者会对农产品期货有一个整体的把握，或许能激发某些投资灵感，找到自己稳定的交易系统，实现期货交易质的突破。

本书中运用了大量的历史数据，这些都是过去存在过的真实数据，由于农产品的刚性因素，尽管年代久远，但是依然能为当下的期货投资提供极大的参考价值。

任何成功的期货交易，都必须考虑以下三个因素：价格预测、时机选择和资金管理。投资者对这三方面的掌握非一日之功，需要勤于学习、勤于实践和日积月累。愿大家早日获得成功!

付上金

2016 年 11 月 26 日

投资心得

（1）在任何市场，总投资额必须限制在全部资金的 50% 以内。

（2）在任何单个市场上投入的总资金，必须限制在总资金的 10% ~ 15% 之间。

（3）在任何单个市场上的最大亏损金额，必须限制在总资金的 5% 以内。

（4）在任何一个市场群类上投入的保证金金额，必须限制在总资金的 20% ~ 25% 之间。

（5）顺应中等趋势的方向进行交易。在上涨走势中逢跌买入，下跌走势中逢高卖出。

（6）让利润充分增长，把亏损限制在小额之内。

（7）始终为头寸设置保护性止损指令，以限制亏损。

（8）不要冲动下单，要打有把握之仗。

（9）制定计划，并贯彻到底。

（10）奉行资金管理的各项要领。

（11）分散投资，但须防止“过犹不及”。

（12）风险收益比至少达到 1:3，才可以去尝试。

（13）绝对不要追加保证金，别把活钱扔进死头寸里。

（14）采用金字塔方法增加头寸的时候，应遵循如下原则：后加头寸必须小于前加头寸，只能在盈利的头寸上加码，不能在亏损头寸上加码。

（15）在平盈利头寸前，先平亏损头寸。

（16）除了超短线交易之外，投资者应该待在市场之外，最好是闭市期间做好决策。

（17）研究工作应该由长期逐步过渡到短期。

（18）利用日线图找准入市、出市点。

（19）在从事日内交易之前，先掌握隔日交易的技巧。

（20）尽量别理会常识，不要过分相信传播媒介的任何说法。

（21）学会踏踏实实地当少数派。

（22）技术分析靠日积月累与实践才能提高。

（23）力求简明，复杂的不一定是优秀的。

目　　录

第一章　农产品期货概述

农产品生产受自然条件影响较大，地域性、周期性特征明显。农产品价格变化在现货市场与期货市场表现出一定的共性与特性，研究农产品现货市场的供需以及影响价格变动的因素，能使投资者更好地把握农产品期货价格的变动趋势，增加盈利的概率。在农产品期货投资研究中，对农产品产业链的研究非常重要，它能帮助投资者及时有效地掌握影响农产品期货价格的内在原因与外部因素。

目前，在国内外期货市场上市的农产品期货品种合约，主要有小麦、稻米、大豆、玉米、棉花等，还有农作物加工提炼产品的期货品种合约，如白糖、豆油、菜油、棕榈油、豆粕和菜粕等。除了小麦、玉米、早籼稻等期货品种受国家政策保护之外，其他期货品种市场化程度已经很高，基本与国际市场接轨，国际联动性较强，齐涨共跌特征明显。

在研究具有国际性的农产品期货品种的价格走势时，投资者不仅要分析国内的自然条件、市场供需等因素，还要分析这类期货品种的国外影响因素，观察国外市场走势。

第一节　农产品特点及期货品种

一、农产品特点

（一）地域性

农业对土地依赖程度较高，各地气候条件、土壤条件、光照条件、温度等对农作物生长具有决定性影响。各地技术条件与政策导向也是影响农业生产的一个重要因素。全球农业生产表现出明显的地域特征。

（二）季节性

农作物是典型的“季节性生产，全年消费”的品种，在农作物种植年度中，农产品同时收获，集中上市，表现出明显的季节性特征。

（三）波动性

农产品价格受种植面积、气候、产量、库存等条件，以及农业产业政策、补贴政策、国家收储政策等影响。农业生产有丰产歉产之分，淡季旺季之别。因此，农产品生产和供给呈现出很大的波动性。

（四）稳定性

农产品需求弹性小，偏刚需，尤其是粮食类与油脂类，不论价格怎样变动，消费需求基本是稳定的。

（五）差异性

受生活习惯的影响，同一区域的消费者消费需求趋同，不同区域的消费者则表现出一定的差异。因此，农产品的需求表现出一定的差异性。

（六）替代性

农产品作为人类的食物和生活需求，具有明显的相关性与可替代性。比如玉米和大豆、小麦和稻谷，在种植面积上表现出一定的竞争关系。在价格的驱动下，人类愿意选择种植预期价格高的农作物，从而减少另一类农作物的种植面积。

二、农产品期货品种

全球农产品期货品种主要有谷物类、软商品类、油籽类、乳品类、木材类、禽畜类、禽畜产品类等。

全球有代表性的农产品期货交易所有：隶属于芝加哥商业交易所集团（CME）的芝加哥期货交易所（CBOT），隶属于洲际交易所集团（ICE）的纽约期货交易所（NYBOT），郑州商品交易所，大连商品交易所。

芝加哥期货交易所的豆类、小麦、水稻、玉米等期货品种，纽约期货交易所的棉花、原糖等期货品种，马来西亚衍生品交易所（BMD）的棕榈油期货品种等期货价格走势，与国内期货品种关联度较高。

第二节　农产品产业链分析

从农作物种植到农产品消费，一般都会经历农作物生长、农产品加工以及下游消费三个阶段。在这三个阶段中，有各种各样的因素对农产品的产供销产生影响，进而影响农产品期货市场的价格。

一、农作物生长阶段

气候条件是这个阶段投资者需要考虑的主要因素。农业的机械化、规模化、科学化发展，让农产品的生产条件相对过去发生了巨大变化，极大提升了农产品的生产效益。尽管如此，气候条件依然是影响农业生产的重要因素。降水多少、气温高低等，对农作物生长影响颇大。

二、农产品加工阶段

农产品生产企业一般会把采购来的农产品进行一定程度的加工，然后推向市场，这些农产品最终到达消费者端，完成一个循环。在这个阶段，农产品采购、加工和销售环节会出现各种影响农产品期货价格的因素。

三、采购环节

采购来源包括国外与国内两个市场。我国一些农产品生产无法满足国内需求，需要从国外进口。如大豆、豆粕、豆油、棕榈油、棉花等，进口所占比重较大。投资者在进行以上农产品期货投资的时候，需要重点考虑进口因素。还有一些农产品，我国基本能自给自足，如小麦、玉米、白糖等，投资者在进行这些农产品期货投资的时候，应主要考虑国内影响因素。

（一）国外采购

国外采购主要考虑因素有进口成本、港口库存、汇率与进口关税等，进口成本主要由到岸价格、港杂费与运输成本构成。农产品的到岸价格主要包括离岸（FOB）

现货升贴水、大洋运费、期货作价成本。

1. 离岸（FOB）现货升贴水

国外供应商根据基差原理，结合农产品现货采购价格、期货保值成本与合理的预期利润，在现货贸易合同中约定以保值的农产品期货合约价格加上一个预先定义的数值，确定发运港口交货的最终现货合同价格。这个预先定义的数值，就是所说的离岸（FOB）现货升贴水。如果数值为正，则称现货升水。如果数值为负，则称现货贴水。

2. 大洋运费主要考虑因素

大洋运费受到国际政治经济形势、船运市场供求、运输成本等因素的影响。国际政治经济形势稳定，船运业景气，新船供应充足，大洋运费就稳定。否则，大洋运费会剧烈波动。原油、美元与干散货等因素也会影响到大洋运费。大洋运费可以折算成相应的农产品报价形式，全部计入离岸（FOB）现货升贴水，形成到岸（CIF）现货升贴水。

举个例子，美湾至中国北方港口粮食运价为 28.723 美元 / 吨，大豆 1 吨约合 36.743 7 蒲式耳，则 28.723 美元 / 吨约合 78 美分 / 蒲式耳。如果美湾至中国北方大豆离岸（FOB）现货升贴水是 74 美分 / 蒲式耳，那么美湾至中国北方大豆到岸（CIF）升贴水是：78 美分 / 蒲式耳＋ 74 美分 / 蒲式耳＝ 152 美分 / 蒲式耳。

采用进口点价交易，进口价格应为：大豆到岸价格＝[芝加哥期货交易所（CBOT）大豆期货价格＋到岸升贴水]× 大豆折算系数（36.743 7 蒲式耳 / 吨）。

如果中国进口点价大豆的现货升贴水合同对应的芝加哥期货交易所（CBOT）大豆期货价格为 974 美分 / 蒲式耳，那么到达中国北方港口的大豆到岸价格应为：到岸价格＝（974 美分 / 蒲式耳＋ 152 美分 / 蒲式耳）÷ 100 美分 / 美元 ×36.743 7 蒲式耳 / 吨＝ 414 美元 / 吨。

下面是一则 2015 年某日进口大豆到国内港口 CIF 以及升贴水报价。

> 国家粮油信息中心 2 月 9 日监测显示，美湾大豆（3 月船期）CIF 价格 419 美元 / 吨，与上个交易日相比下跌 3 美元 / 吨；美西大豆（3 月船期）414 美元 / 吨，与上个交易日相比下跌 4 美元 / 吨；南美大豆（3 月船期）413 美元 / 吨，与上个交易日相比下跌 6 美元 / 吨。
>
> 进口大豆升贴水：墨西哥湾（3 月船期）167 美分 / 蒲式耳，与上个交

易日相比持平；美国西岸（3月船期）152美分/蒲式耳，与上个交易日相比下跌3美分/蒲式耳；南美港口（3月船期）150美分/蒲式耳，与上个交易日相比下跌8美分/蒲式耳。

（来源：中国粮油网）

以下是两则2015年某些月份不同周期的国际船运市场报告。

国际干散货运输市场（2015.02.09）：进入传统需求淡季　运价大幅下挫

圣诞、元旦过后，国际干散货运输市场进入传统需求淡季，运力过剩，运价大幅下挫。中国进口干散货运输市场各船型运价大幅下跌，上海航运交易所发布的中国进口干散货综合指数、运价指数和租金指数创下自2013年11月28日发布以来的新低。1月30日，综合指数、运价指数、租金指数分别为486.02点、547.43点和393.90点，分别较上期末下跌17.2%、15.4%和20.7%。

运力方面，国际干散货运力增量较上期有所扩大，其中海岬型船增量占一半以上。据克拉克森统计，截至1月底，全球干散货运力总计10 361艘，7.61亿载重吨，较上期末增加450万载重吨。其中海岬型船3.11亿载重吨，较上期增加240万载重吨；巴拿马型船1.94亿载重吨，较上期增加50万载重吨；超灵便型船1.67亿载重吨，较上期增加140万载重吨；灵便型船0.89亿载重吨，较上期增加30万载重吨。

1月，海岬型船市场运价整体延续上月的下行态势，部分航线创历史新低。国际铁矿石市场需求疲软，铁矿石价格继续震荡下行，品位为62%的澳大利亚铁矿石价格从月初72美元/吨跌至63美元/吨，跌幅达12.5%。IMF下调全球经济增幅预期，干散货运输市场进入传统淡季，运力过剩状况凸显，市场气氛极度悲观，行情较为惨淡。

太平洋市场，西澳至青岛航线小幅走高回落，整体在4～5美元/吨之间波动，月末4.131美元/吨的最低值离2008年11月末3.9美元/吨的历史最低值仅一步之遥。1月30日，中国北方/澳大利亚往返航线日租金为4 050美元，与上期末持平；本期平均4 303美元，较上期平均下跌35.3%。西澳丹皮尔至青岛航线运价为4.131美元/吨，较上期末下跌18.5%，本期平均值4.42美元/吨，较上期平均下跌22.1%。

大西洋市场，上旬，巴西铁矿石出口量大幅萎缩，中下旬逐步回升，巴西图巴朗至青岛航线运价，在巴西和南非货量略增的支撑下超跌反弹，最高至22日的12.336美元/吨；下旬，运价再次跌至11美元/吨以下。

在市场需求整体疲软、运力过剩的环境下，运价不具备大幅反弹的条件。1月30日，上海航运交易所发布的巴西图巴朗至青岛航线运价为10.5美元/吨，较上期末下跌7.2%；本期平均为10.92美元/吨，较上期平均下跌21.1%。在业内普遍不看好2015年海岬型船市场的同时，有部分船东将海岬型船订单改成VLCC订单。下月面临春节假期，预计市场仍低位波动。

本月巴拿马型船市场运价继续下跌，萎靡不振。2015年日澳动力煤合同价格从之前预测的77美元/吨调至70美元/吨，全球煤炭市场供应过剩局面依然存在。国内《商品煤质量管理办法》于今年年初开始实施，电厂库存较多，贸易商采购热情不足。另外，粮食船运进入南北美交替阶段，货盘较少，大西洋市场煤炭船运也不活跃，两大洋市场运力均过剩，巴拿马型船市场运价震荡下行。

1月30日，中国南方经东澳大利亚至中国航线日租金为4 035美元，较上期末下跌32.1%，本期平均5 046美元，较上期平均下跌29.8%。印尼萨马林达至广州航线运价为4.44美元/吨，较上期末下跌20.5%。

本月，粮食船运运价跌幅超出预期，运价跌至历史低点。成交记录显示，2月中旬船期，美湾至中国运价已低于30美元/吨。1月30日，美湾至中国北方港口粮食运价为28.723美元/吨，较上期末下跌19.8%，较上年同期下跌47.1%。本期平均运价为33.46美元/吨，较上期平均下跌15.1%。美西塔科马至中国北方粮食平均运价为17.86美元/吨，较上期平均下跌15.0%。

本月超灵便型船市场活跃度较低，含硼钢出口退税取消在一定程度上抑制了钢材的出口。另外，煤炭、粮食船运需求均疲软，菲律宾镍矿出口处于淡季，市场货盘较少，运价继续下行。本期中国南方/印尼往返航线平均日租金5 487美元，较上期平均下跌12.7%。印尼塔巴尼奥至广州航线平均运价为6.67美元/吨，较上期平均下跌10.9%。菲律宾苏里高至日照航线平均运价为8.15美元/吨，较上期平均下跌4.7%。

（来源：上海航运交易所）

中国进口干散货运输市场周度报告（2015.03.05）：粮食船运推动 中小型船上涨

春节后，海岬型船市场运价仍低位波动，短期内大幅上涨概率较小。在粮食运输需求拉动下，巴拿马型船和超灵便型船运价上涨。本周中国进口干散货综合指数、运价指数、租金指数在中小型船的拉动下上涨。

3月5日，上海航运交易所发布的中国进口干散货综合指数（CDFI）为486.1点，较上周四上涨4.7%；运价指数为546.75点，较上周四上涨2.2%；租金指数为395.11点，较上周四上涨10.2%。

海岬型船市场

本周海岬型船市场运价徘徊不前。中国北方至澳大利亚往返航线航次期租日租金自2月中旬以来一直在4 000美元上下小幅波动。周四，上海航运交易所发布的中国北方至澳大利亚往返航线日租金为4 032美元，较上周四下跌3.0%。本周巴西图巴朗至青岛航线船运成交较上周有所增加，但成交运价仍在10.15～10.45美元/吨之间的低位波动。南非萨尔达尼亚至青岛航线成交非常少，市场报道一笔本周末的受载期，成交价为7.7美元/吨，略高于市场平均水平。周四，上海航运交易所发布的巴西图巴朗至青岛航线运价为10.353美元/吨，较上周四下跌0.9%。南非萨尔达尼亚至青岛航线运价为7.368美元/吨，较上周四上涨0.5%。

太平洋市场，尽管太平洋市场铁矿石船运成交并不少，但由于巴西现货市场货盘极为有限，无力支撑，西澳至青岛航线运价已持续较长时间在4.4～4.5美元/吨之间徘徊。周四，澳大利亚丹皮尔至青岛航线运价为4.509美元/吨，较上周四上涨1.6%。国内钢厂环保压力较大，加上运力过剩，业内人士对后市看法仍较悲观。

巴拿马型船市场

巴拿马型船市场运价延续上周末回升态势，本周涨势更为明显。太平洋市场继续向好，一方面，市场有印尼、东澳至印度的煤炭船运成交，回国煤炭成交相对较少。南美、美湾以及美西的粮食船运成交，是推动巴拿马型船市场运价上涨更重要的原因。煤炭船运航次期租租金较前期好转，但略低于粮食船运租金。成交记录显示，7.2 万载重吨船，香港即期交船，经印尼回中国内地，成交日租金为 4 500 美元。周四，中国南方经东澳大利亚至中国往返航线巴拿马型船 TCT 日租金为 4 818 美元，较上周四上涨 26.5%。印尼萨马林达至中国广州航线运价为 4.088 美元 / 吨，较上周四上涨 10.1%。

粮食方面，二季度是南美粮食传统旺季，在市场预期向好的影响下，部分运力空放南美。由于南美运力较多，大豆收割进度较上年慢，南美粮食运价仅小涨。成交记录显示，7.5 万载重吨船，3 月下旬南美东海岸交船，新加坡—日本范围还船，成交日租金为 1 万美元加上 10 万美元的空放补贴。周四，巴西桑托斯至中国北方港口粮食航线运价为 21.460 美元 / 吨，较上周四上涨 3.2%。

由于较多运力空放南美，导致北太平洋市场和美湾运力减少，市场供需有所改善，运价涨幅高于南美，NOPAC 的成交日租金在 5 000 ~ 6 000 美元。美西塔科马至中国北方港口粮食航线运价为 16.541 美元 / 吨，较上周四上涨 3.2%。

超灵便型船市场

本周超灵便型船市场成交略增，加上巴拿马型船回升的积极情绪拉动，运价有所好转，止跌回升。周四，中国南方至印尼往返航线超灵便型船 TCT 日租金为 3 648 美元，较上周四上涨 5.9%。

印尼塔巴尼奥至中国广州煤炭航线运价为 5.278 美元 / 吨，较上周四上涨 3.0%。菲律宾镍矿运输市场有船舶成交报告，南中国交船，经菲律宾回中国，成交日租金在 5 000 ~ 6 000 美元。周四，菲律宾苏里高至中国日照镍矿航线运价为 6.433 美元 / 吨，较上周四上涨 3.5%。

（来源：上海航运交易所）

海岬型船是指在远洋航行中可以经受好望角或者南美洲海角最恶劣天气，载重在 10 万吨以上的干散货船，被视为矿砂主要船种，是干散货船的一种，也叫好望角型船。目前，世界上最大的海岬型船约载重 30 万吨，我国可以建造 18 万吨级的海岬型船。

干散货船（BULK CARRIER）、全集装箱船（CONTAINER SHIP）、油轮（OIL TANKER）都有巴拿马型（PANAMAX SHIP），但各有不同。巴拿马型干散货船是指可以通过巴拿马运河、吃水 13 米的 6 万 ~ 8 万载重吨的干散货船。巴拿马型全集装箱船也叫第五代集装箱船，载箱量在 4 500 ~ 6 000TEU（TEU：国际计量单位，长度为 20 英尺的集装箱）之间。巴拿马型油轮指载重 6 万 ~ 8 万吨的油轮。

超灵便型船，英文是 Handymax Carrier，是指可以通过圣劳伦斯水道进出五大湖，最大吃水 11.5 米的 4 万 ~ 5 万载重吨干散货船。这些吨位相对较小的船舶具有较强的对航道、运河及港口的适应性，载重吨量适中，且多配有起卸货设备，营运方便灵活，因而被称为“灵便型”。

3. 港口库存

库存是影响供求关系的一个重要因素。在一段时期内，一种农产品库存水平的高低，直接反映了该农产品供需情况的变化，是农产品供求的内在反映。了解农产品库存变化，有助于投资者及时掌握农产品价格的运行趋势。

一般来说，如果农产品库存不断增加，则表示农产品供大于求，容易造成农产品价格下跌。反之，如果农产品库存不断减少，则表示农产品供应紧张，农产品价格容易走高。

国内港口库存量，反映了一段时间国外农产品到港总量和进度，以及国内现货企业分销能力。农产品港口库存越足，到港进度越快，国内企业采购越容易，现货价格越容易走低。

农产品库存稳定，预示农产品供需平衡，从而使农产品期货价格波动平稳。库存的急剧下降或者上升，会刺激农产品价格大幅度波动，导致极端行情出现。参见表 1–1。

表 1–1　农产品市场重要报告发布时间一览表

机构	报告内容	公布时间
	豆类	
商品期货交易委员会（CFTC）	周度持仓报告	每周五
美国农业部（USDA）	周度出口检验	每周一
美国农业部（USDA）	周度农作物生长	每年 4—11 月的每周一
美国农业部（USDA）	周度出口销售	每周四
美国农业部（USDA）	月度供需报告	每月 8—12 日
美国农业部（USDA）	季度谷物库存	每季度最后一个交易日

续表

机构	报告内容	公布时间
美国农业部（USDA）	作物种植意向	每年3月末和6月末
美国油籽加工商协会（NOPA）	月度大豆压榨	每月15日
阿根廷农业部	月度大豆压榨	每月最后一日或月初几日
国际谷物理事会（IGC）	月度谷物供需	多为每月21—26日
中国国家粮油信息中心(CNGOIC)	月度大豆进口	每月9—15日
《油世界》	油籽供需报告	每周二
棕榈油		
ITS/SGS	马来西亚棕榈油出口	每月10日、15日、20日、25日及月底
马来西亚棕榈油局（MPOB）	月度棕榈油供需	每月10日
棉花		
美国商品期货交易委员会(CFTC)	周度持仓报告	每周五
国际棉花咨询委员会（ICAC）	棉花供需	每月1日（逢周末顺延）
原糖		
美国商品期货交易委员会(CFTC)	周度持仓报告	每周五
巴西甘蔗行业协会（Unica）	甘蔗压榨半月报告	每月第二周和第四周
油菜籽		
加拿大油菜籽加工商协会(COPA)	周度压榨报告	每周五
进出口		
中国海关总署	月度进出口(初步数据)	每月9—15日
中国海关总署	月度进出口(详细数据)	每月21—24日
日本财务省（MOF）	月度进出口	每月月底
美国商务部（USDC）	月度进出口	每月第二周
巴西贸易部（MDIC）	月度进出口	每月1日

4. 汇率、税率

汇率和税率的变动，对农产品进出口成本也构成一定的影响。通常来说，人民币升值，对农产品进口企业来说有利，进口商对农产品进口积极性提高，进口量加大，这会在一定程度上打压国内市场农产品价格。

进口关税、增值税的变化也会影响进口农产品价格。例如，2007 年中国把大豆进口关税从 3% 下调到 1%，使得进口大豆完税后的成本降低，进而影响国内市场的现货与期货价格。

（二）国内采购

国内农产品种植面积、国内农产品销售市场价格、国内交通运输条件以及国内外农产品比价，是国内采购考虑的主要因素。

1. 农产品种植面积

国内农产品种植面积决定了国内农产品的新增产量。种植面积大小决定于种植成本以及市场对于农产品未来价格的预期，种植成本低，预期价格上涨，种植面积就会增加。反之，种植面积会减少。比如，如果今年种植大豆的成本比种植玉米低且收益比玉米高，那么来年大豆的种植面积就会扩大。

2. 国内市场价格

国内农产品价格是企业采购考虑的一个重要因素。如果农产品价格太高，企业考虑到成本因素，会减少该农产品的采购量。如，东北大豆现货价格对油脂企业的采购成本影响较大。

3. 交通运输条件

国内的运输条件是影响农产品价格的另一个重要因素。国内地区性的运力紧张，势必拉动运输成本提高，间接刺激农产品价格上涨。如 2008 年，南方发生重大雪灾，因救灾需要导致当时运力紧张，运输费用大幅度提高，刺激当时农产品价格走高。

4. 国内外农产品价格比

国内外农产品价格对比决定了国内企业的采购方向。如果进口农产品价格低，企业会倾向于选择进口。国内外价格比对国外进口依赖程度较大的农产品影响最大。如大豆，国内 70% 以上要依赖进口，进口量的增加会促使国际市场农产品价格走高，加大农产品进口成本，影响国内农产品市场价格。

5. 生产加工环节

在这个环节，加工企业的产能、开工率与技术进步是投资者考虑的主要因素。

（1）产能与开工。

从产能可以推算出生产加工企业对农产品的需求有多大，再辅以开工率，基本上能确定加工企业生产情况以及整个行业的生产情况。

如近些年，国内东北、华东、华南、西南等地区新建大量油脂生产企业，这样油脂行业压榨能力迅速提高。但是在生产成本、开工率、效益等因素影响下，实际上压榨能力有限。采购不到合适的农产品，生产线不能全线上马，生产断断续续等，都会影响生产。所以，对生产加工企业的产能以及开工率，投资者要重点关注。

伴随着国内某些行业的发展以及产能的增加，这些行业对原料的需求使得进口逐年增加，进而使得中国的需求成为国际市场农产品期货价格变动的一个重要因素。如国内油脂企业、纺织企业产能增加，会导致大豆、棉花大量进口，从而对国际市场的农产品期货价格造成一定影响。

（2）技术进步。

任何行业的技术都在不断的进步之中，农产品行业也不例外。如，新设备投入使用、新技术推广应用等，都是技术进步的表现。这些因素一般会影响到企业的产量，进而影响到企业的采购量以及期货价格。

6. 农产品销售环节

农产品销售价格、物价水平、运输情况以及企业的经济效益等，是农产品销售环节需要关注的因素。

当企业农产品销售价格高，企业经济效益好的时候，企业就会全力生产，对原材料的采购也会积极，采购量增加，这样一来，企业对原材料价格的上涨承受力也较大。在这种情况下，即使农产品价格上涨较多，企业也会有盈利，那么企业就会在高价位继续大量采购。

相反，当企业生产的产品价格较低、企业经济效益不好的时候，企业往往会减少生产，集中消化库存，那么企业对原材料的采购量以及价格承受力都会下降。

物价水平对农产品价格的影响，主要看农产品价格涨跌幅与物价水平涨跌幅是否一致。如果农产品价格涨幅高于物价水平涨跌幅，农产品的价格一般无法保持稳定。

运输成本大小直接影响商品的销售价格以及销售利润，这个需要在销售环节多加注意，充分考虑。

7. 农产品消费阶段

经过加工后的农产品，会销售到下游企业和终端用户。下游企业需要考虑的因素包括成本因素和终端消费需求因素。下游产业的需求，会直接或间接影响到期货价格。

除了以上因素之外，下游养殖业的禽畜疫病情况，也是影响农产品价格的一个重要因素。如，英国曾经爆发疯牛病，疯牛病通过骨髓传染，作为饲料中动物蛋白添加成分的肉骨粉，由于疯牛病的爆发不能继续使用，那么最合适的替代品就是豆粕，所以会引起豆粕价格暴涨。

第三节　农产品价格影响因素分析

商品价格本质上取决于供需关系的变化，供需关系与商品价格是相互影响、相互制约的。在农产品价格分析中，供需分析是必要的一环。

相关的统计数据，投资者可以从农产品供需平衡表中查到，如农产品种植面积、产量、消费量、进出口量、库存量及其变化等数据。这些重要的权威数据，投资者可以从官方组织网站查到，如联合国粮农组织、美国农业部、中国国家统计局、中国农业部、中国海关总署等机构。投资者也可以从一些非营利机构、相关协会的网站上查询相关内容。

一、农产品供给分析

本期农产品供给量主要有期初库存量、本期产量和进口量三部分构成，对这三方面数据及其变化进行统计分析，就能掌握当下农产品的整体供给状况。

（一）期初库存量

农产品期初库存量是指上期社会留存下来的可供社会继续消费的农产品数量。库存分为生产商库存、经销商库存、消费商库存和政府储备四种。生产商与经销商库存是流动性库存，随着价格变动随时上市供应，这是农产品供给中的实际组成部分。

政府储备一般不会轻易投放市场，只有在市场出现极端短缺的情况下，政府才会释放前期储备，平衡物价，这会对农产品市场价格产生重要影响。

（二）本期产量

农产品本期产量是农作物本生产周期内或者本报告期内农产品的生产量。本期产量受产地自然条件、生产能力、生产成本以及政府政策的影响，本期产量构成了农产品市场上农产品的主要供给来源。

（三）本期进口量

本期进口量一般随着国内市场供需状况的变化而变化，主要受国内外农产品市场差价、政府进口政策、汇率以及国际政治因素等影响。本期进口量是国内总供给的有效补充。

二、农产品需求分析

本期农产品需求量一般由国内消费量、出口量和期末库存量三部分组成。农产品需求分析主要是分析这三方面的统计数据及其变化。

（一）农产品的国内消费量

农产品国内消费量主要受消费者收入、消费结构、替代品价格、获取便利程度以及农产品新应用等因素影响。

（二）农产品出口量

农产品出口量是本国生产和加工农产品销往国外的数量，是农产品总需求量的重要组成部分。农产品出口量受到国内外市场供需状况、国内外市场价格对比、国内外进出口政策、关税、汇率变化的影响。

（三）农产品期末库存

当本期农产品供不应求时，期末库存量会减少，反之会增加。分析期末库存量的变动情况，可以推断出本期农产品的供需状况及其对下期农产品供需状况及价格的影响。

三、政策因素

贸易政策、税收政策、产业政策、农业科技发展政策、农业补贴政策、环境政策等，是影响农产品价格的主要政策因素。政策因素是影响农产品价格的重要外在因素，其变化往往对农产品价格产生重要影响。国家一般通过调整政策达到影响农产品价格的目的。

中国多次调整大豆、豆油和豆粕的进口关税和增值税，曾引起大连商品交易所相关品种的期货价格波动。美国政府对农业大规模补贴、优惠贷款和对休耕、环保等方面的扶持政策，也曾经影响农产品期货价格。

四、库存消费比

库存消费比＝本期期末库存 / 本期消费量

库存消费比是联合国粮农组织提出的衡量粮食安全水平的一项指标。库存消费比上升，表示农产品供过于求。库存消费比下降，表示农产品供不应求。

库存消费比是对供给紧张程度的表达，能具体说明当年有多少剩余农产品供给量结转到下一年，成为下一年的基础供给量。

五、季节及气候因素

农产品生产受自然条件制约较大，尤其是季节及气候因素。人类当前的科技水平无法控制气候变化，因此需要首先考虑。

随着农业的规模化、集中化发展，气候因素对农业产量的影响越来越大。

六、物流因素

农产品物流因素主要包括仓储和运输两个方面。仓储、运输成本会对农产品价格产生明显的影响。

农产品不容易储存，容易霉烂、变质，因此贮存条件以及存储成本是影响农产品期货价格的一个重要因素。

运输成本包括远洋运输、陆路运输两个方面。受国际政治经济、船运市场供求、运力、燃料价格等多种因素影响，运输成本变化非常明显。

农产品运输状况，决定了农产品进入市场的速度与数量，进而决定当期有效的供给。如，巴西大豆主产区在西北内陆地区，港口分布在东部沿海地区，内陆运输工具主要是卡车。司机罢工事件、农民对运输的阻挠、内陆道路状况、港口装运能力、港口工人罢工事件、船只挤港程度等因素，都曾影响该国大豆出口，进而波及国际大豆期货价格。

七、农产品替代

农产品研究分析中，农产品之间、原料与产品之间的价格关系分析很重要。通过农产品种植面积之间的转移或者轮作、替代等，进而影响农产品价格。

农产品替代品的产量、价格及消费变化，对其价格具有间接的影响。如豆油对菜油的替代，大豆对玉米的替代等，都会影响菜油、玉米的价格。

八、农产品上下游价格变化

通过甘蔗、甜菜生产白糖，通过大豆生产豆粕、豆油，农产品在整个产业链中不是孤立的，彼此存在上下游的关系。

上游农产品价格的变动会影响供给，进而影响下游农产品价格。下游农产品的价格变动影响需求，进而影响上游农产品的价格。在分析农产品价格时，上下游农产品的价格变动也需要认真考虑。

九、农产品期货品种间的套利

不同的期货品种、不同的期货市场、不同的关联合约之间价格的变动幅度不同，从相互之间的逻辑关系和比价关系计算出的价格偏离程度和回归关系，可以进行多种套利操作，包括跨市场套利、跨品种套利、跨交割期套利。投资者大规模套利头寸的建仓、平仓，也会带来农产品期货行情波动。

例如，投资者可以根据大豆、豆粕、豆油压榨利润公式的正负值进行套利操作。正值进行买大豆同时卖豆油、豆粕的提油套利，负值进行卖大豆同时买豆油、豆粕的反向提油套利。

大豆轧制利润＝豆粕价格 × 出粕率＋豆油价格 × 出油率－大豆价格。这里出粕率为 78%，出油率为 18%。这个公式反映的是理想的情况，忽略了大豆生产企业的生产成本。

实际的大豆、豆粕、豆油价格之间的平衡关系如下。

【（CBOT 大豆期货价格＋ FOB 升贴水）× 大豆折算系数＋大洋运费】×（1 ＋进口关税税率）×（1 ＋增值税税率）＋生产成本＋压榨利润＝豆粕贡献＋豆油贡献

这里大豆折算系数是 36.743 7 蒲式耳 / 吨，豆粕贡献＝豆粕价格 × 出粕率，豆油贡献＝豆油价格 × 出油率。

十、其他因素

突发的国际政治因素、金融货币因素、政府收放储行为、公布的宏观经济数据、领导人关于农产品政策性讲话、基金的交易方向、投资者心理预期等，也是影响农产品价格波动的重要因素。

十一、农产品期货价格分析应关注的问题

影响农产品期货价格的因素时刻处在变化中，在某一段时间内，某个因素会是主导农产品期货价格变动的主要因素。投资者必须进行综合分析，找出这个核心因素。如宏观经济基本面、政策导向、平衡表统计数据变化、库存消费比变化等，根据当下期货走势，研判未来期货合理的价格区间。

（一）农产品期货价格具有当下性特点

对农产品期货进行价格预测的时候，需要综合考虑各种因素。不仅要参照历史数据，也要考虑当下科技进步和金融因素导致的农产品统计数据变化对期货价格的影响。

（二）农产品期货价格具有预期性特点

农产品官方报告或者数据往往具有滞后性和反向性，当下农产品期货行情，往往已经反映了这些报告或者数据中的内容。正因如此，在期货市场中，利空的期货报告有时候会带来利空出尽是利好的效果。

（三）农产品期货价格具有相关性特点

不同农产品期货品种、不同期货市场、不同农产品期货合约之间存在客观的相关关系。

（四）农产品供给具有相对有限的特点

受到自然条件与科技水平的限制，农产品产量与供给相对有限，不能无限度扩大，还会因自然灾害出现歉收年景，所以农产品期货容易出现多头行情。

（五）农产品期货价格具有政府主导的特点

政府部门、行业组织和市场权威机构发布的农业种植面积、产量预测、供需平衡表等数据，对市场行情影响较大。

（六）农产品具有区域性、消费开放性特点

农产品一般是季节性生产全年消费、区域性生产全球消费，而且农产品的仓储、运输与国际贸易对其价格影响也较大。

第四节 国内农产品期货品种概览

一、大豆

（一）生产特点

北美洲、南美洲和亚洲是大豆主产区，种植面积最大。国产大豆基本是非转基

因品种，美国、巴西、阿根廷大豆主要是转基因品种。

国内大豆一般在五六月份种植，七八月份灌浆，十到十一月份收割。东北三省、河北、山西中北部、陕西北部以及西北各省是国内大豆主产区，其中黑龙江的大豆产量约占全国40%。国内大豆主要食用，压榨用较少。

（二）市场特点

美国、巴西、阿根廷、中国大豆产量居前四位。大豆进口市场主要是欧盟与亚太地区。中国大豆进口迅速增长，进口依存度加大。国产大豆产量基本稳定，但受进口大豆影响日益严重。

（三）价格影响因素

（1）供需：国际市场供需，国内大豆供需，进口量。

（2）相关农产品及商品价格影响。

（3）相关农业、贸易、食品政策。

（4）大豆国际市场价格。

二、豆粕

（一）生产特点

豆粕是大豆加工榨油后的一种农副产品，呈不规则碎片状，浅黄色或褐色，具有烤大豆香味。过去，我国豆粕生产季节性特点明显，因为当时我国大豆压榨以国产大豆为主，在大豆上市后几个月，豆粕产量较大，新大豆上市前是豆粕生产的淡季。

现在，随着沿海地区油厂的相继建立，进口大豆压榨已经占据主流，南北半球进口的大豆均可压榨。进口大豆的大幅度增加，使得国产大豆在压榨中的比重逐年下降，豆粕生产季节性淡化。

（二）市场特点

全球豆粕生产主要集中在以下六个国家或地区，根据产量排名依次为：美国、中国、阿根廷、巴西、欧盟、印度。在这六个国家或地区中，能自给自足的是美国、巴西、阿根廷、印度，这几个国家的豆粕生产主要采用本国产大豆。中国、欧盟大豆产量远远不能满足豆粕生产需要，豆粕产量多来源于进口大豆，对外依存程度较高。

国内豆粕价格受国际市场影响明显。豆粕出口主要集中于大豆生产国，阿根廷、巴西、美国、印度、巴拉圭是全球五个主要的豆粕出口国，占据全球出口总量的

90% 以上。

（三）价格影响因素

（1）影响大豆产量的因素对豆粕价格也会有影响。

（2）豆粕与豆油是大豆的主要压榨产品，在价格上有此消彼长的价格联动关系。

（3）轧制利润影响豆粕短期供应。

（4）国内外市场政策导向也会影响豆粕价格。

（5）养殖业生产规模的周期性变动，会对豆粕需求产生周期性影响。

（6）养殖业消费周期会对豆粕价格产生季节性影响。

（7）养殖业疫情对豆粕价格短期波动会造成较大冲击。

（8）豆粕与菜粕、棉粕、杂粕价格负相关。

（9）豆粕价格与玉米价格变动正相关。

三、豆油

（一）生产特点

豆油生产通常有两种方法，即浸出法和压榨法。

（1）浸出法。浸出法是根据化学原理，通过食用溶剂从大豆中提取豆油的一种方法。浸出制油工艺是目前国际上公认的最先进的生产工艺。

近年来，浸出法制油技术在我国得到广泛应用，取得长足发展。我国新建的油厂主要采用浸出法生产豆油。

（2）压榨法。压榨法是物理轧制方法，是传统的作坊制油技术，目前使用量很少。

（二）市场特点

全球豆油生产集中程度高，美国、中国、阿根廷、巴西是全球主要的豆油生产国。豆油生产集中在阿根廷、巴西、美国，中国是全世界豆油生产增长最快的国家。

我国豆油产业主要有以下几个方面的特征。

（1）进口依赖程度高。

（2）压榨厂发展快且集中于沿海地区。

（3）政府市场调控能力增强。

（三）价格影响因素

（1）大豆价格对豆油价格产生较大影响。

（2）大豆进口成本对豆油价格产生影响。

（3）生物柴油拓展了豆油消费的想象空间。

（4）贸易商囤货是影响豆油价格的另一因素。

（5）豆油价格与豆粕价格负相关。

（6）替代品对豆油价格影响较大。

（7）农业、贸易、食品政策对豆油价格有影响。

（8）国际市场粮船运费、美元指数、商品指数、原油价格等对豆油价格有影响。

四、棕榈油

（一）生产特点

棕榈油是从棕榈树上的棕榈果中榨取出来的。根据不同的需要，通过提取可得到 24℃、33℃、44℃等不同熔点的棕榈油。

油棕树是一种四季开花结果及长年都能有收成的农作物。油棕树是世界上生产效率最高的产油植物，通常种植 2 ~ 3 年开始结果，8 ~ 15 年进入旺产期，18 ~ 20 年后开始老化，产量降低，此时需要重新种植。

（二）市场特点

在所有植物油中，棕榈油的生产与出口最为集中。目前，世界上约有 20 个国家生产棕榈油，主要生产国与出口国为马来西亚与印度尼西亚，其产量约占世界总产量的 86%，出口量约占世界总出口量的 88%。

印度尼西亚是世界上最大的棕榈油生产国与出口国，其棕榈油总产量的 90% 用来出口。印度尼西亚与马来西亚出口的棕榈油只有很少是未经提炼的毛棕榈油。印度、中国、欧盟的棕榈油进口量居全球前三位。

（三）价格影响因素

（1）供需：前期库存量、当期产量、进口量、替代品相对价格情况。

（2）国内消费量、出口量、期末结存量。

（3）国际宏观经济形势、气候与天气、运输成本、投机力量变化。

五、菜油

（一）生产特点

菜油是由油菜籽压榨所得的透明或半透明状液体。在我国，油菜种植分为冬油菜与春油菜，以冬油菜为主，其种植面积与产量均占 90% 以上。

冬油菜播种期一般是9月中下旬，生长期为11月至来年4月，收获、整晒期为5月中下旬至6月上旬。冬油菜产区主要集中在长江流域的湖北、安徽、四川、江苏等。

（二）市场特点

菜油产量仅次于豆油和棕榈油，在植物油中居第三位，约占13% ~ 16%。欧盟、中国、印度、加拿大是世界菜油四大主产国家和地区，产量之和占世界总产量的85%。

欧盟、印度、美国和加拿大是世界主要的消费国家和地区。菜籽和菜油主要出口国是加拿大，日本、墨西哥、中国、欧盟和巴基斯坦是世界菜籽主要进口国家和地区。

（三）价格影响因素

（1）菜籽种植面积、天气状况、菜籽产量、收购价格。

（2）菜油产量、消费量、季节性规律、国储轮换。

（3）菜籽进出口量、菜油进出口量。

（4）菜油、菜粕的比价关系。

（5）国外相关市场的影响。

（6）石油、生物柴油的影响。

六、白糖

（一）生产特点

我国白糖季节生产、全年消费，生产集中于每年的10月至次年的4月，18个省区产糖，沿边境地区分布，南方是甘蔗糖，北方是甜菜糖。

甘蔗糖占全国产量的80%以上。甘蔗在生长期具有喜高温、光照强、需水量大、吸肥多等，干旱、洪涝、大风、冰雹、低温、霜冻等天气，对生长期的甘蔗具有灾害性影响。

（二）市场特点

世界白糖主产国和地区有巴西、印度、欧盟、中国等，巴西、欧盟、泰国是世界白糖主要出口国家和地区。世界白糖消费量较大的国家和地区包括印度、欧盟、中国、巴西等。

白糖是价格波动最大的商品之一。我国的白糖供需基本平衡，略有缺口，进口白糖以原糖为主。我国白糖消费区主要分布在华东、京津、华中、华南和东北等地区。

（三）价格影响因素

（1）现货市场供求、进出口、库存。

（2）替代品是甜味剂，主要包括淀粉糖、糖精、甜蜜素。

（3）国际期货市场联动性。

（4）气候与天气、季节性因素、政策性因素、国际和国内政治经济形势、经济周期、利率、汇率、通货膨胀率、消费习惯、运输成本、市场投机、心理因素。

七、棉花

（一）生产特点

全球产棉区基本在北纬 40° 至南纬 30° 之间，棉花年产量在 2 600 万吨左右。全球棉产量在 100 万吨以上的国家依次为中国、美国、印度、巴基斯坦、巴西和乌兹别克斯坦。我国棉花主产区为新疆、山东、河北、湖北、河南、安徽等。

国内棉花生长期较长，从 4 月中下旬到 11 月中旬，分为播种期、苗期、蕾期、花铃期和吐絮期五个阶段，受自然因素影响较大。气象灾害与病虫害是影响棉花生长和发育的主要灾害。棉花按品级、长度、马克隆值分级，专业性强。

（二）市场特点

全球年消费棉花在 100 万吨以上的国家依次为中国、印度、巴基斯坦、美国和土耳其。棉花主要出口国为美国、印度、澳大利亚、巴西、乌兹别克斯坦等，出口量约占世界棉花出口总量的 80%。世界棉花主要进口国为中国、孟加拉国、土耳其、印度尼西亚、越南、泰国和墨西哥，进口量约占世界进口量的 75%。

我国是世界上最大的棉花生产国和消费国，也是世界上有影响力的棉花进口国。我国棉花进口国主要是美国、印度、乌兹别克斯坦和澳大利亚。

（三）价格影响因素

（1）供需:前期库存量、当期生产量、品级、进口量、生产能力、生产商品总量、替代品相对生产成本。

（2）国内消费量、出口量、期末结存量、消费者购买力、消费者偏好、代用品供求及价格。

（3）经济、金融、政治因素、政策因素、自然因素、社会风俗习惯因素、投机因素、心理因素。

八、玉米

（一）生产特点

美国与中国的玉米种植和生长期基本相同，每年 4—9 月是玉米生长阶段。10 月至次年 3 月，南美玉米产区天气状况是重点关注的要素。夏季的中期到晚期时段，新作物产量情况会逐渐明朗。国内产区玉米在 10 月开始陆续上市，到次年五六月份，玉米开始走向紧缺。

（二）市场特点

美国、中国、南美产量位居世界前三位。美国和中国是主要消费国，欧盟、日本、巴西、墨西哥等也是主要消费国或地区。

近年来，玉米深加工工业发展迅速，推动了玉米的需求。国内玉米消费主要来自饲料和加工业。我国每年进口量较低，出口量相对稳定。国内产量是影响国内供给的主要因素。

（三）价格影响因素

（1）玉米供需：玉米的供给、玉米的需求、玉米的库存、相关商品的价格。

（2）气候影响。

（3）经济周期。

（4）货币汇率。

（5）国家相关政策。

九、稻谷

（一）生产特点

早籼稻是生长期较短、收获期较早的籼稻，一般米粒腹白较大，角质粒较少。早稻品种绝大多数感光性弱，感温性中等，生长期较短。我国早籼稻一般在每年 7 月中下旬进入大面积收割阶段，8 月份早籼稻集中上市。

湖南、湖北、江西、广东、安徽、浙江、广西、福建是全国早籼稻的主产省份，播种面积和产量占全国 90% 左右。其中，湖南、广西、江西、广东是全国早籼稻种植面积最大的四个省区，年产量都在 500 万吨以上，播种面积占全国的 80% 左右。

（二）市场特点

稻谷主产区主要集中在亚洲地区，约占世界总产量的 90%。中国稻谷生产量居世界第一，其次是印度、印度尼西亚、越南、泰国、缅甸、菲律宾等国家。近年来，世界稻谷消费量居前五位的国家是中国、印度、印度尼西亚、越南和菲律宾。

世界稻谷库存主要集中在稻谷生产国与消费国。稻谷库存较多的国家主要有中国、印度、菲律宾、印度尼西亚、泰国、日本和越南等。世界稻谷出口国主要是泰国、越南、印度、巴基斯坦、美国、中国和埃及。世界稻谷进口主要集中在中东、菲律宾、尼日利亚、欧盟、印度尼西亚和巴西等国家和地区。

（三）价格影响因素

（1）供需：前期库存量、当期生产量、国内消费量、出口量。

（2）国家政策。

（3）收购市场竞争。

（4）与其他农产品的比价关系。

（5）成本与收益。

（6）季节性因素。

（7）天气以及自然灾害。

（8）国际市场价格。

十、小麦

（一）生产特点

从全球分布看，小麦生产相对集中，主要分布在亚洲，其次是欧洲。按播种季节，国内小麦分为冬小麦与春小麦两种。春季播种的小麦称为春小麦，秋季播种的小麦称为冬小麦。

我国以冬小麦为主，主要分布在长城以南，岷山、唐古拉山以东的黄河、淮河和长江流域，包括河南、山东、河北、四川、安徽、陕西、湖北、山西等。

（二）市场特点

亚洲和欧洲既是小麦主产区，也是主要消费区。但亚洲生产供不应求，需要大量进口。北美和大洋洲虽然产量低，但消费比例更低，大部分用于出口。非洲产量最低，但消费量相对较高，需要大量进口。南美洲生产与消费基本持平。

全球小麦产量与消费量在6亿吨左右，贸易量在1亿吨左右。小麦主产区主要有欧盟、中国、印度、美国、俄罗斯、加拿大、澳大利亚和巴基斯坦等。

（三）价格影响因素

（1）现货供求关系。

（2）天气及病虫害。

（3）种植面积变化。

（4）宏观经济形势以及国家政策。

（5）国际市场联动。

（6）小麦质量与仓单数量。

（7）小麦生产周期和季节性。

（8）交通运输条件。

十一、美国主要经济数据

表 1–2　美国主要经济数据指标一览表

数据名称	发布时间	发布机构	网址
非农就业数据及失业率	每月第一个周五发布上月数据	劳工部劳工统计局（BLS）	http://stats.bls.gov
房屋开工及建筑许可	每月 16 日左右发布上月数据	商务部普查局（U.S.Census Bureau）	http://www.census.gov
PPI，CPI	每月 17 日左右发布上月数据	劳工部劳工统计局（BLS）	http://stats.bls.gov/news.release
ISM 采购经理人指数	每月第一个工作日发布上月数据	美国供应管理协会（ISM）	http://www.ism.ws
成屋销售	每月 25 日左右发布上月数据	全美不动产协会（NAR）	http://www.realtor.org
新屋销售	每月最后一个工作日发布上月数据	商务部普查局(U.S.Census Bureau）	http://www.census.gov
耐用品订单	每月 26 日左右发布上月数据	全美不动产协会（NAR）	http://www.census.gov
国际贸易	每月 10 日左右发布前两个月数据	商务部普查局（U.S.Census Bureau）	http://www.census.gov
工业生产	每月 15 日左右发布上月数据	美联储	http://www.federal-reserve.gov

续表

数据名称	发布时间	发布机构	网址
零售销售	每月 13 日左右发布上月数据	商务部普查局（U.S.Census Cureau）	http://www.census.gov
初请及续请失业金人数	每周四发布截至上周六的数据	劳工部	http://www.dol.gov
个人收入及支出	每月第一个工作日发布前两个月数据，有时提前发布	商务部经济分析局（BEA）	http://www.bea.gov
建筑支出	每月第一个工作日发布前两个月数据	商务部普查局（U.S.Census Bureau）	http://www.census.gov
GDP	初值在 1 月、4 月、7 月、10 月最后一周，以后有两次修正，每次修正间隔一个月	商务部经济分析局（BEA）	http://www.bea.gov
财政预算	每月第一周或第二周发布上月数据	财政部	http://www.fms.treas.gov
ADP 就业报告	每月第一个星期三发布上月数据，也可提前至上月末，确保在非农数据前发布	自动化数据处理公司（ADP）	http://www.adpemploymentreport.com

十二、中国主要经济数据

表 1–3　中国主要经济数据指标一览表

数据名称	发布时间	发布单位	网址
汇丰中国 PMI	每月 1 日上午 10:30 发布上月数据，预览指数提前一周发布	汇丰银行与英国麦盖提经济研究机构	www.markiteconomics.com/
中国物流与采购联合会 PMI	每月 1 日上午 9:00 发布上月数据	中国物流与采购联合会和国家统计局	www.chinawuliu.com.cn/
贸易数据	每月 10 日上午 10:00 左右发布上月数据	海关总署	http://www.custons.gov.cn/
消费者物价指数 CPI	每月 9 日上午 9:30 发布上月数据。3 月、6 月、9 月、12 月数据与季度 GDP 同时发布	国家统计局	http://www.stats.gov.cn/

续表

数据名称	发布时间	发布单位	网址
生产者物价指数PPI	每月9日上午9:30发布上月数据。3月、6月、9月、12月数据与季度GDP同时发布	国家统计局	http://www.stats.gov.cn/
社会消费品零售总额	每月9日发布上月数据。3月、6月、9月、12月数据与季度GDP同时发布	国家统计局	http://www.stats.gov.cn/
房地产价格、投资、销售及建设	投资、建设及销售数据每月9日发布，价格数据每月18日发布	国家统计局	http://www.stats.gov.cn/
固定资产投资	每月9日发布上月数据。3月、6月、9月、12月数据与季度GDP同时发布	国家统计局	http://www.stats.gov.cn/
外商直接投资	通常每月15日发布上月数据	中国商务部	http://www.mofcom.gov.cn/
工业增加值	每月9日发布上月数据。3月、6月、9月、12月数据与季度GDP同时发布	国家统计局	http://www.stats.gov.cn/
国内生产总值GDP	每季度第一个月15日左右发布上季度数据。每年1月20日前后上午10:00发布上年数据	国家统计局	http://www.stats.gov.cn/

第二章　期货技术分析

第一节　技术分析的三大理论基石

一、道氏理论

道氏理论是所有市场技术分析理论的鼻祖，其核心内容包括六大原理，这也是每个学习技术分析的投资者的信条。

道氏理论的创始者是查尔斯·道，他对期货市场的研究心得一开始发表在《华尔街日报》上。1903 年，在纳尔逊所著的《股市投机常识》中，首次使用了“道氏理论”一词。1922 年，查尔斯·道的助手威廉·P. 汉密尔顿出版的《股市晴雨表》归纳整理了道氏理论。1932 年，《道氏理论》一书出版，作者罗伯特·雷亚对道氏理论做了进一步的研究。

道氏理论的伟大之处在于其宝贵的哲学思想，这是它全部的精髓。道氏理论在设计上是一种提升投机者或投资者知识的工具，并不是可以脱离经济基本条件与市场现况的一种全方位的严格技术理论。国内备受广大投资者推崇的缠论，一定程度上源于道氏理论，是对道氏理论哲学上与操作上的发展创新。

道氏理论研判的是市场中主要趋势的变化，考虑的是市场运行的方向，而不是对市场运行空间与时间的预测。尽管道氏理论在实践中广受诟病，但是其道法自然的哲学底蕴毋庸置疑。

（1）平均价格涵盖一切因素。所有影响供求关系的因素都可用平均价格来表现。收盘价是最重要的价格，用收盘价来计算平均价格指数。

（2）市场波动具有三种趋势：主要趋势、次要趋势和短期趋势。主要趋势通常持续 1 年以上，甚至几年，如大潮。次要趋势是对主要趋势的调整，一般持续 3 周到 3 个月，回撤空间大约 50%，如大浪。短期趋势持续时间不超过 3 周，幅度小，如波纹。

（3）主要趋势可分为三个阶段。比如上涨，第一阶段是建仓，尽管市场萧条，但形势即将扭转，所谓物极必反，有远见的投资者开始买入建仓。第二阶段上涨，更多投资者参与进来。第三阶段高点，所有信息乐观，价格惊人上扬，连创新高，公众蜂拥而来，出现市场高点。

（4）各种平均价格必须相互验证。除非两个平均指数都同样发出看涨或者看跌信号，否则不可能发生大规模的上升或者下跌。如果两个平均指数相互背离，那么原来的趋势依然会得到保持。

（5）趋势必须得到交易量的验证。在研判主要趋势三个阶段走势的时候，通常需要参考交易量，交易量应该在主要趋势方向上放大。比如，如果大趋势是上涨，则在价格上涨的同时，交易量应该增加。当价格下跌时，交易量减少。

（6）只有发生了确定无疑的反转信号之后，才能判定一个既成趋势终结。一个既成趋势终结的判定比较困难，因为既成趋势具有惯性，除非外力改变它的发展，否则会继续延续。

道氏理论指导下的操作属于右侧交易，也就是转折信号出来，趋势明朗后，再跟进操作，这样能捕捉到大趋势的中腹部分。实质上，没有一种趋势交易系统能稳定地抓住顶和底，抄底逃顶的投资者也少有成功。道氏理论是一个不错的交易系统理论。

道氏理论研究的对象是价格平均数，它在期货市场中的应用，显然与在股市中的应用有区别。道氏理论着眼大趋势，但在期货市场中，短暂趋势的把握极为重要。期货投资者要根据实际情况，灵活运用道氏理论，增加交易胜算。

二、江恩理论

江恩理论也是一种研判期市运行规律的理论，通过数学、几何学、宗教、天文学的综合运用，建立起独特的分析方法和测市理论。它是由20世纪著名的投资大师威廉·江恩（Willian D.Gann）结合其在期货品种和期货市场上的骄人成绩和宝贵经验提出来的，包括江恩时间法则、江恩价格法则和江恩线等。

江恩理论认为，期货品种、期货市场也存在宇宙中的自然规则，市场的价格运行趋势不是杂乱的，而是可以通过数学方法预测的。

（一）江恩线

江恩线的数学表达有两个基本要素，这两个基本要素是价格和时间。江恩通过江恩圆形、江恩螺旋正方形、江恩六边形、江恩“轮中轮”等图形，将价格与时间完美地融合起来。

在江恩理论中，“7”是一个非常重要的数字。江恩在划分市场周期循环时，经常使用“7”或“7”的倍数，他认为“7”融合了自然、天文与宗教的理念。

江恩线是江恩理论与投资方法的重要概念。江恩在X轴上建立时间，在Y轴建立价格，江恩线符号由“TXP”表示。江恩线的基本比率为1:1，即一个单位时间对应一个价格单位，此时的江恩线角度为45°。

通过对市场的分析，江恩还分别以3和8为单位进行划分，如1/3、1/8等，这些江恩线构成了市场回调或上升的支持位和阻力位。

（二）江恩回调

江恩50%回调法则基于江恩的50%回调或63%回调概念之上。不论价格上升或下降，在江恩价位中，50%、63%、100%最为重要，它们分别与几何角度45°、63°和90°相对应，这些价位通常用来决定建立50%回调带。

投资者计算50%回调位的方法是：将最高价和最低价之差除以2，再将所得结果加上最低价或从最高价减去。当然，价格的走势是难以预测的，大家在预测走势上应该留有余地，实际价格也许高于或低于50%的预测。

根据价格水平线的概念，75%、100%作为回调位置，对价格运动趋势构成强大的支持或阻力。例如，某只期货品种价格从40元最高点下降到20元最低点开始反转，价格带的空间是40元减去20元所得的20元。这一趋势的50%为10元，即上升到30元时将回调。

30元与20元价格带的50%为5元，即回调到25元时再继续上升。升势一直到40元与20元的75%，即35元再进行50%的回调。最后上升到40元，完成对前一个熊市的100%回调。

通过观察大量图表，可以看到以下江恩法则的存在。

（1）价格明显在50%回调位反转。

（2）如果价格穿过50%回调价位，下一个回调将出现在63%价位。

（3）如果价格穿过63%回调价位，下一个回调将出现在75%价位。

（4）如果价格穿过 75% 回调价位，下一个回调将出现在 100% 价位。

（5）支持位和阻力位也可能出现在 50%、63%、75% 和 100% 回调重复出现的价位水准上。

（6）有时价格的上升或下降可能会突破 100% 回调价位。

（三）江恩循环

江恩循环理论是对整个江恩思想及其多年投资经验的总结。江恩认为较重要的循环周期有以下三种。

短期循环：1 小时、2 小时、4 小时……18 小时、24 小时、3 周、7 周、13 周、15 周、3 个月、7 个月。

中期循环：1 年、2 年、3 年、5 年、7 年、10 年、13 年、15 年。

长期循环：20 年、30 年、45 年、49 年、60 年、82 或 84 年、90 年、100 年。

30 年循环周期是江恩分析的重要基础，因为 30 年共有 360 个月，这恰好是 360° 圆周循环。按江恩价格带理论对其进行 1/8、2/8、3/8……7/8 等分，正好可以得到江恩长期、中期和短期循环。

10 年循环周期是江恩周期分析的重要基础，江恩认为，10 年周期可以再现市场的循环。例如，一个新的历史低点将出现在一个历史高点的 10 年之后。反之，一个新的历史高点将出现在一个历史低点之后。

江恩同时指出，任何一个长期的升势或跌势都不可能持续 3 年以上不做调整，其间必然有 3 ~ 6 个月的调整。因此，10 年循环的升势过程实际上是前 6 年中每 3 年出现一个顶部，最后 4 年出现最后的顶部。

上述长短不同的循环周期之间存在着某种数量上的联系，如倍数关系或平方关系。江恩将这些关系用圆形、正方形、六角形等显示出来，为正确预测期市走势提供了有力的工具。

通常，周期分析者认为，波谷比波峰可靠，所以周期长度的度量都是从波谷到波谷进行的。之所以这样度量，大概是绝大多数周期的变异出现在波峰上，也就是说波峰的形成比较复杂，因而认为波谷更可靠些。

从实际应用结果来看，在牛市中，周期分析远比在熊市中表现优异。原因何在？笔者认为，这与周期理论研究倾向于关注底部有关。同时笔者发现，在牛市中，波谷比波峰形成或驻留的时间相对较短，而波峰常因出现强势整理走势变得复杂起来，所以较难把握。

在熊市中则相反，因为势道较弱，市场常以整理形态取代反弹，所以波峰比波谷形成的时间要短，易于发现。在运用周期理论测市的时候，牛市中以波谷法度量较为准确，熊市中以波峰法度量胜算更高些。

（四）波动法则

江恩认为，市场的波动率或内在周期性因素来自市场时间与价位的倍数关系。当市场的内在波动频率与外来市场推动力量的频率产生倍数关系时，市场便会出现共振，令市场产生向上或向下的巨大作用。

回顾历史走势可以发现：期货品种走势经常大起大落，一旦从低位启动，产生向上的突破，期价就会如脱缰的野马奔腾向上。一旦从高位产生向下的突破，期价又如决堤的江水一泻千里。这就是共振作用在期市中的反映。

共振可以产生势，这种势一旦产生，向上向下的威力都极大。它能引发人们的情绪和操作行为，产生一边倒的情况。向上时人们情绪高昂，蜂拥入市。向下时，人人恐慌，期价狂泻，如同遇到世界末日，江恩称之为价格崩溃。

一个期货投资者，应对共振现象充分留意。如下情况可能引发共振现象。

（1）当长期投资者、中期投资者、短期投资者在同一时间点进行方向相同的买入或卖出操作时，将产生向上或向下的共振。

（2）当时间周期中的长周期、中周期、短周期交汇到同一个时间点且方向相同时，将产生向上或向下共振的时间点。

（3）当长期移动平均线、中期移动平均线、短期移动平均线交汇到同一价位点且方向相同时，将产生向上或向下共振的价位点。

（4）当K线系统、均线系统、成交量、KDJ指标、MACD指标、布林线指标等多种技术指标均发出买入或卖出信号时，将产生技术指标的共振点。

（5）当金融政策、财政政策、经济政策等多种政策方向一致时，将产生政策面的共振点。

（6）当基本面和技术面方向一致时，将产生极大的共振点。

（7）当某一上市公司基本面情况、经营情况、管理情况、财务情况、周期情况方向一致时，将产生这一上市公司的共振点。

共振并不是随时都可以发生，而是有条件的。当这些条件满足时，可以产生共振。当条件不满足时，共振就不会发生。当部分条件满足时，也会产生共振，但作用较小。共振的条件满足得越多，共振的威力就越大。

总之，共振是使期价产生大幅波动的重要因素，投资者可以从短期频率、中期频率和长期频率以及倍数关系去考虑。江恩还认为，市场的外来因素是从大自然循环及地球季节变化的时间循环而来。共振是一种合力，是发生在同一时间多种力量向同一方向推动的力量。投资者一旦找到这个点，将可以获得巨大的利润，回避巨大的风险。

（五）江恩止损

江恩曾经出版过一些期货品种书籍，但是没有一本书比《华尔街四十五年》更能透露江恩成功的秘密。在这本书中，大家看到最多的字眼并非什么江恩角度线、时间周期或是轮中轮等，而是"止蚀单"三个字。

江恩说，大多数人在期市中亏钱主要有以下三个原因。

（1）交易过度或买卖过于频繁。

（2）没有下止蚀单（Stop loss order）。

（3）对市场知之甚少。

不下止蚀单是投资人常犯的错误。若是投机者，绝对应该设置一个价位，只要跌破这个价位，无论如何都应该第一时间将期货品种抛出。江恩在书中的建议是，止蚀单设在买入价之下 3% ~ 5%。考虑到中国期市波动幅度比较大，投资者可以适当放宽止蚀单的范围，例如 5% ~ 10%。

在《华尔街四十五年》一书中可以看出，即使读者完全掌握了江恩分析走势的方法，如果没有遵守交易规则的话，同样不可能取得成功。

江恩在这本书中揭示了他的成功之道，共计 24 条，以下几条值得大家认真对待。

（1）永远不要过度交易，每次交易只使用少量资金。这种做法实质是"留得青山在，不怕没柴烧"，其稳健程度可想而知。当今投资者动不动就大胆杀入，满仓操作，有失稳健。

（2）止蚀单极其重要，无论是盈是亏。设置止蚀单后不要随便撤销。

（3）投机之道乃顺势而为，不要逆市操作。如果你无法确定趋势，就不要入市买卖。分红、期价高低、摊平成本等，都不是入市的好理由。

（4）加码、补仓、斩仓、空翻多或多翻空都必须小心谨慎。如果理由不充分，就保持现状。

（5）当你赚了很多钱之后，要及时休息，避免增加交易。

（6）不要因小失大。投资期市如果只为获得 3% ~ 5% 的收益，很容易导致较大的亏损。投资应当把握期市的主要趋势。

从这里可以看出，江恩在投机市场纵横数十年，其总结出来的交易规则其实很简单，并没有什么深奥的地方。这些交易规则保障江恩投机成功，使“江恩理论”锦上添花。

三、艾略特波浪理论

艾略特波浪理论（Elliott Wave Theory）是由美国证券分析家拉尔夫·纳尔逊·艾略特创立的一种期货品种技术分析理论，又称波段理论。该理论认为市场走势不断重复一种模式，每一周期由 5 个上升浪和 3 个下跌浪组成。

艾略特波浪理论将不同规模的趋势分成九大类，最长的超大循环波（grand supercycle）是横跨 200 年的超大型周期，而次微波（subminuette）则只覆盖数小时之内的走势。但无论趋势的规模如何，每一周期由八个波浪构成这一点是不变的。

这个理论的前提是:期价随主趋势运行时，依五波的顺序波动，逆主趋势而行时，则依三波的顺序波动。长波可以持续 100 年以上，次波的期间相当短暂。

（一）艾略特波浪理论基本原理

艾略特波浪理论认为，不管是多头市场还是空头市场，每个完整循环都会有几个波段。多头市场的一个循环中，前五个波段是看涨的，后三个则是看跌的。而前五个波段中，第 1、第 3、第 5 波段（即奇数序号的波段）是上升的，第 2、第 4、第 6 波段（即偶数波段）是明显看跌的。第 7 作为奇数序号波段则是反弹整理。因此，奇数序号波段基本上在不同程度上是看涨或反弹，而偶数序号波段则是看跌或回跌。整个循环呈现的是一上一下的总规律。

从更长的时间看，一个循环的前五个波段构成一个大循环的第 1 波段，后三个波段构成大循环的第 2 个波段。整个大循环也由八个波段组成。

就空头市场看，情形则相反，前五个波段是看跌行情，后三个则呈现看涨行情。前五个波段中，又是第 1、第 3、第 5 奇数序号波段看跌，第 2、第 4 偶数序号波段反弹整理。看涨行情的三段中，则第 6、第 8 段看涨，第 7 段回跌整理。整个循环依然是一上一下的八个波段。在空头市场，一个循环也构成一个大循环的第 1、第 2 个波段，大循环也由八个波段组成，如图 2-1 所示。

无论是多头市场还是空头市场，第 3 波段是最长的，即上升时升幅最大，下降时跌幅也最大。

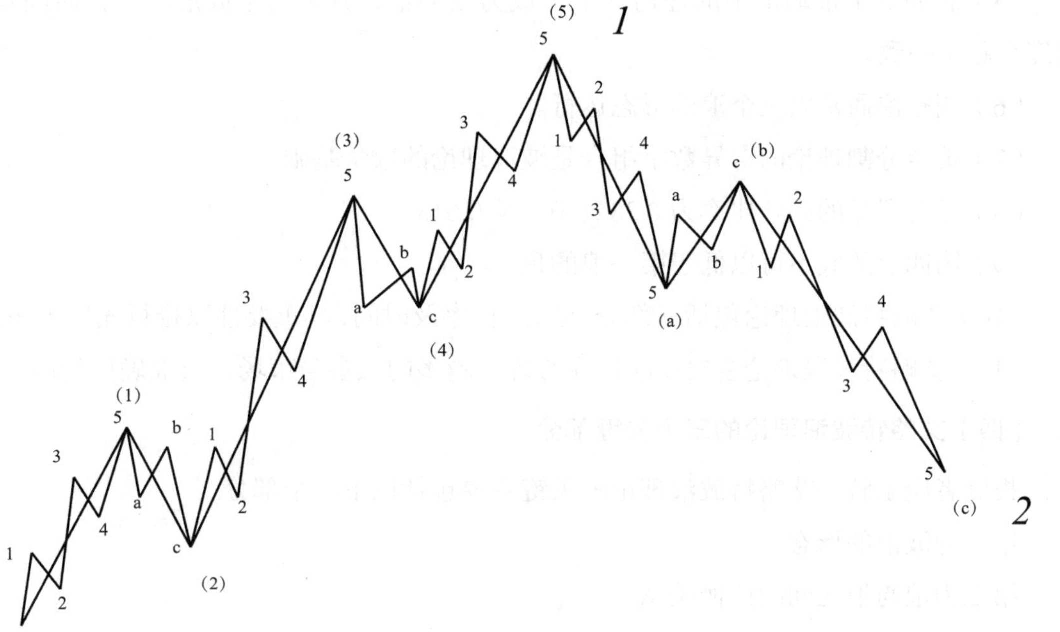

图 2-1　波浪理论八浪模型

（二）艾略特波浪理论基本特点

（1）期价指数的上升和下跌交替进行。

（2）推动浪和调整浪是价格波动的两个最基本形态，而推动浪（即与大市走向一致的波浪）可以再分割成八个小浪，一般用第 1 浪、第 2 浪、第 3 浪、第 4 浪、第 5 浪来表示，调整浪也可以划分成 3 个小浪，通常用 a 浪、b 浪、c 浪表示。

（3）在上述八个波浪（五上三落）完毕之后，一个循环即告完成，走势将进入下一个八浪循环。

（4）时间的长短不会改变波浪的形态，因为市场仍会依照其基本形态发展。波浪可以拉长，也可以缩短，但其基本形态永恒不变。

总之，波浪理论可以用一句话来概括，即“八浪循环”。

（三）艾略特波浪理论基本要点

（1）一个完整的循环包括八个波浪，五上三落。

（2）波浪可以合并为高一级的浪，亦可以再分割为低一级的小浪。

（3）跟随主流行走的波浪，可以分割为低一级的八个小浪。

（4）第 1、第 3、第 5 三个波浪中，第 3 浪不能是最短的一个波浪。

（5）假如三个推动浪中的任何一个浪成为延伸浪，其余两个波浪的运行时间及幅度会趋于一致。

（6）调整浪通常以三个浪的形态运行。

（7）黄金分割理论的奇异数字组合是波浪理论的数学基础。

（8）经常遇见的回吐比率为 0.382、0.5 及 0.618。

（9）第四浪的底不可以低于第一浪的顶。

（10）艾略特波浪理论包括三部分:形态、比率及时间,其重要性以排行先后为序。

（11）艾略特波段理论主要反映群众心理。越多的人参与市场，其准确性越高。

（四）艾略特波浪理论的三个关键部分

投资者应了解，艾略特波浪理论的关键主要包括以下三个部分。

第一为波浪的形态。

第二为浪与浪之间的比例关系。

第三为浪间的时间间距。

这三者之间，波浪的形态最为重要，也是艾略特波浪理论的立论基础。数浪正确与否，对成功运用波浪理论把握投资时机至关重要。波浪理论并不是独立存在的，它与道氏理论、技术分析、经济基本面分析都有一些神奇的关联关系。众多投资人士称，道氏理论告诉人们何谓大海，而波浪理论则指导你如何在大海上冲浪。

（五）艾略特波浪理论的三个原则

1. 修正波纵深原则

修正波纵深原则主要用来衡量修正波的回撤幅度，通常修正波会达到小一级别 4 浪的低点附近。在强势行情中，只创新高不创新低，此时的小一级别 4 浪低点会是一个很好的阻力位，可以借此跟进止损。

2. 斐波纳契原则

该原则是指波动比率呈现出斐波纳契数字序列。例如，第 3 浪为第 1 浪的 1.618、2.618…。第 2 浪回调为第 1 浪的 0.382、0.5、0.618。第 4 浪回调为第 3 浪的 0.382、0.5。第 5 浪为第 1 至第 3 浪的 0.618。

时间上同样遵守此原则。

3. 黄金分割原则

（1）黄金分割比例既可以帮助实现很好的进场，又可以实现很好的出场。如果你能与市场融为一体，这些神秘的黄金分割数字会成为你的终身伴侣。

（2）1.618 可以反过来用以确定眼前的第 3 浪是否是真正的第 3 浪。如果第 3 浪连第 1 浪的 1.618 都到不了，那么它多半不是第 3 浪。如果你能判断市场要出现延长的大行情，那么市场通常会到前面一浪的 2.618 倍位置上，这样就给出了一个非常好的参考目标。

（3）在趋势上涨初期，回撤幅度多为 0.618。如果回撤以平台型进行，则多为 0.5。在趋势中期，当趋势逐渐明显时，市场回撤 0.618 的概率开始下降，而是偏向于 0.5 的回调位。

（六）艾略特波浪理论交替原则

该原则是指简单与复杂、上升与下跌、推动与调整、规则与不规则交替进行。修正波呈现交替现象，如第 2 浪为锯齿型调整浪，则第 4 浪可能为平台型或三角型调整浪，反之亦然。在时间上也存在此现象，如果第 2 浪急剧回调，则第 4 浪可能长时间复杂调整，反之亦然。复杂程度上，第 2 浪简单，则第 4 浪复杂，反之亦然。若第 2 浪为“复式”调整，则第 4 浪可能为“单式”调整。

（1）小的调整对应着小的推动，中等调整预示着中等的驱动，大的调整则是在蓄积一波大幅的推动行情。眼前是一个小级别的调整，则做好小推动的操作打算。眼前是一个大级别的调整，则做好大推动的操作计划。

（2）如果第 2 浪出现了简单的调整，则第 4 浪多是复杂的调整。如果第 2 浪调整的时间很短，基本可以判断第 4 浪调整的时间不会很短。利用艾略特波浪理论，可以用已知的走势去预知即将到来的走势，从而提高操作的胜算。如果第 2 浪走出了很规则的形态，要注意第 4 浪可能走出不太规则的形态。

（七）推动浪规则

一个推动浪细分为五浪。

浪 1 细分为一个推动浪或一个楔型。（罕见）

浪 3 细分为一个推动浪。

浪 5 细分为一个推动浪或一个楔型。

浪 2 细分为一个锯齿型、平台型或联合型。

浪 4 细分为一个锯齿型、平台型、三角型或联合型。

浪 2 绝对不超过浪 1 的起点。

浪 3 一定超过浪 1 的终点。

浪 3 绝不是最短的浪。

浪 4 绝对不超过浪 1 的终点。

1 浪、3 浪、5 浪绝不会全部是延伸浪。

（八）调整浪

浪型包括锯齿型、平台型、三角型或联合型三种。

1. 锯齿型规则

锯齿型总是细分为 3 浪。

浪 A 总是细分为一个推动浪或一个引导楔型浪。

浪 C 总是细分为一个推动浪或一个楔型浪。

浪 B 总是细分为一个锯齿型浪、平台型浪、三角型浪或以上三种形态的联合型浪。

浪 B 绝对不超过浪 A 的起点。

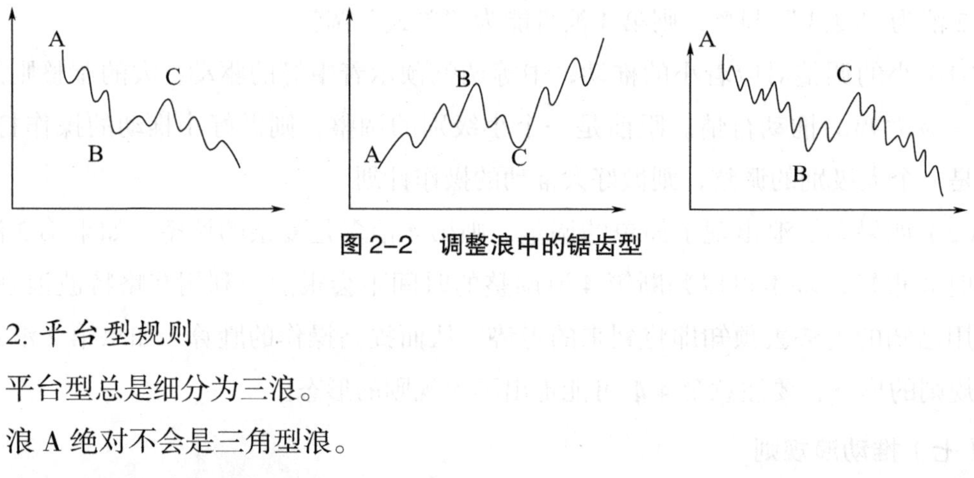

图 2–2　调整浪中的锯齿型

2. 平台型规则

平台型总是细分为三浪。

浪 A 绝对不会是三角型浪。

浪 C 总是推动浪或楔型浪。

浪 B 总是至少回撤浪 A 的 90%。

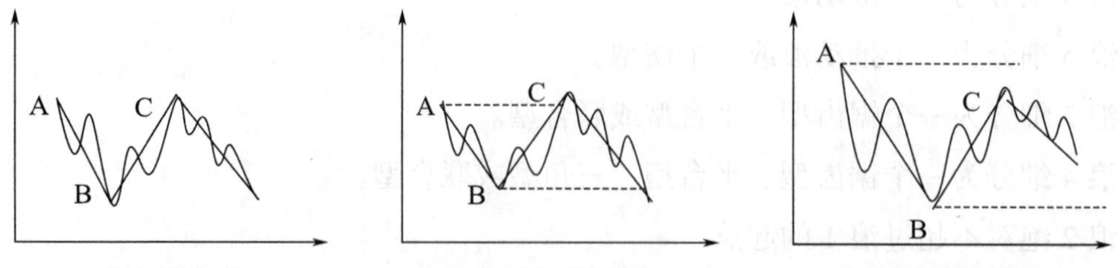

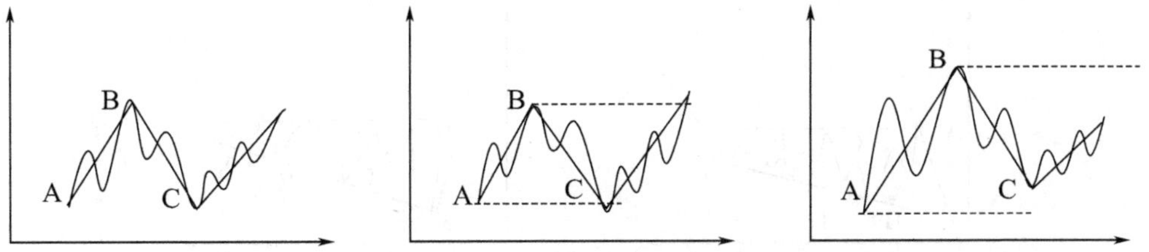

图 2-3　调整浪中的平台型

3. 三角型

（1）收缩三角型规则。

三角型总是细分为 5 浪。

在 A、B、C、D、E 五浪中至少有四浪，每一浪细分为锯齿型浪或锯齿型联合浪。

浪 C 绝对不超出浪 A 的终点，浪 D 绝不超出浪 B 的终点，浪 E 绝不超出浪 C 的终点。其结果是随着时间的推移，B、D 浪终点的连线与 A、C 浪终点的连线同时收敛。

三角型绝对不会有一个以上复杂次级浪。在这种情况下，复杂次级浪总是锯齿联合浪或三角型浪。

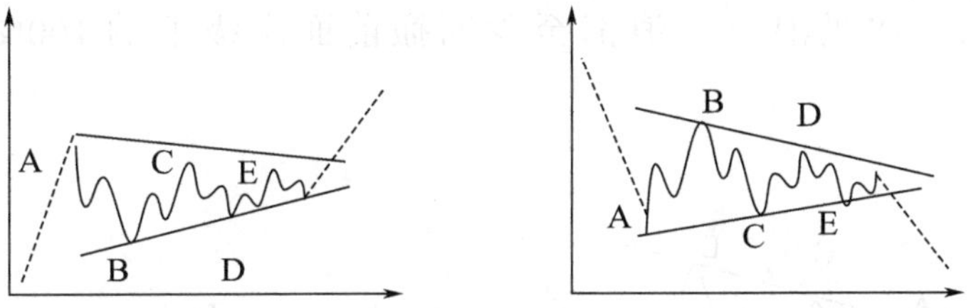

图 2-4　调整浪中的收缩三角型

（2）水平三角型规则。

除了 B、D 浪基本上结束于同一水平上之外，水平三角型与收缩三角型具有相同的特征。尚未看到一组 9 浪的水平三角型，暗示这种形式不可能延伸。

当三角型后出现浪 5 时，一般来说浪 5 要么是简单、短促的走势，要么是出人意料的长距离延伸。

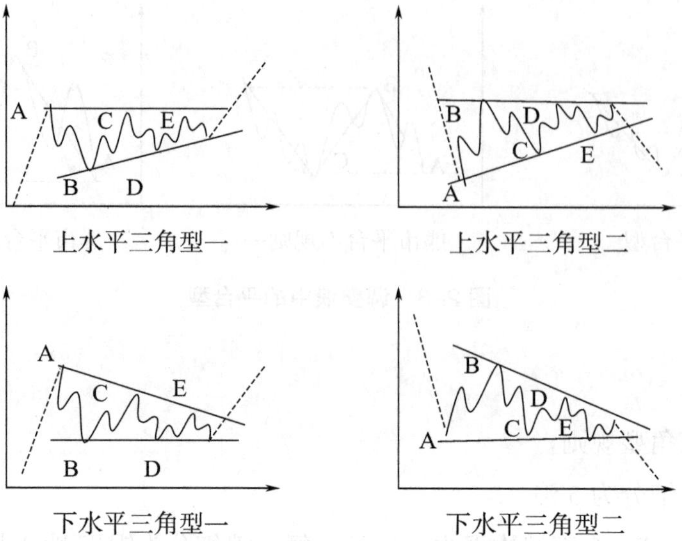

图 2-5 调整浪中的水平三角型

（3）扩张三角型规则。

除下述差别外，多数规则与收缩三角型一样。

C、D、E 三个浪，每个浪都超出同向前一个次级浪的终点。其结果是随着时间的推移，B、D 浪的终点连线从 A、C 浪的终点连线向外发散。

B、C、D 三个次级浪每一浪都至少回撤前面次级浪的 100%，但不会超出 150%。

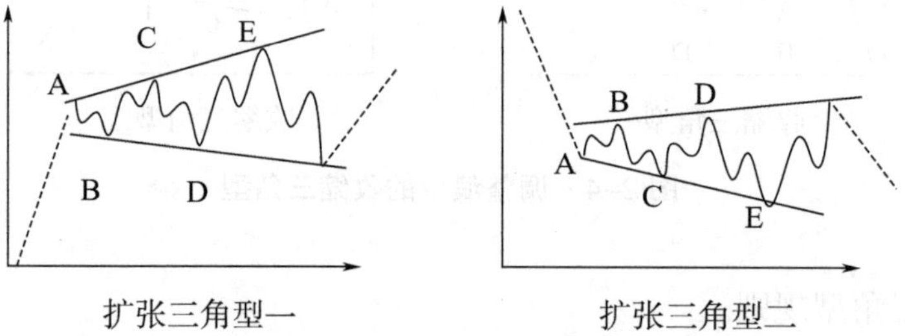

图 2-6 调整浪中的扩张三角型

4. 联合型规则

联合型由两个或三个调整形态构成，中间被一个或两个标 X 的反向调整形态隔开。第一个修正形态标 W，第二个标 Y。如果有第三个，第三个标 Z。

锯齿型联合由两个或三个锯齿型构成。在这种情况下，叫做双锯齿或三锯齿。

“双三”平台型联合按顺序由一个锯齿和一个平台、一个平台和一个锯齿、一个平台和一个平台、一个锯齿和一个三角型、或一个平台和一个三角型构成。

罕见的“三三”平台型联合由三个平台型构成。

双锯齿和三锯齿取代锯齿型，双三和三三取代平台型和三角型。

尚未发现扩张三角型是构成联合型的成分。

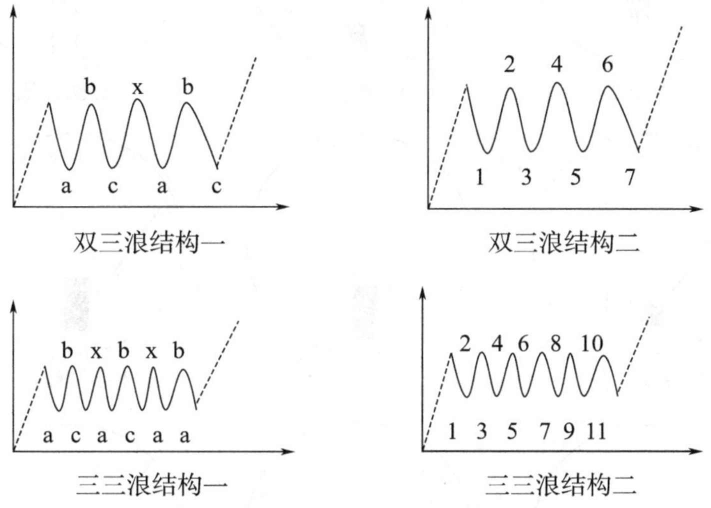

图 2-7 调整浪中的联合型

第二节 技术分析的三大 K 线处置理论

一、K 线组合理论

K 线是对市场资金运行轨迹的刻画，反映了投资者的心理状态，有效展示了投资者随行情演绎而决策变化的交易过程。人在相似的环境下一般会做出相似的反应，并相互强化这种效果，这就构成了 K 线组合理论的基础。

K 线组合分析在掌握市场时机方面是有效的。把 K 线组合与其他指标一起使用，用技术指标来过滤 K 线组合，实战效果更好，准确率更高，能及时提供交易信号。

在进行 K 线组合分析的时候，要以基本组合为核心，但也不能忽视其要点。比如，上下影线的关系，实体的长短，实体与上下影线间的比例关系，K 线所处的位置，等等。

以下为日常实战交易中常用到的 K 线组合。其中黑色为阴线，白色为阳线。K 线组合形成后，一般需要等下一根 K 线来进行验证确认。

1. 看涨 K 线组合

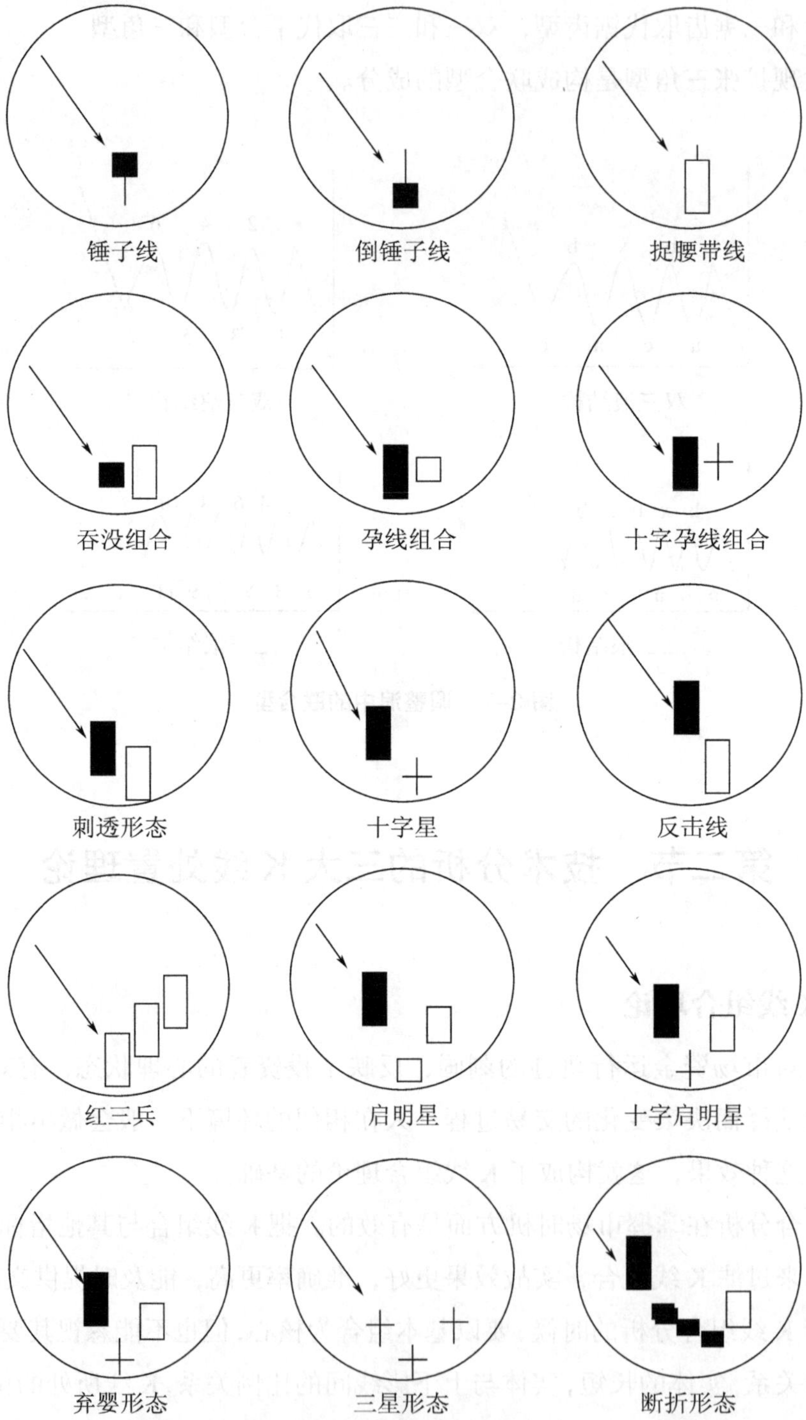

图 2-8　看涨 K 线

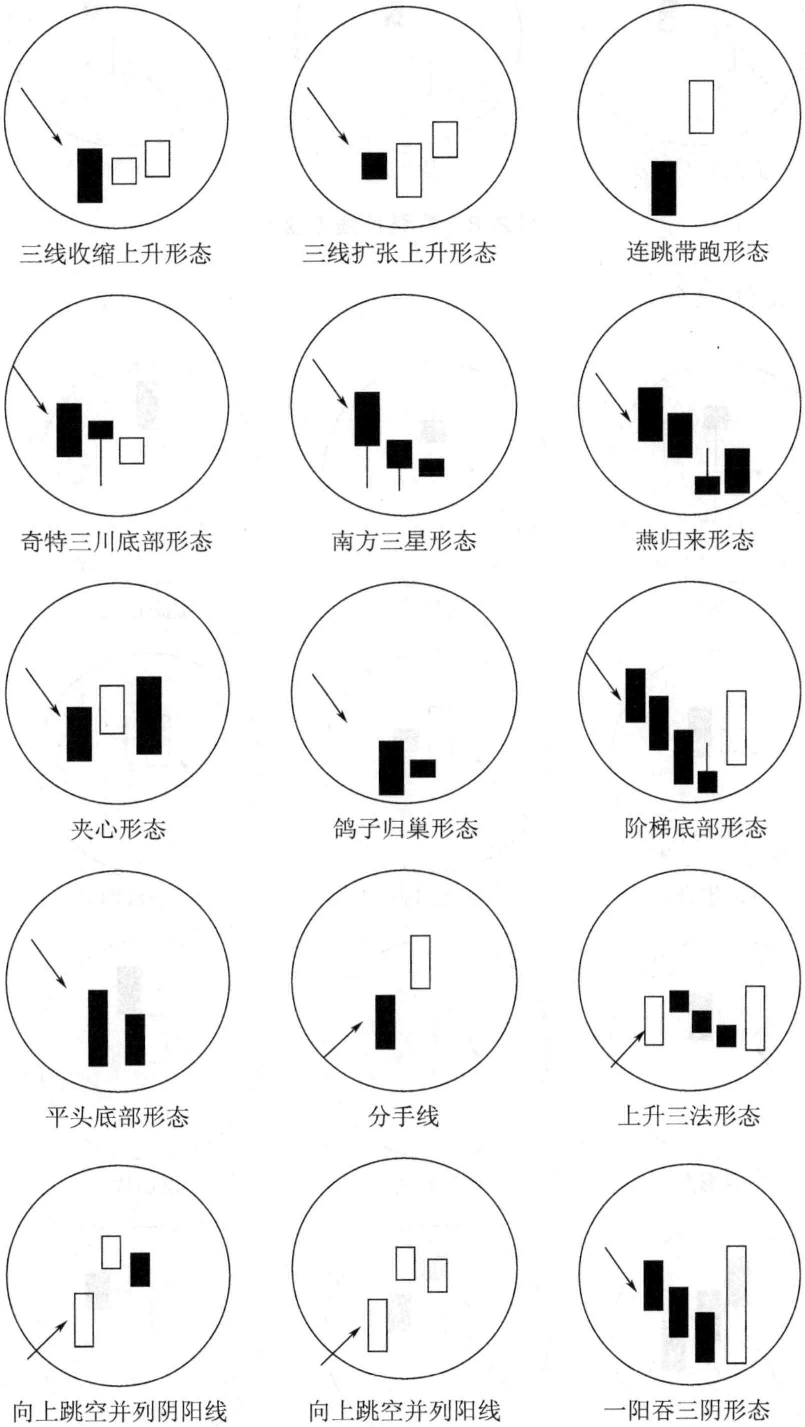
三线收缩上升形态
三线扩张上升形态
连跳带跑形态
奇特三川底部形态
南方三星形态
燕归来形态
夹心形态
鸽子归巢形态
阶梯底部形态
平头底部形态
分手线
上升三法形态
向上跳空并列阴阳线
向上跳空并列阳线
一阳吞三阴形态

图 2–8　看涨 K 线（续）

图 2-8 看涨 K 线（续）

2. 看跌 K 线组合

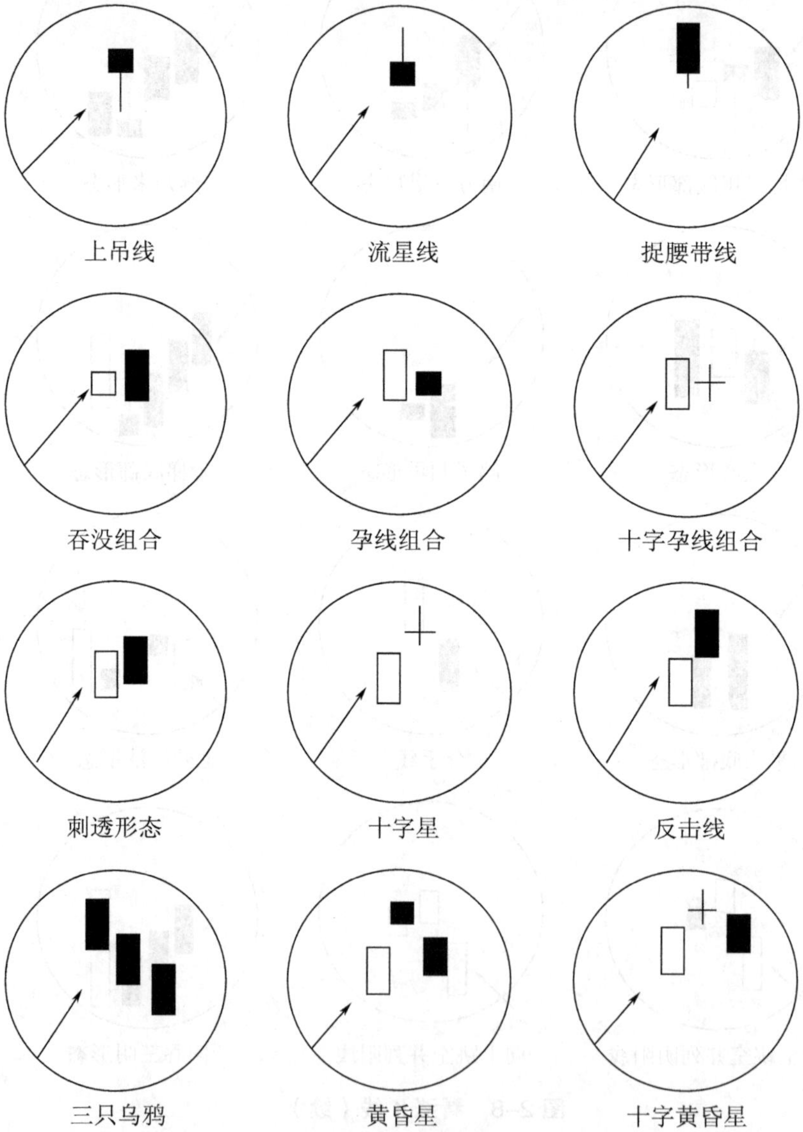

图 2-9 看跌 K 线

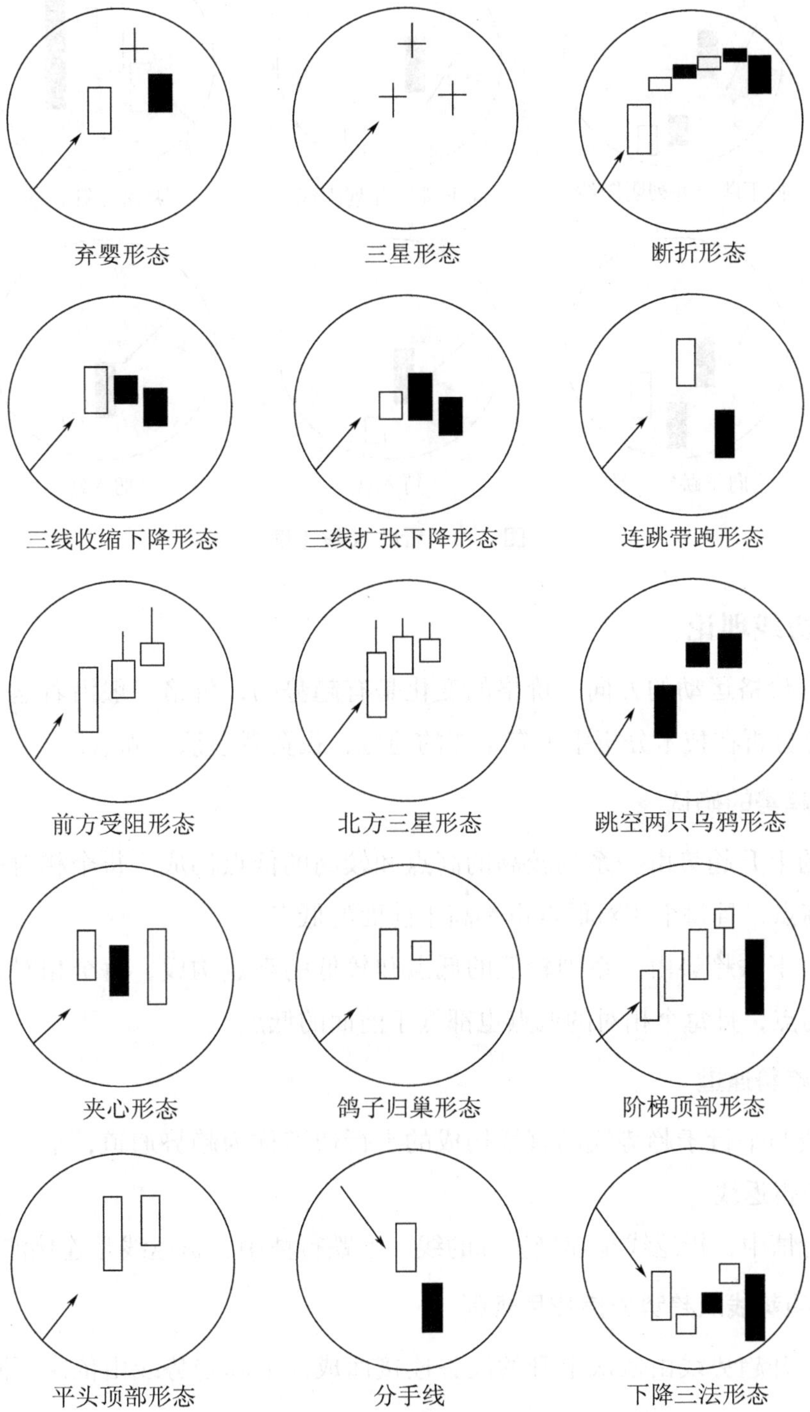
弃婴形态
三星形态
断折形态
三线收缩下降形态
三线扩张下降形态
连跳带跑形态
前方受阻形态
北方三星形态
跳空两只乌鸦形态
夹心形态
鸽子归巢形态
阶梯顶部形态
平头顶部形态
分手线
下降三法形态

图 2-9　看跌 K 线（续）

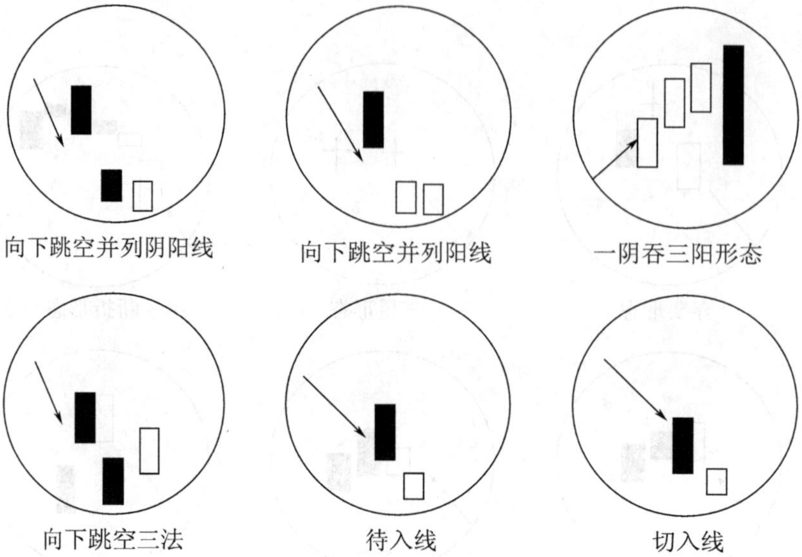

图 2–9　看跌 K 线（续）

二、切线理论

趋势是价格运动的方向。价格的变化是有趋势的，价格一般沿着这个趋势持续运动。趋势分析在技术分析中占有重要的地位，投资者应该牢固掌握。

（一）趋势的确认

标准的上升趋势由一系列较高的高点和较高的低点构成。每个相对的高点都高于前面的高点，且每个相对低点也都高于前面的低点。

同理，下跌趋势由一系列较低的低点和较低的高点构成，每个相对的高点都低于前面的高点，且每个相对的低点也都低于前面的低点。

（二）趋势通道

趋势线与平行于趋势线的直线构成的平行通道称为趋势通道，平行于趋势线的平行线称为折返线。

上涨行情中，折返线是连接波峰的线。下跌行情中，折返线是连接波谷的线。

（三）趋势线及趋势通道应用规则

（1）上升趋势线由依次上升的波谷连接而成，下降趋势线由依次下降的波动高点连接而成。

（2）趋势线需要第三个点验证测试，经过第三点测试的趋势线才是有效果的趋势线。被测试的次数越多，趋势线越重要。

（3）在趋势中，当价格触及波峰的连线时，是卖出的时机。当价格触及波谷的连线时，是买入的时机。上升趋势线是价格回落的支撑线，当上升趋势线被有效跌破的时候，发出多单平仓、空单进场信号。下降趋势线是价格反弹的阻力线，当下降趋势线被有效突破的时候，发出空单平仓、多单进场信号。

（4）只有趋势线被突破一定幅度或者突破一定时间，才能认为趋势线被有效突破。否则只是假突破，趋势并没有得到根本扭转。有效突破的幅度因品种而异，一般是3%左右，突破时间一般以3个交易日为准。

（5）向上突破下降趋势线时必须有成交量的配合，向下跌破上升趋势线的时候，无须成交量配合。确认跌破有效后，成交量会增加。

（6）如果以缺口形式突破趋势线，则突破是强有力的。

（7）在趋势末期，价格一般会出现加速运动，所以市场反转的时候，顶底点一般远离趋势线。

（8）实际交易中，可以画出不同周期的趋势线。

（9）过于陡峭的趋势线一般没有实质意义，斜率45°左右的趋势线具有实质意义。

趋势线使用起来简单、直观、方便。趋势线是事后的线，也是一种经验线，有效性容易被高估。画趋势线是一个主观的过程，画法因人而异。

（四）内部趋势线

一般的趋势线是通过极点的连线构成的，但极点一般是情绪化的点，不具有普遍的代表性。内部趋势线一般忽略极点，是波峰附近的最高收盘价、波谷附近的最低收盘价的连线，也就是相对高点和相对低点的连线。

（五）移动平均线

移动平均线是某周期级别内一定时间跨度的收盘价的价格平滑。移动平均线显示出的转折信号一般滞后于真实的转折点，这一特征投资者要多加注意。

移动平均线一般在单边趋势市场内有效，在震荡整理市场内，移动平均线易产生虚假信号，失去参考意义。

三、形态理论

价格形态是特定的K线组合方案，具有预测性。价格形态有两种最主要的分类：反转形态与持续形态。反转形态意味着趋势存在反转的潜质，持续形态意味着原趋势具有保持的潜质。投资者应在形态形成的过程中尽早判别出其所属类型。

反转形态主要有头肩顶（底）形态、三重顶（底）形态、双重顶（底）形态、V形顶（底）形态、圆形顶（底）形态等。持续形态则主要包括三角形整理形态、旗形整理形态、楔形整理形态、矩形整理形态。

在所有的价格形态中，交易量起到重要的验证作用。在形势不明朗的情况下，配合K线运行轨迹，研究相应成交量，是判断当前价格形态是否可靠的重要办法。

绝大多数价格形态有其具体的测算方法，可以确定出最小的价格目标位。这些目标位仅仅是一个估算，不具有准确性，但有助于投资者确定其风险收益比。

（一）反转形态

反转形态主要包含如下要素：市场有趋势存在，趋势存在是反转形态存在的基础。趋势反转的第一个信号是原趋势线被突破。形态规模越大，随之而来的市场动作越大。

顶部形态经历时间一般短于底部形态经历的时间，但其波动性较强。底部形态价格波动范围通常较小，酝酿时间较长。价格向上突破的时候，需要交易量的验证。

1. 头肩顶（底）形态

头肩顶形态和头肩底形态是实际交易中遇到最多的形态，也是最可靠的反转突破形态。

对于头肩顶形态来讲，当颈线被向下突破之后，价格向下跌落的幅度等于头和颈线之间的垂直距离。也就是价格向下运行这个幅度后，有可能遇到支撑。

同样，对于头肩底形态来讲，价格向上突破颈线之后，其上涨的幅度可能在达到底部与颈线之间的垂直距离位置后遇到阻力。

在头肩顶形态中，价格向下突破颈线后有一个回升的过程，回升到颈线位遇到阻力再转而向下，这个回升过程称为反扑。头肩底形态道理类似。

对于反扑要注意以下两点。

第一，在头肩顶形态中，反扑为多头提供了最后一次出逃机会。在头肩底形态中，反扑为空头提供了最后一次出逃机会。

第二，反扑不是这两个形态的必然组成部分，所以不要等到反扑后再采取行动，应该在颈线被突破后坚决采取行动。

头肩顶的头是第一卖出点，但这个第一卖出点投资者一般抓不住，不好把握。有缠论基础的投资者，可以通过背驰来研判。

右肩是第二卖点，这个点是头肩顶形态一个较好的卖出点，这个时候价格上升到右肩位置，因为买方动能不足而回落，头肩顶形态基本形成，所以投资者在此位置要主动卖出。

头肩顶的颈线跌破点是第三卖出点，这个点是头肩顶形态最重要的卖出点。当颈线被突破后，头肩顶宣告成立，价格运行趋势逆转确定无疑，投资者应坚决卖出。

价格跌破颈线后，反弹至颈线附近是第四个卖出点。这个点是头肩顶形态最后的卖出点，但这个点有时候不一定出现。

这里一定要注意，对于头肩顶来说，左肩、头、右肩对应的成交量是依次减少的。对于头肩底来讲，左肩、头、右肩对应的成交量没有明显的规律，但是存在低位放量抵抗的现象。尤其头肩底形态向上突破颈线时，需要大成交量配合。

有时候，头肩形态会出现变体，称为复杂头肩形态。这种形态可能呈现双头或两个左肩、两个右肩的情况。在这种情况下，头肩形态具有很强的对称性，也就是单个左肩对应单个右肩，双左肩对应双右肩。

2. 双重顶（底）与三重顶（底）

双重顶和双重底也就是通常说的 M 头与 W 底。这种形态在实际中经常遇到，其重要性仅次于头肩形，比较容易辨别。

当 M 头被向下突破颈线后，价格向下跌落的幅度等于头与颈线的垂直距离。也就是说，价格至少跌出这个幅度之后，才有可能获得较强的支撑。

同样，对于 W 底来说，价格突破颈线之后，其上涨的幅度等于底部与颈线的垂直距离。也就是说，价格至少涨出这个幅度之后，才有可能遇到较强的阻力。对于双重顶来说，有三个卖点，第一个卖点是右边头部，第二个卖点是颈线被跌破时，第三个卖点是价格反弹到颈线附近位置时，但这一卖点有可能不出现。

形成双重顶第一个顶的过程中，会出现较大的成交量，随之小幅回落。接下来，当价格再度上涨，几乎与第一个顶高度相近的时候，交易量随之放大，但小于第一个顶的成交量。

在双重顶的形成过程中，两顶之间的距离非常重要。一般来说，跨越时间越长，形态的高度越大，将来的反转潜力越大。一般来讲，最有力量的双重顶至少应该持续一个月。

这里要注意，双重底形态是一个中期到长期的反转形态，两个底部之间的间隔最好相距至少4周，有的甚至长达两三个月之久。另外，底部的形成一般比头部的形成需要更长的时间。

在判断双重顶突破是否有效的时候，一般要求收盘价向下超越前一个阻挡的极值，而不仅仅是盘中突破。也可以选择双日穿过原则，也就是收盘价必须连续两天收在前期阻挡极值之下。

三重顶（底）形态是头肩顶（底）形态的变体，它是由三个一样高或者一样低的顶和底组成。在三重顶中，成交量一般逐渐递减，但在向下突破的时候，成交量应放大。三重顶只有在连接两个中间低点的支撑线——颈线被向下突破后才正式完成。

三重底道理类似，但价格向上突破颈线的时候，成交量更加重要。

3. 圆弧顶（底）形态

圆弧底是指把价格在每个小波段的低点用折线连在一起，得到一条类似于圆弧的弧线，该弧线托住价格。圆弧顶是指把价格在每个小波段的高点用折线连在一起，得到一条类似于圆弧的弧线，该弧线盖住价格。

圆弧形态代表趋势运行平缓，逐渐发生变化，同时交易量形成类似的对应的盆状形态。也就是说，圆弧形态的成交量中间小，两端大。

对于圆弧顶（底）来说，当价格向下（上）突破颈线时，是第一卖出（买入）点。当价格反向运行受到颈线压制（支撑）后，是第二卖出（买入）点。

圆弧形态出现的频率较少，但一旦出现，则是非常好的交易机会。总的来说，其未来的涨跌幅度与圆弧形成的时间成正相关关系。也就是说，形成圆弧的时间越长，未来的涨跌幅度越大，反之越小。一般来讲，人们把圆弧的弦与圆弧顶部的垂直距离作为未来涨跌的第一个目标量幅。

4. V形形态

V形形态在市场剧烈变动时出现。在这种形态中，趋势往往超出预料，突然转向，一般很难把握。形成V形反转的主要条件是走势陡峭，转折点往往在恐慌交易中出现，同时伴随巨大的成交量，持仓量也会变大。

出现V形反转后，价格通常在极短的时间内回撤到原先开始加速杀跌的位置。

（二）持续形态

1. 三角形

三角形整理形态主要分为上升三角形、下降三角形、对称三角形、扩大三角形等，详细见波浪理论。

2. 矩形

矩形，也叫箱形，是一种典型的整理形态，价格绝大部分在两条横向的平行线之间上下波动。

矩形为博弈均衡整理形态，是多空双方势均力敌的表现，多空双方在箱体范围内达到均衡状态。随着时间的推移，双方热情逐步衰减，成交量减少，市场趋于平淡。

如果走势原来是上升的，那么经过一段时间的箱体整理，会继续原来的走势，多方重新获得优势，采取主动，价格突破箱体上沿。如果原来走势是下降的，则空方会采取行动，突破箱体下沿。

矩形持续时间一般是 1 ~ 3 个月。矩形波动相对于其他形态空间较大，其他形态常见的交易量萎缩现象在矩形形态中不那么明显。矩形突破后，走势运行的空间一般与该矩形的上下沿之间的距离差不多。

与其他形态不同的是，矩形为投资者提供了短线交易机会。如果在矩形早期能预测到价格以后将进行矩形整理的话，那么投资者就可以在矩形下沿买入，在矩形上沿卖出，获得短线机会，这其中的收益一般是相当可观的。

3. 楔形与旗形

楔形与旗形是常见的持续整理形态，在一个趋势中出现的频率较高。这两个形态是趋势的中途整理形态，有鲜明的运行方向，那就是与原趋势的方向相反。经过一段时间的整理之后，原来的趋势继续运行。

楔形与对称三角形类似，通常持续 1 个月以上，一般不超过 3 个月。楔形一般出现在趋势运行中，也可能出现在趋势运行的顶部或者底部形成过程中。但无论楔形出现在趋势的中间还是出现在两端，都有一个普遍的规律，上升楔形看跌，下跌楔形看涨。在形成楔形的过程中,成交量是逐渐减少的。楔形形成之前或者突破之后，成交量都很大。

旗形形态一般出现在趋势急速运行之后，成交量一般在形成形态期间较少。在旗形形态形成过程中，如果价格形成旗形而成交量为不规则或者并非逐次减少，则趋势将很快反转，不是持续整理形态。也就是说，一段上涨行情后出现旗形形态，趋势会向下反转。一段下跌趋势后出现旗形形态，趋势会向上反转。

换句话说,高成交量的旗形形态,原来趋势可能出现逆转,不会是整理形态。因此，成交量的变化在旗形走势中十分重要，它是观察和判断形态成立与否的主要方法。

第三节　主要技术指标及其应用

一、趋势型指标

（一）MA（移动平均线）

移动平均线是由美国著名投资专家葛兰碧（Joseph E.Granville）于20世纪中期提出来的。均线是当今应用最普遍的技术指标之一，能够帮助交易者确认现有趋势，判断将出现的趋势，发现过度延伸即将反转的趋势。

移动平均线是一个通用的趋势型指标，简洁实用。移动平均线是技术分析中一种分析时间序列数据的工具。它的计算方法是将某一段时间的收盘价除以该周期，比如日线MA5，指5天内的收盘价除以5 。

日线图中，常用的有5天、10天、30天、60天、120天和240天移动平均线。其中，5天和10天的短期移动平均线是短线操作的参考指标，称作日均线指标。30天和60天是中期均线指标，称作季均线指标。120天、240天是长期均线指标，称作年均线指标。

对移动平均线的考查一般从以下几个方面进行。

1. 移动平均线基本特点

（1）追踪趋势。

注意价格的趋势，并追随这个趋势，不要轻易放弃。如果从期价图表中能够找出上升或下降趋势线，那么MA曲线将保持与趋势线方向一致，能消除期价在趋势持续过程中出现的起伏。原始数据的期价图表不具备保持追踪趋势的特性。

（2）稳定性。

因为MA的变动不是一天的变动，而是几天的变动，一天的大变动被几天一分摊，变动就会变小而显不出来。通常愈长期的移动平均线，愈能表现稳定的特性，即移动平均线不轻易往上往下，必须等到期价涨势真正明朗了，移动平均线才会往上延伸。

经常出现期价开始回落之初，移动平均线却是向上的。等到期价下滑显著时，才见移动平均线走下坡，这是移动平均线最大的特色。

愈短期的移动平均线稳定性愈差，愈长期的移动平均线稳定性愈强，但也因此使得移动平均线有延迟反应的特性。

（3）滞后性。

在期价原有趋势发生反转时，由于MA具有追踪趋势的特性，MA的行动往往过于迟缓，掉头速度落后于大趋势。这是MA的一个极大弱点。等MA发出反转信号时，期价掉头的幅度已经很大了。

（4）助涨助跌性。

当期价突破了MA时，无论是向上突破还是向下突破，期价有继续向突破方向再走一程的愿望，这就是MA的助涨助跌性。

2. 移动平均线普通战法

（1）上升行情初期，短期移动平均线从下向上突破中长期移动平均线，形成的交叉叫黄金交叉。黄金交叉预示期价将上涨。MA5上穿MA10形成的交叉，MA10上穿MA30形成的交叉，均为黄金交叉。

（2）当短期移动平均线向下跌破中长期移动平均线，形成的交叉叫做死亡交叉。死亡交叉预示期价将下跌。MA5下穿MA10形成的交叉，MA10下穿MA30形成的交叉，均为死亡交叉。

不是所有的黄金交叉和死亡交叉都是进货点和出货点，原因是庄家有时会制造骗线。尤其是在上升途中或者下跌途中，庄家可能会进行震荡洗盘或震荡出货。此时，黄金交叉和死亡交叉指示的买卖点是非常不可靠的，这种情况下投资者应该小心。

（3）在上升行情进入稳定期，MA5、MA10、MA30从上而下依次顺序排列，向右上方移动，称为多头排列，预示期价将大幅上涨。

（4）在下跌行情中，MA5、MA10、MA30自下而上依次顺序排列，向右下方移动，称为空头排列，预示期价将大幅下跌。

（5）在上升行情中，期价位于移动平均线之上，走多头排列的移动平均线可视为多方的防线。当期价回档至移动平均线附近，各条移动平均线依次产生支撑力量，买盘入场推动期价再度上升，这就是移动平均线的助涨作用。

（6）在下跌行情中，期价在移动平均线的下方，呈空头排列的移动平均线可以视为空方的防线。当期价反弹到移动平均线附近时，便会遇到阻力，卖盘涌出，促使期价进一步下跌，这就是移动平均线的助跌作用。

（7）移动平均线由上升转为下降出现最高点，或者由下降转为上升出现最低点时，是移动平均线的转折点，预示期价走势将发生反转。

（8）当移动平均线在底部出现双底形态或三重底形态，是最佳买入时机。当移动平均线在顶部出现双顶形态或三重顶形态，是最佳卖出时机。

（9）移动平均线运行一段时间后，会出现波峰和波谷，这就是转折点。移动平均线的转折点非常重要，通常预示着趋势发生转变。当一种移动平均线向上运行，无法再创新高，并显示波峰状，即是期价无力创新高并可能转变趋势下行的征兆，这种转折点通常又称为卖点。在下跌过程中，移动平均线向下运行，曲线转平并掉头时波谷就出现了，即人们所说的买点。投资者应紧跟移动平均线，及时发现转折点（波峰和波谷）来寻找买卖点。

（10）移动平均线简单实用，易于掌握，很受投资人的喜爱。但它也有缺点，主要是在股指、期价窄幅整理或庄家进行震荡洗盘时，短期移动平均线会过多出现买卖信号。这类信号不易辨别，容易造成误导。另外，投资者的持仓成本对了解移动平均线也很重要。

（11）当MA10由上升转而向右下方反折下移时，MA30却仍向右上方移动，表示此段下跌是多头市场的技术性回档，涨势并未结束。

（12）如果MA30也跟随MA10向右下方反折下跌，而MA60仍然向右上方移动，表示此波段回档较深，宜采取出局观望的策略。

（13）如果MA60也跟随MA10、MA30向右下方反转下跌，表示多头市场结束，空头市场来临。

（14）盘整时，MA5、MA10、MA30会纠缠在一起。如盘局时间延长，MA60也会与之黏合在一起。

（15）大势处于盘局时，如MA5、MA10向右上方突破上升，则后市必然盘高。如MA5、MA10向右下方下行，则后市必然盘跌。

（16）空头市场中，如期价向上突破MA5、MA10并站稳，是期价在空头市场中反弹的征兆。

（17）空头市场中，如期价向上突破MA5、MA10后又站上MA30，且MA10与MA30形成黄金交叉，则反弹势将转强，后市有一定的上升空间。

（18）空头市场中，如期价先后向上突破了MA5、MA10、MA30，又突破了MA60，则后市会有一波强力反弹的中级行情，甚至空头市场就此结束，多头市场开始。

3. 葛兰碧移动平均线买卖法则

（1）移动平均线从下降逐渐走平且略向上方抬头，而期价从移动平均线下方向上方突破，为买进信号。

（2）期价在移动平均线之上运行，回档时未跌破移动平均线，之后又再度上升时，为买进时机。

（3）期价在移动平均线之上运行，回档时跌破移动平均线，但短期移动平均线继续呈上升趋势，此时为买进时机。

（4）期价在移动平均线以下运行，突然暴跌，距离移动平均线太远，极有可能向移动平均线靠近（物极必反，下跌反弹），此时为买进时机。

（5）期价在移动平均线之上运行，连续数日大涨，离移动平均线愈来愈远，说明购买期货品种者获利丰厚，随时都会产生获利回吐的卖压，应暂时卖出持仓。

（6）移动平均线从上升逐渐走平，期价从移动平均线上方向下跌破移动平均线时，说明卖压渐重，应卖出所持期货品种。

（7）期价在移动平均线下方运行，反弹时未突破移动平均线，且移动平均线跌势减缓，趋于水平后又出现下跌趋势，此时为卖出时机。

（8）期价反弹后在移动平均线上方徘徊，而移动平均线却继续下跌，宜卖出所持期货品种。

（二）MACD（平滑异同移动平均线）

MACD 是由美国杰拉尔德·阿佩尔（Geral Appel）于 1979 年提出的，又称为指数平滑异同移动平均线，是从双移动平均线发展而来的，其计算方法是由快的移动平均线减去慢的移动平均线。

MACD 指标由两线一柱共同组成，快速线为 DIF，慢速线为 DEA，柱状线为 MACD。

1.MACD 计算公式

在应用 MACD 时，先计算出快速移动平均线（即 12 日的 EMA1）和慢速移动平均线（即 26 日的 EMA2），以这两个数值之间的差值得出 DIF。然后再求出 DIF 的 9 日平滑移动平均线 DEA，最后得出 MACD 值。

（1）计算 12 日和 26 日移动平均线 EMA1 和 EMA2。

当日 EMA（12）＝前一日 EMA（12）×11/13＋当日收盘价 ×2/13

当日 EMA（26）＝前一日 EMA（26）×25/27＋当日收盘价 ×2/27

（2）计算离差值（DIF）。

DIF＝当日 EMA（12）－当日 EMA（26）

（3）计算 9 日离差平均值 DEA。

当日 DEA＝前一日 DEA × 8/10＋当日 DIF × 2/10

（4）计算 MACD。

MACD＝2 ×（DIF－DEA）

2. 参考方法

在各类投资中，有以下方法供投资者参考。

（1）当 DIF 和 MACD 均大于 0（在图形上表示为它们处于 0 线以上）并向上移动时，一般表示为行情处于多头行情中，可以买入开仓或多头持仓。

（2）当 DIF 和 MACD 均小于 0（在图形上表示为它们处于 0 线以下）并向下移动时，一般表示为行情处于空头行情中，可以卖出开仓或空仓观望。

（3）当 DIF 和 MACD 均大于 0（在图形上表示为它们处于 0 线以上）但都向下移动时，一般表示为行情处于下跌阶段，可以卖出开仓和空仓观望。

（4）当 DIF 和 MACD 均小于 0（在图形上表示为它们处于 0 线以下）但向上移动时，一般表示为行情即将上涨，期货品种将上涨，可以买入开仓或多头持仓。

（5）当 DIF 由下向上突破 DEA，形成黄金交叉，即白色的 DIF 上穿黄色的 DEA 形成交叉，或者 BAR（绿柱线）缩短，为买入信号。

（6）当 DIF 由上向下突破 DEA，形成死亡交叉，即白色的 DIF 下穿黄色的 DEA 形成交叉，或者 BAR（红柱线）缩短，为卖出信号。

（7）当期价指数逐波升高，而 DIF 及 DEA 并不是同步上升，而是逐波下降，与期价走势形成顶背离，则预示期价即将下跌。如果此时出现 DIF 两次由上向下穿过 DEA，形成两次死亡交叉，则期价将大幅下跌。

（8）震荡行情中，该指标将失真。当价格并不是自上而下或者自下而上运行，而是保持水平方向移动时，称为牛皮市道，此时将在 MACD 指标中产生虚假信号。牛皮市道中，指标 DIF 线与 MACD 线的交叉十分频繁，同时柱状线的收放也频频出现，颜色常常由绿转红或者由红转绿，此时 MACD 指标处于失真状态，使用价值相应降低。

（三）BOLL（布林通道）

BOLL 指标是美国期市分析家约翰·布林格（John Bollinger）根据统计学中的标

准差原理，设计出来的一种非常简单实用的技术分析指标。

一般而言，期价运动总是围绕某一价值中枢（如均线、成本线等）在一定范围内变动，BOLL 指标也会随着期价的变化自动调整。由于该指标具有灵活性、直观性和趋势性等特点，渐渐成为投资者广泛使用的市场热门指标。

BOLL 指标即布林指标，又叫布林线指标。BOLL 指标是一种非常简单实用的技术分析指标，是研判市场中长期运动趋势的一种重要技术分析工具。

BOLL 指标由三条线组成，即 BOLL 指标上轨线、BOLL 指标中轨线、BOLL 指标下轨线。BOLL 指标通过这三条线之间的关系，再结合其他指标，成为研判趋势的有效工具。

BOLL 指标还引入了“价格通道”概念，通过市场价格通道的宽窄与期价波动的大小，来判断市场的未来趋势。

1.BOLL 指标计算方法

BOLL 指标计算中引进了统计学中的标准差概念，涉及中轨线（MB）、上轨线（UP）和下轨线（DN）的计算。以日 BOLL 指标计算为例，其计算方法如下。

（1）计算公式。

中轨线＝N 日的移动平均线

上轨线＝中轨线＋两倍的标准差

下轨线＝中轨线－两倍的标准差

（2）计算过程。

①计算 MA。

MA ＝ N 日内的收盘价之和 ÷N

②计算标准差 MD。

MD ＝平方根（N － 1）日的（C － MA）的两次方之和除以 N

③计算 MB、UP、DN 线。

MB ＝（N － 1）日的 MA

UP ＝ MB ＋ k × MD

DN ＝ MB － k × MD

（k 为参数，可以根据实际情况做相应的调整，一般默认为 2。）

2.BOLL 指标一般研判标准

BOLL 指标一般通过三条 BOLL 指标线，即上轨线、中轨线、下轨线之间的关系来判断期价今后的走势，从而确定下一步的操作策略。

（1）当 BOLL 指标的上轨、中轨、下轨线同时向上运行时，表明市场强势特征非常明显，短期内价格将继续上涨，投资者应坚决持有做多。

（2）当 BOLL 指标的上轨、中轨、下轨线同时向下运行时，表明市场弱势特征非常明显，短期内将继续下跌，投资者应坚决做空。

（3）当 BOLL 指标的上轨线向下运行，而中轨线和下轨线还在向上运行时，表明市场处于整理态势之中。如果市场处于长期上升趋势，则表明目前进行的是市场上涨途中的强势整理，投资者可以持多待涨或逢低做多。如果市场处于长期下跌趋势时，则表明市场进入下跌途中的弱势整理，投资者应以持空待跌或逢高做空为主。

（4）BOLL 指标的上轨线向上运行，中轨线和下轨线同时向下运行的可能性非常小，这里不作研判。

（5）当 BOLL 指标的上轨、中轨、下轨线几乎同时处于水平方向横向运行时，则要看市场目前的走势处于什么样的位置来判断。

3.K 线与布林线结合研判

（1）当 K 线从布林线中轨线以下向上突破布林线中轨线时，预示期价的强势特征开始出现，期价将上涨，投资者应以中长线进场做多为主。

（2）当 K 线从布林线中轨线以上向上突破布林线上轨线时，预示期价的强势特征已经确立，期价将可能短线大涨，投资者应以持有待涨或短线买入为主。

（3）K 线向上突破布林线上轨线以后，K 线运动方向继续向上时，如果布林线上轨、中轨、下轨线的运动方向也同时向上，则预示期市强势特征依旧，期价短期内还将上涨，投资者应坚决持有待涨。直到 K 线运动方向开始有掉头向下的迹象时，再密切注意行情是否转势。

（4）K 线在布林线上方向上运动了一段时间后，如果 K 线的运动方向开始掉头向下，投资者应格外小心。一旦 K 线掉头向下并突破布林线上轨线时，预示着期价短期的强势行情可能结束，期价短期内将大跌，投资者应及时短线卖出期货品种，离场观望。特别是对于那些短线涨幅很大的期货品种。

（5）当 K 线从布林线上方向下突破布林线上轨线后，如果布林线上轨、中轨、下轨线的运动方向也开始同时向下，预示着期价的短期强势行情即将结束，期价短期走势不容乐观，投资者应以逢高减磅为主。

（6）当K线从布林线中轨线上方向下突破布林线中轨线时，预示期价前期的强势行情已经结束，期价的中期下跌趋势已经形成，投资者应中线及时卖出期货品种。如果布林线的上轨、中轨、下轨线也同时向下，则更能确认下跌趋势。

（7）当K线向下跌破布林线下轨线并继续向下时，预示期价处于极度弱势行情，投资者应坚决以持币观望为主，尽量不进场做多。

（8）当K线在布林线下轨线运行了一段时间后，如果K线的运动方向有掉头向上的迹象时，表明期价短期内将止跌企稳，投资者可以少量逢低建仓。

（9）当K线从布林线下轨线下方向上突破布林线下轨线时，预示期价的短期行情可能回暖，投资者可以及时适量买进期货品种，做短线反弹行情。

（10）当K线一直处于中轨线上方，并和中轨线一起向上运动时，表明期价处于强势上涨过程中，只要K线不跌破中轨线，投资者应坚决一路持有。

（11）当K线一直处于中轨线下方，并和中轨线一起向下运动时，表明期价处于弱势下跌过程中，只要K线不向上反转突破中轨线，稳健的投资者都可一路观望。

4.BOLL指标喇叭口研究

BOLL指标独特的研判手段就是喇叭口研判。所谓BOLL指标喇叭口，是指在市场价格运行过程中，BOLL指标的上轨线和下轨线分别从两个相反的方向与中轨线大幅扩张或靠拢，形成类似于喇叭口的特殊形状。

根据布林线上轨线和下轨线运行方向和所处的位置不同，可以将喇叭口分为开口型喇叭口、收口型喇叭口和紧口型喇叭口三种类型。

开口型喇叭口形态常出现在期货品种短期内暴涨行情的初期，收口型喇叭口形态常出现在期货品种暴跌行情的初期，紧口型喇叭口形态则常出现在期价大幅下跌的末期。

（1）BOLL指标开口型喇叭口。

当市场经过长时间的底部整理后，BOLL指标的上轨线和下轨线逐渐收缩，上下轨线之间的距离越来越小。市场价格突然出现向上急速飙升的行情，此时BOLL指标上轨线也同时急速向上扬升，而下轨线却加速向下运动，这样BOLL指标上下轨线之间的形状就形成了一个类似于大喇叭的特殊形态，通常把BOLL指标的这种喇叭口称为开口型喇叭口。

开口型喇叭口是一种显示市场短线大幅向上突破的形态，它是市场经过长时间的低位横盘筑底后，面临向上变盘时所出现的一种走势。BOLL指标上下轨线出现方向截然相反而力度却很大的走势，预示着多头力量逐渐强大，空头力量逐步衰竭，市场正处于短期大幅拉升行情之中。对于开口型喇叭口形态的出现，投资者如能及时短线做多，定会获利丰厚。

（2）BOLL 指标收口型喇叭口。

当市场经过短时间的大幅拉升后，BOLL 指标的上轨线和下轨线逐渐扩张，上下轨线之间的距离越来越大，随着成交量的逐步减少，市场价格在高位出现了急速下跌行情。此时 BOLL 指标上轨线开始急速掉头向下，下轨线还在加速上升，这样 BOLL 指标上下轨线之间的形状，就变成一个类似于倒过来的大喇叭的特殊形态，通常把 BOLL 指标的这种喇叭口称为收口型喇叭口。

收口型喇叭口形态的确立，以上轨线开始掉头向下，价格向下跌破短期均线为准。出现收口型喇叭口形态，投资者如能及时做空，则会获取比较大的收益。

（3）BOLL 指标紧口型喇叭口。

当市场经过长时间的下跌后，BOLL 指标的上下轨线向中轨线逐渐靠拢，上下轨线之间的距离越来越小，市场价格在低位反复震荡，此时 BOLL 指标的上轨线还在向下运动，而下轨线却在缓慢上升。这样，BOLL 指标上下轨线之间的形状就变成一个类似于倒过来的小喇叭的特殊形态，通常把 BOLL 指标的这种喇叭口称为紧口型喇叭口。当紧口型喇叭口出现后，投资者既可以观望等待，也可以少量建多仓。

（四）DMI（动向指标或趋向指标）

DMI 指标又叫动向指标或趋向指标，英文全称为“Directional Movement Index”，简称 DMI，是由美国技术分析大师威尔斯·威尔德创造的一种中长期市场分析方法。该指标通过分析期货品种价格在涨跌过程中买卖双方力量均衡点的变化情况，即多空双方的力量变化受价格波动的影响而发生由均衡到失衡的循环过程，从而提供对趋势判断的依据。

DMI 指标的计算方法和过程比较复杂，涉及 DM、TR、DX 等几个计算指标和 +DI（即 PDI）、-DI（即 MDI）、ADX 和 ADXR 等 4 个研判指标的运算。

1. 计算的基本程序

以计算日 DMI 指标为例，其运算的基本程序如下。

（1）按一定的规则比较每日期价波动产生的最高价、最低价和收盘价，计算出每日期价波动的真实波幅、上升动向值、下降动向值 TR、+DI、-DI。在运算基准日基础上按一定的天数将其累加，以求 n 日的 TR、+DM 和 DM 值。

（2）将 n 日内的上升动向值和下降动向值分别除以 n 日内的真实波幅值，从而求出 n 日内的上升指标 +DI 和下降指标 –DI。

（3）通过 n 日内的上升指标 +DI 和下降指标 –DI 之间的差和之比，计算出每日的动向值 DX。按一定的天数将 DX 累加后平均，求得 n 日内的平均动向值 ADX。再通过当日的 ADX 与前面某一日的 ADX 相比较，计算出 ADX 的评估数值 ADXR。

2. 计算当日动向值

动向指数的当日动向值分为上升动向、下降动向和无动向三种情况，每日的当日动向值只能是三种情况中的一种。

（1）上升动向（+DM）。

+DM 代表正趋向变动值即上升动向值，其数值等于当日的最高价减去前一日的最高价，如果数值小于或等于 0 则 +DM = 0。

（2）下降动向（–DM）。

–DM 代表负趋向变动值即下降动向值，其数值等于前一日的最低价减去当日的最低价，如果数值小于或等于 0 则 –DM = 0。注意 –DM 也是非负数。

再比较 +DM 和 –DM，较大的那个数字保持，较小的数字归 0。

（3）无动向。

无动向代表当日动向值为 0 的情况，即当日的 +DM 和 –DM 同时等于 0。有两种期价波动情况下可能出现无动向。一是当日的最高价低于前一日的最高价，并且当日的最低价高于前一日的最低价，二是当上升动向值正好等于下降动向值。

3. 计算真实波幅（TR）

TR 代表真实波幅，是当日价格较前一日价格的最大变动值。取以下三项差值中的最大值（取绝对值）为当日的真实波幅。

（1）当日的最高价减去当日的最低价的价差。

（2）当日的最高价减去前一日的收盘价的价差。

（3）当日的最低价减去前一日的收盘价的价差。

TR 是（1）、（2）、（3）中的数值最大者。

4. 计算方向线 DI

方向线 DI 是衡量期价上涨或下跌的指标，分为上升指标和下降指标。在有的期市分析软件上，+DI 代表上升方向线，–DI 代表下降方向线。

其计算公式如下。

+DI =（+DM ÷ TR）× 100

–DI =（–DM ÷ TR）× 100

要使方向线具有参考价值，必须运用平滑移动平均原理对其进行累积运算。以 12 日作为计算周期为例，先将 12 日内的 +DM、–DM 及 TR 平均，所得数值分别为 +DM12、–DM12 和 TR12，具体公式如下。

+DI（12）=（+DM12 ÷ TR12）× 100

–DI（12）=（–DM12 ÷ TR12）× 100

计算第 13 天的 +DI12、–DI12 或 TR12 时，只要利用平滑移动平均公式运算即可。

上升或下跌方向线的数值永远介于 0 与 100 之间。

5. 计算动向平均数 ADX

依据 DI 值可以计算出 DX 指标值。其计算方法是将 +DI 和 –DI 间的差的绝对值除以总和的百分比，得到动向指数 DX。由于 DX 的波动幅度比较大，一般以一定周期的平滑方法计算，得到平均动向指标 ADX。

具体公式如下。

DX =（DI DIF ÷ DI SUM）× 100

其中，DI DIF 为上升指标和下降指标的差的绝对值，DI SUM 为上升指标和下降指标的总和，ADX 就是 DX 的一定周期 n 的移动平均值。

6. 计算评估数值 ADXR

在 DMI 指标中还可以添加 ADXR 指标，以更有利于行情的研判。

ADXR 的计算公式如下。

ADXR =（当日的 ADX ＋前一日的 ADX）÷ 2

和其他指标的计算一样，由于选用的计算周期不同，DMI 指标也包括日 DMI 指标、周 DMI 指标、月 DMI 指标、年 DMI 指标以及分钟 DMI 指标等各种类型。

经常用于期市研判的是日 DMI 指标和周 DMI 指标，虽然它们计算时的取值有所不同，但基本的计算方法一样。另外，随着期市软件分析技术的发展，投资者只需掌握 DMI 指标的基本原理和计算方法，无须去计算指标的数值。

7.DMI 指标主要用于判断市场趋势。

在应用中，DMI 指标的研判主要集中在两个方面，一方面是分析上升指标 +DI、下降指标 –DI 和平均动向指标 ADX 之间的关系，另一方面是对行情的趋势及转势特征进行判断。其中，+DI 和 –DI 两条曲线的走势关系是判断能否买卖的信号，ADX

则是判断未来行情发展趋势的信号。

上升指标 +DI 和下降指标 –DI 的研判功能如下。

（1）当期价走势向上发展，同时 +DI 从下方向上突破 –DI 时，表明市场上有新多买家进场，为买入信号。如果 ADX 伴随上升，则预示期价的涨势可能更强劲。

（2）当期价走势向下发展，同时 +DI 从上向下突破 –DI 时，表明市场上做空力量加强，为卖出信号。如果 ADX 伴随下降，则预示跌势将加剧。

（3）当期价维持某种上升或下降行情时，+DI 和 –DI 的交叉突破信号比较准确。但当期价维持盘整时，则 +DI 和 –DI 交叉发出的买卖信号无效。

8. 平均动向指标 ADX 的研判功能

ADX 为动向值 DX 的平均数，DX 是根据 +DI 和 –DI 两数值的差和对比计算出来的百分比。利用 ADX 指标能更有效地判断市场行情的发展趋势。

（1）判断行情趋势。

①当行情走势由横盘向上发展时，ADX 值会不断递增。当 ADX 值高于前一日时，可以判断当前市场行情仍在维持原有的上升趋势，即期价将继续上涨。如果 +DI 和 –DI 同时增加，则表明当前上升趋势十分强劲。

②当行情走势进入横盘阶段时，ADX 值会不断递减。判断行情时，应结合期价走势 +DI 和 –DI 进行判断。

③当行情走势由盘整向下发展时，ADX 值会不断递减。当 ADX 值低于前一日时，可以判断当前市场行情仍维持原有的下降趋势，即期价将继续下跌。如果 +DI 和 –DI 同时减少，则表明当前的跌势将延续。

（2）判断行情是否盘整。

当市场行情在一定区域内小幅横向盘整时，ADX 值会出现递减的情况。当 ADX 值降至 20 以下，且呈横向窄幅移动时，可以判断行情为牛皮盘整，上升或下跌趋势不明朗，投资者应以观望为主，不可依据 +DI 和 –DI 的交叉信号来买卖期货品种。

（3）判断行情是否转势。

当 ADX 值在高点由升转跌时，预示行情即将反转。在涨势中，ADX 在高点由升转跌，预示涨势即将告一段落。在跌势中，ADX 值从高位回落，预示跌势可能停止。

9.DMI 指标实战技巧

DMI 指标的实战技巧，主要集中在 DMI 指标的 PDI、MDI、ADX 和 ADXR 这四条曲线的交叉情况以及 PDI 曲线所处的位置和运行方向等两个方面。

（1）买卖功能。

①当 DMI 指标中的 PDI、MDI、ADX 和 ADXR 这四条曲线在 20 附近一段狭小的区域内窄幅盘整，如果 PDI 曲线先后向上突破 MDI、ADX、ADXR 曲线，同时期价也带量向上突破中长期均线时，意味着市场上多头主力比较强大，期价短期内将进入强势拉升阶段，这是 DMI 指标发出的买入信号。

②当 DMI 指标中的 PDI、MDI、ADX 和 ADXR 这四条曲线在 20 ~ 40 这段区域内作宽幅整理，如果 PDI 曲线先后向下跌破 ADX 和 ADXR 曲线时，应密切注意行情会不会反转向下。一旦 PDI 曲线向下跌破 MDI 曲线，同时期价也向下突破中长期均线，则意味着市场上空头主力比较强大，期价短期内还将下跌，这是 DMI 指标发出的卖出信号。

（2）持仓、持币功能。

①当 DMI 指标中的 PDI 曲线分别向上突破 MDI、ADX、ADXR 后，一直在这三条曲线上运行，同时期价也依托中长期均线向上扬升，则意味着市场上多头力量依然占据优势，期价还将上涨，这是 DMI 指标比较明显的持有信号。只要 PDI 曲线没有向下跌破这三条曲线中的任何一条，就可以坚决持仓待涨。

②当 DMI 指标中的 PDI 曲线分别向上突破 MDI、ADX、ADXR 后，经过一段时间的高位盘整，PDI 曲线向下跌破 ADX 曲线，但在 ADXR 处获得支撑，并重新掉头上行，同时期价也在中期均线附近获得支撑，则表明市场强势依旧，期价还将上扬，这也是 DMI 指标的持有信号，投资者还可以短线持仓待涨。

③当 DMI 指标中的 PDI 曲线向下跌破 MDI、ADX、ADXR 后，如果 PDI 曲线一直运行在这三条线下方，并且在 20 以下区域作水平或向下运动，同时期价也被中长期均线压制下行，则意味着市场上空头力量占绝对优势，期价还将继续下跌，这是 DMI 指标比较明显的持币信号。只要 PDI 曲线没有向上突破这三条曲线中的任何一条，就应坚决持币观望。

10. 指标区分使用

（1）多空指标。

多空指标包括 +DI 多方、–DI 空方。

① +DI 在 –DI 上方，期货品种行情以上涨为主。+DI 在 –DI 下方，期货品种行情以下跌为主。在期货品种上涨行情中，当 +DI 向上交叉 –DI，是买进信号。相反，

当 +DI 向下交叉 –DI，是卖出信号。

② –DI 从 20 以下上升到 50 以上，期货品种价格很有可能会有一波中级下跌行情。

③ +DI 从 20 以下上升到 50 以上，期货品种价格很有可能会有一波中级上涨行情。

④ +DI 和 –DI 以 20 为基准线上下波动时，表明该期货品种多空双方处于拉锯战，期货品种价格以箱体整理为主。

（2）趋向指标。

趋向指标包括 ADX 和 ADXR。ADX 和 ADXR 是 +DI 和 –DI 的引导指标，同时也是判断期货品种行情的趋势指标。

①当 ADX 从上方向下穿越 ADXR 时，形成的交叉叫做死叉。当 ADX 与 ADXR 形成死叉时，预示期货品种上涨行情将终结。如果 ADX 和 ADXR 下行至 20 左右并交织波动时，说明期货品种将横盘整理，没有上涨行情。

②当 ADX 在 50 以上反转向下时，不管期货品种价格是上涨还是下跌，都预示着行情即将反转。

③当 ADX 从下方上穿 ADXR 时，形成的交叉叫做金叉。当 ADX 与 ADXR 发生金叉时，预示着期货品种将出现一波上涨行情。ADX 和 ADXR 运行至 50 以上时，将可能产生一轮中级以上行情。ADX 和 ADXR 上行至 80 以上时，那么市场将很有可能走出翻倍以上的大行情。

④当四根线间距收窄时，表明期货品种行情处于盘整中，DMI 指标失真。

（五）SAR（停损转向指标或抛物线指标）

抛物线转向指标（SAR），也称停损点转向指标，是利用抛物线方式，随时调整停损点位置以观察买卖点的指标。由于停损点以弧形的方式移动，故称为抛物线转向指标。其全称叫“Stop and Reveres”，缩写 SAR，由美国技术分析大师威尔斯·威尔德（Wells Wilder）创造，是一种简单易学、比较准确的中短期技术分析工具。

从 SAR 指标英文全称有两层含义。

一是“stop”，即停损、止损的意思，这就要求投资者在买卖某个期货品种之前，先要设定一个止损价位，以减少投资风险。这个止损价位也不是一成不变的，随着期价的波动，止损位也要不断地随之调整。

如何既可以有效地控制潜在的风险，又不会错失赚取更大收益的机会，是每个投资者追求的目标。但是期市情况变幻莫测，而且不同的期货品种不同时期的走势又各不相同，如果止损位设得过高，就可能出现期货品种在其调整回落时卖出，而卖出的期货品种却从此展开一轮新的升势，错失了赚取更大利润的机会。反之，止损位定得过低，就起不到控制风险的作用。如何准确地设定止损位，是各种技术分析理论和指标阐述的一个目的，而SAR指标在这方面有其独到的功能。

SAR指标英文全称的第二层含义是“Reverse”，即反转、反向操作之意，这就要求投资者在决定投资期货品种前，先设定一个止损位。当价格达到止损价位时，投资者不仅要对前期买入的期货品种进行平仓，而且在平仓的同时，可以进行反向做空操作，以谋求收益最大化。

这种方法在有做空机制的期货市场可以操作，国内股票市场不允许做空，但投资者也可以使用这个指标。使用该指标主要有两种方法，一是在股价向下跌破止损价位时及时抛出，之后持币观望。二是当股价向上突破SAR指标显示的股价压力位时，及时买入股票或持股待涨。

1. 计算方法

（1）先选定一段时间判断为上涨或下跌。

若是看涨，则第一天的SAR值必须是近期内的最低价。若是看跌，则第一天的SAR须是近期的最高价。

第二天的SAR，则为第一天的最高价（看涨时）或是最低价（看跌时）与第一天的SAR的差距乘上加速因子，再加上第一天的SAR。

（2）每日的SAR都可以用上述方法类推，归纳公式如下。

SAR（n）= SAR（n − 1）+ AF【EP（n − 1）− SAR（n − 1）】

SAR（n）=第n日的SAR值，SAR（n − 1）=第（n − 1）日的SAR值。

AR：加速因子。

EP:极点价。若是看涨一段期间,则EP为这段期间的最高价。若是看跌一段期间,则EP为这段期间的最低价。

EP（n − 1）：第（n − 1）日的极点价。

加速因子第一次取0.02。假若第一天的最高价比前一天的最高价还高，则加速因子增加0.02。若无新高，则加速因子沿用前一天的数值，但加速因子最高不能超过0.2。下跌以此类推。

看涨期间，若是计算出某日的SAR比当日或前一日的最低价高，则应以当日或前一日的最低价为某日之SAR。看跌期间，若是计算某日之SAR比当日或前一日的最高价低，则应以当日或前一日的最高价为某日之SAR。

（3）在计算 SAR 值时，要注意以下几项原则。

①第一次计算 SAR 值时，须由明显高低点起的第 n 天开始。如果是看涨行情，则 SAR（0）为底部最低价。如果是看跌行情，则 SAR（0）为顶部的最高价。

②加速因子 AF 有向上加速因子和向下加速因子的区分。若是看涨行情，则为向上加速因子。若是看跌行情，则为向下加速因子。

③加速因子 AF 的初始值一直是以 0.02 为基数。如果是在看涨行情中买入期货品种后，某天的最高价比前一天的最高价还要高，则加速因子 AF 递增 0.02，并入计算。但加速因子 AF 最高不超过 0.2。看跌行情以此类推。

④在看涨行情中，如果计算出的某日 SAR 值比当日或前一日的最低价高，则应以当日或前一日的最低价为该日的 SAR 值。

⑤在看跌行情中，如果计算出的某日 SAR 值比当日或前一日的最高价低，则应以当日或前一日的最高价为某日的 SAR 值。总之，SAR 值不得定于当日或前一日的行情价格变动幅度之内。

⑥任何一次行情转变，加速因子 AF 都必须重新由 0.02 起算。

⑦ SAR 指标的计算基准周期参数为 2，如 2 日、2 周、2 月等，其计算周期的参数变动范围为 2 ~ 8。

⑧ SAR 指标的计算方法和过程比较烦琐，对于投资者来说，只要掌握其演算过程和原理即可，在实际操作中，并不需要投资者自己计算 SAR 值。更重要的是，投资者要灵活掌握和运用 SAR 指标的研判方法与功能。

2.SAR 指标的运用

买卖时机是价位穿过SAR时,也就是向下跌破SAR便卖出,向上越过SAR就买进。

3.SAR 指标的一般研判标准

SAR 指标的研判标准主要包括以下四个方面。

（1）当期货品种期价从 SAR 曲线下方开始向上突破 SAR 曲线时，为买入信号，预示期价一轮上升行情可能展开，投资者应迅速及时地买进期货品种。

（2）当期货品种期价向上突破 SAR 曲线后继续向上运动，SAR 曲线也同时向上运动时，表明期价的上涨趋势已经形成，SAR 曲线对期价构成强劲的支撑，投资者应坚决持有待涨或逢低加码买进期货品种。

（3）当期货品种期价从 SAR 曲线上方开始向下突破 SAR 曲线时，为卖出信号，预示期价一轮下跌行情可能展开，投资者应迅速及时地卖出期货品种。

（4）当期货品种期价向下突破 SAR 曲线后继续向下运动，SAR 曲线也同时向下运动，表明期价的下跌趋势已经形成，SAR 曲线对期价构成巨大的压力，投资者应坚决持币观望或逢高减磅。

4.SAR 指标的特殊研判标准

SAR 指标的运行角度和运行时间。

（1）当 SAR 曲线向下运行的角度大于 45° 时，说明空方力量比较强大，期价的跌势比较迅猛，期价还将继续下跌。此时，投资者应坚决持币观望，不宜轻易抢反弹。

（2）当 SAR 曲线向上运行的角度大于 45° 时，如果 SAR 曲线已经向上运行了很长一段时间，并且期价短期内涨幅过大时，说明多方力量消耗过大，期价将随时可能反转向下。此时投资者应密切关注 SAR 曲线的走势，一旦 SAR 指标发出明显的卖出信号，应坚决清仓离场。

（3）当 SAR 曲线向上运行的角度大于 45° 时，如果 SAR 曲线刚刚向上运行，说明多方力量开始积聚，期价将继续向上攀升。此时，投资者应坚决持有待涨。

（4）当 SAR 曲线向下运行的角度小于 45° ，并且 SAR 曲线向下持续运行了很长一段时间（最少 3 个月以上），一旦期价向上突破 SAR 曲线，则表明期价的中长期下跌趋势可能结束，投资者可以开始逢低买入期货品种。

（5）当 SAR 曲线向上运行的角度小于 45° 时，如果 SAR 曲线已经向下运行了很长一段时间，或者在低位盘整了很长一段时间（最少 3 个月以上），说明空方的力量已经衰竭，多方力量开始加强，期价的一轮新的涨升行情已经展开，期价将继续上涨。此时，投资者应坚决持有待涨。

5.SAR 指标实战技巧

SAR 指标的构造比较简单，研判方法简洁明了。对于普通投资者来说，它不失为一个难得的分析工具。

为了使预测结果更加准确，这里介绍一下周 SAR 和周 MACD 相配合的分析方法。下面以行情分析软件上的（10、2、20）周 SAR 指标和（26、12、9）周 MACD 的配合研判为例，来揭示 SAR 指标的买卖和观望功能。

（1）买卖信号。

①经过相当长一段时间的下跌行情后，期价 K 线越来越靠近周 SAR 指标一直下压的绿圆圈，一旦期价 K 线（或美国线）放量向上突破周 SAR 指标的绿圆圈，同时周 MACD 指标在 0 线附近也形成金叉时，意味着下跌趋势已经结束，期价将反转向上。

这是周 SAR 指标发出的中长线买入信号，此时投资者应及时买入期货品种。

②当期价 K 线运行在周 SAR 指标上方时，一旦期价跌破周 SAR 指标，使周 SAR 曲线由向上的红圆圈变成向下的绿圆圈，同时周 MACD 指标也开始在中高位形成死叉时,这是周 SAR 指标发出的中长线卖出信号,此时投资者应及时卖出期货品种。

（2）持有、持币信号。

①当期价 K 线一直依托周 SAR 曲线的红圆圈向上运行，同时周 MACD 指标中的 MACD 曲线和 DIF 曲线运行方向也是向上时，意味着期价的上升趋势还将继续，这是周 SAR 指标发出的中线持有信号。只要红圆圈没有消失，投资者就可以一路持有待涨。

②期价 K 线向下跌破周 SAR 曲线后，一直被周 SAR 曲线的绿圆圈压制下行，周 MACD 指标中的 MACD 曲线和 DIF 曲线的运行方向也同时向下时，意味着期价的中长期下跌趋势还将继续，这是周 SAR 指标发出的中长线持币观望信号。只要绿圆圈没有消失，投资者就应该一路持币观望。

6. 巧用 SAR 指标设立止损

SAR 指标能用量化的价格给出止损点位和反转点。

SAR 的实质就是多空立场的转变过程。当期价在停损点之上时,保留手中的头寸,也就是持看多的态度，是多方。期价跌破停损点之后，应将手中的头寸抛出，也就是说持看空的态度，是空方。由多方变成空方，完全由期价突破停损点而定，停损点就是多空转变的分界线。这也是 SAR 称为停损转向指标的原因。

7.SAR 指标的特点

（1）操作简单，买卖点明确。出现买卖信号即可进行操作，特别适合于入市时间不长，投资经验不丰富，缺乏买卖技巧的中小投资者使用。

（2）适合于连续拉升的“牛股”，不会轻易被主力震仓和洗盘赶出局。

（3）适合于连续阴跌的“熊股”，不会被下跌途中的反弹诱多蒙骗。

（4）适合于中短线波段操作。

（5）长期使用 SAR 指标，虽不能买在最低价，也不能卖在最高价，但可以避免长期套牢的危险，同时又能避免错失牛股行情。

（6）SAR 与实际价格、周期长短有密切关系，可适应不同周期期价的波动特性。

（7）盘局中，经常交替出现买卖信号，失误率较高。

（六）四周规则

周规则又称海龟交易法，是由理查德·唐迁（Richard Donchian）发明的，它是一种追随趋势的完整的自动交易系统，最初以四周的形式出现。

《金融评论》曾发表过一篇论文，里面刊载了10年间对20多种技术型交易系统的测试和研究结论，其中周规则名列榜首，紧随其后的是移动平均线。

周规则是顺应趋势的，可借助其对类似移动平均线交叉后形成的反转信号进行过滤。如MA5向上突破MA10形成上攻趋势时，周规则亦出现向上突破信号，形成共振，进而确认突破有效与否。

四周规则虽然时间跨度较大，但其顺应趋势，言简意赅，不成则已，一成必见血封喉。

第一，只要价格涨过前四周内的最高价，就平掉空头仓位并做多。

第二，只要价格跌破前四周内的最低价，就平掉多头仓位并做空。

假突破：当出现四周突破并建立头寸之后，如果行情朝相反方向运行一到两周，投资者应平掉该头寸，确认其为假突破，并等待下一个四周突破信号出现时再入市。

具体市场具体分析，周规则可以进一步优化，并不局限于四周突破。如美林公司商品研究报告写道，糖期货市场最好采用五周规则，大豆市场最佳选择是两周规则。

周规则一般适用于所有时间周期，包括筑顶、筑底、回调和牛熊市的大涨大跌。

这里特别强调出现牛熊市时的操作方法。很多投资者认为，当行情连续多日暴跌后，出现反弹的概率会升高，这属于一种心理悖论。

举个简单的例子，投掷硬币每次得到头像的概率是50%，连续8次都是头像的概率是1/256。这时很多人都会认为第九次是反面，因为太久没有出现反面了。也有人可能会回答是头像，因为前面总是出现头像。

事实上，这两种解释都不对。第9次投掷硬币，与前面8次的结果没有任何逻辑关系，也没有记忆，因此第9次掷出头像的概率依然是50%。从交易层面上讲，就是很多投资者抛开技术面和基本面，主观地认为多日暴涨和暴跌后的行情应该如何走，这是一种非常不理性的投资行为。

为了避免在无趋势时产生的错误开仓信号，尽量保护手中的利润，可以将四周规则用于开仓，而将两周规则用于平仓。同时，它不仅可以当作交易系统使用，还可以当作辨别趋势是否反转的工具。

如果你是一位系统化交易者，那么通过优化周规则并在其基础上进行交易，这是最好的选择，因为它已被证明具备在任何市场中获利的能力。

最后需要指出的是，使用周规则应该始终如一地按照它的指示去操作，往往一年甚至几年的利润就在一次信号之中获得。

二、摆动型指标

摆动指标附属于基本的趋势分析，从这个意义上说，它只是一种第二位的指标。市场主要趋势是压倒一切的，顺着趋势方向交易这一原则具有重要意义。然而，在某些场合，随机摆动指标也有其重要作用。

例如，在一场重要趋势即将来临时，摆动指标分析不仅用处不大，甚至可能使投资者误入歧途。但当市场价格运动接近趋势尾声时，摆动指标就极有价值了，特别是此时出现的背离现象，就是非常重要的警示信号。

（一）摆动指标几种重要用途

当价格处于上升趋势、下降趋势时，趋势指标和趋势分析方法对指导交易有很好的帮助。当价格处于横向延伸时，价格将在一定的区域内震荡，此时的摆动指标往往很有效果。特别是在摆动指标出现如下几种情况时，摆动指标很有意义，这几种情况对绝大多数摆动指标来说都是共通的。

（1）当摆动指标的值达到上边界或下边界的极限值时最有意义。如果接近上边界，表明市场处于所谓的超买状态。如果接近下边界，市场就处于所谓的超卖状态。这两种情况都是警讯，表示市场趋势走得太远，开始有些脆弱起来。

（2）当随机指标处于极限位置，并且随机指标与价格变化之间出现了背离现象时，通常构成重要的预警信号，特别是连续出现多次背离现象。

（3）如果随机指标顺着市场趋势的方向穿越0线，可能是重要的买卖信号。

（4）在价格呈现延伸趋势时，要重点关注随机指标的效果，这样操作比较理想。

（二）两种重要的背离现象

（1）摆动指标处在上限位置，甚至摆动指标在上限位置经过很长时间的钝化。之后摆动指标开始向下移动，或摆动指标的高点逐步降低，但价格并没有随摆动指标下移，甚至价格不跌反涨，此时价格与摆动指标就构成了顶背离。该背离构成了重要的预警信号。

（2）摆动指标处在下限位置，甚至摆动指标在下限位置经过很长时间的钝化。之后摆动指标开始向上移动，或摆动指标的低点逐步抬高，但价格并没有随摆动指标的上移而上涨，甚至价格不涨反跌，此时价格与摆动指标就构成了底背离。该背离构成了重要的预警信号。

（三）威廉指标（W%R）

威廉指标（W%R）是由美国拉瑞·威廉姆斯（Larry Williams）于 1973 年首创的，W%R 指标是一个振荡指标。W%R 指标主要是利用分析周期内的最高价、最低价及周期结束的收盘价这三者之间的关系展开分析的。

威廉指标计算公式如下。

n 日 W%R =（Hn − Ct）/（Hn − Ln）×100

其中 Ct 为当天的收盘价，Hn 和 Ln 是最近 n 日内（包括当天）出现的最高价和最低价。

W%R 指标表示的含义是当天的收盘价在过去一段日子的全部价格范围内所处的相对位置。如果 W%R 的值比较大，当天的价格处在相对较低的位置，要注意反弹。如果 W%R 的值比较小，当天的价格处在相对较高的位置，要注意回落。W%R 取值居中，在 50 左右，则价格上下的可能性都有。

1. 买卖原则

当 W%R 高于 80%，即处于超卖状态，表明行情即将见底，应当考虑买入。W%R 低于 20%，即处于超买状态，表明行情即将见顶，应当考虑卖出。

W%R 进入高位后，一般要回头。如果这时期价还在继续下跌，这就产生了背离，是进货的信号。

W%R 进入低位后，一般要反转。如果这时期价还在继续上升，这就产生了背离，是卖出的信号。

W%R 连续几次撞顶（底），局部形成双重或多重顶（底），则是进货（出货）的信号。

2.W%R 曲线的形状

当 W%R 曲线从超卖区开始向上爬升，超过 80 这条买入线时，说明行情可能向上突破，是提示买入的信号。

当 W%R 曲线从超买区开始向下回落，跌破 20 这条卖出线时，说明行情可能向下反转，是提示卖出的信号。

当 W%R 曲线由超卖区向下突破 50 这条多空平衡线时，说明期价涨势较强，可考虑短线加码买入。

当 W%R 曲线由超买区向上突破 50 这条多空平衡线时，说明期价跌势较强，可考虑短线加码卖出。

3.W%R 指标的特殊分析方法

（1）顶背离。

当期价 K 线图上的期货品种走势一峰比一峰高，期价一直向上涨升，而 W%R 指标图上的 W%R 曲线走势是在高位一峰比一峰低，这叫顶背离现象。顶背离现象一般是期价将出现高位反转的信号，表明期价短期内即将下跌，是比较强烈的卖出信号。

（2）底背离。

当期价 K 线图上的期货品种走势一峰比一峰低，期价在向下跌落，而 W%R 指标图上的 W%R 曲线走势是在低位一底比一底高，这叫底背离现象。底背离现象一般是期价将出现低位反转的信号，表明期价短期内即将上涨，是比较强烈的买入信号。

指标背离一般出现在强势行情中比较可靠。即期价在高位时，通常只需出现一次顶背离，即可确认行情即将出现顶部反转。期价在低位时，一般要反复多次出现底背离后，才可确认行情将出现底部反转。

4. 指标的撞底和撞顶

指标撞顶和撞底的研判，是威廉指标独有的分析原则。威廉指标能比较准确地提示超买超卖和判断强弱转化，通过测量一段时间内的期价高点和低点，可以提示有效的买卖信号。因此，威廉指标的撞顶和撞底研判有助于投资者短线买卖决策。

在威廉指标的一般研判标准中，讲到 80 ~ 100 和 20 ~ 0 是威廉指标的超买超卖区，但这并不意味着当威廉指标曲线进入超买超卖区后，就要卖出和买入。只有当威廉曲线从高位向下突破超买线（80 线），或从低位向上突破超卖线（20 线）时，才能作出买卖决策。

在具体实战中，为了提高分析预测的准确程度，在此引进并深入诠释威廉指标撞顶和撞底的分析原则。

（1）指标撞顶的分析原则。

威廉指标撞顶的分析原则，是指威廉曲线从高位上升到指标的超买区（80 ~ 100）后，经过一段时间的运行，曲线连续几次撞及指标的顶部（100 线）时，会在局部形成多重顶的形态，从而构成一个相当好的中短线卖点，这时投资者应密切注意指标的走势。当曲线完成几次撞顶后开始下跌，并向下突破威廉指标的重要买卖线之一的超买线（80线）时，预示着期价可能短线下跌，投资者应短线及时卖出期货品种。

（2）指标撞底的分析原则。

威廉指标撞底的分析原则，是指威廉曲线从低位回落到指标的超卖区（20 ~ 0）后，经过一段时间的运行，曲线连续几次撞及指标的底部（0线）时，会形成局部的多重底形态，从而构成一个比较好的中短线买点，这时投资者应及时注意指标的走势。当曲线完成几次撞底后开始上升，并向上突破威廉指标的重要买卖线之一的超卖线（20线）时，预示着期价短线可能上涨，投资者应及时买入期货品种。

（四）KDJ指标

KDJ指标全名为随机指标（Stochastics），由美国的乔治·莱恩（George Lane）博士创造。该指标综合了动量观念、强弱指标及移动平均线的优点，是欧美证券期货市场常用的一种技术分析工具。

随机指标KDJ一般用于期货品种分析体系，根据统计学原理，通过一个特定周期（常为9日、9周等）内出现过的最高价、最低价和最后一个计算周期的收盘价及这三者之间的比例关系，来计算最后一个计算周期的未成熟随机值RSV，然后根据平滑移动平均线的方法来计算K值、D值与J值，绘成曲线图来研判期货品种的走势。

随机指标设计的思路与计算公式源于威廉指标（W%R），但比W%R指标更具使用价值。随机指标融合了移动平均线的思想，对买卖信号的判断更加准确。

随机指标KDJ最早以KD指标的形式出现，KD指标是在威廉指标的基础上发展起来的。不过，威廉指标只用于判断期货品种的超买超卖现象，KDJ指标则融合了移动平均线变动速度的概念，从而形成比较准确的买卖信号。

在实践中，K线与D线大都配合J线组成KDJ指标来使用。由于KDJ曲线本质上是一个随机波动的概念，故其对于掌握中短期行情走势比较准确。

1.KDJ指标计算方法

KDJ指标的计算比较复杂，首先要计算周期（n日、n周等）的RSV值，即未成熟随机指标值，然后再计算K值、D值、J值等。

（1）以日KDJ数值的计算为例，其计算公式如下。

n日RSV =（Cn − Ln）÷（Hn − Ln）× 100

公式中，Cn为第n日收盘价，Ln为n日内的最低价，Hn为n日内的最高价。RSV值始终在1 ~ 100间波动。

（2）计算 K 值与 D 值。

当日 K 值＝ 2/3× 前一日 K 值＋ 1/3× 当日 RSV

当日 D 值＝ 2/3× 前一日 D 值＋ 1/3× 当日 K 值

若无前一日 K 值与 D 值，则可分别用 50 来代替。

（3）计算 J 值。

当日 J 值＝ 3× 当日 K 值－ 2× 当日 D 值

以 9 日为周期的 KDJ 线为例，9 日 RSV ＝（C － L9）÷（H9 － L9）×100。

公式中，C 为第 9 日的收盘价，L9 为 9 日内的最低价，H9 为 9 日内的最高价。

K 值＝ 2/3× 第 8 日 K 值＋ 1/3× 第 9 日 RSV

D 值＝ 2/3× 第 8 日 D 值＋ 1/3× 第 9 日 K 值

J 值＝ 3× 第 9 日 K 值－ 2× 第 9 日 D 值

若无前一日 K 值与 D 值，则可以分别用 50 代替。

KDJ 随机指标反应比较敏感快速，是一种中短期趋势波段分析研判的较佳技术指标。对做大资金大波段的人来说，一般当月 KDJ 值在低位时逐步进场吸纳。主力平时运作时，偏重周 KDJ 所处的位置，据此对中线波段的循环高低点作出研判。出现单边走势时，往往造成日 KDJ 屡屡钝化的现象。

日 KDJ 对期价变化方向的反应极为敏感，是日常买卖进出的重要参考。对于做小波段的短线客来说，30 分钟和 60 分钟 KDJ 是重要的参考指标。对于已制定买卖计划，准备即刻下单的投资者来说，5 分钟和 15 分钟 KDJ 可以提供最佳的进出时机。

KDJ 常用的默认参数是 9，短线可以将参数修改为 5，这样不但反应更加敏捷、迅速、准确，而且可以减少钝化现象。一般常用的 KDJ 参数有 5、9、19、36、45、73 等。实战中，还应将不同的周期综合来分析，这样短期、中期、长期趋势便会一目了然。如出现不同周期共振现象，则说明趋势的可靠度加大。

2. 实战研判

（1）K 线是快速确认线——数值在 90 以上为超买，数值在 10 以下为超卖。

D 线是慢速主干线——数值在 80 以上为超买，数值在 20 以下为超卖。

J 线又叫方向敏感线。当 J 值大于 90，特别是持续 5 天以上，期价至少会形成短期头部。反之，J 值小于 10 时，特别是持续数天以上，期价至少会形成短期底部。

（2）当 K 值由较小逐渐大于 D 值，在图形上显示 K 线从下方上穿 D 线。在图形上，K 线向上突破 D 线时，为买进信号。

实战中，当K线、D线在20以下交叉向上时，此时的短期买入信号较为准确。如果K值在50以下，由下往上接连两次上穿D值，形成右底比左底高的W底形态时，后市期价可能会有相当的涨幅。

（3）当K值由高于逐渐转为低于D值，在图形上显示K线从上方下穿D线，显示趋势是向下的。在图形上，K线向下突破D线时，为卖出信号。

实战中，当K线、D线在80以上交叉向下，此时的短线卖出信号较为准确。如果K值在50以上，由上往下接连两次下穿D值，形成右头比左头低的M头形态时，后市期价可能会有相当的跌幅。

（4）通过KDJ与期价的背离走势判断期价顶底，也是颇为实用的方法。

①期价创新高，而KD值没有创新高，为顶背离，应卖出。

②期价创新低，而KD值没有创新低，为底背离，应买入。

③期价没有创新高，而KD值创新高，为顶背离，应卖出。

④期价没有创新低，而KD值创新低，为底背离，应买入。

需要注意的是，判定KDJ顶底背离的方法，只能和前一波高低点时的KD值相比，不能跳过去比较。

3. 应用经验

在实际操作中，一些做短平快交易的短线客常用分钟指标来判断后市走势，用以决定买卖时机。在T＋0交易中，常用15分钟和30分钟KDJ指标。在T＋1交易中，多用30分钟和60分钟KDJ来指导进出。

有几条经验和规律总结如下。

（1）如果30分钟KDJ在20以下盘整较长时间，60分钟KDJ也是如此，一旦30分钟K值上穿D值并越过20线，可能引发一轮持续2天以上的反弹行情。若日线KDJ指标也在低位发生交叉，则可能是一轮中级反弹行情。需要注意的是，K值与D值金叉后，只有K值大于D值20%以上，这种交叉才有效。

（2）如果30分钟KDJ在80以上向下掉头，K值下穿D值并跌破80，而60分钟KDJ才刚刚越过20线，不到50线，则说明行情会出现回档。30分钟KDJ探底后，行情可能会继续向上。

（3）如果30分钟和60分钟KDJ在80线以上盘整较长时间，之后K值同时向下交叉D值，则表明要开始至少2天的下跌调整行情。

（4）如果30分钟KDJ跌至20线以下之后掉头向上，而60分钟KDJ还在50线以上，则要观察 60 分钟 K 值是否会有效穿过 D 值（K 值大于 D 值 20%）。若有效，则表明将开始一轮新的上攻。若无效，则表明上涨仅是下跌过程中的反弹，反弹过后仍会继续下跌。

（5）如果 30 分钟 KDJ 在 50 线之前止跌，而 60 分钟 KDJ 才刚刚向上交叉，说明行情可能会持续向上，目前的下跌仅属于回档。

（6）30 分钟或 60 分钟 KDJ 出现背离现象，也可作为研判大市顶底的依据，详见前面日线背离的论述。

（7）在超强市场中，30 分钟 KDJ 可以达到 90 线以上，而且在高位屡次发生无效交叉，此时重点看 60 分钟 KDJ。当 60 分钟 KDJ 出现向下交叉时，可能引发短线较深的回档。

（8）在暴跌过程中，30 分钟 KDJ 可以接近 0 值，而大势依然跌势不止，此时也应看 60 分钟 KDJ。当 60 分钟 KDJ 向上发生有效交叉时，会引发极强的反弹。

（9）当行情处在极强极弱的单边市场中，日 KDJ 屡屡出现钝化，应改用 MACD 等中长线指标。当期价短期波动剧烈，日 KDJ 反应滞后，应改用 CCI、ROC 等指标，或是使用 SLOWKD 慢速指标。

（10）KDJ 在周线中参数一般用 5。周 KDJ 指标见底和见顶有明显的提示作用，据此波段操作可以免去许多辛劳，争取利润最大化。需要提示的是，一般周 J 值在超卖区 V 形单底上升，说明只是反弹行情，形成双底才是可靠的中级行情。J 值在超买区出现单顶也会有大幅下跌的可能，所以应该提高警惕，此时应结合其他指标综合研判。但当期市处于牛市时，J 值在超买区盘整一段时间后，期价仍会大幅上升。

4. 介入方法

KDJ 指标有以下缺陷。

（1）对轧空或追杀单边式钝化的盲区。期货品种单边趋势性上涨时，KDJ 指标会不断进入超买区域，这可能会让很多投资者提前卖出，也可能期价小幅回调造成 KDJ 指标高位快速大幅回落，给投资者造成恐慌。反之，在趋势性单边下跌中，KDJ 指标也会不断发出错误信号，给投资者的实际操作造成很大的困难。

（2）KDJ 指标的有效金叉和无效金叉。除了单边趋势性行情，在有些震荡行情中，依据 KDJ 金叉买入期货品种后，期价却不上涨，反而下跌，这就是无效金叉。

应对 KDJ 指标缺陷的方法如下。

（1）寻找辅助指标：可以使用其他指标来弥补该指标的不足，如配合均线、趋势指标等辅助判断。

（2）调整参数：对于不同的期货品种，可以根据不同的行情来调整指标参数。

（3）多周期配合：可以采取周线和日线的 KDJ 指标综合进行判断。

日线 KDJ 是一个敏感指标，变化快，随机性强，经常发出虚假的买卖信号。投资者根据其发出的买卖信号进行买卖时，有时会出现无所适从的局面。

运用周线 KDJ 与日线 KDJ 共同金叉选股法，可以过滤掉日线中的虚假买入信号，找到高质量的成功买入信号。

周线 KDJ 与日线 KDJ 共同金叉选股法的买点选择有如下几种。

（1）提前买入法。

在实际操作时，往往会碰到这样的问题：由于日线 KDJ 的变化速度比周线 KDJ 快，当周线 KDJ 金叉时，日线 KDJ 已提前几天金叉，期价也上升了一段，买入成本已经抬高。激进型的投资者可以打提前量买入，以求降低成本。

（2）周线 KDJ 刚金叉，日线 KDJ 已金叉买入法。

提前量买入法要满足的条件如下。

①K 线收周阳线，周线 K、J 两线勾头上行，将要金叉尚未金叉。

②日线 KDJ 在这一周内发生金叉，金叉日收放量阳线。日线 KDJ 金叉当天，成交量大于 5 日均量更好。

（3）周线 K、D 两线"将死不死"买入法。

此方法要满足的条件如下。

①周线 KDJ 金叉后，期价回档收周阴线，然后重新放量上行。

②周线 K、D 两线将要死叉，但没有真正发生死叉，K 线重新张口上行。

③日线 KDJ 金叉。

用此方法买入期货品种，可以捕捉到快速强劲的上升行情。

5.KDJ 钝化与骗线

KDJ 指标是技术分析人士经常使用的一种指标。该指标的优点在于反应敏捷，能给出非常明显的进货信号和出货信号。如黄金交叉进货，死亡交叉出货，使用者易于掌握，只要看信号进货出货就可以了。

但 KDJ 指标又有非常明显的不足，如它的反应过于敏感，使用者不是进货太早被套牢，就是出货太早被轧空，这就是 KDJ 指标所谓的低位钝化和高位钝化问题。

很多 KDJ 指标的使用者常常抱怨 KDJ 指标的骗线问题，使用起来经常会有上当受骗的感觉，认为 KDJ 指标是庄家拿来故意骗人的，实际上是因为他们没能处理好钝化问题。

KDJ 指标是一种非常好的指标，但是它有一个使用范围。通常期价或股指在一个有一定幅度的箱形之中运动时，KDJ 指标能发出非常准确的进货信号和出货信号。在此情况下，按照低位黄金交叉进货，高位死亡交叉出货，准确率非常高，投资者按此方法操作，可以胜多输少。

通过如下方法，可以有效地解决 KDJ 指标的钝化和骗线问题。

（1）放大法。

因为 KDJ 指标非常敏感，因此经常给出一些杂音信号。这些信号容易误导投资者，认为指标已发出进货信号或出货信号，导致操作失误。如果客户放大一级来确认这个信号的可靠性，将会有较好的效果。

如在日 K 线图上 KDJ 指标出现低位黄金交叉，可以把它放大到周线图上去看。如果周线图上也在低位出现黄金交叉，可以认为这个信号可靠性强，可以大胆去操作。如果周线图上显示的是行情处在下跌途中，那么日线图上的黄金交叉可靠性不强，有可能是庄家骗线，这时候可以采用观望的态度。

（2）形态法。

KDJ 指标非常敏感，给出的信号经常超前，客户可以通过 KDJ 指标的形态来帮助找出正确的买点和卖点，在 KDJ 指标低位形成 W 底、三重底和头肩底形态时再进货。在较强的市场里，KDJ 指标在高位形成 M 头和头肩顶时，出货的信号可靠性将加强。

（3）数浪法。

KDJ 指标和数浪相结合，是一种非常有效的方法。K 线图上，经常可以清晰地分辨上升形态的一浪、三浪和五浪。期价盘底结束开始上升，往往在上升第一子浪时，KDJ 指标即发出死亡交叉的出货信号。这时候可以忽略这个卖出信号，因为它很可能是一个错误信号或是一个骗线信号。

当期价运行到第三子浪时，要加大对卖出信号的重视程度。当期价运动到明显的第五子浪时，这时如果 KDJ 指标发出卖出信号，要坚决出货，这时候 KDJ 指标给出的信号通常是非常准确的信号。

当期价刚刚结束上升，开始转为下跌时，在下跌的第一子浪，可以忽略 KDJ 指标的买进信号。当期价下跌到第三子浪或第五子浪时，再考虑 KDJ 指标的买入信号。尤其是在下跌第五子浪后，KDJ 指标给出的买进信号较准确。

（4）趋势线法。

在期价进入一个极强或极弱的市场时，会形成单边上升走势或单边下跌走势。在单边下跌走势中，KDJ 指标会多次发出买入信号或低位钝化，投资者按买入信号操作，将会因过早入场而被套牢。

看似在极低的价位进货，但期价可能继续下跌，也就是低价之后还可以有更低的价格。要有效解决这个问题，可以在 K 线图上加一条下降趋势线，在期价没有突破下跌趋势线前，KDJ 发出的任何一次买入信号都不予考虑。只有当期价突破下降趋势线后，再考虑 KDJ 指标的买入信号。

在单边上升走势中，市场走势极强，KDJ 指标经常会在高位发出卖出信号。按此信号操作，将丢失一大段上涨行情。在这种情况下，也可以在日 K 线图上加一条上升趋势线，在期价未跌破上升趋势线前，不考虑 KDJ 指标给出的卖出信号。当期价跌破上升趋势线，KDJ 再给出卖出信号，则坚决执行，不打折扣。

6. 持仓与持币待涨信号

（1）持仓待涨信号。

当 KDJ 曲线向上突破 80 线以后，如果 KDJ 曲线一直运行在 80 线以上区域，则意味着期价处于强势上涨行情之中，这是 KDJ 指标发出的持仓待涨信号。如果期价也同时依托中短期均线上行，这种持有信号更加明显。此时，投资者应坚决短线持有待涨。

（2）持币观望信号。

当 KDJ 曲线向下突破 20 线以后无法反弹，其后一段时间持续运行在 20 线以下区域，意味着期价处于极度弱势下跌行情之中，这是 KDJ 指标发出的持币观望信号。如果期价受到空头排列的均线压制，这种持币观望信号更加明显。此时，投资者应坚决持币观望。

7. 在期货品种市场中要赚钱，首先要做好选时工作

怎样才能选好时呢？归纳起来有六个方面，即：形态、均线、技术指标、成交量、热点及主力成本。

（五）相对强弱指标（RSI）

RSI 是由韦尔斯·王尔德（Wells Wider）于 1978 年 6 月创制的一种通过特定时期内期价的变动情况计算市场买卖力量对比，来判断期货品种价格内部本质强弱、推测价格未来变动方向的技术指标。

强弱指标理论认为，任何市价的大涨或大跌，均在 0 ~ 100 之间变动，根据常态分布，认为 RSI 值多在 30 ~ 70 之间变动。通常达到 80 甚至 90 时，被认为市场已经达到超买状态，至此市场价格自然会回落调整。当价格跌至 30 以下，即被认为是超卖状态，预示市价将出现反弹回升。

其具体的计算方法如下。

RSI（n）=【A/（A + B）】×100%

其中，A 表示 n 天中期价向上波动的幅度大小，B 表示 n 天中期价向下波动的幅度大小。A + B 表示期价在此期间总的波动幅度大小。

1. 相对强弱指标（RSI）的应用法则

（1）由算式可知，RSI 值的波动空间为 0 ~ 100。RSI 值等于 50 时，为强势市场与弱势市场分界点。通常认为 RSI > 80 为超买区，预示市势回档的机会增加。RSI < 20 为超卖区，预示市势反弹的机会增加。

（2）一般而言，RSI 掉头向下为卖出信号，RSI 掉头向上为买入信号，但应用时宜从整体态势的判断出发。

（3）RSI 的 M 形走势是超买区常见的见顶形态，W 形走势是超卖区常见的见底形态。这时往往可见RSI走向与价格走向发生背离，所以背离现象也是一种买卖信号。

（4）RSI 由下往上一个波谷比一个波谷高时，则构成上升支持线。RSI 由上往下一个波顶比一个波顶低，则构成下降压力线。RSI 跌破支持线为卖出信号，升穿压力线为买入信号。

（5）RSI 上穿 50 分界线为买入信号，下破 50 分界线为卖出信号。

（6）n 日 RSI 的 n 值常取 5 ~ 14 日。n 值愈大，表明趋势感愈强，但有反应滞后的倾向，称为慢速线。n 值愈小，对变化愈敏感，但易产生飘忽不定的感觉，称为快速线。可将慢速线与快速线比较观察，若两线同时向上，表明升势较强。若两线同时向下，则表明跌势较强。快速线上穿慢速线为买入信号，快速线下穿慢速线为卖出信号。

（7）由于设计上的原因，RSI 进入超买区或超卖区以后，即使市势有较大的波动，RSI 的变动速率也会渐趋缓慢，波幅愈来愈微，这时即出现所谓的钝化问题。尤其是在持续大涨或大跌时，容易发生买卖“操之过急”的遗憾。解决这个问题的办法，仅就 RSI 指标本身而言，是调整超买区或超卖区的界定值，如定为 90 以上或 10 以下。另外一个方法是加大 n 的取值。

2. 相对强弱指标（RSI）的特殊用法

（1）RSI 曲线的形态。当 RSI 指标在高位盘整或低位横盘时，出现的各种形态也是判断行情走势，决定买卖行动的一种分析方法。

①当 RSI 曲线在高位（50 以上）形成 M 头或三重顶等高位反转形态时，意味着期价的上升动能已经衰竭，有可能出现长期反转行情，投资者应及时卖出期货品种。如果期价走势曲线也先后出现同样的形态，则更可确认。期价下跌的幅度和过程，可以参照 M 头或三重顶等顶部反转形态研判。

②当 RSI 曲线在低位（50 以下）形成 W 底或三重底等低位反转形态时，意味着期价的下跌动能已经减弱，期价有可能构筑中长期底部，投资者可逢低分批建仓。如果期价走势曲线也先后出现同样的形态，则更可确认。期价的上涨幅度及过程可参照 W 底或三重底等底部反转形态进行研判。RSI 曲线顶部反转形态对行情判断的准确性要高于底部形态

（2）RSI 曲线的背离。RSI 指标的背离，是指 RSI 指标曲线的走势正好和期价 K 线图上的走势方向相反。RSI 指标的背离分为顶背离和底背离两种。RSI 高于 70 或低于 30 时，产生的背离信号是一种极为重要的警告。

①顶背离。当 RSI 处于高位，在创出 RSI 近期新高后，形成一峰比一峰低的走势。此时 K 线图上的期价却再次创出新高，形成一峰比一峰高的走势，这就是顶背离。顶背离现象一般是期价在高位即将反转的信号，表明期价短期内即将下跌，是卖出信号。

在实际走势中，RSI 指标出现顶背离，是指期价在进入拉升过程中先创出一个高点，RSI 指标也相应地在 80 以上创出新的高点。之后，期价出现一定幅度的回落调整，RSI 也随着期价的回落走势出现调整。但是，期价再度向上并超越前期高点，创出新的高点时，RSI 也随着期价上扬反身向上，但没有冲过前期高点就开始回落，这就形成 RSI 指标的顶背离。RSI 出现顶背离后，期价见顶回落的可能性较大，是比较强烈的卖出信号。

②底背离。RSI 的底背离一般出现在 20 以下的低位区。K 线图上期价一路下跌，形成一波比一波低的走势。RSI 线却在低位率先止跌企稳，并形成一底比一底高的走势，这就是底背离。底背离现象一般预示着期价短期内可能将反弹，是短期买入的信号。

与 MACD、KDJ 等指标的背离现象研判一样，在 RSI 的背离中，顶背离的研判

准确性要高于底背离。当期价在高位，RSI 在 80 以上出现顶背离时，可以认为期价即将反转向下，投资者应及时卖出期货品种。期价在低位，RSI 也在低位出现底背离时，一般要反复出现几次底背离才能确认，并且投资者只能做战略建仓或做短期投资。

（六）乖离率（BIAS）

乖离率（BIAS）简称 Y 值，也叫偏离率，是反映一定时期内期价与其移动平均线偏离程度的指标。移动平均线一般可视为某一时期内买卖双方都能接受的均衡价格，当期价距离移动平均线太远时，会重新向平均线靠拢。乖离率指标就是通过测算期价在波动过程中与移动平均线出现的偏离程度，从而得出期价在剧烈波动时因偏离移动平均趋势可能形成的回档或反弹。

乖离率的计算方法相当简单，计算公式如下。

乖离率＝（当日收盘价－ n 日平均价）/n 日平均价 ×100%

其中 n 一般取值为 5、6、10、12、24、30 和 72。在实际运用中，短线使用 6 日乖离率较为有效，中线则放大为 10 日或 12 日。

1. 乖离率的应用法则

（1）BIAS 指标表示收盘价与移动平均线之间的差距。当期价的正乖离扩大到一定极限时，表示短期获利很大，市场出现获利回吐的可能性很高。当期价的负乖离扩大到一定极限时，则空头回补的可能性很高。

（2）乖离率可分为正乖离率与负乖离率。若期价大于平均线，则为正乖离。期价小于平均线，则为负乖离。当期价与平均线相等时，则乖离率为零。正的乖离率越大，表示短期超买越大，则越有可能见到阶段性顶部。负的乖离率越大，表示短期超卖越大，则越有可能见到阶段性底部。

（3）期价与 6 日平均线乖离率达到 +5% 以上为超买，是卖出时机。当其达到 –5% 以下时为超卖，是买入时机。

（4）期价与 12 日平均线乖离率达到 +7% 以上为超买，是卖出时机。当其达到 –7% 以下时为超卖，是买入时机。

（5）期价与 24 日平均线乖离率达到 +11% 以上为超买，是卖出时机。当其达到 –11% 以下为超卖，是买入时机。

（6）期价因受重大突发事件的影响，会出现瞬间暴涨和暴跌走势，期价与各种平均线的乖离率有时会出奇地高或低，但发生概率极小，仅能视为特例，不能作为日常研判标准。

（7）每当期价与平均线之间的乖离率达到最大百分比时，就会向 0 值靠拢，这是葛兰碧八大买卖法则中第四条和第五条法则所揭示的期价运行规律。

（8）在趋势上升阶段，如果期价出现负乖离，是逢低买入的有利时机。

（9）在趋势下降阶段，如果期价出现正乖离，是逢反弹出货的最佳时机。

BIAS 指标的缺陷是买卖信号过于频繁，因此要与随机指标（KDJ）、布林线指标（BOLL）搭配使用。

2. 应用乖离率时应区别看待

（1）对于风险不同的期货品种应区别对待。有业绩保证且估值水平合理的品种，在下跌时，乖离率通常较低就开始反弹。反之，对绩差品种而言，其乖离率通常跌至绝对值较大时才开始反弹。

（2）要考虑流通市值的影响。持仓量较大的期货品种不容易被操纵，走势符合一般的市场规律，适宜用乖离率进行分析。而持仓量较小的期货品种，由于容易被控盘，因此使用该指标时应谨慎。

（3）要注意期货品种所处价格区域。在期价的低位密集成交区，由于筹码分散，运用乖离率指导操作时成功率较高。期价经过大幅攀升后，在机构的操纵下容易暴涨暴跌，此时成功率则相对较低。

（4）要注意均线系统的发展趋势，均线（短线可取 30 日均线）明确向下时，不应盲目持有。

（七）顺势指标（CCI）

顺势指标 CCI，其英文全称为“Commodity Channel Index”，是由美国证券分析家唐纳德·蓝伯特（Donald Lambert）创造的，是一种重点研判期价偏离度的市场分析工具。

与大多数单一利用期货品种收盘价、开盘价、最高价或最低价发明出的各种技术分析指标不同，CCI 指标根据统计学原理，引进价格与固定期间的价格平均区间的偏离程度概念，强调价格平均绝对偏差在证券技术分析中的重要性，是一种比较独特的技术分析指标。

CCI 指标专门衡量期价是否超出常态分布范围，属于超买超卖类指标的一种，但它与其他超买超卖型指标相比，又有自己的独特之处。如 KDJ、W%R 等大多数超买超卖型指标，都有 0 ~ 100 的上下界限，因此它们对一般常态行情的研判比较适用，而对于那些短期内暴涨暴跌的期货品种的价格走势，就可能发生指标钝化的现象。

CCI 指标波动于正无穷大到负无穷大之间，因此不会出现指标钝化现象，这样就有利于投资者更好地研判行情，特别是那些短期内暴涨暴跌的非常态行情。但是，该指标也有一个相对的技术参照区域：+100 和 –100。

按照指标分析的常用思路，CCI 指标的运行区间也分为三类：+100 以上为超买区，–100 以下为超卖区，+100 到 –100 之间为震荡区。但是，该指标在这三个区域当中的运行所包含的技术含义，与其他技术指标的超买与超卖现象是不同的。

首先，在 +100 到 –100 之间的震荡区，该指标基本上没有意义，不能对市场及个股的操作提供多少明确的建议，因此它在正常情况下是无效的。这也反映了该指标的特点——专门针对极端情况设计。也就是说，在一般常态行情下，CCI 指标不会发生作用。

1.CCI 指标的计算方法

以日 CCI 计算为例，其计算方法有两种。第一种计算过程如下。

CCI（n 日）＝（TP － MA）÷MD÷0.015

其中，TP ＝（最高价＋最低价＋收盘价）÷3，MA ＝ n 日收盘价的累计之和 ÷n，MD ＝ n 日（MA －收盘价）的绝对值累计之和 ÷n，0.015 为计算系数，n 为计算周期。

第二种计算方法表述为中价与中价的 n 日内移动平均的差除以 n 日内中价的平均绝对偏差。其中中价等于最高价、最低价和收盘价之和除以 3。

2. 基本买卖原则

（1）当 CCI 曲线向上突破 +100 线进入非常态区间时，表明期价开始进入强势状态，投资者应及时买入期货品种。

（2）当 CCI 曲线向上突破 +100 线进入非常态区间后，只要 CCI 曲线一直向上运行，就表明期价强势依旧，投资者可以一路持有待涨。

（3）当 CCI 曲线在 +100 线以上的非常态区间，从远离 +100 线的地方开始掉头向下，表明期价的强势状态将难以维持，是比较强的转势信号。如果前期的短期涨幅过高，更可确认趋势出现反转。此时，投资者应及时逢高卖出期货品种。

（4）当 CCI 曲线在 +100 线以上的非常态区间，在远离 +100 线的地方一路下跌时，表明期价的强势状态已经结束，投资者应以逢高卖出期货品种为主。

（5）当 CCI 曲线向下突破 –100 线进入另一个非常态区间时，表明期价的弱势状态已经形成，投资者应以持币观望为主。

（6）当 CCI 曲线向下突破 -100 线进入另一个非常态区间后，只要 CCI 曲线一路向下运行，就表明期价弱势依旧，投资者可以一路观望。

（7）当 CCI 曲线向下突破 -100 线进入另一个非常态区间，如果 CCI 曲线在超卖区运行了相当长的一段时间后开始掉头向上，表明期价的短期底部初步找到，投资者可以少量建仓。CCI 曲线在超卖区运行的时间越长，越可确认短期的底部。

（8）当 CCI 指标在 +100 线至 -100 线的常态区间运行时，投资者可以用 KDJ、W%R 等其他超买超卖型指标进行研判。

3. 形态研判

CCI 曲线出现的各种形态，也是判断行情走势、决定买卖时机的一种分析方法。

当 CCI 曲线在远离 +100 线上方的高位时，如果 CCI 曲线的走势形成 M 头或三重顶等顶部反转形态，可能预示着期价由强势转为弱势，期价即将大跌，应及时卖出期货品种。如果期价 K 线也出现同样的形态，则更可确认。其跌幅可以用 M 头或三重顶等形态理论来研判。

当 CCI 曲线在远离 -100 线下方的低位时，如果 CCI 曲线的走势出现 W 底或三重底等底部反转形态，可能预示着期价由弱势转为强势，期价即将反弹向上，可以逢低少量吸纳期货品种。如果期价 K 线也出现同样的形态，则更可确认。其涨幅可以用 W 底或三重底形态理论来研判。

CCI 曲线形态中，M 头和三重顶形态的准确性要大于 W 底和三重底。

4. 背离研判

CCI 指标的背离是指 CCI 指标曲线的走势，正好和期价 K 线图的走势方向相反。CCI 指标的背离分为顶背离和底背离两种。

（1）顶背离。

CCI 曲线处于远离 +100 线的高位，当它创出新高后，CCI 曲线形成一峰比一峰低的走势，此时 K 线图上的期价却再次创出新高，形成一峰比一峰高的走势，这就是顶背离。顶背离现象一般是期价在高位即将反转的信号，表明短期内期价即将下跌，是卖出信号。

在实际走势中，CCI 指标出现顶背离，是指在进入拉升过程中，期价先创出一个高点，CCI 指标也相应地在 +100 线以上创出新的高点。之后期价出现一定幅度的回落调整，CCI 曲线也随着期价回落走势出现调整。

如果期价再度向上并超越前期高点创出新的高点，而 CCI 曲线随着期价上扬也反身向上，但没有冲过前期高点就开始回落，这就形成CCI指标的顶背离。CCI指标出现顶背离后，预判期价见顶回落的可能性较大，是比较强烈的卖出信号。

（2）底背离。

CCI的底背离一般出现在远离-100线以下的低位区。当K线图上的期价一路下跌，形成一波比一波低的走势，而CCI曲线在低位却率先止跌企稳，并形成一底比一底高的走势，这就是底背离。底背离现象一般预示着期价短期内可能将反弹，是短期买入的信号。

与MACD、KDJ等指标的背离现象研判一样，CCI背离中，顶背离的研判准确性要高于底背离。当期价在高位，CCI在远离+100线以上的位置出现顶背离时，可以认为期价即将反转向下，投资者应及时卖出期货品种。期价在低位，CCI也在远离-100线以下的低位区出现底背离时，一般要反复出现几次底背离才能确认，并且投资者只能做战略建仓或做短期投资。

（八）价格变动速率（ROC）

ROC指标又叫价格变动速率指标，它以当日的收盘价和n天前的收盘价比较，通过计算期价某一段时间内收盘价变动的比例，应用价格的移动比较来测量价位动量，事先探测期价买卖供需力量的强弱，进而分析期价趋势及其是否有转势的意愿，属于反趋向的指标之一。n的参数一般采用12天及25天作为间隔周期，计算ROC的m日移动平均线ROCMA时，m的参数一般采用6天。

ROC指标计算公式如下。

ROC＝（今天的收盘价－n日前的收盘价）/n日前的收盘价 ×100

ROCMA＝ROC的m日移动平均价＝ROC的m日累加/m

ROC指标可以同时监视常态性和极端性两种行情，等于综合了RSI、W%R、KDJ、CCI四种指标的特性。

ROC中只包含一个参数，那就是究竟同多少天之前的期价进行比较，这个天数n就是参数。参数的含义其实反映了相比较的期价离现在为止时间上的远近。n越大，距离越远。n选得太大，离得太远，对于期价的预测可能没有什么指导意义。n选得太小，离得太近，对预测也可能没有什么指导意义。参数n应该选多少，这与个人的习惯有关，不能一概而论。市场上流行的是n＝5和n＝10等几种。

1.ROC指标使用方法

ROC波动于常态范围内，当上升至第一条超买线时，应卖出期货品种。

ROC 波动于常态范围内，当下降至第一条超卖线时，应买进期货品种。

ROC 向上突破第一条超买线后，指标继续朝第二条超买线涨升的可能性很大，指标碰触第二条超买线时，涨势多半将结束。

ROC 向下跌破第一条超卖线后，指标继续朝第二条超卖线下跌的可能性很大，指标碰触第二条超卖线时，跌势多半将停止。

ROC 向上穿越第三条超买线时，属于疯狂的多头行情，期价涨个不停，回档之后还要上涨，应尽量不轻易卖出持仓。

ROC 向下穿越第三条超卖线时，属于崩溃性空头行情，期价跌个不休，反弹之后还要下跌，应克制不轻易买进期货品种。

2.ROC 的特性

（1）ROC 表示期价上升或下降的速率大小。

如果是上升趋势，并且 ROC 为正值，另外 ROC 步步上扬，意味着上升趋势正在加速。若 ROC 开始走平，意味着期价的涨幅与数天前的期价涨幅相近，尽管还处于上升趋势，但速度已经放慢。若 ROC 开始回落，虽然期价还在上升，但上升的力量已经衰落。若 ROC 开始延伸到 0 线之下，表明下降趋势已经开始露头。ROC 进一步向下，则下降动力正在加强。

ROC 是显示一定时间间隔两头期价的相对差价。ROC 上升，则期价比数天前的期价有所上升。ROC 走平，则当前期价涨幅同数天前一样。ROC 向下，则期价已经比数天前的涨幅小了。ROC 就是这样显示当前期价趋势的加速和减速状态的。

对于下降趋势和 ROC 下降且为负值的情况，可以类似地叙述。

（2）ROC 的变化超前于期货品种价格的变化。

因为 ROC 的构造特点，ROC 的变化总是领先于期价的变化，比价格提前几天上升或下降。期价还在上升时，ROC 可能已经走平。期价走平时，ROC 可能已经下降。这一点也是背离思想的基本依据。

（3）ROC 的变化有一定的范围。

ROC 可正可负，可大可小，但是 ROC 的变化基本上是有一个范围的。换句话说，可以找到一个正数和一个负数，使得 ROC 曲线绝大部分落在这两个数构成的范围内，即比这个正数小，比那个负数大。这样，就好像给 ROC 加上了上下边界一样。这两条边界对于预测今后期价的上升高度和下降深度很有帮助，可以利用这两条边界，通过反向运算的方法，计算出未来的上升高度和下降高度。

3.ROC 的应用法则

根据 ROC 的特性，可以按以下法则正确应用 ROC。为了更好地应用 ROC，这里还引入了另一个技术指标——ROCAVG（ROC 的移动平均）。

（1）从 ROC 的取值方面。

ROC 自上而下跌破 0 线，是卖出信号。反之，ROC 自下而上穿过 0 线，是买进信号。这是由 ROC 描述期价变动速度的特性决定的。

（2）从 ROC 与 ROCAVG 的相对取值方面。

后者是前者的移动平均，这两个指标的关系就如期价与 MA 的关系一样。正是由于这个原因，ROC 上穿 ROCAVG 并且 ROC 为正值时，是买入信号。同理，ROC 下穿 ROCAVG 并且 ROC 为负值时，是卖出信号。

（3）从 ROC 与期价的背离方面。

ROC 有领先于期价的特性，所以有如下的法则：如果从高向低 ROC 曲线出现两个依次下降的峰，此时期价却出现新的高峰，这属于顶背离，是卖出信号。同理，ROC 从低向高形成依次上升的两个谷，而此时期价却出现了新的低谷，这是买入信号。

三、人气型指标

（一）心理线指标（PSY）

心理线（PSY）指标是研究投资者对期市涨跌产生心理波动的情绪指标，对期市短期走势研判具有一定的参考意义。

研究人员发现：一方面，人们的心理预期与市势的高低成正比，即市势升，心理预期也升，市势跌，心理预期也跌。另一方面，当人们的心理预期接近或达到极端的时候，逆反心理开始起作用，并可能最终导致心理预期方向逆转。

心理线（PSY）指标计算公式如下。

PSY = n 日内的上涨天数 /n × 100

n 一般设定为 12 日，最大不超过 24，周线最长不超过 26。

1.PSY 指标的应用

PSY 指标的取值始终处于 0 ~ 100 之间。0 值是 PSY 指标的下限极值，100 是 PSY 指标的上限极值，50 为多空双方的分界线。

PSY 值大于 50，为 PSY 指标的多方区域，说明 n 日内上涨的天数多于下跌的天数，多方占主导地位，投资者可以持仓待涨。

PSY 值小于 50,为 PSY 指标的空方区域,说明 n 日内上涨的天数少于下跌的天数,空方占主导地位，投资者宜持币观望。

PSY 在 50 左右徘徊，反映期货品种指数或期价上涨的天数与下跌的天数基本相等，多空力量维持平衡，投资者应以观望为主。

2.PSY 值的超买超卖

一般情况下，PSY 值的变化都在 25 ~ 75 之间，反映期价处在正常的波动状态，投资者可以按照原有的思路买卖期货品种。

在盘整局面中，PSY 指标的值应该在以 50 为中心的附近区域，上下限一般定为 25 和 75（有的定为 30 和 70），这说明多空双方基本处于平衡状态。如果 PSY 超出了这个平衡状态，就是 PSY 指标的超买超卖。

当 PSY 达到或超过 75 时，说明在 n 天内，上涨的天数远大于下跌的天数，多方力量很强大而且持久。但从另外一个方面来看，由于上涨天数多，期货品种累积的获利盘也多，市场显示出超买的迹象。特别是在涨幅较大的情况下，期价上升的压力会很大，期价可能很快回落调整，投资者应多加注意。

当 PSY 达到或低于 25 时，说明在 n 天内，下跌的天数远大于上涨的天数，空方力量比较强大，市场上悲观气氛比较浓，期价一路下跌。但从另一方面看，由于下跌的天数较多，市场上显示出超卖的迹象。特别是在跌幅较大的情况下，市场抛盘稀少，抛压较轻，期价可能会反弹向上。

如果 PSY 值出现大于 90 或小于 10 这种极端超买超卖情况,投资者更要多加注意。

在多头市场和空头市场开始初期，可以将超买、超卖线调整至 85 和 15。行情发展中后期再调回至 75 和 25，这样更有利于行情走势的研判。

3.PSY 曲线的趋势性

在期市分析软件上，还能通过 PSY 指标的趋势性情况来判断期市的趋势走向。PSY 指标体现的趋势性，主要表现在无趋势、向上趋势及向下趋势等三个方面。

（1）无趋势。

PSY 指标的无趋势性，是指 PSY 值在 40 ~ 60 之间上下振荡，表明多空力量旗鼓相当，期价涨跌基本平衡。反映到 PSY 的曲线图上，就是 PSY 曲线在 40 ~ 60 线区间里小幅上下运动或呈一条横线运动。此时投资者宜采取观望态度，等趋势形成后再做买入和卖出的决策。

（2）向上趋势。

PSY 指标的向上趋势性有两种情况。一种是指 PSY 值大部分时间处在 50 线上，即使偶尔下滑至 50 线以下，也会很快回升至 50 线以上并向上爬升。另一种是指 PSY 值从 50 线以下向上一举冲过 50 线并缓慢向上攀升，表明多头力量强于空头力量，期价一路上涨。

这两种情况反映到 PSY 曲线图上，就是 PSY 曲线在 50 线以上缓慢向上运动或从 50 线以下向上一路攀升的向上倾斜曲线。当 PSY 向上趋势形成后，投资者应积极买入期货品种或持有待涨，直至向上趋势改变。

（3）向下趋势。

PSY 指标的向下趋势性也有两种情况。一种是指 PSY 值大部分时间处在 50 以下，另一种是 PSY 值从 50 以上向下回落，跌破 50 线并继续向下滑落。这两种情况都表明空方力量过于强大，期价一路下跌。

（二）能量潮指标（OBV）

OBV 的英文全称是 On Balance Volume，是由美国投资分析家葛兰碧（Joseph E.Granville）所创。该指标通过统计成交量变动的趋势来推测期价趋势。OBV 以“N”字型为波动单位，并且由许许多多“N”型波构成了 OBV 的曲线图。对一浪高于一浪的“N”型波，称其为“上升潮”（UP TIDE），至于上升潮中的下跌回落，则称为“下跌潮”（DOWN FIELD）。

能量潮是将成交量数量化，制成趋势线，配合期价趋势线，从价格的变动及成交量的增减关系推测市场多空气氛。其主要理论基础是市场价格的变化必须有成交量的配合，期价的波动与成交量的扩大或萎缩有密切的关联。

通常期价上升所需的成交量总是较大。下跌时，成交量可能放大，也可能减小。价格升降而成交量不相应升降，则市场价格的变动难以为继。

1.OBV 的计算公式

假设已经知道了上一个交易日的 OBV，则：

今日 OBV ＝昨日 OBV ＋ sgn × 今天的成交量

其中，sgn 是符号函数，其数值由下式决定。

sgn ＝ +1（今日收盘价≥昨日收盘价）

sgn ＝ –1（今日收盘价＜昨日收盘价）

这里的成交量指的是成交期货品种的手数，不是成交金额。sgn = +1 时，其成交量计入多方能量。sgn = -1 时，其成交量计入空方能量。

计算 OBV 时的初始值可自行确定，一般用第一日的成交量代替。

2.OBV 的应用法则和注意事项

（1）OBV 不能单独使用，必须与期价曲线结合使用才能发挥作用。

（2）OBV 曲线的变化对当前期价变化趋势的确认。

当期价上升（下降），OBV 也相应地上升（下降），则可确认当前的上升（下降）趋势。

当期价上升（下降），但 OBV 并未相应地上升（下降），出现背离现象，则对目前上升（下降）趋势的认定要大打折扣。OBV 可以提前预警趋势的后劲不足，有反转的可能。

（3）形态学和切线理论的内容也同样适用于 OBV 曲线。

（4）在期价进入盘整区后，OBV 曲线会率先显露出脱离盘整的信号，向上或向下突破，且成功率较大。

OBV 曲线是预测市场短期波动的重要研判指标，能帮助投资者确定市场突破盘局后的发展方向。OBV 的走势可以局部显示出市场内部主要资金的流向，有利于提示投资者市场内的多空倾向。

第四节　期货持仓分析

期货市场中，价格、成交量与持仓量是投资者需要关注的三个基本因素。在基本面一定的情况下，除了常用的技术分析指标外，对期货市场价格走势的研判，持仓量与持仓结构更能反映市场参与各方的态度趋向。

对持仓量的研究，一般涉及两个方向，一个是从价格、成交量与持仓量三者之间的关系进行研究，这是传统的研究方法，也是常用的最基本的研究方法，有助于投资者从总体上判断市场多空力量对比。另一个是从各会员的持仓变化来研究多空意向，这是从市场本身来研究，也就是通过各会员的买卖持仓状况来分析。

一般而言，主力机构的持仓方向往往对价格的走势起重要的影响作用，这在国内市场表现得更明显。期货市场基本面在一段时间内一般比较稳定，在基本面比较确定的情况下，主力机构特别是大的套保机构的持仓结构，对期货价格的走势影响较大，对期货投资者的交易指导意义更强，因为大的套保机构对基本面的分析比一般投资者更具备实力与优势，对基本面的理解更全面透彻。

有一点需要注意，主力机构的资金经常进行分仓或者转移交易席位，使得通过持仓结构把握主力动向的方法有时变得不怎么可靠，因此这种方法得出的结论，只能作为入市策略的参考。

一、国内交易所持仓情况分析

（一）交易所持仓信息披露

各个国家监管当局或者交易所对于持仓信息的公布规定有所不同，但都会在一定时间，在官方网站上公布各会员单位的持仓信息，各权威财经媒体一般也会公布各会员的持仓结构，投资者比较容易查询。

我国期货交易所在风险管理上均规定了限仓制度与大户持仓报告制度。根据不同期货品种的具体情况，分别制定了每一期货品种各个月份的限仓数额，采用限制会员持仓与限制投资者持仓相结合的办法控制市场风险。

目前，中国四大期货交易所在每个交易日收盘后，都会将各品种主力合约的当日交易量排名前 20 的会员以及持仓量予以公布，同时多空持仓量排名前 20 的会员以及持仓数量也予以公布。

中国公布持仓的规则有两个特点，一个是每日公布，频率高；一个是以会员为公布对象。会员中的客户有套保的、有套利的、有投机的，所以仅仅从会员持仓数据难以看清整个期货品种的持仓结构。

（二）持仓分析方法

国内期货市场，投资者分析持仓的方法有以下三种。

一是比较多空持仓量的大小。主要是比较排名靠前的会员单位的客户多空持仓量的多少，如果多单多于空单，说明市场看多，期货价格容易上涨。反之，如果空单多于多单，说明市场看淡，期货价格容易看跌。

二是观察某一品种的多单或者空单是否集中在某一会员或某几个会员的手中。也就是所谓的“区域”或者“派系”持仓分析，结合价格走向，寻找市场主力多空方向。

三是跟踪某一主要席位的交易状况、持仓增减，从而确定主力进出场的动向。

1. 排名前 20 会员持仓分析

由于资金多空动向体现在持仓上，而且主要体现在前 20 名席位上，所以投资者一般使用前 20 名会员客户持仓的多空单合计数之差，也就是用净持仓来对多空实力进行分析。

净持仓的变化能较大程度地表现出主力资金的多空态度，因此研究净持仓的变化，对预判价格将来的变化有非常大的帮助。这里研究的是价格的波段变化，而非短期波动。

判断净持仓的变化与价格关系，一般有如下规律。

（1）背离信号。

这里的背离分两种，一个是价格运行方向与净持仓的背离，一个是波段性的价格创新高或者新低，而净持仓峰值未创出新低或者新高。

这里需要注意，在出现背离信号的时候，应当以价格的技术信号为基准，也就是当 K 线组合出现转折迹象时，此时背离信号的作用更加显现。

①一段时间内价格的运行方向与净持仓的变化方向相反，且较为激烈时，预示后市价格很快将出现较大的反向运行。

②某个波段性走势运行时，价格较前一波段的高点更高，而净持仓峰值较前一波段的峰值低。反之，价格较前一波段的低点更低，而净持仓峰值较前一波段的峰值高。出现背离，表明目前价格可能会出现反向变化。

（2）顺势信号。

净持仓变化与价格变化产生同方向变化，此时对价格趋势的判断为顺势，也就是仓价同增同减。决定价格走势的核心不是持仓结构，而是基本的供求关系，但是持仓结构的变化能反映基本面的变化。

在不同的市场阶段，持仓变化的市场意义也会不同，要具体情况具体分析。从长期看，持仓分析对交易指导很有帮助，效果明显。一般来说，市场比较成熟，各方参与度比较好的品种，持仓分析尤为重要。对于那些交易不活跃，靠做市商保持流动性的品种，持仓分析并无太大意义。

2. “派系”或“区域”会员持仓分析

在期货市场发展的一些特殊时期，持仓资金具有地区属性。比如，某些经济发达地区的资金活跃程度非常高，资金量也很大，在持仓排行榜上经常出现。这种“派系”或“区域”的分析法，在特定背景下一般比较有效。

比如，有的资金大部分来自民间游资，具有较强的投机性，有的则具有很强的现货背景。股指期货出现后，就自然而然地出现了“券商系”资金，这些资金主要集中在具有券商背景的期货公司。通过分析某时期、某个特定品种的“派系”或“区域”会员持仓情况，可以更好地了解该品种目前的多空倾向。

3. 成交活跃席位多空持仓分析

成交量越大，表示该席位越活跃，该席位在该合约上的影响力就越大。因此，分析成交活跃席位的多空持仓状况，能掌握这部分资金的多空倾向。

这里值得注意的是，尽管一些席位成交活跃，但因为是做市商，或是专门做日内短线交易，分析这部分资金持仓情况，对实际交易指导意义较差。

（三）持仓分析中需要注意的问题

持仓分析需要注意的问题较多，往往失之毫厘，谬以千里。

投资者一般会对具有现货背景的会员席位上的多空持仓做出错误的判断。打个比方讲，铜生产厂家往往进行铜的卖出套保，但这并不意味着铜价已经到了高点，要发生趋势转变了。同样，电缆厂往往是进行买入套保，其多仓的建立也不意味着铜价将要上涨。所以，对具有现货背景的会员席位上的持仓进行分析，应该考虑到套保因素，区别对待套期保值者的建仓目的。

一般来说，期货市场上，空头一般比较分散，多头比较集中。这是因为现货资源是有限的，而资金是无限的。一个没有现货背景的机构，一般来说不敢建立大规模的空头头寸。因为一旦建立了大规模的空头仓位，又没有现货来源，就可能面临被逼空的危险。所以，当空头仓位比较分散，多头仓位比较集中时，并不一定是多头行情，反之亦然。

对于多头来说，不会遇到类似的逼空危险，仓位可以放重些，最后有交割作保障，还可以做空远期合约。

综上所述，无论是经典的持仓量、成交量与价格之间的关系分析，还是主力持仓分析方法，都没有固定的模式，也没有绝对的结论，一切都需要投资者结合市场现状和行情的趋势进行综合研判。

二、美国 CFTC 持仓报告分析

（一）CFTC 持仓报告披露

美国商品交易委员会（CFTC）是监管期货和期权交易，促进市场免于虚假价格的权力部门。为防止某个交易商的头寸大到足以导致市场价格扭曲，歪曲反映市场供需状况，CFTC 制定了大户报告制度。

按照该制度，期货交易所的结算会员、期货经纪商和境外经纪商，必须每天向 CFTC 提交持仓报告。报告的主要内容是期货或者期权的持仓量等于或者超过 CFTC 规定水平的交易者的持仓情况。在每个交易日收盘之后，如果投资者任何月份的期货合约或者期权合约的持仓超过 CFTC 的持仓限额，该报告单位必须向 CFTC 报告它在期货或者期权上的全部持仓状况。CFTC 负责收集所有期货合约持仓构成数据，这个数据库的一部分会在 CFTC 的 COT 持仓报告（Commitments of Traders Report）中公布给公众。

第一份 COT 报告是由美国农业部（USDA）在 1962 年公布的，当时报告涉及 13 个农产品期货品种，每月公布一次。1976 年，新成立的 CFTC 接替美国农业部，负责 COT 报告的编制。以后，随着时间的推移，COT 报告披露的频率、时间、内容和信息的可获得性有不断的改进。

在披露频率上，从 1986 年开始，COT 每月月中和月末披露两次，1992 年 10 月变为每周披露一次。从披露时间上看，1990 年披露时间为报告日之后的第 6 个工作日，1992 年已经缩短到报告日之后的第 3 个工作日公布。

从披露信息看，20 世纪 70 年代初，报告内容增加了每一类交易者的数量以及每个种植年度的净余额和集中度。1995 年又增加了对期权头寸的披露。

从披露信息的可获得性上看，1993 年是根据信息定制者清单发送报告，并且报告是需要付费的。1995 年，投资者能够在 CFTC 网站上查阅到 COT 报告。

COT 报告每周五在美国东部时间下午 3:30 公布，报告的持仓数量截止到当周周二收盘时，持仓数据时间跨度为一周，即从上周三到本周二这一时间段的持仓数据。COT 报告提供了每周二持仓量的明细项目，对达到 CFTC 持仓报告水平的 20 个或更多交易者的持仓进行公布。

COT 报告披露有两种，一种是期货持仓报告（Futures Only Commitments of Traders），另一种是期货和期权持仓报告（Futures and Options Combined Commitments of Traders）。这两种报告分交易所披露的方式有两种，一种是长格式（Long Form），一种是短格式（Short Form）。

短格式中的持仓报告由报告（Reportable）和非报告（Nonreportable）交易商组成。持仓头寸超过 CFTC 规定水平的是报告交易商持仓，分成商业持仓和非商业持仓。商业交易商指的是从事与现货有关的业务，被普遍认为是套期保值者。非商业持仓是指交易商不涉及现货业务，一般被归为投机商。达到报告水平的投机商一般来自期货或者商品基金，因此也被称为基金持仓。

基金持仓又分为多单、空单和套利三种，多单与空单都是指净持仓数量。举例说，某基金同时持有 3 万手多单和 2 万手空单，则这个基金持仓中的 1 万手净多头头寸归入“多单”，2 万手双向持仓归入“套利”。也就是说，“多单”和“空单”就是指基金持仓中多单数量与空单数量的差额，“净多”或者“净空”的变化对期货价格影响较大，是分析价格走势的关键因素。

非商业持仓主要指的是基金持仓，是 CFTC 持仓报告中最核心的内容，这是影响市场行情的重要因素。非报告持仓一般指小交易商持仓，在期货价格研判中不是非常重要。

长格式除了以上披露的信息外，还包括作物年度数据、最大 4 家和 8 家交易商所持有头寸的集中度数据。

（二）CFTC 持仓报告分析

通过分析持仓报告，投资者能确定各类市场参与者，如大型对冲机构、大型投机者和小型交易者的“预测”表现。但是这里面有个事先认为正确的假定，那就是大型的和经验老到的交易者对市场有更好的洞察力，对价格运动的预测更准确。

长期跟踪显示，大型对冲机构与大型投机商能够较好地预测价格，而小型交易者最差。出人意料的是，大型对冲机构的预测一般好于大型投机商的预测。另外，大型投机商的预测结果在不同市场差异也较大。

去掉特殊因素影响，比如季节性因素，持仓报告分析可按如下步骤进行。首先，计算大型对冲机构、大型投机商和小型交易者每月末的一般净头寸水平，并将这些一定年份的月末统计数据进行平均，然后找出任何给定年份一年里他们正常头寸所处的水平，最后将当前各市场参与者的头寸与这个平均水平或者说正常水平进行比较，只要他们的头寸水平与这个平均水平有偏离，就说明了这些参与者对当下市场的牛熊态度，从而指导我们的交易。

CFTC 持仓有两种市场格局尤其值得注意。

一个是大型对冲机构净持仓为多头，且持仓数量远远超过了季节性正常值。大型投机商明显持有净多头头寸，而小型投资者的净头寸为空头且其数量也远远超过季节正常值，这种情况代表了一个极端。

另一个是与以上相反，大型对冲机构净持仓为空头，且持仓数量远远超过了季节性正常值，大型投机商明显持有净空头头寸，而小型投资者的净头寸为多头且其数量也远远超过季节正常值，这种情况代表了另一个极端。

在分析正常偏离时，要特别注意净持仓偏离长期平均值达到 40% 以上的情形，同时也不要忽略偏离程度小于 5% 的情形。

从表面上看，CFTC 持仓报告反映了不同交易商的交易动机，但真实的背后动机难以简单地靠表面的持仓去准确把握。

首先，没有说明非报告交易商的动机，只知道这部分交易商没有超过持仓限制，他们可能是套期保值商也可能是投机商。

其次，将报告交易商分为商业和非商业两类容易造成误导，因为商业交易商并不总是套期保值商。由于对非商业持仓投机头寸有限制，这样会刺激交易商将自身确认为商业交易商，以掩藏其真实交易头寸的属性。也就是说，这部分商业持仓头寸只有一部分有保值目的，另一部分则含有投机头寸。总体而言，商业持仓背后可能存在不同的交易动机，并不是简单的保值。

此外，市场不存在明显的刺激因素将自身归为投机商，所以报告中非商业持仓中交易商的动机比较简单，相对纯粹，相对准确，能有效反映交易商的真实动机。

在关注 CFTC 持仓报告的时候，有如下几个方面需要关注。

第一，对商业头寸而言，更应关注净头寸的变化，而不是持有多头还是空头。因为对商业机构而言，他们大多是空头，这往往是由他们的商业角色决定的。他们通常不会改变交易的多空方向，只会根据价格对持有头寸做相应的调整。

第二，注意季节性因素的变化，尤其是农产品。有时候，商业交易者做的只是季节性套期保值盘。

第三，持仓分析是从资金面的角度看市场方向，对短期交易效果明显。对于长期走势，还需要结合基本面等其他方法进行分析。尽管如此，持仓报告仍为投资者提供了一个大概的市场轮廓，有其利用价值。

第五节 期货投资个性指标

期货投资中，一些特色指标是交易者在反复实践中提炼出来的，对指导交易具有重要的参考意义。熟练应用这些指标，配合其他大众化指标，形成自己独特的交易系统，往往能获得较好的实战效果。

一、预测各品种期价变化表

以下是一个预测各品种期价变化的表格，从周易演绎变化而来，有一定的实战意义。投资者在研判期价走势的时候，可借鉴参考。

通过价格全息表分析研判价格走势，其基本方法和步骤如下。

（1）首先，找出期货品种的期货阶段最低点或者最高点作为基准点，然后依据期货品种的期货此时价格，根据全息数码表，由表 2-1 可见，把这个基准点扩大或者减少 10 倍。

（2）上涨价格看右侧平行位置的数字，平行的右边数字是目标位。下跌价格看左侧平行位置的数字，平行的左边数字为目标位。

（3）全息表中，每个价位都是期货品种的期货价格支撑位与阻力位的结合体，上涨或者下跌过程中，核心价位是期货品种的期货价格在全息表中经过的顶底处数字。

（4）结合费氏线与回归线通道，日线看快线和慢线交叉风向，参考筹码位置。超过倒 V 字的两个平衡价位，向 N 字右侧的平衡价位目标靠近。

二、预测各品种期价变化的指标

下面是笔者编写的一个预测各品种期价变化的指标，有未来函数，实战中具有一定的指导意义。投资者在研判期价走势的时候，可借鉴参考。

该指标为期货副图指标，文华财经软件专用，程序源码可以从 http://down.caphbook.com/YH/DownLoad.aspx?ID=3644849a58c44685b4afb2229a5fe4b3&type=0 下载。

表 2-1　价格全息数字表

96		192		384		768		1 536		3 072	
88	98	188	196	376	392	752	784	1 504	1 568	3 008	3 136
80	100	184	200	368	400	736	800	1 472	1 600	2 944	3 200
72	102	180	204	360	408	720	816	1 440	1 632	2 880	3 264
64	104	176	208	352	416	704	832	1 408	1 664	2 816	3 328
56	106	172	212	344	424	688	848	1 376	1 696	2 752	3 392
48	108	168	216	336	432	672	864	1 344	1 728	2 688	3 456
40	110	164	220	328	440	656	880	1 312	1 760	2 624	3 520
32	112	160	224	320	448	640	896	1 280	1 792	2 560	3 584
24	114	156	228	312	456	624	912	1 248	1 824	2 496	3 648
20	116	152	232	304	464	608	928	1 216	1 856	2 432	3 712
16	118	148	236	296	472	592	944	1 184	1 888	2 368	3 776
12	120	144	240	288	480	576	960	1 152	1 920	2 304	3 840
8	122	140	244	280	488	560	976	1 120	1 952	2 240	3 904
4	124	136	248	272	496	544	992	1 088	1 984	2 176	3 968
2	126	132	252	264	504	528	1 008	1 056	2 016	2 112	4 032
0	128		256		512		1 024		2 048		4 096

漫步阶梯（MBJT）：

```
HH1:=IF(H<REF(H,2)&&REF(H,1)<REF(H,2),REF(H,2),0);
LL1:=IF(L>REF(L,2)&&REF(L,1)>REF(L,2),REF(L,2),0);
HH2:=VALUEWHEN(HH1>0,HH1);
LL2:=VALUEWHEN(LL1>0,LL1);
K1:=IF(CLOSE>HH2,-3,IF(CLOSE<LL2,1,0));
K2:=VALUEWHEN(K1<>0,K1);
G:=IF(K2=1,HH2,LL2);
G1:=VALUEWHEN(ISLASTBAR,G);
DRAWNUMBER(L>0,G1,G1,0,COLORCYAN);
W1:=K2;
```

```
W2:=OPEN-CLOSE;
HT:=IF(OPEN>CLOSE,OPEN,CLOSE);
LT:=IF(OPEN<CLOSE,OPEN,CLOSE);
DRAWLINE(W1=1,HIGH,W1=1,HT,COLORCYAN);
DRAWLINE(W1=1,LOW,W1=1,LT,COLORCYAN);
DRAWLINE(W1=-3,HIGH,W1=-3,HT,COLORRED);
DRAWLINE(W1=-3,LOW,W1=-3,LT,COLORRED);
STICKLINE(W1>0,OPEN,CLOSE,COLORCYAN,1);
STICKLINE(W1<=0,OPEN,CLOSE,COLORRED,1);
STICKLINE(W2>0&&W1<=0,OPEN,CLOSE,COLORRED,0);
STICKLINE(W2>0&&W1>0,OPEN,CLOSE,COLORCYAN,0);
DRAWLINE(W1=1&&REF(W1,1)=1,G,W1=1&&REF(W1,1)=1,REF(G,1),COLORGREEN);
DRAWLINE(W1=-3&&REF(W1,1)=-3,G,W1=-3&&REF(W1,1)=-3,REF(G,1),
COLORYELLOW);
DRAWSL(K2=1,G,0,1,0,COLORGREEN);
DRAWSL(K2=-3,G,0,1,0,COLORYELLOW);
```

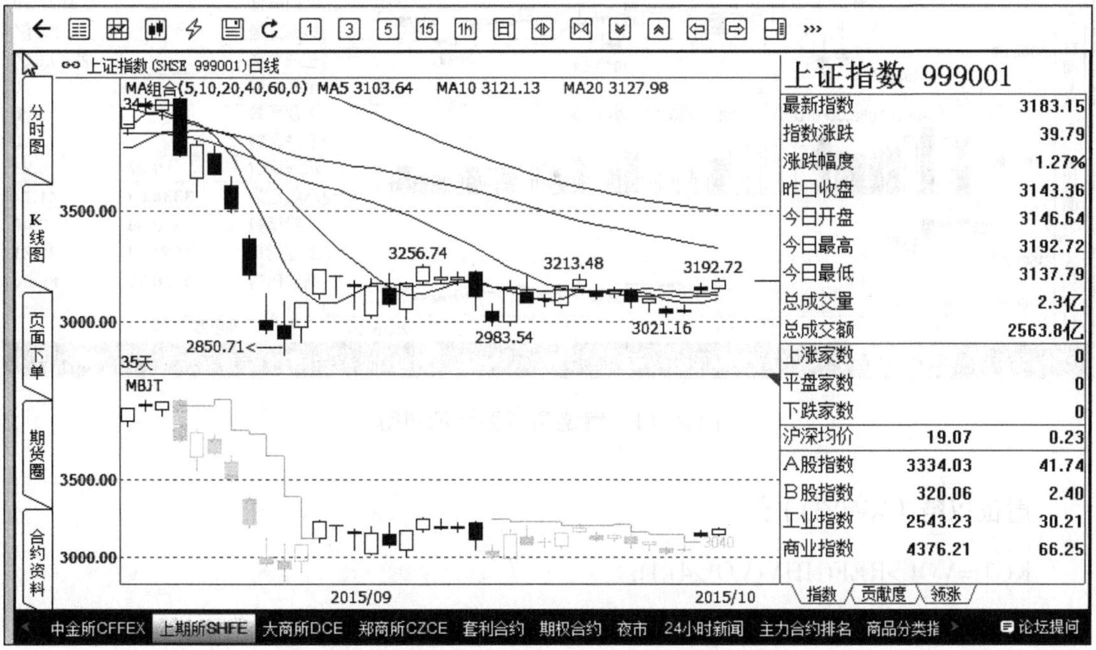

图 2-10　漫步阶梯指标示意图

缠绕葡萄（CRPT）：

```
DIFF:=EMA(CLOSE,12)-EMA(CLOSE,26);
DEA:=EMA(DIFF,9);
MA(CLOSE,5),COLORWHITE;
MA(CLOSE,15),COLORYELLOW;
STICKLINE(DIFF>DEA,CLOSE,OPEN,COLORRED,0);
STICKLINE(DIFF>DEA,HIGH,LOW,COLORRED,0);
STICKLINE(DIFF<=DEA,CLOSE,OPEN,COLORGREEN,0);
STICKLINE(DIFF<=DEA,HIGH,LOW,COLORGREEN ,0);
DRAWTEXT(CROSS(DIFF,DEA),LOW-0.2,' 买入 '),COLORWHITE;
DRAWTEXT(CROSS(DEA,DIFF),HIGH+0.2,' 卖出 '),COLORGREEN;
```

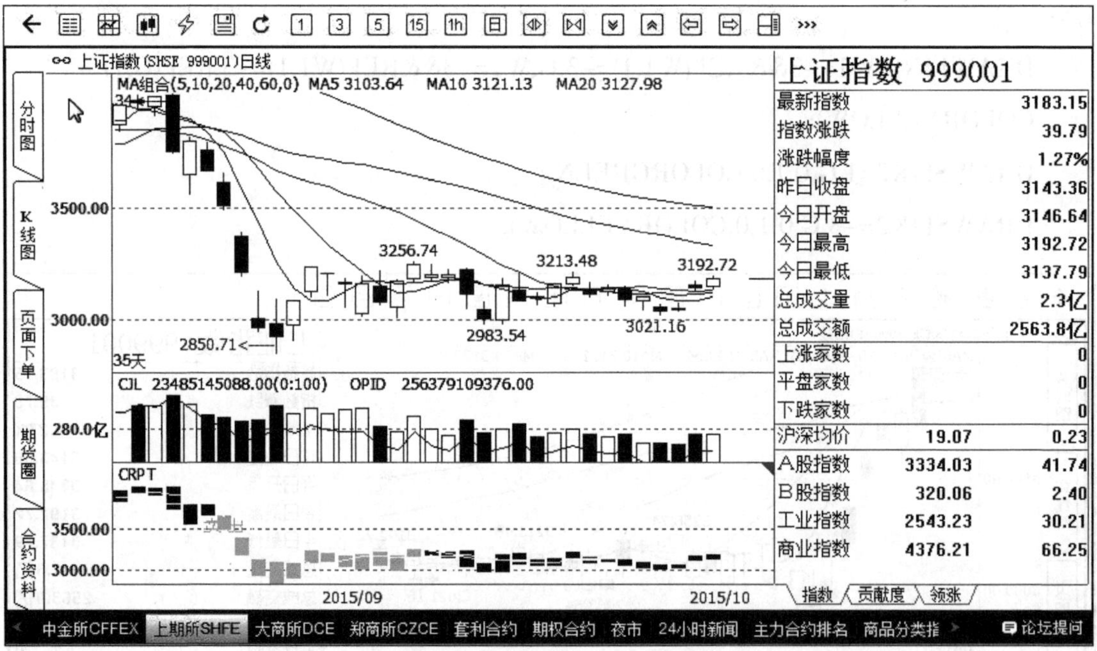

图 2-11 缠绕葡萄指标示例图

虚位以待（XWYD）：

```
KG1:=VOL>REF(HHV(VOL,4),1);
W2:=OPEN-CLOSE;
HH1:=IF(H<REF(H,2)&&REF(H,1)<REF(H,2),REF(H,2),0);
```

```
LL1:=IF(L>REF(L,2)&&REF(L,1)>REF(L,2),REF(L,2),0);
HH2:=VALUEWHEN(HH1>0,HH1);
LL2:=VALUEWHEN(LL1>0,LL1);
KA1:=IF(CLOSE>HH2,-3,IF(CLOSE<LL2,1,0));
KA2:=VALUEWHEN(KA1<>0,KA1);
GA:=IF(KA2=1,HH2,LL2);
GA1:=VALUEWHEN(ISLASTBAR,GA);
DRAWNUMBER(L>0,GA1,GA1,0,COLORCYAN);
W1:=KA2;
U1:=(HIGH+LOW+CLOSE)/3;
HT:=IF(OPEN>CLOSE,OPEN,CLOSE);
LT:=IF(OPEN<CLOSE,OPEN,CLOSE);
DRAWLINE(W1=1,HIGH,W1=1,HT,COLORCYAN);
DRAWLINE(W1=1,LOW,W1=1,LT,COLORCYAN);
DRAWLINE(W1=-3,HIGH,W1=-3,HT,COLORRED);
DRAWLINE(W1=-3,LOW,W1=-3,LT,COLORRED);

STICKLINE(W1>0,OPEN,CLOSE,COLORCYAN,1);
STICKLINE(W1<=0,OPEN,CLOSE,COLORRED,1);
P1:=MA(U1,5)+(REF(MA(CLOSE,5),2)-REF(MA(CLOSE,5),4));
P:=(P1+MA(CLOSE,4))/2;
A1:=REF(HIGH,2)>REF(HIGH,1)||REF(LOW,2)>REF(LOW,1);
A3:=HIGH>REF(HIGH,1)|| HIGH>REF(HIGH,2)||(HIGH-LOW)*0.3+LOW>P;
A31:=CLOSE>P&&REF(LOW,1)<P&&CLOSE>REF((HIGH+LOW)/2,1);
A4:=REF(MA(CLOSE,5),2)>REF(MA(CLOSE,5),1);
A5:=VALUEWHEN(A1&&A3&&A4&&A31,REF((HIGH+LOW)/2 ,1));
DRAWSL(A1&&A3&&A4&&A31,A5,0,4,0,COLORRED);
RSV:=(CLOSE-LLV(LOW,12))/(HHV(HIGH,12)-LLV(LOW,12))*100;
M:=SMA(RSV,3,1);
A:=EMA(M,3);
```

```
B:=EMA(A,3);
A6:=REF(LOW,2)<REF(LOW,1)||REF(HIGH,2)<REF(HIGH,1);
A7:=LOW<REF(LOW,1)|| LOW<REF(LOW,2)||(HIGH-LOW)*0.7+LOW<P;
A71:=CLOSE<P&&REF(HIGH,1)>P&&CLOSE<REF((HIGH+LOW)/2,1);
A8:=REF(MA(CLOSE,5),2)<REF(MA(CLOSE,5),1);
A9:=VALUEWHEN(A6&&A7&&A8&&A71,REF((HIGH+LOW)/2 ,1));
DRAWSL(A6&&A7&&A8&&A71,A9,0,4,0,COLORGREEN);
D:= VALUEWHEN(KG1, (HIGH+LOW)/2);
STICKLINE(W2>0&&W1<=0,OPEN,CLOSE,COLORRED,0);
STICKLINE(W2>0&&W1>0,OPEN,CLOSE,COLORCYAN,0);
```

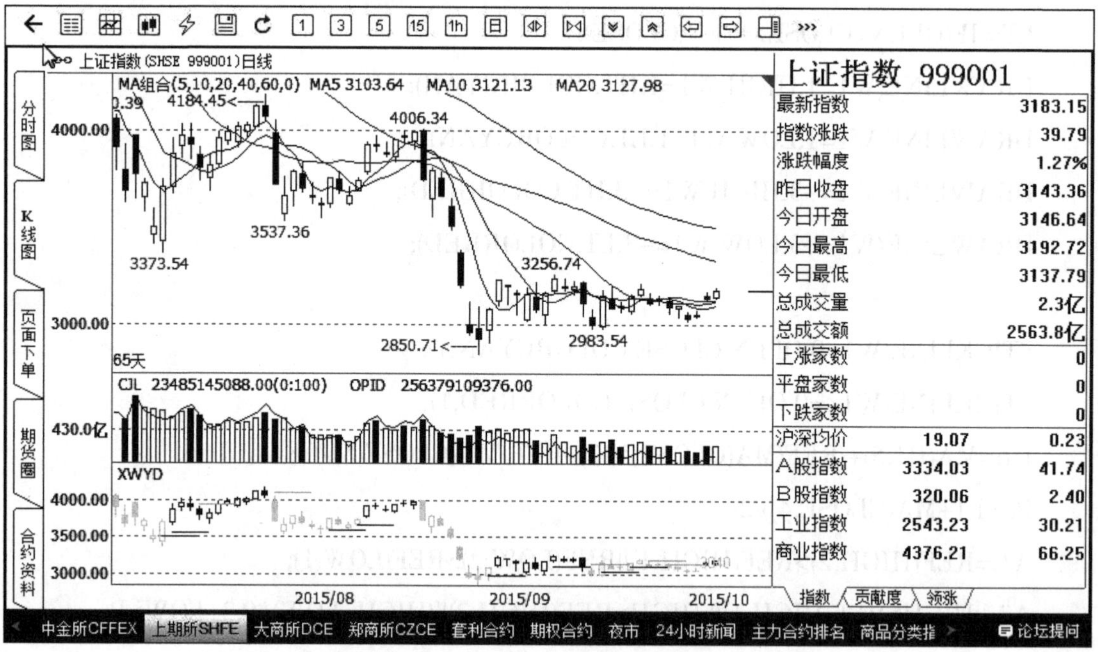

图 2-12 虚位以待指标示例图

黑马出现（HMCX）：

```
A1:=EMA(C,12)-EMA(C,25);
A2:=EMA(A1,6);
HLHT:(A2>=0)*A2,COLORYELLOW;
DHM:(A2<0)*A2,COLORYELLOW;
```

```
MCCB:(A1<0)*A1,COLORYELLOW;
MRCG:(A1>=0)*A1,COLORRED;
STICKLINE(A2>=0,A2,0,5,0),COLORWHITE;
STICKLINE(A2<0,A2,0,5,0),COLORYELLOW;
STICKLINE(A1<0,A1,0,5,0),COLORRED;
STICKLINE(A1>=0,A1,0,5,0),COLORRED;
VARF:=TROUGHBARS(MA(C,2),3,1,1)<4;
DK:EMA((CLOSE−MA((2*CLOSE+HIGH+LOW)/4,30))/MA((2*CLOSE+HIGH+LOW)/4,30)*100,3),COLORWHITE;
0,COLORRED;
STICKLINE(FILTER(VARF=1,5) AND DK<−10,50,0,15,0),COLORYELLOW;
STICKLINE(FILTER(VARF=1,5),50,0,8,0),COLORYELLOW;
DRAWTEXT(FILTER(VARF=1,3),25,'HMCX'),COLORRED;
STICKLINE(DK<−10,0,DK,0.85,0),COLORYELLOW;
STICKLINE(DK>10,0,DK,0.95,0),COLORRED;
```

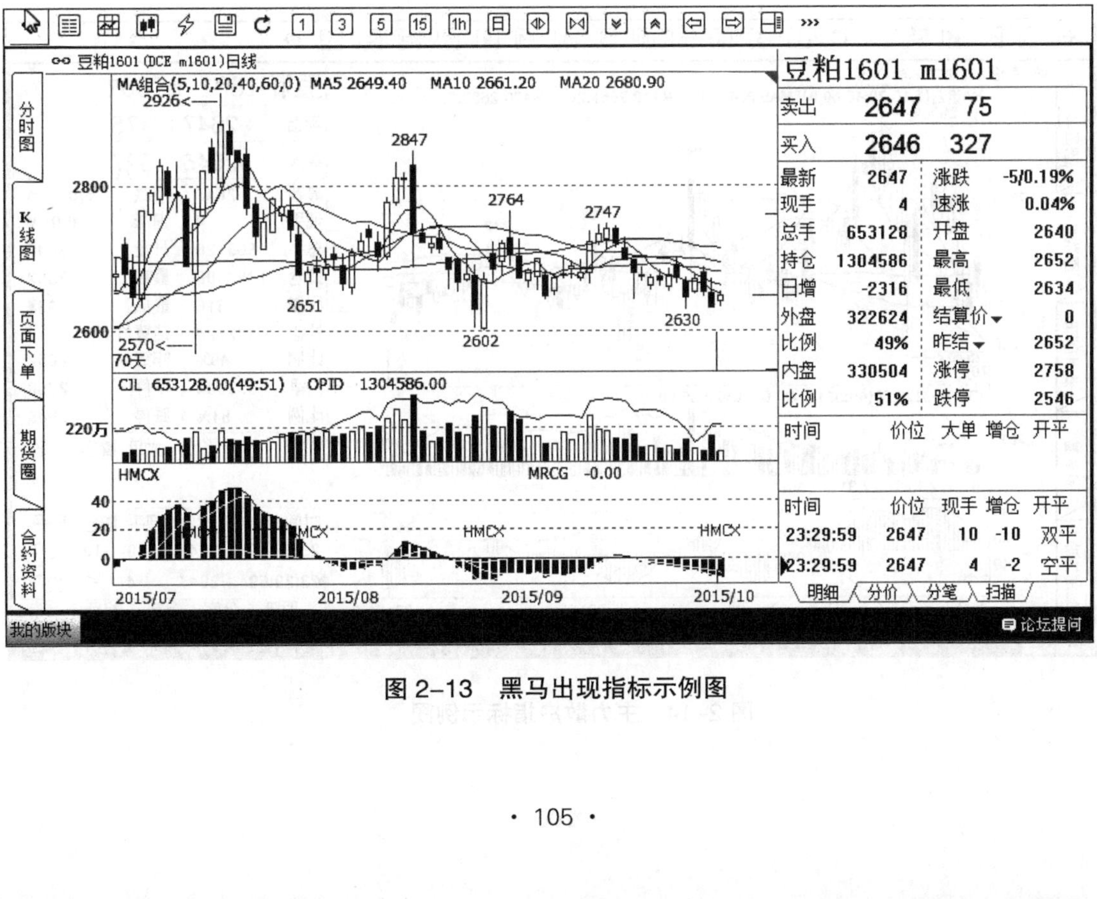

图 2-13 黑马出现指标示例图

主力散户（ZLSH）：

```
VAR1:=LLV(LOW,13);
VAR2:=HHV(HIGH,13);
VAR3:=SMA((CLOSE−VAR1)/(VAR2−VAR1)*100,5,1);
VAR4:=SMA((VAR2−CLOSE)/(VAR2−VAR1)*100,5,1);
//{DRAWBAND(VAR3,RGB(155,50,50),50,RGB(0,100,50));}
STICKLINE(VAR3>50,50,VAR3,COLORRED,1);
STICKLINE(VAR3<50 OR VAR3 = 50,50,VAR3,COLORGREEN,1);
ZHULI:VAR3,COLORRED;
SANHU:VAR4,COLORGREEN;
VAR5:=SMA(MAX(CLOSE−REF(CLOSE,1),0),5,1)/SMA(ABS(CLOSE−REF(CLOSE,1)),5,1)*100;
CAOZUO:EMA(VAR5,3),COLORYELLOW;
STICKLINE(C,90,90,COLORRED,0);
STICKLINE(C,50,50,COLORYELLOW,0);
```

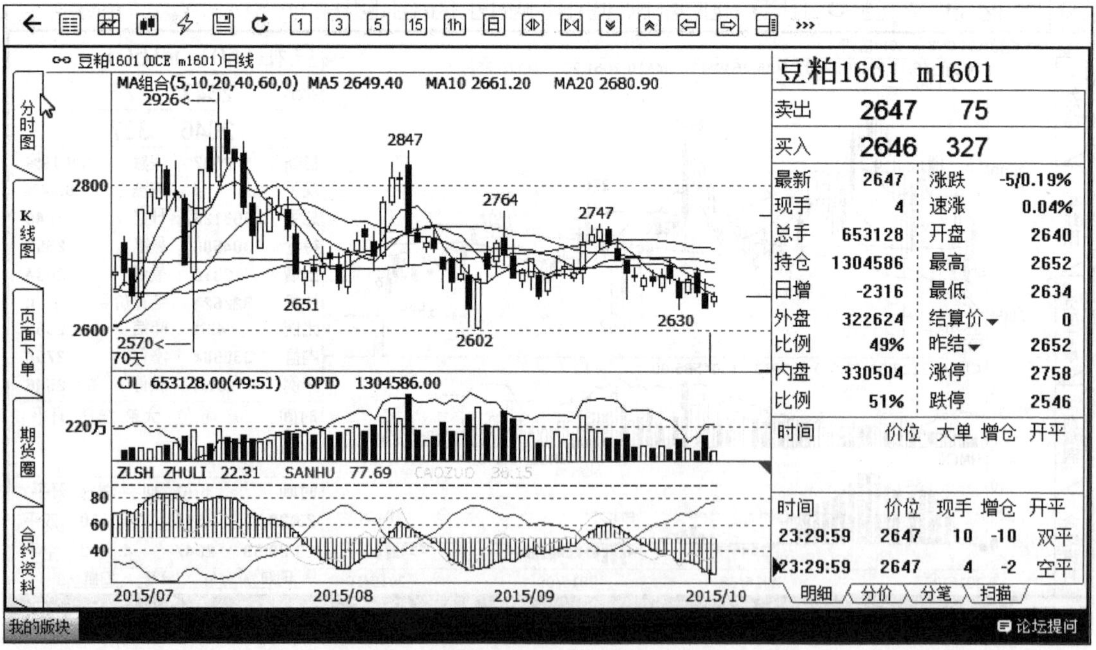

图 2–14 主力散户指标示例图

第三章　大豆期货

第一节　大豆概述

大豆，别名黄豆，古称菽，豆科，属一年生草本植物，原产于我国，至今已有5 000年的种植史。在我国，除了热量不足的高海拔、高纬度地区和年降水量在250毫米以下，又无灌溉条件的地区以外，一般均有大豆种植。

一、大豆产区

我国大豆集中产区在东北平原、黄淮平原、长江三角洲和江汉平原。根据大豆品种特性和耕作制度的不同，我国大豆生产分为五个主要产区：东北三省为主的春大豆区，黄淮流域的夏大豆区，长江流域的春夏大豆区，江南各省南部的秋作大豆区，两广、云南南部的大豆多熟区。其中，东北春播大豆和黄淮海夏播大豆，是我国大豆种植面积最大、产量最高的两个地区。

欧美各国栽培大豆的历史较短，大约在19世纪后期才从我国传播过去。20世纪30年代，大豆栽培已遍及世界各国。20世纪80年代初，美国成为世界大豆生产大国，巴西和中国次之。

二、大豆营养成分

大豆含的营养素比较全面，并且含量丰富。每100克大豆含蛋白质36.3克、脂肪18.4克、糖25.3克、热量412千卡、钙367毫克、磷571毫克、铁11毫克、胡萝卜素0.4毫克、维生素B1 0.79毫克、维生素B2 0.25毫克、尼克酸2.1毫克。

大豆的脂肪、蛋白质、碳水化合物、粗纤维的组成比例非常接近于肉类食品，与等量的猪肉相比，蛋白质多1倍、钙多33倍、铁多26倍。大豆的蛋白质含量比禾谷类作物高6 ~ 7倍。氨基酸组成平衡而又合理，尤其富含8种人体必需的氨基酸。

大豆制品如豆腐、千张、豆瓣酱、豆腐乳、酱油、豆豉等，食味鲜美，营养丰富，是东亚国家的传统副食品。联合国粮农组织极力主张发展大豆食品，以解决目前发展中国家蛋白质资源不足的问题。

大豆是世界上最主要的植物油和蛋白饼粕的提供者。每1吨大豆可以轧制出大约0.2吨的豆油和0.8吨的豆柏。用大豆制取的豆油，油质好，营养价值高，是一种主要食用植物油。作为大豆榨油的副产品，豆粕主要用于补充喂养家禽、猪、牛等的蛋白质，少部分用在酿造及医药工业。

根据种皮的颜色和粒形，大豆可分为黄大豆、青大豆、黑大豆、其他色大豆、饲料豆（秣食豆）五类。黄大豆的种皮为黄色，脐色为黄褐、淡褐、深褐、黑色或其他颜色，粒形一般为圆形、椭圆形或扁圆形。大连商品交易所大豆期货合约的标的物是黄大豆。

大豆种子百粒重13 ~ 25克。大粒种百粒重在22克以上，中粒种百粒重在15 ~ 22克，小粒种百粒重在15克以下。小粒种抗旱力较强，适于干旱地区种植，大粒种适于湿润地区。在黄淮地区，小粒品种较多。在江淮地区，中粒品种较多。长江以南湿润地区，大粒品种多。

三、大豆生长阶段

大豆要经历种子萌发、出苗、幼苗生长、分枝、开花、结荚、鼓粒、成熟等过程，可分为6个生育时期。

从种植季节看，大豆主要分为春播、夏播。春播大豆一般在4—5月播种，9—10月收获。东北地区及内蒙古均种植一年一季的春播大豆。夏播多为小麦收获后的6月份播种，9—10月份收获，黄淮海地区种植夏播大豆居多。

从种植方式看，东北、内蒙古等大豆主产区，种植方式一般以大田单一种植为主。其他地区，则多与玉米、花生等作物间作种植。

大豆是喜温作物，种子萌发的最适温度是18 ~ 20℃，此时发芽快而且出苗齐。最低温度是6 ~ 8℃，但发芽十分缓慢。温度达33 ~ 36℃时，发芽最快，但幼苗弱。出苗所需最低温度为8 ~ 10℃，幼苗在-4℃低温则会受到轻微冻害。苗期只要子叶未死，霜冻过后，子叶节还会出现分枝。

花芽分化时21 ~ 23℃较宜。开花时22 ~ 25℃较宜，气温过高或过低，会导致开花较少。结荚鼓粒期为21 ~ 23℃。大豆不耐高温，超过40℃，坐荚率会减少 57% ~ 71%。成熟期为 19 ~ 20℃。整个生育期所需积温，一般要求 2 400 ~ 3 800℃。

秋播作物在苗期必须经过一定时间的低温条件，才能正常抽穗开花，这个时期称为春化阶段。不经过这个阶段，直接在春夏高温季节播种，虽有充足的光照和温度条件，也不能正常抽穗结实。春化阶段后的一个发育阶段是光照阶段。

在一定时期内，有的植物每日需一定时间和一定强度的光照（长日照植物），有的则需要一定时间的黑暗（短日照植物）。大豆是短日照作物，在光照阶段要求短日照条件。大豆对光照的要求以 9 小时为界线，即大体在 9 ~ 18 小时范围内。光照愈短，愈促进生殖器官的发育，抑制营养生长，表现为植株矮小，提早开花成熟。光照愈长，愈促进营养生长，抑制生殖器官的发育，表现为开花和成熟拖延。

一般在主茎第一片复叶出现时，开始进入光照阶段。幼苗通过 5 ~ 12 天短日照，植株出现花萼原基，即可完成光照阶段。由于长期适应各地光照条件，使大豆短日性反应有较大的差异，南方大豆品种短日性较强，北方大豆品种对日照反应不敏感。

大豆一生需水较多，种子萌发需要的水分较谷类作物多。大豆的幼根较柔嫩，含水量大，适宜的土壤水分条件才能促进幼根向纵深伸长。植株主根可达 1 米左右，侧根平行扩展可达 0.5 米左右。土壤水分不足时，会影响其纵向和横向扩展生长。开荚、结荚期对水分最敏感，如果此期出现干旱，易引起减产。

大豆对土壤要求不太严格，从土质来看，沙质土、壤土、轻碱土都可以种植大豆。排水畅、保水力强、富含有机质和钙质的壤土最理想。大豆耐酸性不如水稻、小麦等作物，耐碱性不如高粱、谷子、棉花等作物。最适宜的土壤 pH 值为 6.8 ~ 7.5，高于 9.6 或低于 3.5，大豆均不能生长。

四、大豆的分类

大豆按其播种季节的不同，可分为春大豆、夏大豆、秋大豆和冬大豆四类。我国以春大豆为主。

春大豆一般在春天播种，10 月份收获，11 月份开始进入流通渠道。在我国主要分布于东北三省，河北、山西中北部，陕西北部及西北各省（区）。

夏大豆大多在小麦等冬季作物收获后播种，耕作制度为麦豆轮作的一年二熟制或二年三熟制。我国主要分布于黄淮平原和长江流域各省。

秋大豆通常是早稻收割后再播种，大豆收获后再播冬季作物，形成一年三熟制。我国浙江、江西中南部、湖南南部、福建和台湾全部种植秋大豆较多。

冬大豆主要分布于广东、广西及云南南部。这些地区冬季气温高，终年无霜，春、夏、秋、冬四季均可种植大豆。这些地区有冬季播种的大豆，但播种面积不大。

按大豆的用途，可分为食用大豆和饲用大豆两大类。食用大豆中又分为油用大豆、副食和粮食用大豆、蔬菜用大豆及罐头用大豆四类。按颜色可分为黄、棕、绿、黑、花色等类。

第二节　转基因大豆

草甘膦（商品名为农达）是美国孟山都公司于 1971 年研发的广谱除草剂，目前已经在世界各国广泛使用。与草甘膦配套使用的是抗草甘膦（抗农达）转基因作物，抗草甘膦转基因大豆是其中之一。

转基因大豆的研制是为了配合草甘膦除草剂的使用。除草剂有选择性的和非选择性的两种，草甘膦是一种非选择性的除草剂，可以杀灭多种植物，包括作物。虽然这种除草剂的效果很好，但却难以投入使用。草甘膦杀死植物的原理，在于破坏植物叶绿体或者质体中的 EPSPS 合成酶。

通过转基因的方法，让作物产生更多的 EPSPS 酶，可以让作物不被草甘膦除草剂杀死。有了这样的转基因大豆，农民就不必像过去那样使用多种除草剂，只需要草甘膦一种除草剂就能杀死各种杂草。当前转基因大豆主要用来提炼大豆油。

美国的转基因大豆出油率高，价格比中国东北大豆更便宜。由于商人逐利的本性，美国公司和中国公司都大量使用美国大豆，美国大豆油已占据垄断地位。中国是美国农产品的主要市场，占到美国大豆出口总量的 60%。转基因大豆进入中国以后，大部分流进了外资背景的食用油加工企业，其产品很快占领了大部分市场，从而影响了中国大豆加工资源环境。

2005 年，世界上种植转基因大豆的国家已超过 7 个，转基因大豆种植面积占比例情况如下：美国 81%，阿根廷 100%，巴西 20%，乌拉圭 100%，巴拉圭、南非、罗马尼亚、加拿大等国转基因大豆也在发展。

当前国际市场上，转基因大豆主要有两种，即抗除草剂转基因大豆和抗虫转基因大豆，种植面积较大的是抗草甘膦除草剂的转基因大豆。2006 年，转基因大豆依然是最主要的转基因作物，占全球转基因作物总种植面积的 57%（5 860 万公顷）。

据了解，抗除草剂大豆 CV127 已在美国、加拿大、日本、韩国、澳大利亚、新西兰、菲律宾、墨西哥、哥伦比亚、俄罗斯、南非、巴西、阿根廷等国家批准用于商业化种植或食用。抗虫大豆 MON87701 已在美国、加拿大、日本、欧盟、墨西哥等国家和地区批准用于商业化种植或食用。抗虫耐除草剂大豆 MON87701 × MON89788 已在欧盟、韩国、墨西哥、阿根廷、巴西、巴拉圭等国家批准用于商业化种植或食用。

根据国家农业转基因生物安全委员会评审结果，农业部批准发放了巴斯夫农化有限公司申请的抗除草剂大豆 CV127、孟山都远东有限公司申请的抗虫大豆 MON87701 和抗虫耐除草剂大豆 MON87701 × MON89788 三个可进口用作加工原料的农业转基因生物安全证书。

2002 年 3 月，由于国家转基因管理条例颁布实施，进口大豆暂时无法参与期货交割。在这种情况下，大商所对大豆合约进行拆分，把合约拆分为以食用品质非转基因大豆为标的物的黄大豆 1 号期货合约，和以榨油品质转基因、非转基因大豆为标的物的黄大豆 2 号期货合约。

近年来，随着我国榨油业的迅速发展，榨油用大豆已成为我国大豆市场的主流品种，其生产、流通和加工都具有相当规模，形成了完整的产业链条。黄大豆 2 号期货合约的主要特点是以含油率（粗脂肪含量）为核心定等指标，满足榨油相关企业保值避险的需求，有助于吸引更多的大豆压榨、贸易企业积极参与期货套期保值，有效回避大豆采购和国际贸易中的价格风险，极大地提高了企业生产经营的稳定性。

国际期货市场上，在日本东京谷物交易所，转基因大豆与非转基因大豆分开交易。美国没有明确分开，转基因与非转基因大豆一起交易。

第三节　大豆的生长周期

大豆从播种到收割要经过若干个生长阶段，一般会经历 90 ~ 160 天不等的生长周期。具体来说，气候对大豆的生长影响非常大。温度高、无霜冻、降水适宜的地区，大豆生长周期短一些，大约是100天左右。温度低、潮湿的地区，大豆生长周期长一些，一般在150天以上。云贵高原，湖南和广西西部，四川西南部高海拔地区，大豆生长周期多达220天。

一、我国大豆生长周期

（一）种植期

一般为6月份，在玉米种植及冬小麦收割之后。如果天气变化使玉米种植受阻，农民会选择转种大豆。大豆种植面积扩大，会导致大豆价格下跌，大豆市场价格出现波动。由于大豆生长周期较短，因此其种植期可持续至6月中旬。如果此后天气情况良好，大豆亩产不会降低。

（二）发芽期

这一过程一般在大豆种子吸收水分达到种子重量的50%后开始，通常在种植后一至两周内开始发芽，这取决于土壤湿度、土壤温度及种植深度等情况。如果土壤湿度情况较差，会严重影响种子发芽。农民一般会等到有足够的水分时种植，或者在干燥的土壤上种植后，再等待降雨后重新种植。

（三）早期生长

大豆发芽后25天左右，作物高度能达到15 ~ 20cm。如果土壤湿度较低，大豆就会生长缓慢，并可能由于根系较浅，影响作物吸收养分。大豆发芽后，秧苗要比玉米秧苗的生长力强，高温天气通常只会影响大豆秧苗上半部分的生长。此阶段大豆根系生长较快。

（四）出枝期

一般是在发芽后40天左右，大豆长出1 ~ 6枝，顶茎的芽体较为密集并开始形成花朵。这一阶段大豆生长能够补偿早期发芽或冰雹天气受到的影响。在发芽期（6月中旬至下旬）与大豆开花期（7月中旬至下旬）之间，大豆生长情况将决定大豆开花的数量，并最终决定大豆的产量。

（五）开花期

开花期在大豆发芽后45 ~ 50天，一般持续大约30天。较长的开花期，使大豆对短期天气变化的敏感程度低于玉米授粉期受天气变化影响的程度。开花期大豆高度能达到33 ~ 43cm，已达到成熟期高度的60%左右。

（六）结荚期

结荚期在大豆发芽后 55 ~ 60 天，一般在 7 月下旬至 8 月上旬。如果气温过高，或在开花及结荚期出现旱情，可能会使结荚数量减少，每个豆荚的大豆数量减少或大豆重量减轻，从而使大豆减产。通常情况下，7 月份的气温对大豆最终产量影响较小，但在开花后期及结荚早期（8 月份），如果出现异常高温天气，也会影响作物亩产。

（七）鼓粒成熟期

大豆结荚期后 30 ~ 45 天，也就是 8 月下旬至 9 月末期，大豆进入鼓粒期，营养生长基本停止。此时大豆生育生长处在旺盛期，植株体内的营养大量向籽粒转移，籽粒逐渐膨大，大豆干物质累积。

鼓粒期是大豆种子形成的重要时期，此时大豆生育是否正常，将决定每荚粒数的多少、粒重和种子化学成分。此时干旱或多雨致涝，能造成死荚、秕粒、粒重下降而严重影响产量。鼓粒完成时的种子含水量约 90%，在大豆鼓粒中期少雨的年份，要及时进行灌溉，保证大豆高产和稳产。

成熟期叶片发黄脱落，豆粒脱水，呈现品种固有性状，这时种子含水量已降至 15% 以下。此时应当降低土壤水分，加速种子和植株变干，便于及时收获。同时防止肥水过多，造成贪青晚熟，影响及时收获和倒茬。此期天气晴朗干燥可促进成熟，且有利于提高品质。

二、世界大豆主产区生长进程

美国大豆（占世界总产量的 50% ~ 60%）生长周期与北半球主产国中国（占总产量的 10%）相似，每年 5 月份种植，开花期为 7 月份，结荚期为 8 月份，收割期为 9 月和 10 月。

其他大豆主产国，如南半球的巴西和阿根廷（产量占世界总产量的 15% ~ 20%），大豆是在每年的 11 月种植，开花期为 1 月份，结荚期为 2 月份，收割期为 3 月和 4 月。

阿根廷（占世界总产量的 5% ~ 10%）由于地理位置比巴西还靠南，所以其大豆生长期更短，大豆生长的每个阶段都比巴西晚 2 ~ 4 周。

早春南美大豆丰收时，美国大豆市场会受到影响。因此每到此时，美国大豆及其产品出口需求就会减少，大豆价格特别是月期价就会下跌。

中国大豆主产区包括东北和黄淮海产区，其生长进程见表 3-1。

表 3–1　中国大豆主产区生长进程一览表

项目	东北产区	黄淮海产区
主要省区	黑吉辽和内蒙古	河北、河南、安徽、山东、江苏、陕西、山西
无霜期	100 ~ 170 天	175 ~ 220 天
平均气温	1 ~ 8℃	9 ~ 15℃
播种期	4 月中旬至 5 月中旬	6 月中下旬
收获期	9 月中旬至 10 月上旬	9 月中下旬
生长期	100 ~ 155 天	90 ~ 110 天
类型	春大豆	夏大豆

南北半球大豆产区以及生长进程见表 3–2。

表 3–2　南北半球大豆产区以及生长进程表

月份	1	2	3	4	5	6	7	8	9	10	11	12
中美					种	种开	开	开灌	灌收	收	收	
巴西	开	灌	灌收	收	收					种	种	种
阿根廷	种开	开	开灌收	开罐收	收	收						

三、大豆期货市场关注要素

1 月：巴西——实际种植面积，天气；阿根廷——播种进度，播种面积；美国——消费情况；中美——运输条件。

2 月：阿根廷——种植面积；巴西、阿根廷——天气；中美——消费情况，运输条件。

3 月：中美——种植意向，种子品质，转基因大豆比例；巴西——收割进度；阿根廷——天气。

4 月：巴西、阿根廷——收割进度，预计产量；中美——种植意向，种子质量。

5 月：巴西、阿根廷——收割进度，预计产量，运输条件，消费情况；中美——预测种植面积，种植进度。

6 月：巴西、阿根廷——实际产量，消费情况；美国——种植进度，妨碍种植的保险；中美——库存。

7 月：美国——实际种植面积，结转库存；中美——天气；巴西、阿根延——消费情况。

8 月：美国——天气，结转库存。

9 月：美国——实际库存；中美——天气；巴西、阿根延——种植意向。

10 月：中美——收割进度，预计产量；巴西、阿根延——种植意向，库存。

11 月：中美——收割进度，预计产量；巴西、阿根延——种植进度，预计种植面积。

12 月：中美——实际产量，运输条件，消费情况；巴西、阿根延——种植进度。

大豆生产的周期性，使大豆市场具有很强的季节特征。从全球范围来看，每年的 3 月、4 月，南美新豆开始上市。每年 9 月中下旬，我国和美国大豆开始收割。

每年我国在 3 月、4 月大豆进口量增多，这会使国内大豆价格下降。随着 5 月、6 月消费旺季来临，价格又会回升。随着持续不断的消费，大豆库存量越来越少，至 7 月、8 月大豆价格达到一个峰点。10 月份以后中美新豆上市，价格再次回落。到 1 月、2 月，随着春节消费高潮的来临，价格会略有反弹，3 月、4 月再次回落。

第四节 大豆的生产、消费与贸易

大豆的生产状况、消费需求以及贸易流通进度等因素，是影响大豆期现货价格的主要因素。下面查询了近年一些时间段世界大豆主产国的生产、消费与贸易预期数据以及实际数据，投资者据此可以预估当下的生产状况，正确指导自己的大豆期货交易。

一、大豆的生产

北美洲、南美洲和亚洲是大豆主产区，种植面积最大。国产大豆基本是非转基因品种，美国、巴西、阿根廷大豆主要是转基因品种。国内大豆一般在五六月份种植，七八月份灌浆，十到十一月份收割。

东北三省、河北、山西中北部、陕西北部以及西北各省是国内大豆主产区，其中黑龙江的大豆产量约占全国 40%。国内大豆主要食用，压榨用较少。

大豆的当期产量是一个变量，主要受到播种面积以及单产的影响。大豆播种面积增加或减少，大豆单产提升与降低，都会对大豆的产量产生重大影响，进而影响大豆期货价格走势。见表 3–3。

一般来说，农民增加大豆播种面积，意味着大豆预期产量会增加，大豆价格也会因此下跌。反之，大豆的价格就会上涨。投资者应密切关注大豆的种植情况和前期天气对单产的影响。如 2007 年国内外大豆市场演绎的牛市行情，就是因为当年大豆播种面积和产量下降，导致价格快速上涨。

表 3–3　2011—2015 年我国大豆生产形势

单位：千公顷，吨 / 公顷，千吨，%

	2011 年	2012 年	2013 年	2014 年	2015 年（7 月预计）	同比变化	同比变幅
播种面积							
全国	7 889	7 172	6 791	6 800	6 100	–700	–10.29
河北	136	128	125	122	118	–4	–3.28
山西	198	200	200	192	185	–7	–3.65
内蒙古	688	617	564	504	450	–54	–10.71
辽宁	120	116	115	106	100	–6	–5.66
吉林	305	230	215	214	200	–14	–6.54
黑龙江	3 202	2 664	2 430	2 577	2 100	–477	–18.51
安徽	886	877	857	852	820	–32	–3.76
山东	156	146	146	150	140	–10	–6.67
河南	446	461	444	400	380	–20	–5.00
其他	1 752	1 735	1 695	1 683	1 607	–76	–4.52
单位产量							
全国	1.836	1.820	1.760	1.787	1.803	0.016	0.89
河北	2.168	2.032	1.952	2.049	2.076	0.027	1.32
山西	0.818	0.912	1.040	1.078	1.081	0.003	0.27
内蒙古	1.995	1.978	2.122	1.625	1.644	0.019	1.20
辽宁	2.837	2.695	2.470	2.104	2.150	0.046	2.20
吉林	2.585	1.775	2.112	1.748	1.775	0.027	1.56

续表

	2011 年	2012 年	2013 年	2014 年	2015 年（7 月预计）	同比变化	同比变幅
黑龙江	1.691	1.740	1.591	1.787	1.762	-0.025	-1.38
安徽	1.213	1.289	1.249	1.350	1.354	0.004	0.29
山东	2.599	2.557	2.452	2.447	2.464	0.018	0.72
河南	1.974	1.696	1.642	1.365	1.368	0.003	0.25
其他	2.142	2.161	2.088	2.147	2.222	0.074	3.45
产　量							
全国	14 485	13 050	11 951	12 154	11 000	-1 154	-9.49
河北	295	259	244	250	245	-5	-2.00
山西	162	182	208	207	200	-7	-3.38
内蒙古	1 372	1 220	1 197	819	740	-79	-9.65
辽宁	341	312	284	223	215	-8	-3.59
吉林	788	408	454	374	355	-19	-5.08
黑龙江	5 413	4 634	3 867	4 604	3 700	-904	-19.64
安徽	1 075	1 130	1 070	1 150	1 110	-40	-3.48
山东	406	374	358	367	345	-22	-5.99
河南	880	781	729	546	520	-26	-4.76
其他	3 753	3 749	3 540	3 614	3 570	-44	-1.22

注：2014 年及以前产量和播种面积数据引自国家统计局。

二、大豆的供需

我国大豆消费主要分为榨油消费、食用消费、工业消费以及留作种子。从大豆消费结构看，大豆的食用消费相对稳定，对价格的影响较弱。大豆压榨以后，人们对豆油和豆粕的需求，是影响大豆价格的重要因素。参见表 3-4。

2008 年 4 月和 5 月，由于国内大豆压榨企业利润大幅降低，亏损严重，导致开工率降低，限产停产，致使大豆期价高位回落。

表 3-4　2012—2016 年中国大豆供需平衡分析表

单位：千公顷，吨 / 公顷，千吨

项　目[①]	2012/13	2013/14	2014/15[②]（7 月预测）	2015/16[②]（7 月预测）	2014/16[③]（USDA 预测）
播种面积	7 172	6 791	6 800	6 100	6 400
其中：黑龙江地区	2 664	2 430	2 577	2 100	—
单位产量	1.820	1.760	1.787	1.803	1.797
其中：黑龙江地区	1.740	1.591	1.787	1.762	—
生产量	13 050	11 951	12 154	11 000	11 500
进口量	59 834	70 364	74 000	77 000	77 500
年度供给量	72 884	82 315	86 154	88 000	89 000
种用及损耗	500	480	480	400	—
食用及工业消费量	10 000	10 500	10 800	11 000	10 350
榨油消费量	63 000	67 000	71 500	75 000	77 300
其中：国产大豆	4 000	3 000	2 500	3 000	—
进口大豆	59 000	64 000	69 000	72 000	—
饲料消费量	1 000	1 500	2 000	2 200	1 800
年度国内消费量	74 500	79 480	84 780	88 600	89 450
出口量	266	215	150	200	200
年度需求总量	74 766	79 695	84 930	88 800	89 650
年度结余量[④]	–1 882	2 620	1 224	–800	–650
国产大豆年均价[⑤]	4 472	4 231	3 400 ~ 4 600	3 400 ~ 4 400	—
进口大豆年均价[⑥]	4 427	4 056	3 000 ~ 3 800	2 800 ~ 3 500	—

① 大豆市场年度为当年 10 月至次年 9 月。2013/14 年度以前产量和播种面积数据引自国家统计局。

② 2014/15 和 2015/16 年度数据为国家粮油信息中心 2015 年 7 月预测值。

③ 表中数据为美国农业部（USDA）7 月预测，"—"号表示未对该项数据进行细分。

④ 结余量为当年新增供给量与年度需求总量间的差额，不包括上年库存。

⑤ 指黑龙江地区国标中等大豆油用收购价格。

⑥ 指沿海港口进口大豆平均分销价格。

美国、巴西、阿根廷、中国大豆产量居前四位，大豆进口市场主要是欧盟与亚太地区。中国大豆进口增长迅速，进口依存度加大。国产大豆基本稳定，但受进口大豆的影响日益严重。

2015年3月10日公布的3月供需报告显示：

美国2014/15年度大豆种植面积预估为8 370万英亩（1英亩＝6.070 284 6亩＝0.404 685 6公顷）。2月预估为8 370万英亩。美国2013/14年度大豆种植面积预估为7 680万英亩，实际大豆种植面积为7 720万英亩。

美国2014/15年度大豆收割面积预估为8 310万英亩。2月预估为8 310万英亩。美国2013/14年度大豆收割面积预估为7 630万英亩，实际大豆收割面积为7 610万英亩。

美国2014/15年度大豆单产预估为每英亩47.8蒲式耳（1蒲式耳＝60磅＝27.216公斤＝0.027 215 4吨）。2月预估为每英亩47.8蒲式耳。美国2013/14年度大豆单产预估为每英亩44蒲式耳，实际大豆单产为每英亩40蒲式耳。

美国2014/15年度大豆产量预估为39.69亿蒲式耳。2月预估为39.69亿蒲式耳。2013/14年度美国大豆产量预估为33.58亿蒲式耳，实际产量为30.42亿蒲式耳。

美国2014/15年度大豆压榨预估为17.95亿蒲式耳。2月预估为17.95亿蒲式耳。2013/14年度美国大豆压榨预估为17.34亿蒲式耳，实际压榨为16.89亿蒲式耳。

2014/15年度美国大豆出口预估为17.9亿蒲式耳。2月预估为17.9亿蒲式耳。2013/14年度美国大豆出口预估为16.47亿蒲式耳，实际大豆出口为13.17亿蒲式耳。

2014/15年度美国大豆年末库存预估为3.85亿蒲式耳。2月预估为3.85亿蒲式耳。2013/14年度美国大豆年末库存预估为0.92亿蒲式耳，实际大豆年末库存为1.41亿蒲式耳。

阿根廷2014/15年度大豆出口预估为800万吨。2月预估为800万吨。2013/14年度大豆出口预估为784万吨。

阿根廷2014/15年度大豆产量预估为5 600万吨。2月预估为5 600万吨。2012/13年度大豆产量预估为5 400万吨。

中国 2014/15 年度大豆进口预估为 7 400 万吨。2 月预估为 7 400 万吨。2013/14 年度进口预估为 7 036 万吨。

巴西 2014/15 年度大豆出口预估为 4 600 万吨。2 月预估为 4 600 万吨。2013/14 年度大豆出口预估为 4 683 万吨。

巴西 2014/15 年度大豆产量预估为 9 450 万吨。2 月预估为 9 450 万吨。2013/14 年度巴西大豆产量预估为 8 670 万吨。

来源：美国农业部（USDA）

大豆进口的变化可以调节国内大豆的供给，对国内期价产生一定的影响。一般来说，如果大豆进口增加，国内供给增多，在需求一定的情况下，国内大豆期价会下跌；反之，期价会上扬。

我国是大豆进口大国，每年都要从国外大豆市场进口大量大豆，如表 3–5、表 3–6 所示。我国大量进口对国外大豆期货市场来说是利好消息，会促使外盘大豆期货价格上涨。我国大豆期货价格受外盘的影响比较大，外盘大豆期货价格的上涨，会带动国内大豆期价上行。所以，我国大豆进口量的增加，并不一定导致国内大豆期价下跌。

如 2008 年，中国上半年大量从国外进口大豆，大豆进口量大大改善了国内对大豆的需求，但是国内大豆期货价格并没有下跌；相反，在芝加哥期货交易所大豆期货价格的带动下，国内大豆期价不断上扬。

我国大豆生产满足不了国内需求，每年需要从国外大量进口。还有，我国大豆的品质较差，无法与国外大豆竞争，所以我国大豆出口较少，对大豆期价影响较小，见表 3–7、表 3–8。

表 3–5　2011—2015 年中国大豆月度进口量

单位：千吨

	2011 年	2012 年	2013 年	2014 年	2015 年
1 月	5 136	4 608	4 783	5 914	6 876
2 月	2 320	3 830	2 899	4 808	4 263
3 月	3 511	4 826	3 841	4 623	4 493
4 月	3 878	4 884	3 977	6 503	5 310

续表

	2011年	2012年	2013年	2014年	2015年
5月	4 564	5 278	5 097	5 971	6 127
6月	4 302	5 624	6 926	6 389	8 087
7月	5 355	5 867	7 197	7 475	
8月	4 512	4 418	6 367	6 033	
9月	4 127	4 966	4 699	5 028	
10月	3 812	4 030	4 187	4 102	
11月	5 696	4 159	6 030	6 026	
12月	5 422	5 890	7 402	8 527	
合计	52 640	58 384	63 375	71 399	35 156

注：数据来源于中国海关总署。

表3-6 2010/11—2014/15年度中国大豆月度进口量

单位：千吨

	2010/11	2011/12	2012/13	2013/14	2014/15
10月	3 734	3 812	4 030	4 187	4 102
11月	5 475	5 696	4 159	6 030	6 026
12月	5 426	5 422	5 890	7 402	8 527
1月	5 136	4 608	4 783	5 914	6 876
2月	2 320	3 830	2 899	4 808	4 263
3月	3 511	4 826	3 841	4 623	4 493
4月	3 878	4 884	3 977	6 503	5 310
5月	4 564	5 278	5 097	5 971	6 127
6月	4 302	5 624	6 926	6 389	8 087
7月	5 355	5 867	7 197	7 475	
8月	4 512	4 418	6 367	6 033	
9月	4 127	4 966	4 699	5 028	
合计	52 340	59 231	59 834	70 364	53 811

注：大豆市场年度为当年10月至次年9月。

表 3-7　2011—2015 年中国大豆月度出口量

单位：千吨

	2011 年	2012 年	2013 年	2014 年	2015 年
1 月	14.5	12.4	20.5	12.8	6.7
2 月	8.1	8.8	17.9	28.2	15.9
3 月	17.8	25.3	22.9	29.1	10.7
4 月	21.7	35.8	25.2	17.5	16.4
5 月	17.6	26.3	18.3	33.2	18.9
6 月	47.3	18.0	15.8	14.6	
7 月	8.7	16.5	18.4	15.4	
8 月	13.8	44.0	17.6	13.0	
9 月	8.0	37.0	13.6	11.9	
10 月	8.7	12.6	14.2	7.1	
11 月	14.4	50.5	15.1	13.1	
12 月	27.5	33.0	9.6	11.1	
合计	208.3	320.1	209.0	207.1	68.6

注：数据来源于中国海关总署。

表 3-8　2010/11—2014/15 年度中国大豆月度出口量

单位：千吨

	2010/11	2011/12	2012/13	2013/14	2014/15
10 月	8.0	8.7	12.6	14.2	7.1
11 月	11.4	14.4	50.5	15.1	13.1
12 月	12.6	27.5	33.0	9.6	11.1
1 月	14.5	12.4	20.5	12.8	6.7
2 月	8.1	8.8	17.9	28.2	15.9
3 月	17.8	25.3	22.9	29.1	10.7
4 月	21.7	35.8	25.2	17.5	16.4

续表

	2010/11	2011/12	2012/13	2013/14	2014/15
5 月	17.6	26.3	18.3	33.2	18.9
6 月	47.3	18.0	15.8	14.6	
7 月	8.7	16.5	18.4	15.4	
8 月	13.8	44.0	17.6	13.0	
9 月	8.0	37.0	13.6	11.9	
合计	189.6	274.8	266.2	214.7	99.8

注：大豆市场年度为当年 10 月至次年 9 月。

2014/15 年度，我国大豆新增供给量预计为 8 615 万吨，其中国产大豆产量预计 1 215 万吨，大豆进口量预计 7 400 万吨，如图 3-1 所示。该年度大豆榨油消费量预计为 7 150 万吨，较上年度增加 450 万吨和 6.7%，其中包含 250 万吨国产大豆及

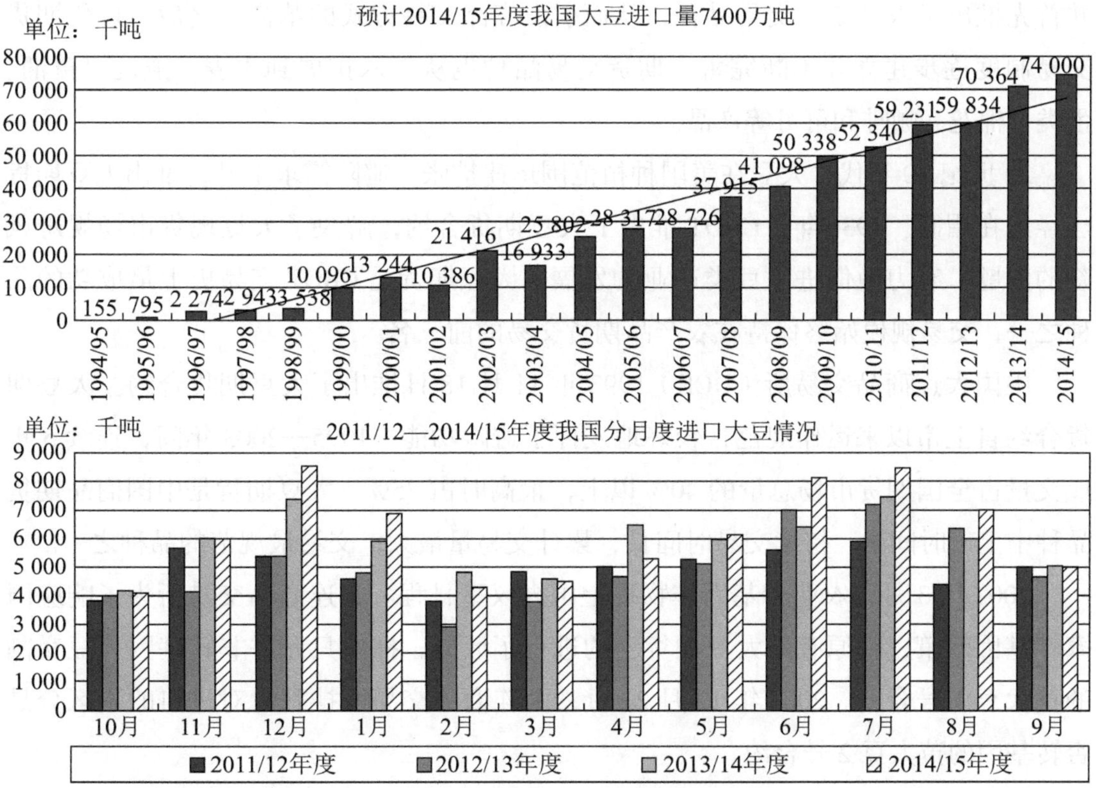

图 3-1 我国大豆进口情况分析

6 900 万吨进口大豆。食用大豆消费量预计为 1 080 万吨，饲料大豆消费量预计为 200 万吨，年度大豆供需结余量预计为 122 万吨。

2015/16 年度，我国大豆新增供给量预计为 8 800 万吨，其中国产大豆产量预计 1 100 万吨，大豆进口量预计 7 700 万吨。该年度大豆榨油消费量预计为 7 500 万吨，较上年度增加 350 万吨和 4.9%，其中包含 300 万吨国产大豆及 7 200 万吨进口大豆。食用大豆消费量预计为 1 100 万吨，饲料大豆消费量预计为 220 万吨，年度大豆供需缺口预计为 80 万吨。

第五节　大豆期货的产生

19 世纪初期，芝加哥是美国最大的谷物集散地。随着谷物交易的不断发展以及远期交易的出现，1848 年，82 位谷物交易商发起组建了芝加哥期货交易所（CBOT），并首先推出了玉米期货交易品种，从而引发商品交易方式的革命。之后，现代期货交易制度逐步建立并不断完善，期货交易品种也从玉米扩展到小麦、燕麦、黄油、蛋类、棉花、咖啡和可可等产品。

20 世纪 20 年代，大豆在美国种植范围迅速扩张，避险需求上升，推出大豆期货已经迫在眉睫。1936 年，CBOT 推出了大豆期货合约，解决了大豆现货市场规避风险的问题，有力地促进了豆类产业的发展。大豆期货是 CBOT 交易史上最成功的品种之一，交易规模始终保持在农产品期货交易的前三名。

中国大连商品交易所（DCE）1993 年 11 月 18 日推出了大豆期货合约。大豆期货合约自上市以来运作规范，较好地发挥了避险功能，1995—2003 年间，连续 5 年成交量占全国期货市场总量的 40% 以上，最高时占 75%。大豆期货是中国商品期货品种中上市时间早，持续交易时间长，累计交易量最大，交易最规范的品种之一。

2002 年 3 月，农业转基因作物提上国内议事日程。大连商品交易所为了响应国家转基因政策，将原有的大豆期货合约进行了区分，推出只允许非转基因大豆交割的黄大豆 1 号合约。2004 年 12 月 22 日，大连商品交易所挂牌针对进口的不区分是否转基因的黄大豆 2 号合约。

从大豆期货合约 1993 年挂牌开始至 2008 年底，大连大豆期货合约累计成交量、成交额分别为9.9亿手、30.9万亿元，占大连商品交易所累计成交量、累计成交额的45.72%和45.97%。2008年，大连商品交易所大豆期货合约在全球前20个农产品中位居第二，大豆期货合约成交量是美国CME集团的23%，是东京谷物交易所的13倍，为世界第二大豆期货市场。

中国大豆产业各主体参与大豆期货市场程度不断提高，参与期货市场家数不断增多。2008年，黄大豆1号期货合约参与者就达到2 658家，其中一半以上为流通企业。目前，中粮集团、吉粮集团、路易达孚等大型粮油企业，都是大连商品交易所的骨干会员。这些企业把期货市场视为现货贸易的重要环节，通过期货市场规避经营风险，保障企业稳健经营与持续发展。

第六节 全球大豆期货交易所

当前，世界上共有11家交易所进行大豆期货与大豆期权交易，分布在6个国家，其中有代表性的交易所有美国的芝加哥期货交易所（CBOT）、日本的东京谷物交易所（TGE）和中国的大连商品交易所（DCE）。

一、芝加哥期货交易所（CBOT）

芝加哥期货交易所以上市大豆、小麦、玉米等农产品期货品种为主，这些期货品种是当前国际上最权威的期货品种，其揭示的农产品价格也是最权威的期货价格。该交易所1865年用标准的期货合约取代了远期合同，并实行了保证金制度。芝加哥期货交易所不仅提供农产品期货交易，还提供中长期美国政府债券、期货品种指数、市政债券指数、黄金和白银等商品期货交易市场，并提供农产品、金融及金属的期权交易。

芝加哥期货交易所是世界上最早的大豆期货交易市场，芝加哥期货交易所大豆期货价格已经成为国际大豆贸易的基准价格。在过去150多年的交易中，芝加哥期货交易所以公开喊价为主要交易方式，也就是交易者在场内面对面买卖期货合约。

为了满足全球经济增长的需要，芝加哥期货交易所1994年成功推出了第一个电子交易系统，正式进入电子交易时代。无论是公开喊价还是电子交易，芝加哥期货交易所为参与者提供了一个公开透明和流动性强的期货合约市场，该市场为价格发现、风险管理及投资提供了便利。

2006年10月17日，美国芝加哥商业交易所（CME）控股公司宣布，耗资80亿美元收购CBOT控股公司，以现金与期货品种形式进行兑现。新公司成为全球涵盖范围最广、产品最丰富的衍生品交易所，总部设在芝加哥。新的交易所涵盖的产品主要有美元利率收益曲线期货、期货品种指数期货、外汇期货、农产品和工业商品期货、能源以及天气和房地产指数期货。

二、东京谷物交易所（TGE）

东京谷物交易所成立于1952年9月，次月上市红小豆、大豆和马铃薯淀粉3个品种。在以后的40多年中，该交易所规模逐渐扩大，交易方式也由传统的手势交易发展成为采用计算机自动撮合系统进行交易。

1961年9月，该交易所开始了美国产大豆合约的期货交易。1991年，开始采用计算机系统进行美国产大豆期权交易。2000年5月，该交易所上市了非转基因大豆合约，这是世界农产品期货交易史上第一个针对转基因技术生物设计开发的期货合约。合约推出后，市场反响较大。2002年2月，该交易所又对美国大豆期货合约进行了较大的修改，新合约从2003年10月开始上市交易。

TGE大豆合约分为两类，一类是非转基因大豆合约，一类是美国大豆合约。两者最主要的区别在于交易的标的不同，美国大豆合约的标的是原产地在美国艾奥瓦州、伊利诺伊州和密歇根州的转基因或非转基与转基因大豆的混合品种。

三、大连商品交易所（DCE）

大连商品交易所成立于1993年2月28日，大豆是该交易所最早的交易品种之一。当前该所的大豆期货交易规模居亚洲第一位和世界第二位，也是中国最大的农产品期货交易所。

大连商品交易所当前正式挂牌交易的品种有豆粕、豆油、黄大豆1号、黄大豆2号、棕榈油、玉米、淀粉、鸡蛋、胶板、纤板、塑料（LLDPE，线性低密度聚乙烯）、PVC、PP合约、焦炭、焦煤与铁矿。

近年来，大连商品交易所国际交流与合作不断，成为美国期货业协会（FIA）和英国期货与期权协会（FOA）成员，与芝加哥商业交易所（CME）等10多家境外期货交易所签署了合作谅解备忘录和合作意向书，在信息共享、市场开发等方面，积极与国际机构展开全方位合作。

第七节 大豆类期货合约

一、黄大豆 1 号期货合约

大连商品交易所黄大豆 1 号期货合约规格为每手 10 吨，最小变动价位为 1 元 / 吨，合约月份设置为 1 月、3 月、5 月、7 月、9 月、11 月，最后交易日为合约月份第 10 个交易日，最后交割日为最后交易日后第 7 日。

交易标的物为符合大连商品交易所黄大豆 1 号交割质量标准的非转基因黄大豆，完整粒率≥ 85%，损伤粒率≤ 3%，水分含量≤ 13%，杂质含量≤ 1%。根据各项指标，大连商品交易所分别设置合约交割标准品、替代品的质量标准和质量升扣价，转基因黄大豆不得以标准品或替代品交割。见表 3–9。

表 3–9 大连商品交易所黄大豆 1 号期货合约

交易品种	黄大豆 1 号
交易单位	10 吨 / 手
报价单位	元（人民币）/ 吨
最小变动价位	1 元 / 吨
涨跌停板幅度	上一交易日结算价的 5%
合约交割月份	1 月、3 月、5 月、7 月、9 月、11 月
交易时间	每周一至周五（法定节假日除外）上午 9:00—11:30，下午 13:30—15:00，以及交易所规定的其他时间
最后交易日	合约月份第 10 个交易日
最后交割日	最后交易日后第 7 个交易日（遇法定节假日顺延）
交割等级	大连商品交易所黄大豆 1 号交割质量标准（FA/DCE D001–2012）
交割地点	大连商品交易所指定交割仓库

续表

交易保证金	合约价值的 7%
交割方式	实物交割
交易代码	A
上市交易所	大连商品交易所

二、黄大豆 2 号期货合约

大连商品交易所黄大豆 2 号期货合约规格为每手 10 吨，最小变动价位为 1 元 / 吨，合约月份设置为 1 月、3 月、5 月、7 月、9 月、11 月，最后交易日为合约月份第 10 个交易日，最后交割日为最后交易日后第 3 日。

交易标的物为符合大连商品交易所黄大豆 2 号交割质量标准的黄大豆，粗脂肪 ≥ 18.5%，粗蛋白 ≥ 34.5%，损伤粒率 ≤ 3%，水分及挥发物含量 ≤ 13.5%，破碎率 ≤ 20%，杂质含量 ≤ 2%。大连商品交易所分别设置合约交割标准品、替代品的质量标准和质量升扣价。见表 3–10。

表 3–10　大连商品交易所黄大豆 2 号期货合约

交易品种	黄大豆 2 号
交易单位	10 吨 / 手
报价单位	元（人民币）/ 吨
最小变动价位	1 元 / 吨
涨跌停板幅度	上一交易日结算价的 4%
合约月份	1 月、3 月、5 月、7 月、9 月、11 月
交易时间	每周一至周五（法定节假日除外）上午 9:00—11:30，下午 13:30—15:00，以及交易所规定的其他时间
最后交易日	合约月份第 10 个交易日
最后交割日	最后交易日后第 3 个交易日（遇法定节假日顺延）
交割等级	符合《大连商品交易所黄大豆 2 号交割质量标准（FB/DCE D001–2013）》

续表

交割地点	大连商品交易所指定交割仓库
最低交易保证金	合约价值的 5%
交割方式	实物交割
交易代码	B
上市交易所	大连商品交易所

三、芝加哥期货交易所大豆期货合约

芝加哥大豆期货合约规格是 5 000 蒲式耳，约 136 吨，报价单位为 0.25 美分 / 蒲式耳，合约月份根据美国大豆的作物年度设计成为 1 月、3 月、5 月、7 月、8 月、9 月、11 月等 7 个合约，交割标准是美国 2 号大豆，1 号和 3 号大豆是替代品，分别升水和贴水 6 美分 / 蒲式耳。最后交易日为交割月份的 15 日的前一个交易日，最后交割日为最后交易日后第 2 个交易日。见表 3-11。

表 3-11 芝加哥期货交易所大豆期货合约

合约规模	5 000 蒲式耳（136 公吨）	
交割等级	2 号大豆依合约价；1 号大豆溢价 6 美分 / 蒲式耳；3 号大豆折价 6 美分 / 蒲式耳	
定价单位	美分 / 蒲式耳	
最小价格波幅	0.25 美分 / 蒲式耳（12.50 美元 / 张）	
合约月份 / 代码	1 月（F）、3 月（H）、5 月（K）、7 月（N）、8 月（Q）、9 月（U）、11 月（X）	
交易时间	CME Globex（电子盘）	周日至周五 6:00 — 19:15 以及 19:30 — 1:15
	公开喊价（交易所）	周一至周五 21:30 — 1:15
每日价格限制	当市场以涨停或跌停收盘时，每蒲式耳 70 美分的涨跌停限制扩大至每蒲式耳 1.05 美元，之后，每蒲式耳 1.60 美元	
最后交易日	合约月份第 15 个日历日之前的营业日	
最后交割日	交割月最后一个交易日后的第 2 个营业日	

续表

商品代码	CME Globex（电子盘）	ZS
		S＝清算
	公开喊价（交易所）	S
交易所规则	这些合约按照 CBOT 规则和条例挂牌交易并受其约束	

第八节　期货交易中的环节

一、大豆期货交易参与者

当前，参与豆类期货交易的投资者众多，投机者与套期保值的企业是主要的参与者。套期保值者参与市场的目的，是通过期货市场的对冲机制转移生产经营风险，主要包括生产商、加工商、经营商等。投机者是试图从期货价格波动中获取利润的个人或者机构，他们是风险的承担着，也是套期保值者的交易对手。

套期保值者和投机者应该在期货市场保持一定比例，否则期货市场功能无法充分发挥。套期保值者过多，投机者过少，套期保值者的价格风险将缺乏转移的对象，期货市场的流动性会大大降低，规避风险功能无法实现。如果投机者过多，则市场波动将大幅度增加，期货价格就无法反映真正的供求关系，价格发现功能也就无法充分发挥。

二、大豆期现价格

期货市场源于现货市场，两者紧密相连。期货价格是对现货价格的预估，现货价格与期货价格之间的关系可以用基差来描述。基差等于现货价格减去期货价格。基差是描述期货价格与现货价格之间实际运行变化的动态指标。

基差的决定因素主要取决于市场上商品的供求关系，基差的变化主要受制于持仓费用，熟悉基差变动对套期保值者来说是非常有益的。基差是现货价格与期货价格的变动幅度和变化方向不一致引起的，只要套期保值者随时观察基差的变化，选择有利时机完成交易，就会取得较好的保值效果。

（1）对于大豆买入套期保值者，也就是对于大豆加工商来讲，希望大豆基差缩小。

①担心将来大豆现货价格上涨使用，买入大豆期货。如果大豆现货上涨幅度大于大豆期货上涨幅度，大豆基差扩大，大豆加工商将来在大豆现货市场买入的亏损大于在大豆期货市场买入的盈利。

②担心将来大豆现货价格上涨使用，买入大豆期货。如果大豆现货上涨幅度小于大豆期货上涨幅度，大豆基差缩小，大豆加工商将来在大豆现货市场买入的亏损小于在大豆期货市场买入的盈利。

（2）对于大豆卖出套期保值者，也就是对生产者来说，希望基差扩大。

①担心将来大豆现货价格下降使用，卖出大豆期货。大豆现货下降幅度大于大豆期货下降幅度，大豆基差缩小，大豆生产者将来在大豆现货市场卖出的亏损大于在大豆期货市场卖出的盈利。

②担心将来大豆现货价格下降使用，卖出大豆期货。大豆现货下降幅度小于大豆期货下降幅度，大豆基差扩大，大豆生产者将来在大豆现货市场卖出的亏损小于在大豆期货市场卖出的盈利。

三、参与期货套保的企业

从经营类型看，大豆产业链上的企业可以分为：大豆生产者、大豆贸易商、大豆加工商和大豆消费企业。这些企业会以不同的方式参与大豆期货套期保值。

（一）大豆生产者的套期保值

大多生产者为了保证已经生产出来的准备推向市场的大豆获得合理利润，防止大豆价格下滑带来的损失，可以采取大豆卖期保值的方法规避价格风险。

（二）大豆贸易商的套期保值

对于大豆贸易商来说，这些企业的风险是购进大豆后未出售时，大豆价格下跌，这会使他们利润减少或者出现亏损。为回避此类风险，大豆贸易商可以采用大豆卖期保值方式规避价格风险。

（三）大豆加工商的套期保值

对于大豆加工商来说，市场风险来自上下游，他们既担心大豆价格上涨，又担心大豆产成品价格下跌，最担心的是大豆涨价与大豆产成品价格下跌同时出现。那么，大豆加工商这时候就可以对将要购买的大豆进行大豆买期保值，同时对将要卖出的大豆产品进行大豆卖期保值。

四、对冲与套利

（一）对冲

“对冲”（Hedge）在国内通常称为“套期保值”，实际上，对冲并没有保值的意思，实际操作中也难以实现保值。

传统的对冲理论一般认为源于凯恩斯（John Maynard Keyness）和希克斯（John Richard Hicks）的观点，他们把对冲看做是规避风险的一种工具，对冲的目的在于转移现货面临的价格风险。人们通常说的“品种相同、数量相等、方向相反、时间相近”，被认为是传统对冲理论的基本原则。

后来出现了基差逐利性对冲理论，由沃金（Holbrook Working）提出。他指出，对冲的目的是为了捕捉基差的有利变动，而不是为了规避风险。基差逐利性对冲与期现套利很难区分，一定程度上也是投机交易。

当下时兴的是组合投资型对冲理论，该理论是由詹森（Leland L. John）、斯特恩（Jerome L.Stern）、埃德林顿（Louis H. Ederington）等人提出。组合投资型对冲的目的是寻求组合的“风险收益”平衡。他们通过马科维茨（Markowitz）的投资组合理论解释对冲概念，将现货与期货作为资产来看待，按照预期效益最大化的原则确定最优对冲比率。

总体而言，传统的对冲理论简单直观，易于操作。基差逐利型对冲要求对冲者对基差波动趋势有良好的把握，且具备一定的抗风险能力。组合型对冲对使用者要求最高，无论是知识、技术水平还是资金实力等方面，都要有良好的基础。

（二）套利

期货套利交易是一种风险相对较低、收益较为稳定的投资方式，比较适合追求稳定收益的投资者。随着国内市场期货品种的逐渐增加，以及投资者水平的不断提高，套利交易作为一种重要的交易方式，受到更多投资者的关注。

1. 期现套利

期现套利是指利用期货市场与现货市场之间的不合理价差，通过在两个市场上进行反向交易，待价差趋于合理而获利的交易。也就是现货交割成本以及持仓成本之和与期货的差价进行套利交易。

理论上，期货价格应该高于现货价格，考虑到现货持仓成本有限度，期货价格因此不可能高出现货价格太多。一旦期货价格高出现货成本较多，高于持仓成本，就会有投资者买现货卖期货进行套利，促使期现价差回归到正常区间。当期现价差位于持仓成本上下边界之内的时候，无法进行期现套利，这个上下边界称为无套利区间。如图 3–2 所示。

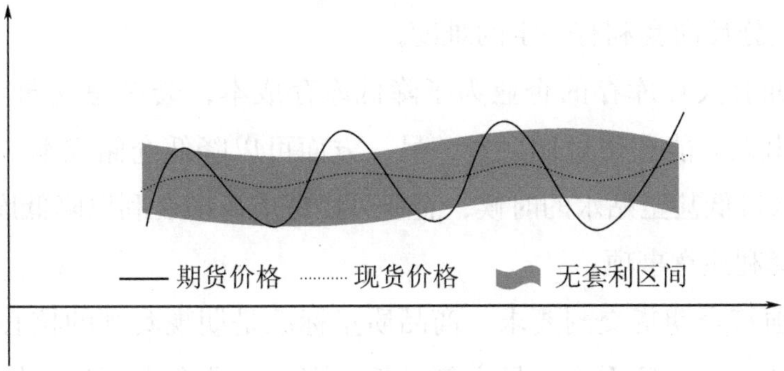

图 3–2　期现套利

（1）正向期现套利。

以大豆为例，当大豆期货价格对大豆现货价格升水大于大豆持有成本时，大豆套利者可以实施正向套利，在买入大豆现货的同时卖出同等数量的大豆期货，等待期现价差收敛（基差缩小，基差走软）的时候平掉套利头寸，或者通过交割（仅对机构投资者）结束套利。

一般来说，大豆期现套利适合大豆生产者和大豆贸易者。正向套利如果进入交割阶段，需要投资者卖出大豆现货，这符合大豆生产者与大豆贸易者的目的。

大豆期现套利，持有成本以持有大豆现货到期交割为基础，一般会发生交易手续费、运输费、交割费、仓储费、增值税以及资金利息等费用。具体如下。

①交易和交割手续费。

②运输费用。

③检验费用。注册仓单的时候，实物必须首先经过检验，检验费用由卖方承担，买方不承担。

④入库费。因运输工具，交割仓库地点不同而不同。

⑤仓储费。按交易所规定交费。

⑥增值税。商品期货进行实物交割，卖方需要交纳增值税。

⑦资金利息。现货资金与期货保证金的利息。

⑧仓单升贴水。按交易所规定收取。

由上可见，正向期现套利持有成本为交易收费＋交割手续费＋运输费＋入库费＋检验费＋仓单升贴水＋仓储费＋增值税＋资金占用费。

（2）反向期现套利。

以大豆为例，反向期现套利是构建大豆现货空头和大豆期货多头。现货市场没有做空机制，实施反向套利有一定的难度。

实际中，拥有大豆库存的企业为了降低库存成本，会考虑反向套利。这样做，一方面企业卖出大豆能获得短期融资，另一方面可以降低仓储成本。当大豆期货相对于现货的升水过低甚至贴水的时候，企业可以考虑反向套利以降低库存成本。

（3）期现套利注意事项。

①商品必须符合期货交割要求。商品质量标准是期现套利的核心，能交割是实现期现套利的基础。一旦不能满足交割条件，那么企业会在期货市场上暴露巨大的风险敞口。

②保证运输与仓储。注册仓单的时间点对于套利的效果起到很重要的作用。过早运输到交割仓库，会多交仓储费，过晚容易导致交割不成功。所以期现套利对投资者的运输条件以及仓库的发货装车能力要求很高。因此，对于期现套利，投资者与期货公司仓储部门要有长期的良好合作关系，做到计划周密。

③有严密的财务预算。要保证套利交易成功，就要对所有环节发生的费用有一个严密的计算，特别是对仓单成本要计算周密。另外，财务安排上要为追加期货保证金做充分预留。

④注意增值税风险。对于正向套利的投资者来说，最后进行现货交割的时候，需要卖方提供增值税发票。因为商品的成交价格以最后一个月的结算价计价，这个价格在开始套利的时候无法预估。套利期间如果商品价格大幅度上涨，商品结算价提高，会使套利投资者支付更多的增值税。增值税＝建仓价位与交割结算价的差额/（1＋0.17）×0.17。

2. 跨期套利

大豆期货跨期套利，是指在同一市场买入/卖出某一交割月份的大豆期货合约的同时，卖出/买入另一交割月份的大豆期货合约，在两个不同月份的大豆期货合约价差出现有利变化时对冲平仓获利。

跨期套利的理论基础有以下两点。

第一，随着交割日临近，基差逐渐趋向于零。

第二，同一商品不同月份合约之间的最大月间价差由持有成本决定。

理论上，不同月份合约间的正常价差应该小于或者等于持有成本，否则就会出现套利机会。

（1）事件冲击性套利。

某一事件的发生对大豆远期合约期货价格产生不同影响，会出现月间价差变化。根据事件的发生建立买近卖远或者买远卖近的跨期套利交易，就是大豆事件冲击型套利。

事件冲击性套利主要有如下几种。

①挤仓。一般情况下，挤仓期货合约为近期合约，分为多头挤仓、空头挤仓。多头挤仓一般会产生资金性溢价，空头挤仓一般情况下产生仓单压力贴水。对于投资者来讲，如果多头挤仓，可以进行买近期卖远期的正向套利。如果是空头挤仓，可以进行卖近期买远期的反向套利。

②库存变化。库存变化对远期合约的价差变化影响比较明显。一般来说，库存紧张会导致近期合约的价格相对于远期合约来讲快速走强，库存压力会导致远期价差逐步变化。投资者在关注库存因素的时候，需要注意某品种库存的正常波动区间。只有库存超过了正常波动区间的时候，才能影响合约的价差变化。

③进出口问题。进出口影响市场中短期供求关系，与市场库存变化也有密切的关系。2007年，我国大豆进口量占国内大豆消费总量的60%以上，大豆进口量的变化对于国内大豆价格变化影响巨大。当大豆进口受阻或者中断的时候，国内大豆供求关系将会发生明显变化，导致对应月份期货合约价格大幅度变化。尤其是在库存处于低位的时候，影响更为明显。

总之，库存与进出口问题反映的都是中短期供求关系的变化，会导致月间价差出现一定程度的变化。

（2）结构型跨期套利。

结构型跨期套利部分反映的是供求关系的影响，更多的是反映投机者的偏好对价差的影响。当市场处在明显的投机性看涨氛围下，因为投机者一般都喜欢参与远期合约，所以容易在远期合约形成投机性溢价。

比如，当国际市场价格大幅度上涨的时候，国内市场受其影响，会形成比较浓厚的看涨氛围。但国内市场基本面有很强的独特性，这样就容易导致国内近期合约和远期合约的差异。近期合约受到国内基本面的影响表现疲弱，远期合约受到整体看涨氛围的影响，投机性多头大量参与，有利于反向套利，也就是买远期卖近期。

（3）正向可交割跨期套利。

同一商品，当远期和近期合约的价差大于其持有成本时，会出现买近期抛远期的套利机会，这就是正向可交割跨期套利。因为远期合约与近期合约价差不能偏离持有成本太多，所以正向可交割跨期套利交易的风险相对较小。进入交割期的跨期套利，也是一种期现套利。

进行正向可交割跨期套利的核心，在于计算持有成本。当某一期货品种月间价差大于持有成本的时候，就可以进行正向可交割跨期套利。在进行正向可交割跨期套利时，要注意财务风险、交割规则风险与增值税风险。

3. 跨商品套利

跨商品套利是指利用两种或两种以上相互关联商品的期货合约的价格差异进行套利交易。也就是投资者在买入某一商品期货合约的同时，卖出另一相同交割月份、相互关联的商品期货合约，希望在有利时机同时将这两种期货合约平仓获利。

跨商品套利一般分为两种：一种是相关商品间的套利，例如郑州商品交易所的菜油与大连商品交易所的豆油或棕榈油套利。另一种是原料与原料下游品种的套利，如大连商品交易所的大豆和豆粕、豆油之间的套利。

跨商品套利需要具备一定的条件，一是两种商品高度相关和同方向运动，波动程度相当。其二是，由于投资回收需要一定的时间周期，所以对参与者的资金规模有一定的要求。

跨商品套利出现套利机会的概率大，相应地风险也大。如豆粕、豆油以及大豆套利：2007 年 3 月初，9 月份大豆期价 3 200 元 / 吨，豆粕期价 2 640 元 / 吨，豆油期价 6 580 元 / 吨。此时大豆压榨利润 $= 2\,640 \times 0.8 + 6\,580 \times 0.165 - 100 - 3\,200 = -102.3$（元 / 吨）。期货压榨亏损为 102.3 元 / 吨，说明大豆价格偏高，有套利机会。

豆类期货跨商品套利是最常见的，对个人投资者来说具有较高的可操作性和盈利性。豆类期货最经典的跨商品套利是大豆提油套利和反向大豆提油套利。

大豆提油套利是指买进大豆的同时卖出豆粕与豆油，这类提油套利的时机一般是在大豆市场价格关系正常的时候。为了防止大豆价格突然上涨，或者豆油与豆粕价格突然下跌引起的损失，可以进行大豆提油套利。

反向大豆提油套利是指卖出大豆的同时买入豆油与豆粕，这类反向提油套利的时机一般出现在大豆价格受到某些因素影响大幅度上涨，大豆与豆油、豆粕价格形成倒挂，此时大豆加工商可以通过反向提油套利减少损失。

对现货市场与期货市场的数据进行统计，可以确定大连期货市场大豆压榨利润的正常数值范围。如果大于此数值范围，投资者就可以进场进行提油套利，赚取无风险的套利利润。

举例说明。以某日大连期货市场豆类收盘价来计算，其中 9 月大豆期价为 2 700 元 / 吨，9 月豆粕期价为 2 400 元 / 吨，9 月豆油期价为 5 500 元 / 吨。经计算，压榨收益约 238 元 / 吨，正常情况下这一压榨收益为 150 元 / 吨左右，投资者可以通过买大豆、卖豆粕、卖豆油的方式进行提油套利。假设套利时大豆、豆粕、豆油的建仓比例按压榨比例 1:0.8:0.2 进行操作，后市发生压榨收益回归到正常水平时进行平仓操作。

这里需要注意的是，大连商品交易所上市的黄大豆 1 号期货合约为非转基因大豆，而豆粕与豆油现在主要是进口转基因大豆压榨而成，因此当大连大豆与 CBOT 大豆价格由于某些原因相差较大的时候，大连大豆、豆油与豆粕的相关性会降低，期价更多受到 CBOT 大豆价格的影响。

个人投资者还可以进行大豆与豆粕间的套利。一般来说，大豆价格上涨，豆粕价格也会上涨。如果预测大豆价格上涨幅度大于豆粕上涨幅度，投资者可以买大豆，卖豆粕，待机平仓获利。反之，如果预测大豆价格上涨幅度小于豆粕上涨幅度，投资者可以卖大豆，买豆粕，待机平仓获利。

个人投资者还可以进行油粕套利，这类套利是豆类期货中另一个常见的跨商品套利。这类套利可以通过追踪豆油与豆粕价格的比值来寻找操作机会。通常来讲，油粕比值的合理范围在 2.4 与 3.3 之间，如果油粕比值不在这个合理区间，就可以考虑进行油粕套利。当油粕比值高于合理区间的时候，可以买豆粕、卖豆油套利。当油粕比值低于这个合理区间的时候，可以买入豆油，卖出豆粕。

油粕套利原理是根据大豆、豆油与豆粕之间存在的定性关系进行的：100% 大豆 ＝ 18% 豆油＋ 79% 豆粕＋ 3% 损耗。为了方便期货市场操作，一般按 5 份大豆出 1 份豆油、4 份豆粕来计算。这 4 份豆粕与 1 份豆油之间的价差包含了两者的价差、仓库管理费和运输费等。一般情况下，这个价差趋于某个定值。

由于供需、外围市场、季节性因素等的影响，导致油厂对同时生产出来的豆油与豆粕这两个品种的挺价态度不一样。当销售豆粕的利润比豆油高时，油厂挺粕意愿强烈，会加快生产豆粕，同时降低豆油价格，加速销售豆油，从而减轻豆油库存压力，令整个豆粕与豆油的生产顺利进行。这样4份豆粕的价格和1份豆油价格的差值进一步扩大，大到一定程度后，豆粕价格过高，根据供求原则，豆粕买方市场逐渐萎缩，豆粕价格开始从高位逐渐回落。同时，由于豆油价格相对偏低，买方市场逐渐复苏，需求开始增长，市场走旺，又令豆油价格回升，于是4份豆粕和1份豆油之间的价差开始从高点下滑。

反之，销售豆油的利润比豆粕高，则油厂意愿转为挺油价，如此循环。4份豆粕与1份豆油之间的价差围绕着理论的定值上下往返波动。

4. 跨市套利

跨市套利是指在某个市场买入 / 卖出某一交割月份的某种商品合约时，在另一个市场卖出 / 买入同种商品相应的合约，希望从两个市场的价差变动中获利。

（1）跨市套利有三个前提：期货交割标的物的品质相同或相近，期货品种在两个期货市场的价格走势有很强的相关性，进出口政策宽松，商品可以在两国自由流通。

（2）跨市套利分类：从贸易方向与套利方向一致性角度出发，跨市套利一般分为正向套利和反向套利。如果贸易方向与套利方向一致，则称为正向套利，反之称为反向套利。如，国内铜以进口为主，投资者在LME做多的同时，在上海交易所做空，这样的交易称为正向套利。

一般来说，正向套利是较常用的跨市套利方式。反向套利有一定风险，不建议采用。总之，跨市套利交易风险相对较小，利润也相对稳定，适合于有一定资金规模的机构投资者和追求稳健收益的投资者。

（3）尽管跨市套利比较稳健，但是也存在一定的风险。在进行跨市套利的时候，要注意以下事项：比价稳定性，市场风险，信用风险，时间敞口风险，政策性风险。

第九节　大豆期货基本面分析

一、国内大豆的种植成本

国内大豆的种植成本主要包括土地承包费、生产资料与劳动投入。

土地承包费包括按政策规定应收取的公积金、公益金、管理费以及其他乡村统筹费，这里不包括农业税、农林特产税。收取土地承包费之后，不再收取其他费用。土地承包费用按年收取，人均不超过当地上年人均纯收入的4%。

劳动资料包括直接作用于劳动对象的生产工具、动力和能源、运输与辅助、信息等。在大豆种植成本中，生产资料包括化肥、农药、种子、种植中的机械设备以及柴油等。

劳动投入或者人工成本是指企业在一定时期内，在生产、经营和提供劳务活动中因使用劳动力而支付的所有直接费用和间接费用的总和。在种植大豆时，人工成本主要是指人工费用。

举例说明。黑龙江是中国大豆的主产区，以黑龙江省兰西县某地区2008年大豆种植成本为例。2008年，该地区每公顷土地种植现金成本约为2 070元，人工成本约为710元，土地转租费约3 000元，共计5 780元。

其中每公顷大豆种植现金成本包括：大豆种子120斤 ×5元/斤= 600元，化肥8袋 ×140元/袋= 1 120元，农药350元，合计2 070元。每公顷大豆人工成本包括：耕地100元，起垄360元，收割250元。土地转租费2 500 ~ 3 000元/公顷。当年该地区大部分农田每公顷大豆产量为4 200斤，按照最低的土地转让费2 500元/公顷计算，最低成本约在1.26元/斤。

二、相关农产品价格对大豆种植面积的影响

正常情况下，CBOT大豆与玉米的比价关系维持在1:2.45的水平上。如果CBOT大豆与玉米的比价低于1:2或者高于1:2.5，就会引起两者种植面积的巨大变化。

2007年初，这个比价跌破1:2并接近1:1.8，引发美国玉米与大豆种植面积出现1 000多万英亩的剧烈增减变化。两者比价关系变化会影响到农户的实际收入，并影响农户主动调整种植面积，从而达到新的平衡。

三、政策变化对大豆价格的影响

农业保护是一种普遍的国际现象。无论是发达国家还是发展中国家，都对农业采取一定的支持与保护措施。发达国家已经形成比较完善的农业保护体系，这个体系中，各种措施相互配套与补充，共同发挥作用。这个体系覆盖面比较广，包括农业和农村经济活动的各个方面，如收入支持、金融支持、基础设施支持、生产技术支持、生态环境支持、农村生活条件支持、灾害防范和救助支持、税收支持、贸易

支持和法律支持等。

国际上，各国为维持国内农业生产稳定，防止农产品价格大幅度波动，都会适时出台一些农业补贴或者扶持政策。

豆类的政策变化主要有大豆的各项补贴，国家对大豆的收储与拍卖，进出口税率的调整等政策变化。大豆价格对政策变化比较敏感，政策的变化会导致豆类产品在短期内剧烈波动。国产大豆收购价格走势如图 3–3 所示。

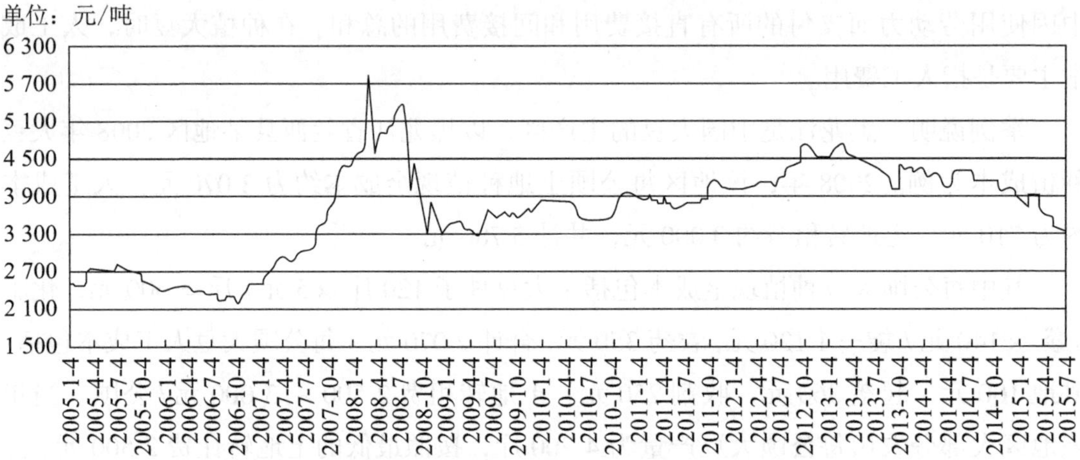

图 3–3　国产大豆收购价格走势图（黑龙江哈尔滨地区）

四、突发事件对豆类价格的影响

突发事件主要包括自然灾害、恐怖袭击、战争、地震、农业政策调整、罢工和经济危机等。一般来说，突发事件对豆类期货价格的影响通常是短暂的。如 2003 年爆发的“非典”疫情，当时投资者担心“非典”影响经济发展，国际市场大豆承压下行。但随着疫情得到有效控制，利空逐渐消化，期价开始恢复性上扬。

2009 年 3 月与 4 月，墨西哥、美国等地爆发 H1N1 流感。疫情一出，CBOT 大豆期货价格盘中跌幅 5%，国内豆类也是全线暴跌。但随后豆类市场回归基本面，期货价格延续上涨走势，H1N1 流感对期货价格的影响只是短暂的。

五、基金持仓对价格的影响

从 2003 年到 2008 年，美国投机基金的规模增长了 20 倍，他们对价格的推动力量是不可忽视的。大豆价格从 2007 年 9 月份以来大幅度飙升，除了供需因素外，基金也起到了重要的作用。

从基金的历史持仓看，从 2006 年 9 月份开始，基金净空单从 4 万手迅速翻多，到 2007 年末，净多单已经达到 15 万手，可见基金在当年牛市行情中的重要作用。正是由于指数基金对农产品走势看好，尤其是大豆期货，才导致基金做多大豆。

从基金交易农产品的策略看，基金判断某一商品方向之后，都会选择中长线投资，不是短期投资。从基金操作特点看，基金连续 3 周的持仓变化尤其关键。若出现连续 3 周单方向增减，那么将预示大豆走势可能出现转变。

六、原油对大豆价格的影响

原油价格变动一方面会影响到豆油的价格，进而影响到大豆的价格。另一方面，原油价格的变动会影响大豆的航运成本，进而影响到大豆价格。原油是最重要的大宗商品，有“经济血液”之称，原油价格变动是大宗商品变动的“风向标”。

从原油与大豆、豆粕、豆油的相关性来看，原油与豆油相关性达到了 0.82 的高水平，与大豆相关性为 0.68，豆粕基本可以断定与原油价格无相关性。

七、航运价格变化对大豆期价的影响

国内大豆对国外依赖性强，运输成本必须要考虑。以进口美国大豆为例，进口企业在美国以现货价格也可以是期货价格加上基差采购大豆。现货价格加上航运价格就得到离岸价格。大豆到港后，还要支付相应的保险、关税、增值税、中转费等，最终计算出大豆进口的价格。月船期进口大豆对华 CNF 报价（成本加运费）走势如图 3–4 所示。

以 2009 年 9 月 29 日的相关数据为例，CBOT 大豆期货的合约价格占 65.46%，离岸基差占 8.22%，海运费占 10.21%，三者价格占到了合约价格 83.9% 的份额。

八、汇率变化对大豆价格的影响

美元兑人民币的汇率变化，会影响我国进口大豆的成本。目前，国内进口美国或者南美的大豆，都需要支付美元。如果美元兑人民币的汇率较高，那么面对同样的美元报价，就需要花费更多的人民币，这会导致进口成本走高。反之，如果人民币不断升值，进口大豆的成本就会不断降低。

实际上，美元指数的走势对大豆价格影响比较明显。这主要因为全球大豆交易以美元结算，美元指数下跌，大豆价格就会上升。反之，大豆价格就会下跌。

图 3–4　月船期进口大豆对华 CNF 报价走势图

九、CRB 指数对大豆期价的影响

在实际操作中，CRB 指数是一个比较重要的指标。如果 CRB 指数走强，说明国际市场大宗商品需求旺盛，会促使指数基金进场，从而拉动大豆价格上涨。反之，如果指数走弱，则说明大宗商品需求萎缩，指数基金立场，大豆价格就会下跌。

CRB 指数创立于 1957 年，最早由 28 种商品组成。1986 年，该指数在纽约商品交易所开始交易，路透社拥有该指数的所有权。2005 年 6 月 20 日，路透社与 Jefferiers 集团旗下的 Jefferiers 金融产品公司合作，对 CRB 指数进行了第 10 次修改。修改后的指数改称为 RJ/CRB 指数。这次修改首次赋予不同品种不同权重，在指数的计算方法上，由原来的几何平均数改为算术平均数。

CRB 指数的品种构成及权重如下。

农产品：大豆（6%）、小麦（1%）、玉米（6%）、棉花（5%）、糖（5%）、冰冻浓缩橙汁（1%）、可可（5%）、咖啡（5%）、活牛（6%）、瘦肉猪（1%）。

能源类：原油（23%）、取暖油（5%）、汽油（5%）、天然气（6%）。

金属类：黄金（6%）、白银（1%）、铜（6%）、铝（5%）、镍（1%）。

从 CBOT 大豆期货价格与 CRB 指数走势的对比可以看出，在整体波段上，两者保持高度一致。2008 年 7 月之前，通货膨胀将两者同步推高，走出一轮大牛市，此后则受到次贷危机的影响出现暴跌。由此可见，投资者可以从 CRB 指数的走势研判美国大豆整体价格趋势，进而对国内大豆期货的操作进行指导。

第四章　豆粕期货

第一节　豆粕概述

豆粕是大豆提取豆油后得到的一种副产品。豆粕一般呈不规则碎片状，颜色为浅黄色至浅褐色，具有烤大豆香味。

按照豆油提取方法的不同，可以分为一浸豆粕和二浸豆粕两种。其中，以浸提法提取豆油后的副产品为一浸豆粕。先以压榨取油，再经过浸提取油后所得的副产品称为二浸豆粕。

在整个大豆加工过程中，对温度的控制极为重要。温度过高会影响到蛋白质含量，从而直接关系到豆粕的质量和使用。温度过低会增加豆粕的水分含量，水分含量高则会影响储存期内豆粕的质量。一浸豆粕的生产工艺较为先进，蛋白质含量高，是国内目前现货市场上流通的主要品种。

豆粕是棉籽粕、花生粕、菜粕等 12 种动植物油粕饲料产品中产量最大、用途最广的一种，大约 85% 的豆粕用于家禽和生猪饲养。豆粕内富含多种氨基酸，适合于家禽和生猪对营养的需求。

豆粕的主要成分为：蛋白质 40% ~ 48%，赖氨酸 2.5% ~ 3.0%，色氨酸 0.6% ~ 0.7%，蛋氨酸 0.5% ~ 0.7%。实验表明，在不需额外加入动物性蛋白的情况下，仅豆粕中所含的氨基酸，就足以平衡家禽和生猪的营养，因此能够促进牲畜的营养吸收。

在家禽和生猪饲养中，豆粕得到了最大限度的利用。只有当棉籽粕和花生粕的单位蛋白成本远低于豆粕时，才会考虑使用。事实上，豆粕已经成为其他蛋白源比较的基准品。

在奶牛的饲养过程中，味道鲜美、易于消化的豆粕能够提高出奶量。在肉用牛的饲养中，豆粕也是最重要的油籽粕之一。豆粕还被用于制成宠物食品。玉米、豆粕的简单混合食物，与使用高动物蛋白制成的食品具有相同的价值。豆粕也被广泛应用于水产养殖中，豆粕中含有的多种氨基酸，能够充分满足鱼类对氨基酸的特殊需要。

作为一种高蛋白质，豆粕是制作牲畜与家禽饲料的主要原料，还可以用于制作糕点食品、健康食品以及化妆品和抗菌素的原料。随着科学技术的发展，豆粕的用途得到更大程度的开发，在多种领域得到更加广泛的应用。

一、豆粕的储存特点

与玉米等其他饲料原料相比，豆粕在物流、仓储中具有两大特点。

一是豆粕呈松散性分布，容重较轻。一般情况下，1 升豆粕的重量为 594 ~ 610 克，低于 1 升玉米 650 ~ 680 克的重量。

二是豆粕储存期较短，容易变质。一般情况下，豆粕在南方的储存时间为 3 ~ 4 个月。北方储存期相对较长，为半年左右。在高温多雨的夏季，豆粕容易吸潮，如果保管不当，容易出现发热变质等问题，储存期更短。

豆粕的上述特点，推高了豆粕的物流成本，影响了豆粕的销售半径。一般情况下，饲料企业大多就近采购豆粕，以使物流成本能够抵消豆粕价格的地区间差异。

豆粕不易储存的属性，加大了豆粕价格的波动幅度及波动频率。豆粕供给量较大时，供给方出货意愿较强，消费方又不愿储存过多的豆粕，价格会出现较大幅度的下降。豆粕供给量较小时，由于下游企业库存量较低，必须采购一定数量的豆粕维持正常的生产运行，豆粕价格会出现较大幅度的上涨。

除此之外，豆粕不易储存的属性，还使其在现货市场上周转较快，促进了豆粕购销市场的活跃。

二、豆粕的季节性特点

在沿海地区没有建设大规模油厂之前，我国豆粕生产季节性特点比较明显。主要原因在于，当时我国大豆压榨以国产大豆为主，在大豆上市之后的几个月，豆粕产量一般较大，新大豆上市之前，则是豆粕生产的淡季。例如 1996 年，我国大豆压榨量为 750 万吨，其中绝大部分是国产大豆，生产季节性特点比较明显。

1999 年之后，随着沿海地区大规模油厂的建立，进口大豆压榨开始占据主流。进口大豆南北半球均可生产，当北半球大豆供给青黄不接时，南半球大豆开始集中上市，反之亦然。进口大豆的大幅增加，使国产大豆在压榨中的重要性逐年下降，豆粕生产季节性淡化。

豆粕消费具有一定的季节性特点，主要原因在于，我国畜禽补栏及存栏量的季节性变化，会引起豆粕需求呈现季节性特点。

一般情况下，春节过后的一个月，是畜禽存栏量较低的时期，豆粕消费会受到影响。3月份气温回升，畜禽补栏量增加，豆粕消费会逐步回升。八九月份是我国生猪养殖的补栏季节，主要是为春节期间的出栏做准备，豆粕消费量也会受到拉动。

三、世界豆粕主产区

全球豆粕生产格局清晰，主要集中于6个国家和地区，产量排名依次为：美国、中国、阿根廷、巴西、欧盟、印度。在6个豆粕主产国家和地区中，美国、巴西、阿根廷和印度四国大豆产量能够满足本国豆粕生产的需要，主要采用本国生产的大豆加工豆粕。

中国、欧盟国内/区内大豆产量远远不能满足豆粕生产的需要，豆粕产量多来源于进口大豆，对外依赖程度较高，国内/区内豆粕价格受国际市场影响明显。中国豆粕月度进出口情况参见表4–1、表4–2、表4–3、表4–4。

中国国内压榨产能巨大，且大豆进口关税仅为3%，低于豆油9%和豆粕5%的进口关税。阿根廷压榨业发达，大豆产量较高，豆粕产量也会继续增长。巴西大豆产量潜力较大，且国内养殖业发展较快，将会拉动豆粕产量的上升。美国大豆与玉米争地激烈，大豆产量波动较大，会在一定程度上影响豆粕产量的稳定。

表4–1 2011—2015年中国豆粕月度进口量

单位：千吨

	2011年	2012年	2013年	2014年	2015年
1月	55.4	31.2	1.3	2.1	10.3
2月	24.7	1.9	2.6	2.7	6.9
3月	40.2	1.5	3.4	3.7	6.9
4月	22.9	0.3	1.2	3.6	8.1
5月	6.5	4.2	2.0	2.3	7.9
6月	3.7	1.1	0.7	0.6	
7月	1.8	1.3	0.8	0.2	
8月	1.0	1.1	0.8	0.6	

续表

	2011 年	2012 年	2013 年	2014 年	2015 年
9 月	4.1	0.3	0.5	0.5	
10 月	2.2	0.3	0.8	0.7	
11 月	9.5	1.5	1.2	1.2	
12 月	52.1	0.8	1.3	4.5	
合计	224.3	45.4	16.7	22.6	40.1

注：数据来源于中国海关总署。

表 4-2　2010/11—2014/15 年度中国豆粕月度进口量

单位：千吨

	2010/11	2011/12	2012/13	2013/14	2014/15
10 月	34.8	2.2	0.3	0.8	0.7
11 月	30.2	9.5	1.5	1.2	1.2
12 月	65.3	52.1	0.8	1.3	4.5
1 月	55.4	31.2	1.3	2.1	10.3
2 月	24.7	1.9	2.6	2.7	6.9
3 月	40.2	1.5	3.4	3.7	6.9
4 月	22.9	0.3	1.2	3.6	8.1
5 月	6.5	4.2	2.0	2.3	7.9
6 月	3.7	1.1	0.7	0.6	
7 月	1.8	1.3	0.8	0.2	
8 月	1.0	1.1	0.8	0.6	
9 月	4.1	0.3	0.5	0.5	
合计	290.7	106.6	16.0	19.5	46.5

注：豆粕市场年度为当年 10 月至次年 9 月。

表 4-3 2011—2015 年中国豆粕月度出口量

单位：千吨

	2011 年	2012 年	2013 年	2014 年	2015 年
1 月	30.6	30.6	175.8	127.8	162.1
2 月	17.5	32.4	70.3	102.5	116.9
3 月	30.1	28.5	111.9	142.2	153.6
4 月	40.7	40.3	93.4	280.3	89.3
5 月	39.6	99.0	96.3	410.0	184.6
6 月	56.8	118.7	132.3	301.7	
7 月	59.0	182.0	122.7	265.1	
8 月	38.7	155.2	82.4	171.7	
9 月	32.3	178.9	71.1	77.7	
10 月	14.6	154.2	38.2	44.0	
11 月	24.8	100.8	25.3	55.8	
12 月	21.5	112.0	50.4	113.6	
合计	406.3	1 232.7	1 070.1	2 091.0	706.5

注：数据来源于中国海关总署。

表 4-4 2010/11—2014/15 年度中国豆粕月度出口量

单位：千吨

	2010/11	2011/12	2012/13	2013/14	2014/15
10 月	23.7	14.6	154.2	38.2	44.0
11 月	21.5	24.8	100.8	25.3	55.8
12 月	43.6	21.5	112.0	50.4	113.6
1 月	30.6	30.6	175.8	127.8	162.1
2 月	17.5	32.4	70.3	102.5	116.9
3 月	30.1	28.5	111.9	142.2	153.6
4 月	40.7	40.3	93.4	280.3	89.3
5 月	39.6	99.0	96.3	410.0	184.6

续表

	2010/11	2011/12	2012/13	2013/14	2014/15
6月	56.8	118.7	132.3	301.7	
7月	59.0	182.0	122.7	265.1	
8月	38.7	155.2	82.4	171.7	
9月	32.3	178.9	71.1	77.7	
合计	434.2	926.5	1 323.2	1 993.0	919.9

注：豆粕市场年度为当年10月至次年9月。

第二节　豆粕的生产与消费

全球豆粕消费比较集中，消费量位于前6位的国家和地区依次为欧盟、中国、美国、巴西、墨西哥和日本。

一、国内豆粕主产区

1998年之前，我国主要以国产大豆压榨为主，大豆产区油厂较多，是豆粕的主要生产地。东北、黄淮地区是大豆压榨产能比较集中的地区，其中东北内陆地区大豆压榨能力占全国总产能的比重超过50%，豆粕供给占有重要地位。

1998年，特别是2000年之后，沿海地区大型油厂建设速度加快，国内大豆压榨产能重心由东北地区向沿海地区迅速转移，豆粕生产重心也相应发生变化。

2008年，我国沿海地区日榨油能力接近24万吨，年加工能力达到7 200万吨，占全国大豆榨油能力的比重达到80%。其中两广地区榨油能力所占比重接近18%，江浙地区为16.3%，山东地区为18.3%，京津冀地区为10%，辽宁地区为10%。

伴随着沿海压榨能力的扩大，东北内陆地区油厂受到一定程度的影响，压榨能力徘徊不前，占全国压榨能力的比重逐步下降。2008年，东北地区的榨油能力占全国比重仅有14%，明显低于1998年之前超过50%的比重，在豆粕供给中的重要性明显降低。

目前，我国已经形成以下五大压榨区域。

一是以黑龙江九三油脂公司、吉林德大油脂公司和沈阳金石豆业公司等为代表的东北大豆压榨圈。

二是以大连日清公司、大连华农豆业公司、秦皇岛金海油脂公司、河北汇福粮油公司、九三油脂公司、山东渤海油脂公司、烟台益海油脂公司、日照邦基三维和黄海油脂公司等为代表的环渤海大豆压榨圈。

三是江苏和浙江地区以张家港东海粮油公司、连云港益海油脂公司、南通嘉吉公司、宁波金光油脂公司等为代表的江浙大豆压榨圈。

四是以泉州福海油脂公司、东莞嘉吉公司、东莞中谷公司、广西大海油脂公司等为代表的华南大豆压榨圈。

五是以四川金石油粕公司、重庆新涪油脂公司、陕西邦淇油脂公司、周口益海油脂公司、郑州阳光油脂公司为代表的内陆大豆压榨圈。

上述五个主要的压榨区域，是我国豆粕供给最为集中的地区。压榨区内的油厂根据周边地区物流条件，结合自身能力，设计豆粕销售半径，为周边地区饲料养殖业提供豆粕。

黑龙江、吉林豆粕产量出现萎缩，占全国豆粕总产量的比重明显下降。黑龙江以压榨国产大豆为主，大豆收购成本较高，豆粕及豆粕价格又受到沿海地区的影响，油厂提价空间受到牵制，加工收益低于沿海地区，油厂开工率很容易受到影响。我国国内豆粕出厂价格走势（山东地区，43% 蛋白）如图 4–1 所示。

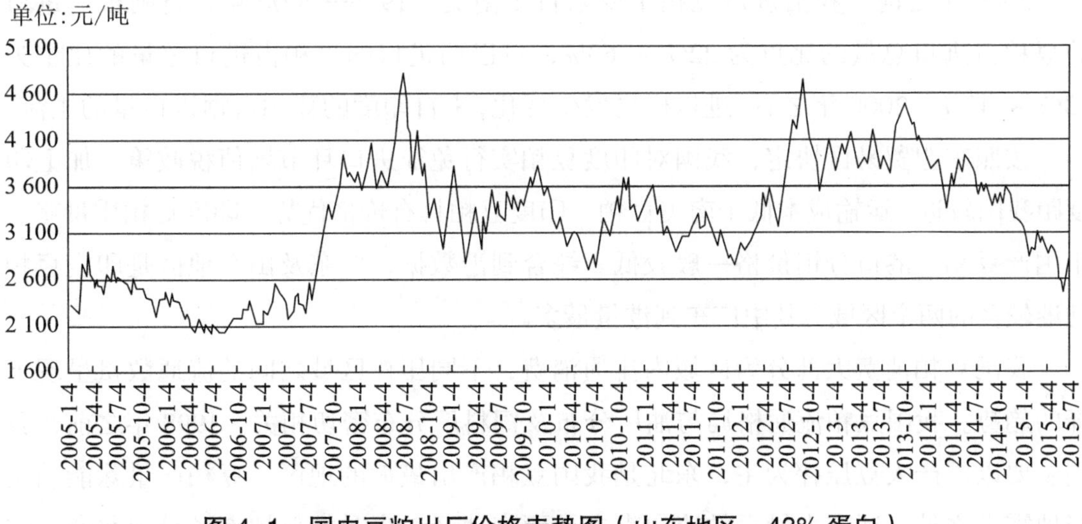

图 4–1　国内豆粕出厂价格走势图（山东地区，43% 蛋白）

除此之外，国产大豆生产的季节性特点，也决定了黑龙江豆粕生产具有一定的季节性，豆粕产量受到影响。当大豆集中上市时，豆粕产量一般较高。当大豆供给青黄不接时，豆粕产量会明显下降。在沿海地区豆粕产量逐年增加，东北内陆地区豆粕产量下降的共同影响下，我国豆粕生产已经形成沿海地区主导格局。

二、国内豆粕消费

我国养殖业比较分散。相比豆粕生产的高度集中，豆粕消费的集中化程度相对较低。广东、山东、河北、河南、辽宁是我国豆粕消费量最大的五个地区。过去 20 年，我国豆粕进出口波动幅度较大。在此期间，国家政策、国内大豆压榨能力的变动等因素，对豆粕进出口数量带来较大影响。

1995/96 年度之前，我国是豆粕净出口国，豆粕出口量波动于 30 万 ~ 250 万吨之间。1995 年，我国对进口豆粕实行暂时免征增值税的政策，豆粕进口量明显上升，我国成为豆粕净进口国。1997/98 年度，我国豆粕净进口量达到 418 万吨的历史新高。1998/99 年度之后，我国大豆压榨能力开始增加，豆粕进口受到抑制。除此之外，当时豆粕价格的大幅波动，使部分进口商和贸易企业受到冲击，也对进口形成影响。

1999 年 7 月，我国恢复对进口豆粕 13% 的增值税征收政策，豆粕进口量明显减少。2000/01 年度，我国重新成为豆粕净出口国。除 2005/06 年度豆粕进口量略大于出口量之外，其他年度我国豆粕净出口量在 25 万 ~ 100 万吨之间波动。

2000 年之前，我国进口豆粕主要来自于南美。1996—2000 年，自阿根廷进口的豆粕占进口总量的比重为 22% ~ 63%，自巴西进口的豆粕占进口总量的比重为 13% ~ 42%。2000 年之后，进口格局发生变化，来自印度的豆粕占据进口量的主流。

按照东盟贸易区协定，我国对印度豆粕实行免征进口环节增值税政策。加上印度距我国较近，运输成本低于南美豆粕，印度豆粕具有价格优势。印度豆粕质量略差于国产豆粕，港口分销价格一般较低。综合到港数据，广东及山东地区是印度豆粕到港较多的两个区域，其中广东到港量最多。

我国豆粕消费大部分为区域内流通消费，不同压榨区域之间的流通数量呈现下降的趋势。我国豆粕流通格局与油厂分布及饲料厂分布密切相关。1998 年之前，我国主要以国产大豆压榨为主，东北是我国豆粕产出最大的地区，豆粕产量除能满足当地需求之外，还有大量豆粕流向南方及西南地区，当时的豆粕市场呈现北产南调的流通格局。

1998年之后，伴随着沿海地区大型油厂的建立，豆粕生产格局发生巨大变化，流通格局相应出现变化。目前，我国油厂主要分布于东部沿海地区，该区域压榨产能占据全国大豆榨油能力的比重达到80%，是我国主要的豆粕生产区域。

我国饲料养殖业相对分散，东部沿海地区消费豆粕数量虽然较大，但西部及东北地区养殖业也较发达，豆粕消费能力较强。西部及东北地区豆粕生产不能满足需求，需要自沿海地区采购豆粕，我国豆粕市场基本上形成了东产西调、南产北调的流通格局。

在沿海地区中，江苏、山东和广东地区豆粕产量占国内豆粕总产量的比重达到45% ~ 50%，在豆粕生产中占据重要地位。不过，广东地区是我国最大的豆粕消费区，豆粕产量基本保证省内需求，豆粕净流出量较少。

山东地区是我国第二大豆粕消费区，不过山东豆粕产量较大，除满足省内需求之外，每年还有一定数量的豆粕流出省外，河南、河北是山东豆粕流出量较大的两个地区。江苏是我国最大的豆粕生产省，约有25% ~ 30%的豆粕产量用于省内消费，其余70% ~ 75%流向省外。广西豆粕产量较大，能够满足省内需求，部分豆粕流向省外，西南地区如四川省是广西豆粕流向最大的地区。

天津地区豆粕产量较大，明显高于当地消费量，有很大一部分豆粕流向东北、北京、河北地区。河北豆粕除用于省内消费之外，一部分豆粕流向东北、北京地区。不过，河北饲料养殖业对豆粕需求数量较大，还需要自山东、天津地区采购一部分豆粕，豆粕净流出量较小。

辽宁豆粕主要用于东北地区饲料生产。东北内陆地区豆粕产量下降，已经不能满足省内需求，是豆粕净流入地区。湖南、湖北、四川、河南四省豆粕需求大于省内供给，需要自沿海地区采购豆粕，是进口豆粕流向较大的区域。

表4-5 2012/13—2015/16年度豆粕供需平衡分析表

单位：千吨

项目①	2012/13	2013/14	2014/15②（7月预测）	2015/16②（7月预测）	2015/16③（USDA预测）
生产量	49 555	52 670	56 190	58 950	61 222
进口量	16	20	50	30	20
年度供给量	49 571	52 680	56 240	58 980	61 242

续表

项目①	2012/13	2013/14	2014/15②（7月预测）	2015/16②（7月预测）	2015/16③（USDA预测）
饲料消费量	47 500	50 500	52 500	55 000	58 642
其他消费量	1 400	1 400	1 450	1 500	1 000
年度国内消费量	48 900	51 900	53 950	56 500	59 642
出口量	1 323	1 993	1 500	2 000	1 600
年度需求总量	50 223	53 893	55 450	58 500	61 242
年度结余量④	−652	−1 203	790	480	0
东北地区均价⑤	4 000	3 916	2 800 ~ 3 800	2 800 ~ 3 400	—
华南地区均价⑥	3 976	3 802	2 600 ~ 3 600	2 600 ~ 3 200	—

①豆粕市场年度为当年10月至次年9月。
② 2014/15和2015/16年度数据为国家粮油信息中心2015年7月预测值。
③表中数据为美国农业部（USDA）7月预测值，“—”号表示未对该项数据进行细分。
④结余量为当年新增供给量与年度需求总量间的差额，不包括上年库存。
⑤指黑龙江地区国标四级豆油和中等豆粕平均出厂价。
⑥指广东地区大豆加工企业国标四级豆油和43%蛋白豆粕平均出厂价格。

由表4–5可见，2014/15年度，我国豆粕新增供给量为5 624万吨，较上年度增加355万吨，其中豆粕产量预计为5 619万吨。该年度饲用豆粕消费量预计为5 250万吨，较上年度增加200万吨。年度国内总消费量预计为5 395万吨，较上年度增加205万吨。该年度豆粕出口量预计为150万吨，年度国内豆粕供需节余量预计为79万吨。

2015/16年度，我国豆粕新增供给量为5 898万吨，较上年度增加274万吨，其中豆粕产量预计为5 895万吨。该年度饲用豆粕消费量预计为5 500万吨，较上年度增加250万吨，年度国内总消费量预计为5 650万吨，较上年度增加255万吨。该年度豆粕出口量预计为200万吨，年度国内豆粕供需节余量预计为48万吨。

2016/17年度，我国豆粕新增供给量预计为6 529万吨，较上年度增加317万吨，其中豆粕产量预计为6 526万吨。该年度饲用豆粕消费量预计为6 150万吨，较上年度增加300万吨，年度国内总消费量预计为6 305万吨，较上年度增加305万吨。该年度豆粕出口量预计为200万吨，年度国内豆粕供需结余量预计为24万吨。

第三节 国内豆粕期货

自2000年7月17日豆粕期货上市以来，经过多年的培育，大商所豆粕期货的成交量稳步上升。2007年，大商所豆粕期货成为全球农产品排名第一的明星品种。豆粕期货上市之初，成交极不活跃，2000年仅成交114.24万手，此后豆粕期货成交量呈逐年增长趋势。

虽然豆粕在供给和消费上均受到季节周期的影响，但是从品种成交上来看，不像棕榈油有明显的季节性，豆粕期货成交全年都比较活跃。

一、豆粕交割库分布

豆粕交割库主要分布在华东的江苏、浙江地区，华南的广东地区以及华北的天津、山东、河北地区，覆盖了主要的豆粕生产区域。华东地区的交割库为基准库，其他地区的交割库为非基准库，其中江苏的连云港、山东和天津地区的交割库贴水30元/吨，河北地区的交割库贴水50元/吨。从交割情况来看，华东、华南、华北地区均有实物交割发生。其中，华东地区约占交割总量的70%，华南地区约占14%，华北地区约占16%。

根据豆粕的品种特点，大商所设置了6家豆粕指定交割仓库及24家交割厂库。仓库主要集中在华东地区，其中江苏5家、浙江1家，其他地区没有交割仓库。交割厂库以大型油厂为主，并规定了厂库的最低发货速度和可注册的最大仓单量，其中广东8家、江苏5家、山东5家、浙江3家、河北2家、天津1家，能充分保证客户对发货速度的要求。近年来，豆粕交割已经以厂库为主，仓库交割逐步减少。

自1998年以来，我国豆粕现货市场变化非常迅速，质量标准不断提高，现货市场格局从以大连地区为中心转移到以江浙沪和华南地区为主，压榨企业也经历了初期民营企业群雄并起，到2004年大豆风波后外资企业占据主导地位的变化。与此同时，期货市场也从清理整顿初期比较低迷，到2000年后稳步发展，以及到2006年后高速健康发展的转变，期货市场规模、参与者结构、行业风险管理水平等都发生了非常剧烈的变化。

作为一个比较理想的期货品种，豆粕在 CBOT 市场上一直是一个比较活跃的品种。在国内期货市场上也曾经活跃过一段时间，但也出现过一些风险事件。为发挥豆粕期货市场功能，支持相关产业健康发展，大商所紧跟豆粕期现货市场变化，吸取国内外豆粕期货的经验教训，在严格控制风险的前提下，不断创新交易和交割制度，降低交易交割成本，引入了厂库交割制度等国内期货市场具有里程碑意义的创新制度，使其成长为国内乃至全球期货市场最为活跃的品种之一，受到了国内现货企业和期货界的高度评价。

二、大商所豆粕期货合约的产生与发展

总体上看，大商所豆粕期货的设计与修改可以分为五个阶段：精心筹备，规范上市；初期采取多种措施，促使交易尽快活跃；深入调研，做出全面重大修改；借鉴 CBOT 经验，引入厂库交割制度；根据新国标修改豆粕交割标准。

（一）国内豆粕期货的产生

大商所豆粕期货是中国期货市场规范整顿后上市的第一个品种。为确保豆粕成功上市，在豆粕期货合约设计中，大商所吸取了国内外交易所豆粕期货发展的经验教训，确定了以下思路。

第一，坚持大品种的设计思路，正确反映豆粕现货市场特点，有利于发挥价格发现和套期保值等基本经济功能。

第二，有利于控制风险，防止市场操纵行为，保持市场稳定。

第三，有利于保持与大豆期货交易的协调性。

与此同时，大商所还进行了广泛的调查研究，多次召开合约设计研讨会，从豆粕现货市场实际出发，自行设计了《大连商品交易所豆粕质量交割标准（F/DCED001-2000）》。在 F/DCE 标准中，用于大商所交割的豆粕在品级分类、蛋白含量、脲酶活性及感官性状等方面都与国标不同，更加真实准确地反映了目前的豆粕市场情况。

经过精心筹备，2000 年 7 月 17 日，豆粕期货在大商所上市。上市时，豆粕交割基准品定为蛋白含量 43%，每手合约规格确定为 10 吨，合约月份为 1 月、3 月、5 月、7 月、9 月、11 月 6 个月份。交易保证金确定为合约价值的 10%，涨跌停板幅度为上一交易日结算价的 4%，交割地区为大连地区。

（二）国内豆粕期货交割方式的演变

2001年7月2日，经证监会批准，大商所将豆粕合约的最低交易保证金比例调整为合约价值的7%，涨跌停板幅度调整为3%。

为解决豆粕交易中交割集中于大连一地，造成南方客户参与不便的问题，大商所于2001年7月5日批准上海市第七粮食仓库、中粮上海粮油进出口公司松江仓库、江苏省江海粮油贸易公司张家港储运部、江苏江阴中谷国家粮食储备库、江苏南通粮油接运有限公司、浙江省德清国家粮食储备库为大商所指定交割仓库，交割品种为豆粕。上述仓库对基准地大连指定交割仓库升水60元/吨，自m0201合约开始启用。

为提高交割灵活性，大商所于2001年12月1日在豆粕品种上引入了期转现交割，称为提前交割。当时对提前交割的定义是：提前交割是指持有方向相反的同一交割月份合约的会员协商一致，并向交易所提出申请，获得交易所批准后，交易所在申请日将其各自持有的相应合约，按申请日前一交易日该合约的结算价平仓，并按双方协议价格，进行相应数量的标准仓单与货款的交换。

自2000年以来，我国油脂加工行业和饲料行业整体质量发生了根本性变化。许多油脂加工企业和饲料企业通过与国外大企业合作等方式，采用先进的生产设备和压榨技术，使产品质量大大提高，生产规模不断扩大。企业经营理念更加先进，国产豆粕质量明显提高，豆粕质量检验中的关键性指标如蛋白含量、水分含量等，都有大幅改进。

从蛋白含量看，国内43.0%蛋白含量的豆粕已占到豆粕总产量的80%以上，饲料企业对加工原料豆粕的质量要求也在提高。目前具备中等生产规模的饲料企业，已很少使用42.0%蛋白含量的豆粕，使用高蛋白豆粕已经成为饲料行业的发展趋势。

从水分含量看，国产豆粕水分含量达到12.5%不成问题，而饲料企业对豆粕的水分要求通常也不低于12.5%。根据对南方仓库的调研，发现12.5%的水分是豆粕在南方地区保管的安全水分，可以安全度夏。

基于以上原因，大商所于2002年3月15日修改了豆粕期货交割标准，取消了替代品，交割标准品的水分含量由原来的不高于13.0%调整为不高于12.5%。同时，根据国家对转基因豆粕的管理规定，对转基因和进口豆粕的交割进行了规定。

虽然大商所在上市初期采取了多种措施活跃市场，起到了一定效果，但是并没有从根本上改变豆粕市场不活跃的状态。为此，大商所从2002年中携手期货公司，对豆粕期现货市场开展了大规模调研，并据此全面修改了大商所豆粕期货合约和交割制度。公开征求意见后，于2003年开始实施。

原豆粕期货合约采用多地交割的方式，交割基准地为大连，在江、浙、沪设立异地交割库。由于交割地点比较分散，异地升贴水又难以准确确定，导致交割标的物不明确，期货价格代表性不强。另外，当时大商所豆粕期货价格一直较低，卖方更倾向于选择在大连交割，而买方多为南方现货商，来大连交割的成本很高，江、浙、沪的异地交割库作用不大。

近年来，随着南方榨油行业和饲料行业的发展，华东地区已成为我国豆粕的主要贸易区，产量和销量都很大，现货市场比较发达，现货客户基础较好，参与豆粕期货交易的比例很大。为了便于广大现货商的参与，降低交割成本，大商所取消大连交割地，将豆粕期货交割库集中设在江、浙、沪一带。

滚动交割允许买卖双方在进入交割日第一个交易日就可以申请交割，操作灵活，节约成本。美国芝加哥商品交易所农产品期货一直都采用滚动交割的方式，收到了很好的效果。豆粕具有不易久存的特点，在现货市场中流动性较强，库存时间较短。滚动交割方式符合豆粕现货市场的特性，卖方货到就可以申请交割，有效减少了交割品的储存时间，降低了交割成本，增强了交割品的使用效率，减轻了交割地的库容压力，避免了大量现货集中在交割地的现象。

投资者一旦被迫接货，也可以立刻在当月合约中卖出，不必留到以后月份或在现货市场销售，增强了投资者的入市信心。2003年初，大商所将豆粕交割方式由一次性交割修改为滚动交割，并保留期转现交割（提前交割）方式。

（三）国内豆粕期货的仓单演变

豆粕上市初期，是不允许跨月交割的。在5月、7月、9月任一月份交割过的豆粕，如再次进行交割，须重新办理交割预报，倒运到交易所新安排的指定交割仓库，按期货标准重新检验。在11月、1月、3月任一月份交割过的豆粕，如再次进行交割，可在原指定交割仓库按期货标准重新检验。

这种交割方式虽然保证了交割安全，但是原有豆粕期货仓单不具备连续性。每次交割后，必须注销转换成现货重新检验注册，影响了投资者尤其是套利交割者的入市积极性，成为豆粕期货难以活跃的重要原因。

2003年初，豆粕期货仓单由原来的一次一检改为允许跨月交割，豆粕期货仓单只在每年的5月31日集中注销一次。修改后，豆粕期货允许跨月交割，交易所负责保证库存豆粕的质量，对于活跃市场起到了重要的促进作用。

首先，投资者敢于跨月套利和套利交割，利用各合约月份基差以及期现价差的不均衡进行无风险套利，既有助于价格发现的真实性，又可以带动交易的活跃。

其次，投资者一旦被迫接货，可以立刻转卖到以后月份，不必在现货市场消化或接受重新检验，减少了不确定性，增强了投资者的入市信心。

（四）国内豆粕期货保证金的演变

大商所豆粕期货上市之初，保证金水平为10%，后经证监会批准调整为5%。但大商所本着稳健运行的原则，将豆粕期货交易保证金暂定为7%。较高的保证金水平，增加了资金占用成本，降低了投资者的参与热情，抑制了豆粕交易的活跃性。

在这种情况下，大商所决定将豆粕期货的交易保证金由7%降至5%。交易保证金调整之后，风险管理办法中的保证金制度，也要在此基础上相应修改。

对大商所豆粕期货价格历史数据进行研究，发现豆粕期货市场价格波动较小，在当前市场规则下，以10%的保证金足以控制大持仓量的市场风险。因此将《大连商品交易所风险管理办法》中根据豆粕持仓变化增收保证金的标准进行修改，将各持仓额度收取的保证金比例适度降低，保证金最高加收至10%。这样做既有利于促进市场活跃，又能够有效控制市场风险。

国家规定豆粕出厂需要标识豆粕等级、生产厂家、生产日期、产品检验员以及是否对转基因产品进行标识。但是许多豆粕生产厂家没有按照国家的有关规定去做，这是现货市场做得不够规范的地方。期货交割应该严格执行国家的有关规定，用于期货交割的豆粕在入库时要进行标识，从而规范买卖双方的交割行为。

经过2003年豆粕期货合约和制度的全面修改后，豆粕市场发展迅速，成为国内期货市场上的一颗新星。为解决豆粕现货市场区域性强、豆粕不易保管、现货贸易对新鲜度要求高的问题，大商所对CBOT的装运单制度进行了深入研究，结合国内期现货市场实际状况，于2004年6月推出了厂库交割制度，并同时将华南地区也纳入到交割区域之中。

（五）国内豆粕期货的厂库交割

豆粕合约自2000年7月上市后，一直采用仓库交割方式。在运行过程中，这一交割方式有力地保证了豆粕期货市场的初期发展需要。但是随着市场的发展变化，该交割方式逐渐变得无法适应市场发展的需要。

豆粕期货采用仓库交割后，出现了以下两个问题。

一是由于难以保管，华南区域难以设置豆粕交割仓库。当时我国豆粕流通格局发生很大改变，华南地区异军突起，成为与东北、山东、华东地区旗鼓相当的又一加工带。由于难以在华南区域设置交割仓库，因此豆粕期货仅能代表华东地区豆粕市场，区域色彩浓厚，全国市场代表性不强。

二是在现货贸易中，现货商需要采购更受市场欢迎的新鲜豆粕，同时降低采购成本。但是在仓库交割方式下，经过储存的豆粕新鲜程度下降，还要支付额外的运费、检验费等费用才能形成仓单注销出库，交割成本较高，抑制了现货商对期货市场的需求。

豆粕期货的厂库仓单是油厂以信用为基础，按照交易所规定的程序签发的符合豆粕合约规定质量的实物提货凭证。厂库交割与仓库交割是豆粕期货进行实物交割时的两种仓单形式，都要遵循豆粕期货交割的一般规则。在生成仓单之后和注销出库之前，二者的表现形式都是标准仓单，可以进行实物交割、交易和转让等流通行为。

厂库交割与仓库交割的区别在于仓单的生成与提货流程有所不同。在生成仓单环节，仓库交割包括交割预报、商品入库、验收、指定交割仓库签发、交易所注册等环节。厂库交割只有厂库签发和交易所注册等环节。二者相比，厂库交割省去了交割预报、商品入库、验收三个环节。

在仓单提货环节，如果是仓库交割，货主需要在《提货通知单》开具 10 个工作日内到仓库提货，而且货主需在实际提货前 3 天通知仓库。如果是厂库交割，《提货通知单》开具 3 日内，厂库和货主就需要发货和接货，厂库发货时不得低于最低日发货速度，货主则要在规定的时间内完成所有货物的接收。

二者相比，在厂库交割中，厂库的发货速度和时间以及货主的提货时间需要按交易所规定执行。由于厂库交割无须仓储环节，因此豆粕不易保管、现货贸易关注的新鲜度问题就得到了解决，而且气候条件不再成为选择交割地点的影响因素，交易所可以从生产流通实际出发，选择更具代表性的豆粕交割区域。

厂库仓单是一种信用仓单，对油厂开具信用仓单的监管是重中之重。CBOT 在管理厂库交割的信用仓单时，根据各油厂的生产和运输能力，对其出具仓单的最大数量、发货时间和速度做出了具体规定，油厂的财务情况也要达到 CBOT 规定的最低要求。

大连商品交易所借鉴 CBOT 的运作经验，根据我国现货市场的情况，对这些有益的经验进行本地化处理。

（1）交易所制定了严格的考核标准。只有那些规模大，财务状况良好，信誉度高的企业，才能作为厂库交割的候选企业，以厂库本身的资信作为信用仓单的第一道保险。

（2）引入银行信用代替保证金和财务信用保证，实现对信用仓单的监管。交易所要求厂库必须提供银行出具的保函，厂库出具的每张仓单都有银行信用作保障，以此构筑厂库仓单的双保险。

（3）根据油厂的日加工能力，对其日发货速度进行了限定。对货主提货时间进行了刚性约束，代替了 CBOT 货主与厂库协商的弹性要求。在交易所规定的时间内到厂库提货，可以保证豆粕质量，超过时间规定则不保证质量，这种规定适应了我国的信用现状。

（4）作为货物的最后信用保障，在厂库无法提供实物时，交易所将负责提供实物商品，并承担由此产生的费用，或者退还货款，从而保障了货主的利益。

（六）国内豆粕期货的新标准

2005 年前后，油厂逐渐采用去皮和蒸煮工艺生产豆粕，豆粕国家标准根据这种变化调整了相关指标。新国标实施后，豆粕现货市场出现了一些新的变化，现行豆粕期货合约的质量标准在粗纤维、水分、尿素酶活性等指标上，与现货贸易合同存在一定的差异。

大商所在充分论证和深入调研的基础上，于 2006 年初最终形成豆粕期货交割标准修改方案，本次豆粕期货交割标准的修改，主要调整了以下 4 项指标：水分由不高于 12.5%改为不高于 13%。粗纤维由低于 6%改为不高于 7%。粗灰分由低于 7%改为不高于 7%。尿素酶活性由不低于 0.02mg/（min·g）和不超过 0.35 mg/（min·g），改为不超过 0.3 mg/（min · g）。

这一修改符合豆粕现货市场情况，与豆粕新国家标准全面接轨。通过本次修改，豆粕期货合约更加完善。修改后的豆粕期货合约质量指标更贴近现货贸易合同，期货价格更好地体现了豆粕价值，为油脂、饲料行业的生产和经营提供了更加真实的价格信号，方便现货企业参与套期保值。

同时，无论是采用去皮工艺还是带皮工艺，绝大多数豆粕都可以非常顺利地进入期货市场交割，扩大了可供交割量。通过这次修改，有效降低了交割成本，极大地提高了油厂参与套期保值的积极性，使豆粕期货市场运行更加稳定和安全，较好地发挥了其经济功能。在此次修改交割标准的同时，大商所还将豆粕涨跌停板由 3%调整到 4%。

此次修改之后，大商所继续跟踪豆粕期现货市场变化，完善豆粕合约和相关制度，在仓单有效期设置、仓单对库管理等方面做出了不少改进，使得豆粕期货始终保持活跃，有效发挥了市场功能。

（七）国内豆粕期货交易制度

豆粕期货和玉米期货一样，交易手续费不超过 3 元 / 手，当日开平仓减半征收。豆粕期货最小变动价为 1 元 / 吨，每手代表 10 吨，因此每波动一个价位减去 1 元，如果做对方向，投资者每手就将获益 10 元。减去交易所和期货公司手续费 4 元，将获益 6 元。

通常投资者每手合约需占用保证金为 10% 左右（交易所 7% ＋期货公司 3%）。按每手豆粕价值 3 万元计算，占用保证金为 3 000 元。这样计算下来，豆粕价格每波动 0.03%，投资者就可以得到 0.2% 的利润。这样的投资收益比是相当高的，这也是豆粕期货具有吸引力的原因之一。

期货市场实行保证金制度和每日无负债结算制度，需要投资者和套期保值客户提前安排好资金，并及时补充保证金。豆粕的保证金制度主要有两个方面，临交割月梯度增加保证金和随持仓量增大梯度增加保证金。持有仓单的客户，可以利用仓单充抵来降低资金压力。

大商所将豆粕期货合约的一般月份最低交易保证金标准确定为 5%（当前暂时为 7%），通常期货公司还会在此基础上增加 5%，因此一般投资者需 10%（当前暂时为 12%）左右的保证金就能进行交易。这种保证金水平覆盖了 2 个涨跌停板，足以保证交易安全。

为提高投资者进行实物交割的履约能力，避免交割月份合约出现较大风险，交易所对临交割期的豆粕期货合约梯度增加交易保证金，豆粕期货合约进入交割月份前一个月第一个交易日起，交易所会逐步提高合约交易保证金标准。

在价格剧烈波动时期，交易所通常会提高涨跌停板幅度，并相应提高保证金收取比例，以保证市场安全运行。此外，为避免长假期间价格波动风险，交易所一般会在长假前发出公告，提高保证金收取比例，相应期货公司也会提高保证金收取比例。

现货企业一般手中有现货库存，占用了资金，会因缺乏保证金无法到期货市场参与交易。实际上，这些企业可以选择将现货注册成标准仓单，然后拿标准仓单通过期货公司到交易所办理充抵手续，从而充抵保证金。

仓单市值按标准仓单交存日前一交易日该品种最近交割月份合约结算价（或交

割结算价）为基准价核算，充抵金额不高于标准仓单市值的 80%。每次充抵期限为 6 个月，期满后可申请延长一次，延期以 3 个月为限。延期届满仍需充抵的，须重新办理手续，标准仓单的充抵期限不得超过交易所规定的该标准仓单的有效期。

在充抵期限内，当质押物的市值涨跌幅度超过 10%（含本数）时，交易所可对该笔充抵金额作相应调整。但要注意的是，充抵出来的保证金只能在期货市场作为保证金使用，不能提取现金。

大商所采用限制会员持仓和限制客户持仓相结合的办法控制市场风险，分为一般月份限仓和临交割月限仓两个部分，套期保值持仓不受限制。同一客户在不同期货公司会员处开有多个交易编码，各交易编码上所有持仓头寸的合计数，不得超出一个客户的限仓数额。

对于现货生产经营规模大的现货企业，可以向交易所申请套保持仓。交易所将根据该企业现货经营情况，确定其套保持仓额度。经交易所认定的套保持仓，不受限仓制度约束。

根据国家法律规定和交易所相关规定，只有能开出增值税发票的法人客户才可以进行实物交割。因此，自然人客户持仓应在进入交割月前自行平仓，否则由交易所在进入交割月后强行平仓。

豆粕期货的交割方式有三种：期货转现货、滚动交割和一次性交割。三种交割方式流程不相同，客户选择好交割方式后，应注意不同交割方式的流程和相关要求。

期货转现货（以下简称期转现）是指持有同一交割月份合约的交易双方，通过协商达成现货买卖协议，并按照协议价格了结各自持有的期货持仓，同时进行数量相当的货款和实物交换。

滚动交割是指在合约进入交割月以后，由持有标准仓单和卖持仓的卖方客户主动提出，并由交易所组织，匹配双方在规定时间完成交割的交割方式。

一次性交割是指在合约最后交易日后，所有未平仓合约的持有者须以交割履约，同一客户号买卖持仓相对应部分的持仓视为自动平仓，不予办理交割，平仓价按交割结算价计算。

（八）国内豆粕现货仓单管理

豆粕仓库仓单的管理方式和大豆、玉米等商品类似，需要通过交割预报、商品检验、仓单注册、仓单流通和仓单注销五大环节。仓单注册成功后可以流通，用于充抵保证金、交存仓单、仓单过户。

豆粕仓库仓单的注册、流通和注销过程中，应注意以下三点内容。

（1）豆粕标准仓单的申请注册日期距离商品生产日期不得超过45（含45）个自然日。

（2）标准仓单相应的期货商品转为现货后，如需再次生成标准仓单，必须按期货合约标准重新检验，并按有关规定办理。

（3）所有豆粕标准仓单在每年的3月、7月、11月最后一个工作日之前，必须进行标准仓单注销。

豆粕厂库仓单与仓库仓单相比，减少了交割预报和商品检验两个环节，即只有仓单注册、仓单流通和仓单注销三大环节。这三大环节中，在仓单流通环节，两种仓单没有区别。在仓单注册环节，厂库仓单的注册流程与仓库仓单不同。

卖方客户与厂库签订现货购货协议——厂库为客户开具《标准仓单注册申请表》——会员携《标准仓单注册申请表》到交割部进行注册——交易所审核厂库银行保函或现金保证金额度——交易所为客户开具《标准仓单持有凭证》——客户委托会员携带《标准仓单持有凭证》到交易所办理仓单注销业务——交易所注销相应的标准仓单，结清有关费用，并开具《提货通知单》——货主凭《提货通知单》与指定交割仓库联系出库事宜——提货人凭身份证、单位证明到仓库提货，同时与仓库结清相关费用。

在仓单注销环节，两种仓单流程相同，但是办理提货手续和发货的时间不同。其中，仓库仓单货主必须在《提货通知单》开具后10个工作日内，到指定交割仓库办理提货手续。在实际提货日3天前，凭《提货通知单》与指定交割仓库联系有关出库事宜。

厂库应在《提货通知单》开具后（不含开具日）的4日内开始发货，货主应在《提货通知单》开具日后的4日内（含当日）到厂库提货。厂库应按照规定发货时间和发货速度发货，保证货物质量。商品出库时，厂库应在货主的监督下进行抽样，经双方确认后将样品封存。厂库应将豆粕样品保留至发货日后的30天，作为发生质量争议时的处理依据。货主应按时提货。

厂库和货主未按约定时间和发货速度发货、提货时，应缴纳滞纳金或者罚款。厂库和货主经双方协商同意，可以另行确定发货时间和发货速度，厂库和货主应进行书面确认并妥善保存，以备核查。所有豆粕厂库仓单在每年的3月、7月、11月最后一个工作日之前，必须进行标准仓单注销。

豆粕期货以粗蛋白不低于43%，水分不高于13%，粗纤维和粗灰分低于7%，脲酶活性不高于0.3的豆粕作为交割标准品，没有交割替代品和升贴水的规定。

目前，国内大中型厂库生产的豆粕，基本上都能达到交割标的要求。进口大豆压榨的豆粕可以交割，但进口豆粕不能用于交割。根据国家有关规定，进口豆粕只能定向销售，不能在市场上自由流通，因此进口豆粕不能进入期货市场交割。

第四节 影响豆粕价格的因素

豆粕主要用于饲料消费。我国经济增长的一个突出表现，即居民消费水平提高，肉、蛋、奶消费比例增加，这种情况必然促进国内养殖行业饲料消费规模扩大。因此，经济增长与豆粕中长期走势呈密切正相关关系。

一、美元指数

由于全球商品贸易80%以美元计价，美元走软会变相推高商品价格。豆粕作为国际化程度较高的期货品种，伴随美元指数走软，CBOT大豆期货价格溢价明显。进口大豆作为国内豆粕压榨的直接原料，两者价格走势负相关异常明显。

例如，1999年8月至2002年2月，美元指数处于上行通道，国内豆粕指数一直保持低位震荡，价格震荡区间1 511 ~ 2 050元/吨。2002年3月至2004年12月，美元指数步入第一阶段下降通道，同期国内豆粕期货价格扶摇直上，价格一度达到3 738元/吨价格高点。2005年12月至2008年6月，美元指数步入第二阶段下降通道，国内豆粕期货价格再度冲高，期间最高达到4 311元/吨。

二、通货膨胀

通货膨胀主要是货币供给大于货币实际需求，因而引起一段时间内物价持续而普遍的上涨。一般性通货膨胀表现为货币的市值或购买力下降，货币贬值为两经济体间之币值相对性降低，其实质是社会总需求大于社会总供给。

影响国内豆粕期现价格的核心因素是基本面供求关系。当通货膨胀引发社会供需结构发生变化，必然导致豆粕期现价格上涨，因此通货膨胀与豆粕走势呈正相关关系。

例如，2007 年末至 2008 年初，国际原油价格突破 80 美元后迅速飙升，全球商品市场因经济过热爆发集中性通货膨胀。2008 年 7 月，原油价格一度达到 147 美元/桶，同期国内豆粕期货价格最高达到 4 311 元/吨。

三、国际贸易

随着国内油脂厂国际化程度增强，国际贸易联动性逐步加深，国内油脂厂商在 CBOT 买入大豆，在大商所抛出豆粕、豆油的贸易规模也不断扩大。

近年来，进口大豆在国内油脂市场原料比重逐年加大，国内压榨厂商在大豆压榨环节为有效规避价格风险，必然选择在国内期货市场对大豆加工产成品豆粕、豆油进行抛售。

根据国内油厂利润测算公式：大豆压榨利润＝豆油价格 ×0.185 ＋豆粕价格 ×0.78 －大豆进口成本－ 100（单位：元/吨）。国内油脂厂商在进口 1 吨 CBOT 大豆的同时，在国内以 0.8 吨豆粕、0.185 吨豆油进行盘面抛售，在锁定压榨利润的同时，能够转移生产环节的价格波动风险。

例如，2007 年 3 月底，月船期进口大豆成本维持在 3 050 元/吨附近波动，大豆到港量增加。豆油现货价格上涨到 6 500 元/吨以上，豆粕现货价 2 500 元/吨左右，而 9 月豆粕期货价格仍然在 2 650 ～ 2 700 元/吨波动，不仅期现价差偏大，经压榨利润公式计算，压榨收益高达 280 元/吨以上。分析验证，豆粕 0709 合约价格偏高，这为压榨企业提供了在豆粕上保值，锁定压榨收益的机会。

至 4 月 18 日，0709 豆粕在压榨企业豆粕胀库的状况下，一路下跌到 2 430 元/吨附近，压榨企业的收益得到了很好的保护。同时，这次保值的时机也是买 CBOT 大豆/抛大商所豆粕跨市套利的介入点，大商所盘面价格虚高导致的高额压榨收益最终被市场修正。

四、大豆价格

豆粕作为大豆压榨的主要产成品，其价格运动与大豆价格有密切的正相关性。从国内油厂大豆构成比例上看，截至 2008 年末，国内油厂国产大豆使用比例不足 20%，进口大豆使用比率则超过 80%。尤其是 2008 年国家启动国产大豆国家储备政策补贴制度后，国内油厂对高价的国产大豆更是望豆兴叹。受此政策影响，国内压榨企业使用国产大豆的比例严重萎缩，进口大豆成为国内豆粕生产的主要货源。

通过以上分析可以得到这样一个结论：作为世界大豆的定价中心与中国大豆豆

粕的原料采购中心，CBOT 大豆市场的波动很大程度上决定着国内豆粕期现价格的走势。

CBOT 大豆电子盘又称 CBOT 亚洲电子盘，主要是 CBOT 日间公开喊价盘交易结束后，大豆贸易商或参与期货交易投机者利用电子盘进行交易。由于 CBOT 大豆大宗贸易采购方主要集中在亚洲，因此进行 CBOT 大豆电子盘交易主要以亚洲人为主，尤其是国内进口大豆采购商，通常利用 CBOT 电子盘进行贸易点价及结算，因此 CBOT 亚洲大豆电子盘主要反映国内贸易企业的采购心态及交易动向，对大连期货市场盘中价格影响显著。

另外，由于 CBOT 大豆价格与大连豆粕高度正相关，电子盘的交易时间与国内期货交易时间又基本吻合，因此国内期货市场参与者日间更多地参考 CBOT 大豆电子盘价格动向进行交易，电子盘备受关注的同时，两者的联动性也逐渐加大。

五、供需因素

影响豆粕期现价格的核心因素是供需结构，因此影响豆粕上游大豆供应的因素，将间接影响豆粕价格。影响大豆产量的因素主要包括以下方面：种植效益、天气和收割进度等。

种植效益方面主要表现为大豆、玉米间比价关系，及其对大豆、玉米种植面积的影响。通常情况下，CBOT 大豆、玉米比价低于 2.5，将刺激农户减少大豆种植面积，转而种植玉米。也就是说，种植阶段不同作物间的种植效益差异，将对新种季作物播种面积造成很大影响，进而影响豆粕价格的变化。

六、天气因素

天气方面，玉米对播种阶段天气变化非常敏感，播种期的连续阴雨天气，可能导致播种延迟，从而影响播种面积和作物质量。由于美国大豆、玉米种植带有轮种习惯，玉米播种延迟必然影响大豆播种面积，影响大豆供应。

收割阶段的天气状况，也会对产量造成一定的影响。收割阶段连续降雨，将增加机器收割的操作难度，最终影响产量和作物质量。

例如，2008 年，美国大豆市场天气炒作热烈，洪水、干旱、虫害、早霜预期，多种天气灾害轮番登场，导致市场波动剧烈。其中，6 月份美国中西部地区出现 1993 年以来最大的洪水，导致大豆播种延迟，并影响大豆出苗率。投资者借助天气题材大肆炒作，推动 CBOT 市场不断走高，同期国内豆粕指数最高达到 4 212 元 / 吨。

进入7月份之后，美国中西部地区天气好转，作物生长状况得以改善。9月底，天气炒作宣告结束。虽然受天气影响，美国大豆单产有所下降，但由于种植面积大幅增加，美国大豆总产量较2007/08年度上升9.2%。外盘过山车行情结束，国内豆粕指数价格也随之回落到2 333元/吨。

七、豆油价格

豆油和豆粕作为大豆压榨主要产品，在价格和销售季节上具有此消彼长的价格联动关系。在2008—2009年经历全球通货膨胀及经济危机后，豆油这种商品的价值属性得到重新定义。

尤其是2008年国际原油价格一度上升到147美元/桶后，豆油的生物能源属性成为商品市场追捧的热点。目前在研究豆油需求的影响因素时，不能局限在压榨产业链自身，还要延伸到能源与投机资金领域。

具体到豆油需求因素对豆粕价格影响方面，一般认为，除需要关注周边能源市场的价格及需求特点外，还要对豆油自身的消费周期有所把握。通常情况下，豆油的消费旺季主要是国内传统的两节，即春节和中秋节。

另外，夏季棕榈油与豆油勾兑比例增加，会使豆油消费减少，而同期豆粕进入消费旺季。总结来看，影响豆油消费的因素与豆粕价格运行呈负相关特点。

压榨利润是国内油脂加工企业生产经营利润的核算指标，企业会根据当期及远期压榨利润测算指标，有意识地调节企业生产经营计划。即当企业压榨利润处于历史均价偏上，企业将扩大开工生产规模，反之将压缩生产规模。因此，企业压榨利润与短期豆粕供应呈正相关关系。最近几个年度中国各省（市/区）大豆压榨数量见表4-6。

表4-6 2012/13—2015/16年度中国分省（市/区）大豆压榨数量①

单位：千吨；%

	2012/13	2013/14	2014/15②	2015/16②	同比变量	同比变幅
全国	63 000	67 000	71 500	75 000	3 500	4.90%
天津	4 400	5 000	5 200	5 300	100	1.92%
河北	3 600	4 200	4 500	5 300	800	17.78%
辽宁	4 600	5 300	5 600	6 000	400	7.14%
吉林	1 600	1 700	2 000	2 500	500	25.00%

续表

	2012/13	2013/14	2014/15②	2015/16②	同比变量	同比变幅
黑龙江	2 500	1 500	1 600	1 800	200	12.50%
上海	600	700	800	900	100	12.50%
江苏	7 600	8 500	9 200	9 600	400	4.35%
浙江	4 200	4 200	4 300	4 300	0	0.00%
福建	3 800	4 000	4 300	4 500	200	4.65%
山东	10 000	10 500	11 000	10 500	–500	–4.55%
河南	2 800	3 100	3 300	3 200	–100	–3.03%
湖北	900	1 100	1 100	1 500	400	36.36%
湖南	400	500	500	400	–100	–20.00%
广东	8 000	8 200	8 750	8 800	50	0.57%
广西	5 700	6 000	6 600	7 200	600	9.09%
四川	300	400	500	900	400	80.00%
陕西	300	450	450	600	150	33.33%
其他	1 700	1 650	1 800	1 700	–100	–5.56%

①大豆市场年度为当年 10 月至次年 9 月。

② 2014/15 和 2015/16 年度数据为国家粮油信息中心 2015 年 6 月预测值。

大商所豆粕期货合约中规定的豆粕，是指以大豆为原料，以预压—浸提或浸提法取油后所得饲料用大豆粕。豆粕作为大豆经过提取豆油后得到的一种副产品，每 1 吨大豆可以制出大约 0.185 吨的豆油和大约 0.78 吨的豆粕，它们三者的决定性关系是大豆压榨利润，可以用一个简单的公式来表示：

大豆压榨利润＝豆油价格 ×0.185 ＋豆粕价格 ×0.78 －大豆进口成本－ 100（单位：元 / 吨）

从压榨利润计算公式上看，豆粕价格在压榨效益中占据较大份额。在油厂销售计划中，阶段性的提粕压油或提油压粕销售策略都很常见。

例如，根据现货市场大豆压榨企业的实际压榨利润分析，当压榨利润增大时，大豆压榨企业将积极增加未来大豆压榨，扩大大豆进口量，导致未来豆粕、豆油供应增加，价格降低，使压榨利润缩小。当压榨利润降低时，大豆压榨企业一般会缩减当前的大豆压榨量，进行限产保价。这样一方面会导致当前大豆库存增加，同时减少后期进口大豆的订货。另一方面也会促使现货豆粕、豆油供应压力逐渐缓解，从而使大豆压榨利润逐渐回升到正常水平。

根据压榨公式，可以计算期货价格理论上的压榨利润大小，当压榨利润超出临界点 -150 ~ 100 元的区间时，可以确定出现了操作的机会。

八、库存因素

库存在影响商品价格的供需平衡表中占据重要位置，同时也是一个相对变动指标，其数据变化直接反映了商品产、供、销格局特点，对商品价格形成联动性影响。

具体到油厂的库存分析，主要包括两个方面：企业的豆油库存和豆粕库存。当企业豆油库存较高时，表明近期油脂类消费不旺，在豆粕需求相对较好的前提下，油厂可以考虑提高豆粕销售价格来弥补豆油销售的亏损。反之，当油厂豆油库存较低，豆粕库存较高时，油厂将采取提高豆油销售价格的方式，弥补企业豆粕销售的亏损。

当企业油、粕库存双高时，通常商品销售全面萎缩，或短期价格上涨，需求不能有效消化。此时企业可以考虑降低开工率，以减少产量的方式消化剩余库存。因此，库存对价格的影响是个动态指标，分析油、粕库存对价格的影响，应视具体情况而定。

九、政策因素

无论是国内还是国外，出台政策的目的主要是调控市场。调控措施的影响表现在价格方面，主要是价格过高时的打压，价格过低时的扶持。从各国政策制定者的出发点来看，制定政策主要是为了稳定市场，进而有效保障本国的政治稳定。

国际方面，2008 年国际市场原油价格突破 80 美元 / 桶后，价格迅速攀升。为解决国内能源不足问题，美国政府适时推出生物能源计划，力图通过大豆、玉米、豆油等生物产品转化成能源。该政策的出台，实现了农产品价格向能源产品过度，从而打开农产品价格大幅上涨的空间。另外，阿根廷出口政策一直是国际大豆市场热议的话题。为均衡阿根廷国内大豆、玉米等农产品间比价及种植面积的关系，阿根廷政府利用出口管制政策调控市场，提高大豆出口关税，一方面保护本国农户种植其他农产品的积极性，另一方面使得进口国大豆价格高涨，变相推动国际大豆市场价格走高。

以下为历史资料，可以为当下的期货投资分析提供借鉴。

国内方面，政策影响主要表现为大豆进出口政策及国产大豆压榨补贴和大豆原料的最低保护价格收购政策。大豆进出口政策方面，1995年，中国为支持豆粕进出口贸易，对进出口权及进出口量完全放开，下调豆粕进口关税，关税率下调为5%，增值税为13%，使得国内豆粕进口呈现大幅增长态势，整体供应出现快速增长。1997年进口量达到最大值420万吨，大量的进口使得供应缺口问题得到解决。

加工国产大豆的压榨补贴，主要是针对国家控股的油脂压榨企业。国产大豆最低保护价格收购，2008年度开启了600万吨国产大豆的收购计划。针对产区实际收购及大豆存量特点，我国政府又分别于2009年4月22日和4月30日发布延续性收储政策。其具体措施分别是，4月22日政府宣布国产大豆收购期延长至6月底。4月30日继续增收国产大豆125万吨收储计划。该补充政策的出台，对国产大豆收购带来利好，一定程度上提高了国产大豆压榨企业采购成本，对国内豆粕期现价格提供利多支持。

十、出口因素

2001年12月，我国正式加入世界贸易组织。按照WTO的规则要求，我国将向外国开放农产品市场。当时,由于我国多数农产品价格均高于国际市场,加入WTO后，国际市场低价农产品大量涌入中国，对国内市场形成冲击。同时，进口豆油的增加使国内大豆加工企业在国内市场失去优势。

为缓解国内压榨产能严重过剩问题，2002年，国家税务总局对出口豆粕关税进行调整。关税调整后，政府明确规定以进口大豆为原料生产的豆粕，出口可享受13%的退税优惠，即对豆粕出口给予100%退税优惠，而以国产大豆为原料生产的豆粕,可享受5%的退税优惠。这一政策的出台,使得2002年中国豆粕出口量大幅增加。统计显示，2002年，国内豆粕出口量达到了100万吨。

十一、养殖业因素

国内养殖业周期性特点非常明显。作为豆粕下游消费需求主体，养殖业的周期性特点对豆粕期现价格产生重要影响。

国内养殖业目前规模效应比较突出的品种主要是生猪、家禽及水产。生猪周期性长,从仔猪到成猪的生产时间为8个月。通常生猪在育肥阶段对豆粕消费集中放大,对豆粕需求有迅速扩张的特点。禽类养殖周期短，肉鸡通常40天左右就可以集中出栏,且对豆粕需求较为集中。蛋鸡生长周期要长于肉鸡,且受下游蛋品消费影响较大,因此对豆粕需求季节性影响相对偏弱。

另外，国内水产养殖主要集中在南方，通常6月以后，是南方水产养殖集中投苗期。但水产养殖周期性强，且冬季无法进行，因此水产对豆粕消费主要是阶段性的影响。

国内养殖业消费周期主要集中在传统节日，历年春节前后，元宵节及大型集中节假日，都是肉类产品的集中消费阶段，消费主体主要是餐饮行业。近年来，随着人们生活水平的不断提高，肉、蛋、奶消费比例提高。尤其是国内餐饮行业的快速扩张，国内肉类消费比重迅速增加，豆粕需求集中放大。

举例来说，国内豆粕消费高峰通常是每年的7—9月，主要是仔猪集中补栏，水产上市，禽类消费旺季。淡季主要是春节过后一个月，北方地区生猪集中出栏，水产停止养殖，禽类节日消费结束，存栏水平偏低。

另外，历年3月份气温回升，畜禽集中补栏，国内豆粕消费开始稳步回升，对豆粕消费价格也会起到拉动作用。

十二、疫情因素

疫情突然来袭，通常会对养殖业造成毁灭性打击。尤其是疫情具有突发、不可控、不断升级的特点，对生猪、家禽养殖存栏、补栏及水产投苗积极性都会造成重大影响，间接影响豆粕需求，对豆粕价格短期波动产生巨大影响。

无论是国内还是国际，传统疫情对市场的影响一直存在。根据疫情季节性、复发性强的特点，市场已经总结出一套较为有效的防范措施。另外，传统疫情往往具有明显的地域性特点，影响范围有限，持续时间短，难以造成全面恐慌心理。

随着病毒的变异，近年来，新疫情不断肆虐全球，其爆发过程中的高传染性、变异性、蔓延迅速等特点，会造成全球养殖行业的恐慌。除此之外，新疫情还表现出人畜之间相互传播的特点，不仅给疫苗研制增加了难度，还易形成全球性恐慌心理，对养殖行业造成的影响也是致命的。

总体来看，对于新疫情的分析，不仅要集中于对养殖业本身带来的危害，其对市场心理造成的重大冲击也不容忽视。

例如，1997年5月，中国香港地区出现首例禽流感病例。在随后的几个月里，禽流感病毒迅速蔓延。经专家认定，此流感病毒为H5N1型禽流感病毒。同时，令专家们难以置信的是，这种历来只威胁家禽生命的病毒出现了新的变异，并能够传染给哺乳动物甚至人类。

1997年8月，香港一名3岁男童因感染禽流感死亡。在随后的几个月中，共有

18 人感染禽流感病毒，其中 6 人死亡。香港政府为限制疫情持续蔓延，仅香港当地，此次禽流感期间合计屠杀家禽 130 万只，对香港养殖业造成毁灭性打击。

其后，该病毒又陆续在越南、泰国等东南亚地区和土耳其等国家传播。2003 年 11 月，我国内地也陆续发生人禽流感，截至 2004 年底，内地病例总数已达 20 例，全球总数超过 200 例。

禽流感病毒虽得到有效控制，但人们对病毒的影响记忆深刻。2009 年，甲型 H1N1 流感病毒再次肆虐全球。这场突如其来的甲型 H1N1 流感，最初认为是由猪传人，一时间全球猪肉、禽类消费明显下降。其后经过专家调查取证，流感并非与猪相关，但疫情警报持续升温，全球再次陷入消费恐慌。该流感病毒影响仍在扩散，能否再次上演 1997 年禽流感的恐慌局面，仍需仔细观察。

十三、替代品因素

除了大豆、豆油等相关商品对豆粕的价格产生影响外，棉籽粕、花生粕、菜粕等豆粕替代品，也对豆粕价格具有一定影响，且菜粕、棉粕、杂粕价格与豆粕价格呈负相关关系。

由于我国蛋白质饲料来源主要以棉籽粕、菜粕、花生粕、葵粕为主，因此，当以上商品间价格差值明显低于历史水平，或替代效应较高时，替代现象就常有发生。即如果豆粕价格提高，饲料企业往往会考虑增加使用菜粕等替代品。

例如，2003 年，受国际大豆进口成本价格提高影响，国内豆粕期现价格一度达到 3 400 ~ 3 500 元 / 吨附近。对比而言，南方地区菜粕价格优势显现，因此南方中小饲养企业加大菜粕使用比例，使得高价豆粕出现阶段性滞销，影响期现价格上行空间。

对于玉米和豆粕这两种商品来说，由于豆粕是大豆加工后的主要产品之一，主要是用作饲料，同时玉米也是重要的饲料来源，因此豆粕跟玉米之间也存在天然的互补关系。

从饲料的构成因素分析，玉米、豆粕虽都是饲料主要来源，但由于能量及蛋白含量差异，玉米主要用于能量类饲料，豆粕主要用于蛋白饲料。在饲料消费明显增加的情况下，蛋白与能量饲料使用比例基本保持同步增长，价格运行趋同。综合来看，豆粕与玉米的相互补充关系，决定了两者价格具有正相关性。

十四、波动率因素

对于期货投资者来说，期货价格的波动率水平，是衡量其投资吸引力的重要指标。计算豆粕期货自2007年5月中旬以来的长期波动率和2009年4月中旬以来的近期波动率，结果显示，豆粕期货波动率水平较上市初期明显提高，期货投机价值显著。

在不同时期，一个品种的波动水平会发生一定的变化。对于投资者而言，波动剧烈意味着投资机会多，因此近期的波动率水平更有参考价值。

回顾大商所豆粕指数2000年以来的走势，可以发现，其长期趋势与CBOT美豆指数基本吻合，且近几年来两者相关性显著增加。豆粕的长期价格走势与CBOT大豆有强相关性，分析其中的原因，国内豆粕期货自上市以来，国内大豆压榨行业进口大豆的比例就逐年加大，国际市场贸易定价模式采用的是CBOT大豆期价＋基差的定价模式，该模式决定了CBOT大豆价格是构成国内油厂原料进口成本的主要因素。随着国内大豆行业国际化步伐的加快，豆粕、豆油等下游产品价格的国际化程度不断提高，长期价格趋势的相关性也日益紧密。

随着豆粕成交的日益活跃，其日内波动也变得愈发剧烈。从2008年5月至2009年5月全国17个交易活跃的期货品种日内价格波动幅度统计来看，豆粕的平均波幅为2.77%，仅次于以波动剧烈著称的天然橡胶。波动幅度超过3%的交易日数量方面，豆粕以71个交易日超过天然橡胶，成为最具投机价值的短线交易品种。根据统计，有的年份，豆粕竟然有80%的交易日波动幅度超过2%，最高波幅高达9.30%。对于短线交易者来说，豆粕期货具有很高的投机价值。

豆粕期货上市以来，由于现货与期货高度关联，两者的价格走势也保持高度一致性。数据显示，两者价格相关系数达到0.918 5。这里面豆粕厂库交割制度的实施，对豆粕期现的高度相关性亦起到极大的促进作用。

在厂库交割制度下，作为市场豆粕主要供给来源的大型油脂压榨企业，其出厂价对现货市场的报价起到根本性的决定作用。同时，作为交割豆粕的提供方，生产地的一致性使得两者的走势更加趋于一致。

第五节 豆粕期货的交易策略

一、期现套利

从豆粕期现价差可见，其正常波动区间在（-600，300）之间，同时价差变化与豆粕期货行情有着较高的关联度。一般在豆粕期价相对较为稳定的震荡期内，由于现货市场表现较为平静，豆粕期现价差更多表现为正值。

在行情趋势十分明显的大牛市或者熊市期间，由于现货市场与期货市场参与者心理预期的变化，会导致某一个市场价格急剧变化，在期货市场中就反映为价差的急剧变化。

豆粕期现价差绝大多数时间都在传统区间内波动，这为进行豆粕的期现套利提供了较好的机会。

二、跨期套利

跨期套利是指利用同一交易所的同品种商品合约，当远期期货合约与近期期货合约在价差发生不合理变化时，交易者在两个合约之间进行反向买卖操作，利用价差变化获利的行为。

从理论上来说，远期合约价格与近期合约之间存在一个合理的价差，因此首先需要找出合理价差的区间。其中持有成本计算和历史价差分析是最主要的方法。如果确定了合理的价差区间，则当豆粕远期合约价格和近期合约价格的价差高于这个区间的上边界时，即可进行买近抛远套利。当豆粕期货与现货的价差跌破区间的下边界时，则可进行买远抛近套利。

跨期套利同时持有多空两个方向的合约，无论在上涨或者下跌过程中，两张合约的盈亏对冲之后，剩下的部分就是投资者的收益。对于跨期套利来说，其价格的波动风险相对单边投机小很多，持仓的风险也会小很多。

合理价差的计算，以买进近期合约、卖出远期合约的套利方向为例，则需要考虑如下因素：买入的近期合约价格、卖出的远期合约价格、仓储费、资金利息、增值税、交易手续费、交割手续费等。

具体计算方式如下。

套利利润＝卖出的远期合约价格－买入的近期合约价格－仓储费－增值税－交易交割手续费－出入库、杂项作业费

以买进近期合约、卖出远期合约的正向套利为例，计算出相关费用和无风险套利区间上边界。从理论上来讲，当远期合约与近期合约的价差大于上边界时，投资者可以进行买近卖远的套利操作。

通过计算，5 月与 9 月合约的合理价差在 150 元左右，而期货合约的历史价差波动区间在（–200，200）之间，历史上出现多次极佳的跨期套利时机。不过在进行跨期套利交易的同时，还应该考虑当时豆粕价格水平。回顾历史数据可以发现，在豆粕价格超过 3 000 元 / 吨时，各合约价差亦会突破传统的波动区间。

目前豆粕期货交易呈现高度集中的特点，反映在盘面上，表现为持仓高度集中于一个合约，其他合约的持仓量十分有限。这种交易合约一枝独秀的特点，在一定程度上限制了豆粕跨期套利交易的活跃度。

投资者在进行跨期套利操作时，应注意以下要点。

（1）尽可能在两合约价差较大时进行套利。

（2）买入合约进入交割月时，尽可能在结算价较高的交易日申请交割。

（3）卖出合约进入交割月时，尽可能在结算价较低的交易日申请交割。

（4）尽可能对主力合约套利，因为主力合约的流动性强，方便平仓或交割。

（5）由于跨期套利合约相隔的时间不同，其合理价差也是不同的。若是隔月合约，其合理价差的上下边界相对较小。若是跨期较长的合约进行套利，则合理的价差范围相对较大。对跨期不同的合约进行套利时，其套利区间需要进行具体计算。

三、跨市套利

中美两地豆粕消费数量存在较大的差异，消费种类分布较国内亦有明显的差异。国内豆粕使用更多集中于禽类、生猪、水产等行业，而美国豆粕消费则趋向禽类、水产和牛羊等种类。

由于美国国内生物柴油消耗豆油量占据国内大豆产量比重日趋增长，导致美国国内豆油价格与能源价格关联度增强，油粕价格走势的相互影响较不使用豆油生产生物能源的国内更为复杂，短期的背离现象较为频繁。但从长期来看，两地豆粕期货价格走势依然保持高度相关性。

数据分析显示，两地豆粕期货价格走势相关系数达到 0.909 1，一年的两地豆粕

期货价格走势相关系数亦超过 0.909。豆粕期货价格的这种高度相关性，是建立在大豆价格走势高度相关基础之上的。同时，豆粕的现货流通亦有较明显的影响。这种价格走势的高度相关性，为豆粕的跨市套利交易奠定了理论基础。

进行跨市套利之前，需要计算出两个市场的合理价差。尽管大连商品交易所豆粕期货的标的并未限制转基因大豆生产的豆粕，但由于直接进口的豆粕无法用于交割，加之豆粕的保鲜期较短，而从美国进口豆粕的船期又比较长，进口豆粕新鲜度的下降导致国内从美国进口豆粕的数量相对有限。

豆粕的跨市套利是建立在非交割基础上的期货操作。虽然不涉及交割，但依然需要判断两个市场豆粕的合理价差。这个价差主要由运输费、关税、增值税、杂费、汇率变动等因素构成。计算出理论价差的基础之上，再分析两市豆粕的价差波动规律，进而筛选两市套利机会。

两地豆粕期货价格合理价差主要包括以下几点。

（1）运费：40 美元（不定期变动）。

（2）税率：进口关税 3%，增值税 13%。

（3）杂费：80 元人民币。

（4）基差。

综合上述各项，两地豆粕期货价格合理价差＝（美豆粕期价＋基差＋运费）× 人民币汇率 ×（1.03 × 1.13 － 1）＋杂费。

从两地期货价差的历史分布来看，价差的波动区间同样较为明显，价差波动密集区多介于（-300，400）之间。从过去一年来国内与国外豆粕期货价差分布来看，2008 年，由于国内市场需求火爆，导致国内豆粕期货价格高昂，较美国豆粕期货价格高出 400 ~ 500 元 / 吨。后期由于大豆价格暴跌，现货市场回归理性，国内外豆粕期货价差亦呈现回归态势。如果在 2008 年 10 月中旬国内外豆粕期货价差处于波动区间上沿时进行跨市套利，即买入美豆粕合约，卖出国内豆粕合约，则后期伴随两地价差的回归，套利操作将获得可观的收益。

考虑以上因素后，投资者可以制定合理的交易计划，估算风险收益情况，然后确定交易头寸和头寸持有时间。

另外，在实际操作中，以下几个问题也需要特别注意。

（1）两个市场头寸的总价值要基本相同。

（2）两个市场合约的时间要基本对应。

（3）要防范流动性风险。

（4）要防范汇率风险。

（5）豆粕的进出口政策及两地现货需求状况。

四、跨品种套利

作为大豆压榨之后的主要产品之一，豆粕价格与大豆长期保持高度一致。虽然豆粕下游消费强度的变化，可能会在短期内造成豆粕期货价格剧烈波动，与大豆期货走势形成背离，在期货盘面上表现为两者的价差扩大。但作为下游产品，豆粕价格在本质上受到大豆价格的决定性影响，这一点从大豆与豆粕期货价格多年的相关性达到高度一致的 0.964 9 即有明显的体现。这种建立在现实基础之上的高度一致性，也是进行大豆、豆粕价差套利的现实基础。

作为大豆压榨的主要产品，豆粕与豆油价格直接影响到压榨企业的利润水平。由于消费方向的差异，豆油与豆粕的现货需求经常出现明显的差异，这就直接导致豆粕与豆油销售状况在固定时间跨度内出现分化。下游消费低迷可能会导致豆粕或豆油消费疲软，油厂为保持加工利润的稳定，通常会通过提高畅销品种价格以弥补滞销品种价格下跌的影响。反映在期货盘面上，通常表现为豆油与豆粕价格比价关系的变化。不过从长期走势来看，豆粕与豆油价格依然保持高度一致，两者走势的相关系数高达 0.911 2。

大豆压榨企业由于生产模式的特点，其最终盈利被总结为一个较为专业的名词——压榨利润。压榨利润的构成公式如下。

企业压榨利润＝豆油销售价格（O）× 出油率＋豆粕销售价格（M）× 出粕率－大豆采购价格（S）－加工费

此公式包含了盈利的所有三个关键要素，所以压榨利润的波动直接体现了大豆压榨企业所有的盈利努力及最终的直接体现。

大商所目前交易活跃的大豆期货以国产非转基因大豆为主，豆粕、豆油期货合约则并不区分转基因与非转基因品种，由此导致的交易标的不匹配，使得盘面压榨利润出现较大的波动。但从长期走势来看，由于市场自身的调节作用及大豆产品下游消费的一致性，最终期货盘面的压榨利润依然会回归到现实市场。

依照国产大豆的出油率，压榨利润计算公式中的出油率设为 16.5%，出粕率设为 80%，加工费用定为 100 元。

考虑到压榨企业的存续性，理论上压榨利润应该在大多数时间内保持正值。但是由于大豆期货价格高于现货价格，而豆粕价格与现货价格形成倒挂，导致大多数时间内期货盘面上的压榨利润处于负值。

从数据上可以发现，盘面上压榨利润的波动区间在（–250，150元）之间。2008—2009年，由于国储收购的影响，国产大豆价格与进口大豆价格出现明显的分化。国储收购导致国产大豆价格持续坚挺，而油厂大量进口低价国外大豆导致豆油、豆粕价格始终处于较低水平，所以该时段盘面的压榨利润打破了传统的波动区间。不过后期伴随美国大豆期货价格的上涨，豆油、豆粕价格亦水涨船高，盘面的压榨利润亦开始向传统区间回归。

实际操作中，在盘面压榨利润处于–500元左右时，投资者可以进行反向的压榨套利操作，即买入豆粕、豆油，卖出大豆，仓位比例分别为0.165:0.8:1。反之，如果盘面的压榨利润超过100元时，可以进行正向的压榨套利操作，即买入大豆，卖出豆粕、豆油，比例同上。

对于压榨套利交易，实际操作中需要注意以下几点。

（1）应严格按照压榨比例控制持仓。

（2）各品种合约应保持严格一致。

（3）需注意相关品种现货市场需求及政策变化情况。

作为饲料的主要原料，虽然供给量影响略有不同，但是下游消费需求的变化引领两者价格走势高度一致。同时，由于玉米种植中的竞争关系，其与大豆比价的相对稳定性，亦使得玉米与大豆的下游产品豆粕走势呈现一定关联性。两者走势数据分析亦充分显示出这一点。由于玉米上市较晚，2004年以来，两者走势的相关系数达到0.758 2，呈现较强的相关性。

玉米与豆粕消费的趋同性，以及玉米与大豆之间潜在的竞争关系，还是给两者之间的套利交易提供了一定的现实基础。由于二者的相关性远低于大豆和豆粕，豆粕与玉米之间的价差变动没有明显的规律性，但两者的价差波动区相对还是较为明显，大多在（700，1 500）之间震荡，同时两者之间的价差伴随其价格的提高而扩大。

比如，在豆粕价格超过3 500元/吨时，两者之间价差亦超过1 800元。但是价差低点还是较为稳定的，所以在2009年3月初，两者价差达到相对较低的761元附近时，可以进行适当的正向套利操作，即买进玉米期货，卖出豆粕期货。

实际操作中，需要注意下面两个问题。

（1）要根据两者的价格水平判断其价差波动区间。

（2）由于消费的差异性，豆粕在禽类养殖中需求较多，玉米在牲畜养殖中占据较大比重。在进行套利操作时，需要判断下游养殖分类需求情况。

第六节　豆粕期货交易策略案例

一、油厂卖出套期保值案例

2008 年 6 月份，某油厂以 5 890 元 / 吨的价格进口一船大豆。根据压榨期间豆油期货盘面价格推算，豆粕理论销售价格在 4 840 元 / 吨为保本。分析了后期豆粕市场的基本面情况后，预计后期现货价格可能难以继续维持高位，甚至可能出现下跌。为了规避后期现货价格下跌带来的风险，该油厂决定通过卖出大连豆粕 0809 合约，对后期的豆粕现货进行套期保值。

6 月 26 日后，豆粕 0809 合约价格在 4 270 元 / 吨附近盘整，该油厂以 4 270 元 / 吨的均价卖出 0809 豆粕期货 100 手（1 手＝ 10 吨）进行套期保值，以规避后期可能出现的豆粕价格下跌带来的风险。

进入 8 月份，随着国内供不应求局面的改善，豆粕现货价格和期货价格都出现了同步回落。8 月 15 日，油厂以 3 320 元 / 吨买进 0809 豆粕期货 100 手进行平仓，同时在现货市场以 3 750 元 / 吨销售现货 1 000 吨。

表 4–7　豆粕套期保值基本数据表

日期与盈亏	现货市场	期货市场
2008 年 6 月 26 日	豆粕预期销售价格 4 840 元 / 吨	卖出 100 手 0809 豆粕合约，价格为 4 270 元 / 吨
2008 年 8 月 15 日	卖出 1 000 吨豆粕，价格为 3 750 元 / 吨	买入 100 手 0809 豆粕合约，价格为 3 320 元 / 吨
盈亏变化情况	（3 750 － 4 860）× 1 000 ＝ –109（万元）	（4 270 － 3 320）× 1 000 ＝ 95（万元）

由表 4–7 可见，虽然现货价格下跌导致该油厂销售现货利润少了 109 万元，但由于其卖出 9 月豆粕的套期保值操作，使其获得了 95 万元的期货利润。综合计算，

在此次商品价格暴跌过程中，油厂因为期货套期保值，将损失降低到最小。综合计算，油厂仅损失 14 万元。

总结：此类案例主要适用于油厂利用进口大豆加工压榨，在采购及压榨环节对预期风险进行保值。操作时，注意根据压榨周期选择期货合约进行保值。操作过程中可根据企业生产、销售进度，合理调整保值头寸。

二、油厂买入豆粕期货投机案例

2008 年 3 月，美盘持续拉升，国内进口大豆到港成本跟随走高，豆粕价格波动拉大。为应对现货需求，降低仓储压力，大型压榨企业大都采取即榨即销策略。同时，为应对豆粕现货市场价格越卖越高的价格特点，企业采取买入豆粕期货的方式替代囤积现货的方式进行投机。

2008年3月中旬，豆粕现货销售价格为2 970元/吨。此时，油厂在期货0809合约上买入相应数量、价格在3 200元/吨的豆粕期货。随着时间的推移，到了6月份，现货价格涨到4 100元/吨，期货价格也从3 200元/吨涨到4 060元/吨。若油厂以4 100元/吨的现货价格销售现货，可获利1 130元/吨。此时，期货方面，油厂以 4 060元/吨卖出平仓。虽然期货操作没有囤积现货获得的利润大，但期货买入投机节省了资金，同时减少了豆粕仓储的损耗。

表 4–8 豆粕跨期套利基本数据表

日期与盈亏	现货市场	期货市场
2008 年 3 月 21 日	不卖豆粕，价格 2 970 元 / 吨	买入 0809 豆粕合约，价格为 3 200 元 / 吨
2008 年 6 月 12 日	卖出豆粕，价格为 4 100 元 / 吨	以 4 060 元 / 吨的价格卖出平仓
盈亏变化情况	4 100 − 2 970 = 1 130（元 / 吨）	4 060 − 3 200 = 860（元 / 吨）

总结：由表 4–8 可见，与囤积现货投机可以赚取 1 130 元 / 吨利润相比，买入 9 月豆粕期货合约投机，只获得了 860 元 / 吨的利润。但是企业这样做稳定了现货销售关系，降低了仓储压力。而且一旦豆粕走势发生逆转，能够迅速在期货市场上平仓，减少了囤积现货一旦价格逆转无法迅速销售出去的风险。

三、油厂买 CBOT 大豆卖大商所豆粕案例

2007 年 3 月底，月船期的进口大豆成本 3 050 元 / 吨，大豆到港量增加。豆油已经上涨到 6 500 元 / 吨，豆粕现货价 2 500 元 / 吨，而 9 月豆粕价格仍然在 2 650 ~ 2 700 元 / 吨之间。市场上不仅期现价差偏大，而且经过压榨公式计算，压榨收益高达 280 元 / 吨。见表 4–9。分析得出结论，豆粕 0709 合约价格偏高，为压榨企业提供了在豆粕上保值和锁定压榨收益的机会。

2007 年 4 月 18 日，豆粕 0709 合约在压榨企业豆粕胀库的情况下，一路下跌到 2 430 元 / 吨，压榨企业的收益得到很好的保护。同时，这次保值的时机也是买 CBOT 大豆 / 抛大商所豆粕跨市套利的介入点，大商所盘面价格虚高导致的高额压榨收益最终被市场修正。

表 4–9　豆粕跨市场套利基本数据表

日期与盈亏	现货市场	期货市场
2007 年 3 月 21 日	豆粕价格 2 500 元 / 吨 压榨利润 280 元 / 吨	卖出 0709 豆粕合约，价格为 2 700 元 / 吨，压榨利润 440 元 / 吨
2007 年 6 月 12 日	豆粕价格 2 250 元 / 吨 压榨利润 80 元 / 吨	以 2 430 元 / 吨的价格买入平仓，压榨利润 124 元 / 吨
盈亏变化情况	压榨利润损失 200 元 / 吨	获得压榨利润 216 元 / 吨

该案例是建立在 2007 年 3—6 月国内豆油价格维持不变的基础上，根据豆粕、进口大豆价格，推算压榨利润的变化。此类保值需要注意以下两个前提。

第一，需将压榨利润中另外两个变量固定。如其中一个因素发生剧烈变化，保值利润将大大缩水。

第二，入市点尽量选择在压榨利润正向偏离时，这样保值效果比较稳定。

总结：根据以往对压榨利润保值案例的跟踪，国内出现此类保值的机会较少，且此类保值需要对进口成本、远期油粕价格有较好的把握。建议企业在深入研究的基础上谨慎操作，同时注意警惕周边市场价格波动对保值效果产生的影响。

四、豆粕贸易企业卖出套期保值案例

2008 年 11 月 20 日，天津地区一家豆粕贸易商以 3 300 元 / 吨的价格从油厂采购 1 000 吨豆粕，但由于没有签订下游销售合同，豆粕暂时只能储存在该贸易商手中。在豆粕销售之前，该企业担心豆粕现货价格下跌导致库存豆粕收益下降，甚至亏损。为避免将来价格下跌带来的风险，该贸易商决定在大商所进行豆粕期货卖出套保交易。

2008 年 11 月 20 日，该贸易商在当时豆粕主力合约 0905 中以 2 500 元 / 吨价格卖出 100 手豆粕合约。两周后即 2008 年 12 月 4 日，该贸易商签订销售合同，售出手中 1 000 吨豆粕，同时在期货市场中将所有豆粕持仓平仓。见表 4–10。

表 4–10　豆粕套期保值基本数据表

日期与盈亏	现货市场	期货市场
2008 年 11 月 20 日	豆粕价格 3 200 元 / 吨	卖出 100 手 5 月份豆粕合约：价格 2 500 元 / 吨
2008 年 12 月 4 日	卖出 1 000 吨豆粕：价格 2 900 元 / 吨	买入 100 手 5 月份豆粕合约：价格 2 200 元 / 吨
盈亏变化情况	2 900 — 3 200 = –300（元 / 吨）	2 500 — 2 200 = 300（元 / 吨）

虽然现货市场价格出现了对该贸易商不利的变动，价格下跌了 300 元 / 吨，因而少收入了 30 万元，但是在期货市场上的交易盈利了 30 万元。该企业通过期货市场进行套期保值，用期货盈利弥补现货亏损，成功地回避了豆粕现货价格下跌带来的风险。

总结：此类案例主要适用于贸易企业利用期货市场对已采购产品进行预售，以达到对冲原料价格变化风险的保值目的，操作过程较为灵活，手续简单。同时在操作过程中，还可结合企业销售进度边卖现货边平仓，操作灵活机动。

五、豆粕贸易企业买入豆粕参与投机案例

2009 年 4 月，美盘持续拉升，国内进口大豆到港成本跟随走高，豆粕价格波动较大。广东某豆粕贸易企业预期后市豆粕现货价格走高，打算提前买入现货，进行囤货投机。由于企业之前的销售合同回款较慢，企业现货备货资金不足。为解决这

一难题，企业选择了和豆粕现货市场走势相当的期货市场，采取买入豆粕期货的方式进行投机。在现货投机资金不足的情况下，利用期货保证金制度优势，可以抓住价格上涨的有利形势。

由表 4–11 可见，2009 年 4 月下旬，豆粕现货价格为 2 950 元 / 吨。由于手头资金不足，贸易商选择在期货 0909 合约上买入相应数量、价格在 2 610 元 / 吨豆粕期货。

随着时间的推移，到了 6 月份，现货价格涨到 3 450 元 / 吨，期货价格从 2 610 元 / 吨涨到 3 190 元 / 吨，贸易商以 3 190 元 / 吨择机卖出平仓。如果买入现货进行投机，则赚取 500 元 / 吨的利润，而买入期货投机，则赚取了 580 元 / 吨的利润。

表 4–11　豆粕套期保值基本数据表

日期与盈亏	现货市场	期货市场
2009 年 4 月 28 日	若买入豆粕，现货价格 2 950 元 / 吨	买入 0909 豆粕合约，价格为 2 610 元 / 吨
2009 年 6 月 3 日	若卖出豆粕现货，价格为 3 450 元 / 吨	以 3 190 元 / 吨的价格卖出平仓
盈亏变化情况	3 450 － 2 950 ＝ 500（元 / 吨）	3 190 － 2 610 ＝ 580（元 / 吨）

总结：此类案例有助于帮助贸易企业以较低资金成本进行投机，解决了现货投机资金占用大、风险高的问题。

六、豆粕贸易企业期货市场接货

2008 年 12 月初，张家港某豆粕贸易企业与下游需求方签订一份 2009 年 6 月初的豆粕销售合同。该贸易企业同期与油厂达成采购协议，即油厂根据 5 月份进口大豆到港成本计算出豆粕销售价格，售往山东贸易企业。

12 月末，油厂受企业产能调整影响，远期供货难以保证，此时贸易企业面临违约风险。为有效规避此风险，贸易企业决定买入豆粕期货 0905 合约，等待 5 月盘面接货，完成企业销售计划。

由表 4–12 可见，2008 年 12 月 8 日，0905 豆粕期货收盘价格 2 190 元 / 吨，当日该贸易企业以 2 190 元 / 吨的价格买入 0905 期货合约 100 张。进入 5 月，企业作为买方在盘面接货，实现企业销售计划，同时节约成本 300 元 / 吨。

表 4-12　豆粕套期保值基本数据表

日期与盈亏	现货市场	期货市场
2008 年 12 月 8 日	豆粕价格 2 490 元 / 吨	买入 0905 豆粕合约，价格为 2 190 元 / 吨
2009 年 5 月 14 日	豆粕价格 3 300 元 / 吨	以 2 190 元 / 吨的价格参与交割
盈亏变化情况	盘面接货，比当初采购现货价格低 300 元 / 吨（2 490 － 2 190），不考虑运输、交割、仓储等相关费用，盘面接货节省成本 300 元 / 吨	

总结：此案例适用于临交割库，对交割、交易操作流程熟悉的现货企业。同时，豆粕期货厂库交割的特点，决定其期货低于现货运行，贴水状态的期货市场为贸易企业低价采购提供了便利条件，有利于企业根据期现价差进行套利交易。

七、饲料企业买入套期保值

2008 年 12 月，国内豆粕价格受经济危机影响出现剧烈波动，12 月末国内豆粕现货价格一度跌破 3 000 元 / 吨整数大关。为维持生产，山东某饲料厂与下游养殖企业签订了一份 2 月供货成品饲料销售合同，预计 1 月初需要使用豆粕 1 000 吨。

由于当时国内豆粕现货价格相对于进口大豆加工来说明显偏低，饲料厂担心短期价格跌速过快，未来两个月内价格有反弹调整要求，从而导致其生产成本增加。为了锁定后期的豆粕采购成本，饲料厂决定买入大连豆粕 0901 合约进行套期保值。

由表 4-13 可见，12 月 11 日，饲料厂以 2 469 元 / 吨价格买入 100 手豆粕 0901 合约。到了 12 月 31 日，豆粕价格正如饲料企业预料的那样出现了上涨，现货价格上涨到 3 000 元 / 吨，而此时 0901 豆粕合约价格也上涨到了 2 800 元 / 吨。

12 月 31 日，该饲料厂以 3 000 元 / 吨价格在现货市场买进 1 000 吨豆粕，同时在期货市场以 2 800 元 / 吨卖出豆粕 0901 合约 100 手对冲平仓。

表 4-13　豆粕套期保值数据表

日期与盈亏	现货市场	期货市场
2008 年 12 月 11 日	豆粕销售价格 2 700 元 / 吨	买入 100 手 0901 豆粕，合约价格为 2 469 元 / 吨

续表

日期与盈亏	现货市场	期货市场
2008 年 12 月 31 日	买入 1 000 吨豆粕，价格为 3 000 元 / 吨	卖出 100 手 0901 豆粕，合约价格为 2 800 元 / 吨
盈亏变化情况	（2 700 － 3 000）× 1 000 ＝ -30（万元）	（2 800 － 2 469）× 1 000 ＝ 33.1（万元）

从盈亏情况来看，现货价格上涨导致饲料厂的原料采购成本增加了 30 万元。但买入套期保值操作产生了 33.1 万元的利润，在弥补了现货市场成本上升亏损的同时，还获得了 3.1 万元的额外利润。

总结：此类案例主要适用于企业制定销售计划的同时锁定生产成本。根据期货与现货价格同涨同跌的价格特点，企业只需要选择合理的保值区间，注意基差变动风险，就可以有效地实现保值效果，顺利实现企业预期销售利润。

八、饲料厂豆粕库存卖出套期保值

近年来，饲料企业的原料——豆粕价格波动剧烈，饲料行业叫苦不迭。以往单纯现货市场采购调节措施已难以应对，随着豆粕期货市场日益完善，企业库存储备难题迎刃而解。

具体解决措施主要包括以下两个方面：库存水平低的时候，买入期货套期保值；库存水平高的时候，卖出期货套期保值。这样，饲料企业完全可以做到库存虚拟化，极大地拓展了企业生产经营的灵活性。

下面就以饲料企业卖出库存保值的例子进行说明。

2008 年 6 月，全球经济通胀，短期商品价格上涨迅速。6 月初，山东某饲料企业采购豆粕原料 2 000 吨，加工成品饲料以备销售。然而，2008 年 7 月初，国际金融市场危机蔓延，以美国房产次贷为导火线的金融危机引发全球经济危机，商品市场价格暴跌，豆粕原料价格急转直下，产成品无处销售，企业面临生存困境。

面对以上问题，该饲料企业选择利用期货市场进行套期保值，卖出大连豆粕 0809 合约，耐心等待下游需求回暖后进行现货销售。

由表 4-14 可见，7 月 16 日，饲料厂以 4 330 元 / 吨价格卖出 200 手豆粕 0809 合约。到了 8 月 20 日，企业以 4 050 元 / 吨的豆粕原料价格计算饲料成品合理价位进行销售，而此时 0809 豆粕合约价格也下跌到 3 600 元 / 吨，此时企业在期货市场以 3 600 元 /

吨买入豆粕 0809 合约进行对冲平仓，有效保证了企业的经营利润。

表 4-14　豆粕套期保值数据表

日期与盈亏	现货市场	期货市场
2008 年 7 月 16 日	豆粕现货价格 4 560 元 / 吨	卖出 200 手 0809 豆粕合约，价格为 4 330 元 / 吨
2008 年 8 月 20 日	以 4 050 元 / 吨的豆粕原料价格对饲料产成品进行销售	买入 200 手 0809 豆粕合约，价格为 3 600 元 / 吨
盈亏变化情况	（4 050 − 4 560）×2 000 = −102（万元）	（4 330 − 3 600）×2 000 = 146（万元）

总结：从盈亏情况来看，原料价格下跌导致成品饲料销售比预期亏损 102 万元，但卖出套期保值操作产生了 146 万元的利润，在弥补了现货市场亏损的同时，还获得了 44 万元的额外利润。

九、饲料企业豆粕库存卖出保值

由表 4-15 可见，2009 年 2 月初，豆粕现货价格是 3 100 元 / 吨，期货 0905 豆粕的价格是 2 800 元 / 吨。某饲料厂为了保证生产，明知后期现货价格有下跌风险，也只能选择买入。为了规避未来豆粕价格下跌的风险，该饲料厂在大连期货市场上同时卖出 0905 豆粕合约。

3 月份时，现货价格跌到 2 850 元 / 吨，亏损 250 元 / 吨。然而，期货 0905 豆粕合约也跌到了 2 430 元 / 吨。该饲料厂平仓后，盈利 370 元 / 吨，综合计算，盈利 120 元 / 吨。

表 4-15　豆粕套期保值数据表

日期与盈亏	现货市场	期货市场
2009 年 2 月 12 日	买入 3 100 元 / 吨	以 2 800 元 / 吨的价格卖出 0905 豆粕期货
2009 年 3 月 4 日	现货价格 2 850 元 / 吨	以 2 430 元 / 吨的价格买入平仓
盈亏变化情况	2 850 − 3 100 = −250（元 / 吨）	2 800 − 2 430 = 370（元 / 吨）

从盈亏情况来看，担心原料采购后价格下跌卖出期货保值的方法，一方面有利于维持企业的稳定持久经营，另一方面，企业在库存保值环节比同类企业减少亏损250元/吨的同时，额外获得收益370 — 250 = 120（元/吨）。

总结：此类案例目前已被饲料企业广泛使用，其操作方法灵活便利，主要适合企业在安排生产的同时盘活企业库存，使得企业经营更具灵活性。同时，当原料价格波动剧烈时，企业购销计划难以把握，这时合理利用期货市场保值功能，有利于帮助企业合理安排库存，保证生产持续进行，从而抢占市场先机。

十、养殖场买入豆粕期货锁定原料成本

2008年12月，国内某养殖场在2009年2月中旬需要使用蛋白饲料，其主要原料豆粕用量预计1 000吨。由于当时的豆粕价格相对进口大豆加工来说明显偏低，养殖场担心后期原料采购环节豆粕价格将出现回升，导致养殖成本增加。为了锁定后期的饲料采购成本，养殖场决定买入大连豆粕0905合约。

由表4–16可见，2009年1月5日，养殖场以2 560元/吨价格买入100手豆粕0905合约。到了2月份，豆粕价格正如养殖企业预料的那样出现了上涨，价格由3 000元/吨上涨到3 300元/吨，此时0905豆粕合约价格也上涨到了2 840元/吨。

2月13日，该养殖场以3 300元/吨豆粕原料价格在现货市场买进蛋白饲料，同时在期货市场以2 840元/吨卖出豆粕0905合约平仓。

表4–16　豆粕套期保值数据表

日期与盈亏	现货市场	期货市场
2009年1月5日	豆粕销售价格3 000元/吨	买入100手0905豆粕合约，价格为2 560元/吨
2009年2月13日	买入饲料制品，折合原料豆粕价格为3 300元/吨	卖出100手0905豆粕合约，价格为2 840元/吨
盈亏变化情况	（3 000 — 3 300）×1 000 = –30（万元）	（2 840 — 2 560）×1 000 = 28（万元）

从盈亏情况来看，豆粕原料价格上涨，导致养殖场的采购成本上升了30万元/吨，但买入套期保值操作产生了28万元/吨的利润。比同类未参与期货交易的企业，减少亏损28万元/吨。

总结：由于养殖企业使用的成品饲料目前没有完全对应的期货品种进行保值，

因此选择利用蛋白饲料的原料即豆粕进行保值，在一定程度上可以规避饲料价格过度波动对企业带来的风险，有利于减轻企业采购环节价格波动带来的损失。

十一、养殖场卖出豆粕期货对库存实现保值

2008 年 2 月，华东某养殖厂采购一批成品饲料，其中含豆粕原料预计 2 000 吨。在采购不到一周的时间内，国内豆粕期现价格联动下跌。为避免采购成品饲料价格跟随下降，企业于 3 月初在期货市场进行卖出保值，卖出大连豆粕 0809 合约 200 张，结合企业饲料消耗进度在盘面进行平仓操作。

由表 4–17 可见，2008 年 3 月 6 日，养殖厂以 3 744 元 / 吨价格卖出 200 手豆粕 0809 合约。到了 4 月 2 日，企业饲料消耗完毕，当时豆粕现货价格已下跌到 4 050 元 / 吨，而此时 0809 豆粕合约价格也下跌到 3 057 元 / 吨。此时企业在期货市场以 3 057 元 / 吨买入豆粕 0809 合约对冲平仓。

表 4–17 豆粕套期保值数据表

日期与盈亏	现货市场	期货市场
2008 年 3 月 6 日	豆粕现货价格 4 050 元 / 吨	卖出 200 手 0809 豆粕合约，价格为 3 744 元 / 吨
2008 年 4 月 2 日	饲料消耗完毕，当时豆粕现货市场价格为 3 450 元 / 吨	买入 200 手 0809 豆粕合约，价格为 3 057 元 / 吨
盈亏变化情况	饲料豆粕原料部分预计亏损（3 450 － 4 050）×2 000 = –120（万元）	期货获利（3 744 － 3 057）×2 000 = 137.4（万元）

从盈亏情况来看，豆粕原料价格下跌，导致成品饲料价格库存比预期亏损 120 万元，但卖出套期保值操作产生了 137.4 万元的利润，在弥补了库存原料价格下跌的风险后，企业还获得利润 17.4 万元。

总结：养殖企业饲料采购通常批量进行，一旦饲料价格大幅下跌，就可能意味着企业将在高成本低产出的情况下进行生产。

另外，养殖企业的下游产品无处保值，这样企业双边敞口风险过大，不利于企业稳定经营。因此，建议企业在采购环节即作好原料库存的保值工作，避免单一环节风险过高，影响企业的后续经营。

第七节　国内外豆粕期货合约

一、豆粕期货合约

表 4–18　国内豆粕期货合约

交易品种	豆粕
交易单位	10 吨 / 手
报价单位	元（人民币）/ 吨
最小变动价位	1 元 / 吨
涨跌停板幅度	上一交易日结算价的 6%
合约月份	1 月、3 月、5 月、7 月、8 月、9 月、11 月、12 月
交易时间	每周一至周五 9:00—10:15，10:30—11:30，13:30—15:00。连续交易时间：前一自然日 21:00—23:30（周一夜盘交易时段为上周五的 21:00—23:30）
最后交易日	合约月份第 10 个交易日
最后交割日	最后交易日后第 4 个交易日
交割等级	大连商品交易所豆粕交割质量标准
交割地点	大连商品交易所指定交割仓库
最低交易保证金	合约价值的 8%
交割方式	实物交割
交易代码	M
上市交易所	大连商品交易所

二、大商所和 CBOT 豆粕期货合约对比

表 4–19　大商所和 CBOT 豆粕期货合约对比表

交易所	大商所	CBOT
合约大小	10 吨 / 手	100 短吨 / 手
交割等级	水分（%）≤ 13.0 粗蛋白质（%）≥ 43.0 粗纤维（%）≤ 7.0 粗灰分（%）≤ 7.0 尿素酶活性 [以氨态氮计，mg/（min・g）≤ 0.3]	水分（%）≤ 12.0 粗蛋白质（%）≥ 48.0 粗纤维（%）≤ 3.50 脂肪（%）≥ 0.50 其他添加物质≤ 0.50
报价单位	元 / 吨	美元 / 短吨
最小变动单位	1 元 / 吨	0.1 美元 / 短吨
合约月份	1 月、3 月、5 月、7 月、8 月、9 月、11 月、12 月	1 月、3 月、5 月、7 月、8 月、9 月、11 月、12 月
交易时段	每周一至周五 9:00—10:15，10:30—11:30，13:30—15:00。连续交易时间：前一自然日 21:00—23:30（周一夜盘交易时段为上周五的 21:00—23:30）	（Electronic）6:00 p.m.—6:00 a.m. 和 9:30 a.m.—1:15 p.m. 中央时段，星期一至星期五 （Trading floor）9:30 a.m.—1:15 p.m. 星期一至星期五
每日涨跌停板	上一交易日结算价的 6%	20 美元 / 短吨。在交易月份和交割月份 第一日前第 2 个交易日，没有涨跌停板限制
交割方式	实物交割	实物交割
最后交易日	合约月份第 10 个交易日	合约月份第 15 个交易日
最后交割日	最后交易日后第 4 个交易日	最后交易日后第 2 个交易日
最低交易保证金	合约价值的 8%	每一张合约 2000 美元
交易代码	M	ZM，SM

第五章　大豆油期货

第一节　大豆油概述

大豆油是从大豆中压榨提取出来的一种植物油，通常称为“大豆色拉油”，是最常用的烹调油之一。大豆油的保质期最长只有一年，质量越好的大豆油颜色越浅，为淡黄色，清澈透明，无沉淀物，无豆腥昧，温度低于0摄氏度以下的优质大豆油会有油脂结晶析出。

大豆油是世界上最常用的食用油之一，是我国特别是北方人民的主要食用油之一。大豆油富含多种营养成分，在加工为成品油后，必须注意保鲜。大豆油的颜色较深，炒菜遇热后比较容易起泡。市面上的大豆油大多是精炼油，适合炒菜。

大豆油又称黄豆油，顾名思义是由黄豆压榨加工而来。黄豆主要生产于我国东北、华北、华东和中南各区域。与其他油脂原料相比，黄豆的含油量低，只有16%～24%。为了实现最大效益，厂家在压榨黄豆的过程中，一般会使用浸出法获取黄豆中的大部分油脂。市面上看到的大豆油，大多都是由浸出法生产出来的成品油。

由于黄豆原料市场上充斥着各种不同类型的转基因大豆，在挑选豆油时，可借由仔细阅读标签来了解产品原料中是否使用了基因改造的黄豆，进而作出比较合理的选择。

浸出油制作工艺：浸出法是采用溶剂油（6号轻汽油）将油脂原料经过充分浸泡后进行高温提取，经过“六脱”工艺（即脱脂、脱胶、脱水、脱色、脱臭、脱酸）加工而成。这种方法的最大特点是出油率高，生产成本低，这也是大豆色拉油价格低于压榨油的原因之一。浸出过程中，食用油中的残留不可避免。国家标准规定，合格的浸出大豆油，每公斤允许含有10毫克的溶剂残留。

豆油除含有脂肪外，在加工过程中还带进一些非油物质。在未精炼的毛油中，含有 1% ~ 3% 的磷脂,0.7% ~ 0.8% 的甾醇类物质,以及少量蛋白质和麦胚酚等物质,易引起酸败。豆油如未经水化除去杂质，是不宜长期储藏的。

另外，精制豆油在长期储存中，油色会由浅逐渐变深，原因可能与油脂的自动氧化有关。豆油颜色变深时，不宜长期储存。

大豆油中含有大量的亚油酸。亚油酸是人体必需的脂肪酸,具有重要的生理功能。幼儿缺乏亚油酸，皮肤会变得干燥，鳞屑增厚，发育生长迟缓。老年人缺乏亚油酸，会引起白内障及心脑血管病变。

大豆毛油有豆腥味，精炼后可去除，但储藏过程中有回味倾向。豆腥味由于含亚麻酸、异亚油酸引起，用氢化的方法可以将亚麻酸含量降至最低，同时避免异亚油酸的生成，基本消除大豆油的“回味”现象。

精炼过的大豆油在长期储存时，其颜色会由浅变深，这种现象叫做“颜色复原”。大豆油的颜色复原现象比其他油脂都显著，油脂的氧化反应是这一现象的主要原因。采用充氮保鲜法或尽量隔绝与空气的接触，可以解决这一问题。

我国是世界上最大的豆油生产国，2008/09 年度豆油的生产量接近 730 万吨，消费量 825 万吨。我国大豆进口依存度由 2003 年的 40.25% 升至 2010 年的 72.56%。2010/11 年度，豆油产量大幅增加至 4 195 万吨，但仍低于 4 217 万吨的需求量。

2015/16 年度，我国豆油新增供给量预计为 1 508 万吨，较上年度增加 105 万吨。其中豆油产量预计为 1 448 万吨，豆油进口量为 60 万吨。该年度豆油食用消费量预计为 1 310 万吨，工业及其他消费量预计为 130 万吨，年度国内豆油供需结余量为 56 万吨。

2016/17 年度，我国豆油新增供给量预计为 1 568 万吨，较上年度增加 60 万吨。其中豆油产量预计为 1 518 万吨，豆油进口量预计为 50 万吨。该年度豆油食用消费量预计为 1 350 万吨，工业及其他消费量预计为 150 万吨，年度国内豆油供需结余预计为 58 万吨。

我国曾是世界上最大的大豆生产国和出口国，由于对大豆重视不够，大豆种植科研投入不足，使我国大豆的种植面积萎缩，单产增长缓慢，总产量也一直徘徊不前。

大豆到豆油产业链极短，进口大豆价格上涨，很容易造成豆油生产成本上涨，并直接影响最终消费价格。按照豆油生产成本中大豆原料成本占比 46.2% 计算，不考虑其他因素，进口大豆价格上涨 15%，豆油成本上涨 5.03%。若进口大豆价格上涨 50%，则豆油成本上涨 16.76%。

2011年以来，我国物价上涨较快，国家对食用油价格上涨进行了调控，也抑制了豆油价格的提高。大型油厂在得到国家低价大豆的一定补贴后，终端市场报价并没有提高，甚至有的产品在国际形势压力下进行了降价，但中小企业日子就很难过。

大豆市场价格波动很大，国内市场和国际期货市场联系已经十分紧密，价格波动时常较大。特别是国际炒作、投机等行为加剧了这种波动，给企业正常经营带来很大难度。我国大豆压榨产业已经形成外资企业40%、国有企业23%、民营企业37%的格局，大豆加工企业的弱势局面一定程度上得到了遏制。随着民营企业的发展壮大，三足鼎立的局面日趋形成。

从特性来看，豆油具备以下四个特点。

一是豆油品质的同质性。从国标上可以分为一级豆油和二级豆油，指标检验方便，不会产生争议。

二是豆油市场是一个完全市场化的自由竞争市场。

三是豆油价格具有较大的波动性，企业的避险需求十分强烈。

四是豆油保质期时间较长，一般在一年以上，比豆粕更易保管和储存。

第二节　大豆油的产销特点

一、大豆油的产销概况

（一）产量集中于四国

豆油在世界植物油生产和消费中占有重要的地位。近年来，世界豆油产量和消费量均呈现出上升态势。2008年，豆油消费量居世界植物油脂消费的首位。

美国、巴西、阿根廷、中国是世界主要的大豆生产国，同时也是世界豆油主要的生产国。2010/11年度，美国、巴西、阿根廷、中国的豆油产量分别占世界总产量的21%、25%、18%、15%，四国产量之和占世界豆油总产量的79%。

（二）世界第二大油脂生产品种

豆油是世界主要食用油消费品种之一，豆油的生产量仅次于棕榈油，稳居世界所有油脂品种的第二位。

从豆油消费的区域特点来看，主要的消费大国和地区是美国、中国、巴西和欧盟。另外，日本、孟加拉国、墨西哥、伊朗的豆油消费量也较高。除此之外，其他国家的消费量都比较小。

（三）出口集中于三国，阿根廷稳居第一

世界豆油总产量不断增长的同时，世界豆油贸易量也在不断上升。2010/11 年度，世界豆油出口量达到 905 万吨，较 1993/94 年度增加 193%。其中，阿根廷出口量增长很快，世界豆油第一大出口国的地位日益巩固。巴西和美国的出口量也较大，2010/11 年度，美国豆油出口量为 95 万吨，阿根廷豆油出口量为 525 万吨，巴西豆油出口量为 121 万吨。

（四）我国第一大油脂消费品种

我国是世界上最早利用大豆榨油的国家，历史已近千年。目前，我国仍然是世界豆油生产和消费大国。

（五）中国进口量位居全球第一

我国大豆人均产量较低，豆油供给一直存在缺口。20 世纪 90 年代以来，我国豆油进口量逐年增加，1993/94—1997/98 年度曾经超过 100 万吨，之后逐渐稳定。2010/11 年度豆油进口量为 200 万吨。2012—2016 年中国豆油月度进口量见表 5-1。

表 5-1　2012—2016 年中国豆油月度进口量

单位：千吨

	2012 年	2013 年	2014 年	2015 年	2016 年
1 月	128.5	86.9	101.0	44.0	14.2
2 月	137.7	71.3	132.8	1.8	78.7
3 月	45.8	31.7	40.0	4.0	15.8
4 月	77.8	30.1	22.0	5.3	18.9
5 月	60.3	104.7	73.8	5.2	16.6
6 月	113.9	100.1	96.6	91.3	
7 月	203.0	158.6	174.0	218.8	
8 月	181.1	113.7	172.4	111.9	
9 月	261.7	95.5	176.1	144.0	

续表

	2012 年	2013 年	2014 年	2015 年	2016 年
10 月	227.6	99.7	95.9	84.7	
11 月	186.2	175.7	10.1	91.0	
12 月	202.6	89.5	41.0	15.7	
合计	1 826.2	1 157.6	1 135.5	817.8	144.1

注：数据来源于中国海关总署。

我国进口大豆主销区分布在华北、华东、华南。到货港口主要包括大连港、秦皇岛、天津港、龙口港、烟台港、青岛港、日照港、岚山港、连云港、南通港、张家港、宁波港、舟山港、东渡港、漳州港、泉州港、黄埔港、赤湾港、新沙港、湛江港、防城港、钦州港。

（六）生物柴油对豆油需求量增加

近年来，受原油价格不断上涨的影响，世界主要国家对生物燃油的需求呈上涨趋势。2007 年、2008 年是生物柴油快速增长的两年，据统计，美国 2008 年生物燃油产能超过 2 500 百万加仑。2014—2016 年中国生物柴油月度进口量见表 5-2。

表 5-2 2014—2016 年中国生物柴油月度进口量

单位：千吨

	2014 年	2015 年	2016 年
1 月	52.9	10.0	1.8
2 月	25.5	0.0	0.5
3 月	102.9	0.0	0.5
4 月	105.2	0.0	0.0
5 月	48.3	0.0	0.0
6 月	57.3	0.0	
7 月	116.1	0.0	
8 月	82.6	0.0	
9 月	123.6	0.0	

续表

	2014 年	2015 年	2016 年
10 月	51.5	0.0	
11 月	54.6	0.0	
12 月	43.7	0.0	
合计	864.5	10.1	2.8

注：数据来源于中国海关总署。

二、国内豆油产业链特点

（一）进口依赖度高

我国大豆消费主要依赖于进口，2010/11 年度进口依赖度 80%。豆油原料供给对外高度依赖，使国际市场大豆、豆油价格的波动对国内产生直接的影响，国内大豆价格与进口豆油联动性较强。

（二）压榨业发展迅速，且主要集中于沿海

从国内油厂压榨能力来看，主要的分布区域集中在沿海，山东、江苏、广东、辽宁、黑龙江、福建、广西等省区，近年来的压榨能力增长最快且形成了一定的规模。

（三）国家调控市场能力强

2010 年国内食用油价格大幅上涨，引起政府的高度重视，国家出台了一系列相关措施，增强了国家调控植物油市场的能力。目前国家植物油及大豆储备充足，调控植物油市场的能力明显增强。

在金融危机的背景下，政府为了保证经济增长速度，向市场投放了超量规模的货币，在国内引起了通货膨胀。2010 年 CPI 增长迅速，2011 年 CPI 目标为 5%，抑制通货膨胀，稳定物价，成为政府工作的主要目标之一。

政府部门不断出台政策来控制流动性过剩和物价上涨问题。在货币政策方面，央行着手收紧银根。对于农产品期货市场而言，来自宏观政策面的变化，已成为主导市场走向的重要因素。

三、豆油的生产与消费

（一）豆油的生产情况

2010/11 年度，中国的豆油供应、消费、期末库存都创出历史新高，凸现了国内较为沉重的供应压力。但中国长期需求增长趋势不可逆转，2010/11 年度中国豆油期末库存增幅放缓。2013/14—2016/17 年度中国豆油生产、进口和供给情况见表 5-3，并参见表 5-4。

表 5-3　2013/14—2016/17 年度中国豆油供需平衡分析

项目	2013/14	2014/15	2015/16 （7 月估计）	2016/17 （7 月估计）
豆　　油				
生产量	12 320	13 258	14 480	15 175
进口量	1 354	773	600	500
年度供给量	13 674	14 031	15 080	15 675
食用消费量	12 000	12 800	13 100	13 500
工业消费量	1 100	1 200	1 300	1 500
年度国内消费量	13 100	14 000	14 400	15 000
出口量	94	120	120	100
年度需求总量	13 194	14 120	14 520	15 100
年度结余量	480	–89	560	575

（二）消费情况

中国人均植物油消费量增长与中国人均 GDP 增长具有高度相关性，相关系数高达 0.95，因此可以根据人均 GDP 的增长来预计中国人均植物油的消费量。

2010 年中国 GDP 增长为 9%，2010 年预计维持 9%。2010 年中国人均植物油消费增速 9.35%。2013/14—2016/17 年度中国豆油消费情况见表 5-3，并参见表 5-4。

表 5-4　2013/14—2016/17 年度中国食用油供求平衡表

单位：千吨；%

	2013/14	2014/15	2015/16（7 月估计）	2016/17（7 月估计）	同比	幅度
生产量						
豆油	12 320	13 258	14 480	15 175	695	4.8%
菜籽油	6 377	6 894	6 683	6 164	–519	–7.8%
棉籽油	1 339	1 300	1 170	1 079	–91	–7.8%
花生油	2 520	2 457	2 489	2 709	220	8.8%
棕榈油	0	0	0	0	0	0.0%
其他油脂	2 500	2 400	2 600	2 700	100	3.8%
总计	25 056	26 308	27 421	27 827	406	1.5%
进口量						
豆油	1 354	773	600	500	–100	–16.7%
菜籽油	1 259	631	895	500	–395	–44.1%
棉籽油	0	0	0	0	0	0.0%
花生油	74	140	150	100	–50	–33.3%
棕榈油	5 573	5 696	5 000	5 000	0	0.0%
其他油脂	584	600	600	600	0	0.0%
总计	8 844	7 840	7 245	6 700	–545	–7.5%
食用消费量						
豆油	12 000	12 800	13 100	13 500	400	3.1%
菜籽油	5 800	6 300	7 800	8 500	700	9.0%
棉籽油	1 350	1 300	1 200	1 050	–150	–12.5%
花生油	2 550	2 600	2 550	2 750	200	7.8%
棕榈油	4 700	4 200	3 500	3 400	–100	–2.9%
其他油脂	2 200	2 400	2 500	2 600	100	4.0%
总计	28 600	29 600	30 650	31 800	1 150	3.8%
工业及其他消费量						
豆油	1 100	1 200	1 300	1 500	200	15.4%

续表

	2013/14	2014/15	2015/16（7月估计）	2016/17（7月估计）	同比	幅度
菜籽油	0	0	0	0	0	0.0%
棉籽油	0	0	0	0	0	0.0%
花生油	0	0	0	0	0	0.0%
棕榈油	1 400	1 500	1 550	1 600	50	3.2%
其他油脂	450	500	500	550	50	10.0%
总计	2 950	3 200	3 350	3 650	300	9.0%
结余量						
豆油	480	–90	560	575	15	
菜籽油	1 830	1 220	–226	–1 841	–1 615	
棉籽油	–15	–10	–35	24	59	
花生油	34	–13	79	49	–30	
棕榈油	–527	–4	–50	0	50	
其他油脂	424	85	180	130	–50	
总计	2 226	1 188	508	–1 063	–1 571	

第三节　影响大豆油价格的主要因素

一、供需情况

（一）产量

油脂当期产量是一个变量，它受制于油脂供应量、油料压榨收益、生产成本等因素。一般来讲，在其他因素不变的情况下，油脂的产量与价格之间存在明显的反向关系。油脂产量增加，价格相对较低。油脂产量减少，价格相对较高。

（二）消费量

市场需求量就是消费量，消费是支撑价格走势的基础。仅从消费量的角度看，消费量的增加将支撑价格走强。反之，消费量减少，价格将会出现疲软。

（三）进口成本

我国的油料作物大部分依赖进口，所以进口成本对国内油脂价格产生很大的影响。比如，当进口成本提升时，意味着国内企业需要顺势提价销售。反之，当进口成本降低时，意味着国内油脂价格水平会随之下跌。

（四）油脂库存

油脂库存是构成油脂供给量的重要部分，库存量多少体现了供应量的紧张程度。在多数情况下，库存短缺则价格上涨，库存充裕则价格下降。

由于油脂具有不易长期保存的特点，一旦油脂库存增加，其价格往往会走低。我国油脂库存除了商业库存外，还有国家储备。

二、相关产品的季节性

油料作物具有季节性、周期性、替代性的特点，不同季节和周期存在不同的影响因素。油脂消费旺季会引发市场需求增加，而不同品种间的油脂存在互相替代关系，这些都对油脂价格产生明显的影响。

三、美元指数

在美元主导的国际货币体系下，美元是国际大宗商品价格的计价货币，因此美元指数的变动，也成为影响商品价格最主要的因素。同时，美元作为世界货币，其供应反映了全球市场资本流动性状况。

从历史走势看，商品价格与美元指数呈高度的负相关，油脂油料更是如此。美元指数处于下跌周期时，市场流动性充裕，资金有抵抗通胀风险的需求，从而推高商品价格进入牛市。

四、原油价格

作为商品市场的领头羊，原油价格的变动是油脂生产成本变动的反映。因此，原油价格走势与油脂作物价格存在高度的正相关性。原油走高，意味着油脂生产成本增加，从而推高油脂价格。反之，油价回落有利于降低油脂生产成本，进而拉低油脂价格。

此外，随着生物柴油工业的发展，植物油与原油间的替代性增加。尤其是原油价格在70美元/桶上方时，两者高度正相关。这也使得油脂走势受原油影响更加明显。

五、政策性因素

植物油与我国人民群众的生活息息相关，保障植物油供应，稳定市场，也成为维护国内植物油市场安全的关键。我国植物油市场受国家政策性影响较大。

豆油期货上市，形成了涵盖大豆及其下游产品在内的较为完整的避险体系和价格体系，这不仅有利于榨油企业控制下游产品风险，豆油消费企业控制加工原料风险，而且有助于理顺大豆、豆粕、豆油三个品种的期货价格、现货价格以及三者之间的关系，为企业的生产、经营决策提供更好的服务。

第四节　大豆油期货知识

从实践上看，芝加哥期货交易所（CBOT）豆油期货有 60 年的交易历史，交易量逐年递增，表明豆油期货的发展前景十分广阔。

美国豆油期货市场目前已构建起包含大豆、豆粕、豆油期货及期权在内的非常完善的大豆交易品种避险体系，促使大豆、豆粕和豆油等下游产品之间形成合理的比价关系，为美国大豆相关现货企业的经营与整个大豆产业的发展提供了科学的价格指导。

大豆原油以我国豆油国标为蓝本，项目设置、数值选取基本一致，符合加工流程和豆油期货交割质量标准，同时对与现货市场发展情况不相符的个别指标及取值进行了微调。如增加了国标中没有但现货企业普遍使用的含磷量指标，并设计含磷量不高于 200mg/kg。将酸值由国标中的不高于 4.0mg KOH/g，调整为不高于 3.0mg KOH/g。这样，国产大豆原油基本能够达到该交割标准。

进口豆油在溶剂残留量等指标上有可能不达标，但是经过简单加工，进口豆油完全可以满足期货交割质量标准。

为了简化合约，豆油期货不设等级升贴水。按照豆油生产、流通的格局，目前豆油合约交割地设立于张家港、上海、天津、连云港和日照地区。其中连云港和日照地区的交割库为非基准交割库，贴水 50 元 / 吨进行交割。张家港、上海和日照地区也是黄大豆 2 号合约、豆粕合约的交割地，这样的交割地点设置有利于黄大豆 2 号、豆粕和豆油合约间的套利交易及套期保值操作。

综合豆油消费、生产和进口的季节性特点，以及与大豆、豆粕的套利关系，豆油的交割月份设计为1月、3月、5月、7月、8月、9月、11月、12月，和豆粕期货合约交割月份一致。与CBOT豆油合约相比，大商所豆油合约少了10月合约，多了11月合约，这样的设计有利于跨品种和跨市场交易。

第一，从豆油消费角度分析，八九月份临中秋、国庆，12月、1月份临元旦、春节，此时豆油消费量都会呈季节性增加态势，购销两旺。此时，精炼厂和贸易商等现货企业的套期保值需求增强。

第二，从豆油生产角度分析，7月、8月、9月份是南美大豆集中到港、压榨的月份，豆油产量大。11月、12月、1月份是国产大豆集中压榨的季节，也是美国大豆集中到港的月份，豆油产量大，压榨企业套期保值需求强烈。

此外，作为工业化产品，豆油供应具有连续性，交割月份设置比一年收获一季的大豆、玉米多些是合理的。

第三，从进口豆油角度分析，进口豆油是大豆原油的重要组成部分。一般每年下半年各月的豆油进口量较大。因此设置7月、8月、9月、11月、12月作为交割月份，符合下年进口豆油较多的特点。

第四，从相关期货商品的交割月份设置角度分析，设置与相关期货商品相同的交割月份，形成跨市场、跨品种的套利关系，有利于增强市场的流动性。同CBOT豆油期货合约的交割月份设置相比，大商所豆油期货多了一个11月份，少了一个10月份，除此之外完全相同，这对于豆油进口商进行跨市场套利操作十分方便。

同大商所豆粕期货合约相比，豆油期货合约完全一样，能够满足国内压榨企业对两种关联商品同时进行跨品种套利操作的需求。

随着豆油交易日趋活跃，套利交易受到广泛关注。不论豆油跨期套利，还是豆油与棕榈油之间的跨品种套利交易，其交易规模的绝对值和相对值均增加较快，参与豆油套利交易的客户日益广泛，目前豆油套利交易量占全所套利交易的比例高达29.39%，成为大商所上市品种中套利交易量最大的品种。

期货交易实行保证金制度和每日无负债结算制度。豆油期货合约的最低交易保证金为合约价值的5%。新开仓交易保证金按前一交易日结算时交易保证金收取。大商所根据市场情况调整各合约交易保证金标准，并实行分级管理。随着期货合约交割期的临近和持仓量的增加，交易所会逐步提高交易保证金比例。

期货交易风险控制的另一重要手段是实行涨跌停板制度。涨跌停板指合约在一个交易日的交易中不得高于或者低于规定的涨跌幅度，超出该涨跌幅度的报价被视为无效，不能成交。涨跌停板幅度由交易所制定，并可根据市场情况调整各合约涨跌停板的幅度。

豆油期货合约交割月份以前的月份，涨跌停板幅度为上一交易日结算价的 4%。交割月份的涨跌停板幅度为上一交易日结算价的 6%，新上市期货合约的涨跌停板幅度为一般月份涨跌停板幅度的两倍。

限制持仓制度是期货交易风险控制的又一重要工具。限仓制度是指交易所规定经纪公司会员或客户可以持有的按单边计算的某一合约投机头寸的最大数额。同一客户在不同经纪公司会员处开有多个交易编码，各交易编码上所有持仓头寸的合计数，不得超出一个客户的限仓数额。

为充分发挥期货市场的套期保值功能，促进期货市场的规范发展，大商所为套期保值交易客户提供了方便其参与期货市场、规避风险的优惠政策。套期保值交易头寸不受持仓量的限制。另外，在按有关规定实施减仓时，按先投机持仓后套期保值持仓的顺序进行减仓。见表 5–5。

表 5–5 大连商品交易所豆油期货合约

交易品种	大豆原油
交易单位	10 吨 / 手
报价单位	元（人民币）/ 吨
最小变动价位	2 元 / 吨
涨跌停板幅度	上一交易日结算价的 4%
合约月份	1 月、3 月、5 月、7 月、8 月、9 月、11 月、12 月
交易时间	每周一至周五上午 9:00—11:30，下午 13:30—15:00。连续交易时间：前一自然日 21:00—23:30（周一夜盘交易时段为上周五 21:00—23:30）
最后交易日	合约月份第 10 个交易日
最后交割日	最后交易日后第 3 个交易日
交割等级	大连商品交易所豆油交割质量标准
交割地点	大连商品交易所指定交割仓库

续表

最低交易保证金	合约价值的 5%
交割方式	实物交割
交易代码	Y
上市交易所	大连商品交易所
上市日期	2006 年 1 月 9 日

从世界范围来看，豆油用于烹饪的消费量约占豆油总消费的 70%。豆油除了直接食用外，还可以用于食品加工。豆油可以用来制作多种食用油，如凉拌油、煎炸油、起酥油、人造奶油等。中国食品加工用油量约占豆油总消费量的 12% 左右。由于餐饮习惯不同，西方国家的这一比例要高于中国，如美国食品加工用油量约占国内豆油总消费的 25% 以上。

在现货市场，豆油和豆粕是大豆的下游产品，1 吨大豆可以产出 0.8 吨豆粕和 0.2 吨豆油。CBOT 在设计豆油合约时，充分考虑到这一点，相对于大豆合约每手 5 000 蒲式耳（相当于 300 000 磅）的规格，将 1 手豆油的规格确定为 60 000 磅，为大豆规格的 1/5。

大豆原油具有品质均一、性质稳定、易于保存和运输等特点，在美国国内贸易和国际贸易中，一般都是采用大豆原油。为了与现货接轨，CBOT 把豆油合约的标的物设计为大豆原油。见表 5–6。

表 5–6　大豆油期货合约

大豆油期货（Soybeans Oil）	
合约规模	60 000 磅（lbs，27 公吨）
交割等级	符合芝加哥商品交易所核准的级别和标准（见交易所规则有关规格摘要）
定价单位	美分 / 磅
最小价格波动值	1/100 美分（$0.0001）/ 磅（$6.00 / 合约）
合约月份 / 代码	1 月（F）、3 月（H）、5 月（K）、7 月（N）、8 月（Q）、9 月（U）、10 月（V）、12 月（Z）

续表

交易时间	CME Globex（电子盘）	周日至周五 6:00—19:15 以及 19:30—1:15
	公开喊价（交易所）	周一至周五 21:30—1:15
每日价格限制	当市场出价与供给有限时，涨停限制由每磅 2.5 美分提高至 3.5 美元，甚至到 5.5 美元。交割月份首日前第 2 个营业日当日或之后，当月合约无价格限制	
交割方式	实物交割	
最后交易日	合约月份第 15 个公历日之前的营业日	
最后交割日	交割月最后交易日后第 7 个营业日	
商品代码	CME Globex（电子盘）	ZL
交易规则	该等合约在 CBOT 上市，因此受制于 CBOT 规范和规则	

第六章 菜粕期货

第一节 菜粕概述

一、菜粕主要成分

油菜籽经过机械压榨提取油脂后的残渣称为菜籽饼，菜籽饼中仍含有大量油脂，通常需经过溶剂浸出，进一步提取剩余油脂。菜籽饼浸出提油后的残渣称为菜粕。菜粕一般呈黄色或浅褐色，形状为碎片或粗粉末并夹杂小颗粒。根据菜粕中芥酸和硫代葡萄糖甙含量不同，通常将菜粕分为普通菜粕和“双低菜粕”。

普通菜粕主要成分含量为：粗蛋白质含量35% ~ 40%，碳水化合物含量20% ~ 25%，粗灰分含量5% ~ 8%，粗脂肪含量1% ~ 3%，水分含量低于12%。菜粕的主要营养成分为蛋白质，是一种重要的饲料蛋白原料。

菜籽中蛋白、氨基酸组成较平衡，几乎不存在限制性氨基酸。菜籽蛋白效价为3 ~ 5，比大豆蛋白还高。与其他油料粕相比，菜粕中硫氨基酸含量最高，蛋氨酸、赖氨酸含量也较高。

菜粕含有超过20%的碳水化合物，可以作为动物饲料的部分能量来源。但由于粗纤维含量较高，一般在10% ~ 14%，加上8%左右不易消化的戊聚糖，导致其有效能值相对较低。可利用能量水平低于豆粕和花生粕，但高于棉粕。

菜粕中含有多种矿物质，尤其是钙、磷、硒、锰含量较高，铁和锌含量也较高。但磷含量的60% ~ 70%属植酸磷，利用率相对较低。菜粕中维生素含量较高，尤其是烟酸、胆碱、叶酸、核黄素、硫胺素含量均比豆粕高。

二、菜粕中的抗营养因子

菜粕中最主要的抗营养因子为硫代葡萄糖苷，此外还含有植酸、单宁、芥子碱、皂素等抗营养因子。硫代葡萄糖苷是一种含硫化合物，其本身无毒，但在加工过程中，和共存的酶作用下，会使其水解成腈、硫氰酸酯、异硫氰酸酯、恶唑烷硫酮等有毒物质。其中腈的毒性最大，约为恶唑烷硫酮的5～10倍，它能抑制动物的生长并引起动物的肝和肾肿大，且单胃动物的胃环境有利于腈的产生。

硫氰酸酯是与碘的形状和大小相似的单价离子，在血液中含量多时，可与碘竞争而浓集到甲状腺中去，抑制甲状腺滤泡细胞浓集碘的能力，从而导致甲状腺肿大，同时也使动物生长速度降低。异硫氰酸酯多数不溶于水，具有挥发性，采用加热或日晒的方法可以除去。恶唑烷硫酮主要危害作用是阻碍甲状腺素的合成，引起腺垂体甲状腺素的分泌增加，导致甲状腺肿大，故又称为甲状腺因子。

植酸中富含磷，动物对植酸磷的利用率很低，但采食后排出体外的植酸磷能被环境中的微生物分解释放到环境中，易造成水体富营养化，导致水中缺氧，给环境带来极大的负面影响，此问题正日益受到关注。

单宁是种多元酚化合物，有苦涩味，影响适口性。在中性和碱性条件下被氧化并产生聚合作用，从而使菜粕的颜色变黑，并产生不良气味。多酚化合物还能与蛋白质结合，使其营养价值显著降低。

芥子碱能溶于水，不稳定，容易发生非酶催化的水解反应，生成芥子酸和胆碱。芥子碱有苦味，是引起菜粕适口性差的主要因素。芥子碱与腥味蛋的产生有关，这是由于芥子碱在鸡胃肠道中分解为芥子酸和胆碱，胆碱进一步转化为三甲胺，使鸡蛋产生鱼腥味。

三、菜粕中抗营养因子处理方法

根据油菜粕抗营养因子的性质，即它的溶解性、对热不稳定性，在碱、微生物的作用下转化为无毒的化合物，可采取物理和化学方法消除其中抗营养因子的影响。主要方法有坑埋法、水蒸煮法、化学添加剂法、发酵中和法、溶剂萃取法和焙炒法。

一般情况下，菜粕作为饲料蛋白原料使用，只要适当控制添加量，可以不进行脱毒处理。尤其是最近几年，随着双低菜籽的广泛推广种植，菜粕中抗营养因子含量越来越少，完全可以不进行脱毒处理，就可以直接添加到饲料中。

四、菜粕生产工艺

20世纪70年代之前，由于浸出法制油在我国尚未得到广泛推广和应用，菜籽制油工艺主要是一次压榨法，部分地区采用土榨法。菜籽榨油后得到的菜籽饼，直接作为饲料或肥料使用。

20世纪70年代以来，浸出法制油在菜籽加工行业得到大量应用，菜籽加工行业普遍采用预榨浸出工艺，菜籽饼经浸出后获得的菜粕产量明显提高。目前，我国部分地区仍然存在一次压榨菜籽工艺生产的菜籽饼，但直接用作饲料的数量在逐年减少，部分菜籽饼被浸出油厂收购生产菜粕。统计数据显示，目前我国菜籽饼粕市场中，菜粕所占比重超过90%，菜籽饼所占比重不足10%。

改革开放30多年来，我国油料压榨和浸出设备与技术不断发展，企业规模不断扩大。目前，我国大豆、油菜籽等油料压榨浸出工艺与设备，均已达到国际先进水平。

五、菜粕的用途

菜粕除了直接用作饲料蛋白原料外，还可用来生产有机肥料。此外，经过脱壳脱毒处理的菜粕，还可以提取菜籽蛋白，用来制作酱油或用作食品添加剂。菜粕还可以用来提取植酸、单宁等化工原料。

菜粕是一种重要的饲料蛋白原料，在水产饲料中使用最为广泛。由于其蛋白质、氨基酸组成合理，价格便宜，在家禽饲料、猪饲料和反刍动物饲料中都得到使用。

（一）水产品

菜粕在水产养殖行业中应用最为广泛，统计数据显示，我国水产饲料养殖行业中，菜粕用量占到菜粕产量的一半以上。在鱼类养殖的配合饲料中，菜粕的添加量达到30% ~ 40%，部分养殖户甚至直接将菜粕用来喂鱼。

（二）禽类

在禽类的配合饲料中使用菜粕，应根据有毒有害物质含量限制其用量。如摄入有害物质过多，则可能造成鸡甲状腺肿大，甲状腺及肾脏上皮细胞脱落，肝脏出血等现象，表现为生长抑制，破蛋、软蛋增加，死亡率上升等症状。

一般幼雏应避免使用菜粕，肉鸡用量在10%以下，蛋鸡、种鸡在8%左右，鸭饲料中菜粕用量一般在10% ~ 15%。

（三）猪

一般未经脱毒处理的菜粕，在日粮中用量应控制在5%以下，母猪应控制在3%以下。经脱毒处理的菜粕或新型“双低”品种菜粕，其用量可到10% ~ 15%，但有可能引起猪体脂变软。

（四）反刍家畜

菜粕对牛、羊的适口性差，长期过量使用会引起甲状腺肿大，但影响不如单胃动物严重。一般肉牛、奶牛精料的菜粕用量应不超过 20%。试验表明，10% 的菜粕对肉牛的生长、胴体品质和奶牛产乳量、乳脂率无不良影响。

（五）生产菜籽蛋白

菜籽蛋白是一种营养价值较高的全价蛋白，几乎不存在限制性氨基酸，与国际粮农组织（FAO）和世界卫生组织（WHO）推荐的蛋白质非常接近。

菜籽蛋白的效率比值（PER）、蛋白质净利用率（NPU）、蛋白质生物价（BV）均高于其他植物蛋白，是一种高质量的蛋白。经过脱壳脱毒制取的菜籽蛋白，具有较好的功能特性，可应用于肉制品、烘焙食品中，还可用来生产酱油等。

用来提取菜籽蛋白的菜粕，生产工艺与普通菜粕有较大区别。首先要对油菜籽进行脱壳分离，然后进行低温压榨和溶剂浸出。得到的菜粕还要进行脱毒、提取蛋白等工艺处理。目前，国内外使用菜粕生产菜籽蛋白尚未进入工业化生产。

（六）提取化工原料

菜粕中植酸和单宁含量较高，可以通过对菜粕深加工，进一步提取植酸钙和单宁等化工原料。但由于生产成本较高，目前国内外进行工业化生产的很少。

（七）生产有机肥料

菜粕中 80% 以上为有机物，可以使用菜粕生产优质有机肥料。

六、菜粕质量标准与检验

（一）菜粕质量国家标准

2008 年，国家修订颁布了菜粕质量国家标准（GB/T：22514–2008）。在该标准中，菜粕定义为油菜籽经浸出油脂并去除溶剂后得到的物质。根据菜粕中的硫甙含量，将菜粕分为普通菜粕和低硫甙菜粕，规定了菜粕的感官要求和质量指标要求。

（二）菜粕的包装、运输及储存

饲料用菜粕产品标签应符合 GB10648 的规定，可以散装、袋装，或按照用户要求包装。饲料用菜粕运输时应有防雨、防晒措施，避免产品在运输过程中遭爆晒、雨淋及剧烈震动和撞击，且不得与有毒、有害物质或其他有污染的物品混合运输。

饲料用菜粕应储存在阴凉、通风、干燥的地方，防潮、防霉变、防虫蛀。严禁与有毒、有害物质混放。

（三）菜粕质量检验规则

同一批产品，每天生产的为一个批次，每批随机抽取 500 克作为样品，采样标准按照 GB/T 14699.1 规定执行。检验结果全部符合标准要求的判定为合格，若有一项指标不符合标准要求，应重新自两倍数量的包装单元进行采样复检。复检结果如若仍有一项指标不符合标准要求，则该批次判为不合格。若不符合质量指标中某一等级指标要求时，按指标值最低的项目进行等级判断。

饲料用菜粕贸易中的质量检验，一般以油厂检验报告为主，饲料养殖企业在菜粕进厂后进行复检。若复检质量指标达不到合同要求，双方可以协商解决，也可以共同取样送当地粮油质检站或质量技术监督局以及双方都认可的机构进行检验。

（四）菜粕质量检验国家机构

菜粕的质量检验机构主要有省市级的质量技术监督检验局和粮油质量监督检验站，这些机构的检验结果一般都具有法律效力。此外，还有国家级的饲料产品质量监督检验中心。

经国家质量技术监督局授权的、经国家计量认证的具有第三方公正地位的法定饲料产品质量监督检验国家级机构有以下两个。

1. 国家饲料质量监督检验中心（北京）

该中心与农业部饲料产品质量监测中心和中国农业科学院分析测试中心为同一单位。1986 年 10 月经农业部批准 [农牧渔业部 1986 农（牧）字第 56 号]，在中国农业科学院分析测试中心的基础上，授权建立“农业部饲料产品质量监测中心”。1988 年 8 月，经国家技术监督局审查认可 [国家技术监督局监发（88）025 号]，授权建立“国家饲料质量监督检验中心（北京）”，成为国家授权的饲料及饲料产品质量监测机构。

1993 年 8 月，该中心通过了国家技术监督局的复查认可和国家计量认证 [（93）量认（国）字（V0999）号、技监局监函（1994）171 号]。1999 年通过了中国实验室国家认可委员会的国家实验室认可，并通过了第三次复查认可和国家计量认证。1995 年，国家科委、国家技术监督局授权该中心为国家级成果鉴定检测机构。

2. 国家饲料质量监督检验中心（武汉）

国家粮食局武汉科学研究设计院中心实验室于 1988 年授权组建、成立国家饲料质量监督检验中心（武汉）及国家粮食局武汉粮油饲料质量监督检验测试中心，1990年、1995年、2000年、2005年连续通过中国实验室国家认可委、国家质量监督检验检疫总局、国家粮食局标准质量中心复查验收并予授权。这是一个检测技术完善，管理手段科学的第三方检测机构。

第二节　菜粕上游产品

一、油菜籽概况

油菜籽是生产菜籽饼和菜粕的唯一原料。20世纪50年代之前，世界油菜种植主要集中在亚洲地区，亚洲油菜籽产量占世界总产量的95%左右。其中，我国油菜籽产量占世界总产量的比重超过60%，居第一位。印度居第二位，占世界总产量的30%左右。

到20世纪70年代末，世界油菜种植布局发生了很大变化，加拿大油菜籽产量开始超过我国，成为世界最大的油菜籽生产国，中国退居第二位，印度居第三位。

20世纪80年代以来，随着我国油菜种植面积的不断扩大，油菜籽产量大幅增加，再次跃居世界第一位。由于油菜种植在世界范围内得到不断推广，我国油菜籽产量占世界总产量的比重呈现下降趋势。

目前世界五大洲都有油菜种植，世界油菜籽主产国除我国外，还有加拿大、印度、澳大利亚、巴基斯坦、美国，以及欧盟国家的德国、法国、英国、波兰等。最近几年，前苏联地区的乌克兰和俄罗斯也成为世界油菜籽主产国。

二、我国油菜籽生产情况

（一）我国油菜籽分类及主要种植区域

按照油菜籽播种季节划分，我国油菜籽可分为秋冬播油菜籽（夏季收获）和春播油菜籽（秋季收获）两个品种。春播油菜籽主要分布在内蒙古、青海、新疆、甘肃等西北省份，种植面积与产量占全国的比重在7% ~ 8%。

秋冬播油菜籽面积和产量占全国的比重在92% ~ 93%，主要集中在两个地区：一是长江流域油菜籽主产区，包括江苏、浙江、安徽、湖北、江西、湖南、重庆等省市，常年种植面积和产量占全国比重的50% ~ 60%。其中，湖北是我国最大油菜籽生产省，连续15年位居全国第一。二是西南油菜籽主产区，常年种植面积和产量占全国的20% ~ 30%，包括四川、贵州、云南。最近几年，四川已成为我国第二大油菜籽生产省。此外，河南南部地区也是一个主要的秋冬种油菜籽产区。

（二）我国油菜籽种植面积、单产和总产量变化情况

20世纪80年代以来，我国一直是世界上最大的油菜籽生产国，常年油菜籽产量占世界总产量的30%左右。2008年，加拿大油菜籽产量首次超过我国，成为世界最大的油菜籽生产国，但最近几年加拿大油菜籽产量再次低于我国，我国油菜籽产量依然位居世界第一。

受天气状况和种植收益的影响，我国油菜籽的年产量波动较大。但在1999年油菜籽产量首次突破1 000万吨后，一直维持在1 000万吨以上的水平。

受1998年油脂油料价格大幅上涨,农民种植收益提高的影响,1999年和2000年，我国油菜籽产量分别达到1 013万吨和1 138万吨，较上年分别增加183万吨和125万吨，连续两年创下历史最高纪录。

2001年和2002年，我国油菜籽产量连续两年下降，2002年油菜籽产量只有1 055万吨。此后两年，我国油菜籽产量再次增加，2004年，油菜籽产量创下1 318万吨的历史最高纪录。2005—2007年，我国油菜籽产量连续3年下降，2007年我国油菜籽产量仅有1 057万吨。

受2007年和2008年一季度国内外油脂油料价格大幅上涨，农民种植收益提高，以及2008年国家对油菜种植给予良种补贴和实行油菜籽托市收购政策的影响，我国油菜籽种植面积连续3年增加。2009年，我国油菜籽产量再次创下1 366万吨的历史最高纪录，种植面积达到历史第二高位。

由于2009年西南地区出现严重干旱,以及2010年上半年长江流域持续降水较多，导致油菜籽单产下降，虽然2010年我国油菜种植面积继续增加，但油菜籽总产量下降至1 308万吨。2011年我国油菜籽种植面积下降，但单产提高，总产量仍达到1 343万吨，较2010年增加35万吨。2012年，我国油菜籽种植面积继续下降，油菜籽总产量下降至1 220万吨。

比较2011年与2000年我国油菜籽种植面积、单产和总产量可以发现，11年间，我国油菜籽种植面积不但没有增加，反而出现了下降。但由于油菜籽单产提高，油菜籽总产量仍呈现增加态势。

2000—2011 年，我国油菜籽平均种植面积为 697.7 万公顷，其中 2000 年为 749.4 万公顷，2007 年一度下降至 564.2 万公顷，2011 年恢复增长至 734.7 万公顷，11 年播种面积累计下降 1.96%，年均降幅为 0.18%。

2000—2011 年，我国油菜籽平均单产为 1.733 吨 / 公顷，其中 2000 年仅 1.519 吨 / 公顷，2011 年为 1.827 吨 / 公顷，11 年单产累计增长 20.28%，年均增长 1.79%。

2000—2011 年，我国油菜籽年均产量为 1 206 万吨，其中 2000 年为 1 138 万吨，2011 年为 1 343 万吨，11 年间产量累计增长 17.97%，年均增长 1.51%。

2015/16 年度，我国油菜籽新增供给量预计为 1 933 万吨，较上年度增加 1 万吨，其中国内油菜籽产量预计为 1 493 万吨，油菜籽进口量预计为 440 万吨。预计该年度油菜籽榨油消费量为 1 800 万吨，较上年度减少 70 万吨，其中包含 1 350 万吨国产油菜籽及 450 万吨进口油菜籽。该年度油菜籽供需结余量预计为 38 万吨。

2016/17 年度，我国油菜籽新增供给量预计为 1 780 万吨，较上年度减少 153 万吨，其中国内油菜籽产量预计为 1 400 万吨，油菜籽进口量预计为 380 万吨。预计该年度油菜籽榨油消费量为 1 680 万吨，较上年度减少 120 万吨，其中包含 1 280 万吨国产油菜籽及 400 万吨进口油菜籽。该年度油菜籽供需结余预计为 5 万吨。

（三）我国油菜籽进口情况

我国进口菜籽始于 20 世纪 90 年代中后期，在 20 世纪末和本世纪初，曾经出现一次进口高峰。海关统计数据显示，1997 年，我国菜籽进口量只有 5.5 万吨，但此后两年快速增加。1998 年，我国菜籽进口量突破 100 万吨，达到 138.6 万吨，是上年进口量的 25.2 倍。

1999 年，我国菜籽进口量突破 200 万吨，达到 259.5 万吨。2000 年，我国菜籽进口量再次创历史纪录，达到 296.9 万吨。此后 3 年，我国菜籽进口量大幅下降，到 2003 年，菜籽进口量一度下降至 16.7 万吨，创下 6 年的低点。虽然 2004 年我国菜籽进口量出现增加，但 2005 年再次出现下降。

2006 年以来，我国菜籽进口量呈现逐年增加的态势，2008 年和 2009 年增速明显加快，并再次出现一次进口高峰。海关统计数据显示，2007 年我国菜籽进口量为 83.3 万吨，2008 年菜籽进口量创下 7 年的新高，达到 130.3 万吨。2009 年菜籽进口量更是达到 328.6 万吨，再次创下历史纪录。

受国家限制主产区进口油菜籽的影响，自 2010 年起，我国油菜籽进口量呈现下降趋势。2010 年，我国油菜籽进口量下降至 160 万吨，2011 年进口量下降至 126 万吨。

2013/14—2016/17 年度中国油菜籽供需情况见表 6–1。

表 6–1　2013/14—2016/17 年度中国油菜籽供需平衡分析

单位：千公顷，吨 / 公顷，千吨

项目[1]	2013/14	2014/15	2015/16（7月估计）	2016/17（7月估计）
播种面积	7 519	7 588	7 500	7 100
单位产量	1.923	1.947	1.991	1.972
生产量	14 458	14 772	14 931	14 000
进口量	4 352	4 541	4 396	3 800
年度供给量	18 810	19 313	19 327	17 800
榨油消费量	17 400	18 700	18 000	16 800
其中：国产油菜籽	13 400	13 600	13 500	12 800
进口油菜籽	4 000	5 100	4 500	4 000
种用及损耗量	850	900	950	950
年度国内消费量	18 250	19 600	18 950	17 750
出口量	0	0	0	0
年度需求总量	18 250	19 600	18 950	17 750
年度结余量[2]	560	–287	377	50

①油菜籽市场年度为当年 6 月至次年 5 月。2014/15 年度以前产量和播种面积数据引自国家统计局。

②结余量为当年新增供给量与年度需求总量间的差额，不包括上年库存。

三、世界油菜籽生产和贸易情况

（一）世界油菜籽种植面积和总产量变化情况

最近 10 年中，全球油菜籽种植面积除 2002/03、2006/07 年度出现同比减少外，其他年份均保持增长态势。2003/04、2008/09 年度增幅分别达到 15.27% 和 10.07%，2008/09 年度全球油菜籽种植面积超过了 3 000 万公顷大关。自 2007/08 年度以来，全球油菜籽种植面积已经连续 4 年保持增长，且不断刷新历史纪录。

美国农业部报告，2011/12 年度全球油菜籽种植面积为 3 312.6 万公顷，同比降低 2.31%，但较 2001/02 年度的 2 328.7 万公顷增长 983.9 公顷，增幅达 42.3%，其中加拿大、澳大利亚种植面积均创历史最高纪录。

全球菜籽种植面积持续增长，主要得益于全球菜籽和菜油消费需求的不断增加。尤其是欧盟使用菜油生产生物柴油的数量快速提高，不仅导致本地区菜籽种植面积和产量大幅增加，而且对进口菜籽的需求持续强劲，进而推动全球三大菜籽出口国加拿大、澳大利亚和乌克兰菜籽种植面积大幅提高。

此外，中国政府加大对菜籽等油料作物种植的政策扶持力度，农户种植菜籽积极性明显提高，菜籽种植面积和产量出现持续增加。近 3 年来，全球菜籽主产国天气状况相对较好，也是导致全球菜籽产量不断增加的重要原因。

美国农业部供需报告显示，2011/12 年度全球菜籽产量达 6 163 万吨，较上年度的 6 055 万吨增加 108 万吨，增幅为 1.78%。较 2001/02 年度的 3 601 万吨增加 2 562 万吨，增幅为 71.15%。过去 10 年，全球菜籽产量同比增幅最大的是 2008/09 年度的 19.19%，其次为 2003/04、2004/05 年度的 18.56% 和 16.93%。

2011/12 年度，全球油菜籽产量增加主要得益于加拿大和澳大利亚油菜籽产量的快速增加。但欧盟和中国菜籽产量下降，其中欧盟受春季干旱影响，油菜籽平均单产大幅下滑，同比减少超过 6%，总产量同比减少 8.7% 至 1 880 万吨，其中德国减幅最大。中国主要因种植效益较低，种植面积减少，产量下滑。

（二）世界油菜籽出口和进口状况

世界菜籽贸易量受产量和需求的影响较大。伴随世界菜籽产量和需求量的快速增加，菜籽贸易量也在不断扩大，过去 10 年，全球菜籽出口量呈震荡增长态势。

2002/03 年度，全球菜籽出口量仅为 413 万吨，而 2008/09 年度，则达到历史高位的 1 205 万吨，同比增长 47.76%，亦为增速最快年度。在 2005/06 年度，出口增速曾达到 42.31%。每次出口同比大幅增加之后，随之则出现回落。比如，2009/10 年度出口下降 10.43%，2007/08 年度出口下降 5.16%。

美国农业部统计，2011/12 年度全球油菜籽出口量为 1 295.7 万吨，同比增长 19.43%，占全球产量的 21.02%，全球出口量连续 4 年保持在 1 000 万吨以上。

目前全球主要油菜籽出口国有加拿大、澳大利亚、乌克兰。2011/12 年度，这三个国家出口总量达到 1 250 万吨，占全球出口量的 96.45%。其中，加拿大出口量为 870 万吨，占全球出口量的 66.90%，远高于澳大利亚和乌克兰。

全球油菜籽生产国相对集中，而消费需求比较分散。过去 10 年中，进口国格局亦发生了较大变化，目前主要的进口国家和地区包括欧盟、中国、日本、墨西哥、巴基斯坦、阿拉伯、美国等。其中，欧盟、日本和墨西哥进口量长期维持在 100 万吨以上，中国进口量大幅波动，2011/12 年度四个国家和地区合计进口菜籽 1 028 万吨，占全球进口量的 79.63%。2001/02 年度全球油菜籽主要进口国为日本、墨西哥和中国，三国合计进口 382 万吨，占全球进口量的 77.1%。

过去 10 年来，世界油菜籽进口量随着消费需求不断增加，2002/03 年度全球油菜籽进口量仅为 403 万吨，2005/06 年度进口量大幅增长 33.2% 至 668 万吨。之后一直维持在 600 万吨以上，且进口量连续 4 年增加，到 2008/09 年度，全球进口量达到创纪录的 1 212 万吨，同比增长 60.7%，较 2002/03 年度的 402 万吨增幅超过 2 倍。

之后两年受金融危机冲击，进口量连续下跌，2010/11 年度全球进口量为 1 046 万吨，较 2008/09 年度的高点下滑 13.70%。美国农业部统计，2011/12 年度全球油菜籽进口量达到 1 291 万吨，同比大幅增加 23.42%。

四、菜籽饼

油菜籽经机械压榨提取油脂后的剩余物为菜籽饼。菜籽饼通常有以下两种。

一种是没有浸出车间的小型油厂，使用小型或 95 型及 200 型榨油机压榨后得到的菜籽饼。这种菜籽饼的含油率一般在 5% ~ 8%，个别可达到 10%，可直接销售给饲料养殖企业。但由于含油量过高，销售价格一般低于菜粕。

另一种是目前国内绝大多数油厂使用 202 型或 338 型预压榨榨油机榨油后得到的菜籽饼，通常称作预榨菜籽饼，含油率一般在 15% ~ 18%。预榨菜籽饼含油率高，只是生产过程中的中间产品。油厂通常会直接输送到浸出车间，进一步提取剩余油脂，最后得到菜粕。

目前没有浸出车间的小型菜籽压榨油厂，大多是 20 世纪投资建设的，主要集中在四川、贵州等偏远地区或交通不便的地区，每年这些企业压榨油菜籽数量，约占我国油菜籽产量的 10% 左右。大多数菜籽饼生产企业会直接将菜籽饼销售给饲料企业或养殖企业。因菜籽饼仍含有大量油脂，部分生产企业会将菜籽饼销售给中小型油厂，进行浸出提取油脂后生产菜粕。

由于油菜籽一次性压榨工艺出油率低，目前该工艺已属于落后工艺，进入 21 世纪以来，新建或改扩建的油厂几乎全部建有浸出车间。预榨菜籽饼直接进入浸出车间生产菜粕，企业一般不对外销售菜籽饼。

第三节　菜粕中游产供销

一、我国菜粕生产情况

（一）我国菜粕总体情况

我国是世界上最大的菜粕生产国。2005 年之前，我国菜粕产量一直高于欧盟地区（17 个国家），位居全球首位。2005 年之后，受国内油菜籽种植面积和产量难以大幅增加，以及国际市场油菜籽贸易量相对稳定的影响，我国菜粕产量没有明显增加。欧盟 17 国在油菜籽产量和进口量双增的推动下，菜粕产量跃居世界第一位。

虽然目前我国是世界上第二大菜粕生产地区，但按照单个国家产量计算，我国仍是世界上最大的菜粕生产国。2011 年我国菜粕产量为 895 万吨，占全球菜粕总产量的比重为 25%。

受国内油菜籽产量和进口量变化的影响，2000 年以来，我国菜粕产量呈现波动式增长态势，占国内全部蛋白粕总产量的比重始终维持在第二位。由于豆粕产量持续快速增加，国内菜粕产量占蛋白粕总产量的比重不断下降。

我国菜粕产量呈现波动增长态势，产量峰值与谷值之间的差距较大。主要原因是国内油菜籽产量和进口量呈现波动态势，导致国内油菜籽压榨量大幅波动，进而影响菜粕产量。2000 年，我国菜粕产量一度达到 780 万吨，但由于持续两年下降，2002 年产量仅 607 万吨，较 2000 年降低 173 万吨，为 21 世纪以来最低，主要原因是国产油菜籽产量下降和油菜籽进口量大幅降低。

2003—2005 年间，我国油菜籽进口量保持较低水平，但由于国产油菜籽连年丰收，国内油菜籽压榨量持续增加，菜粕产量连续 3 年提高。2006 年和 2007 年，我国油菜籽连续两年减产，虽然油菜籽进口量增加，但增加量无法弥补减产幅度，导致我国菜粕产量连续两年下降。2008 年和 2009 年，我国油菜籽产量和进口量连续两年大幅增长，国内菜粕产量再度出现增加。

2009 年，我国油菜籽产量创下 1 366 万吨的历史纪录，油菜籽进口量创下 329 万吨的历史最高纪录，油菜籽压榨量达到了前所未有的历史高位，菜粕产量也创下了983万吨的历史最高纪录。2010年，我国油菜籽产量下降，加上国家出台限制主产区进口油菜籽的政策，导致油菜籽进口量和压榨量降低，菜粕产量下降至825万吨，同比减少158万吨，但仍为历史次高年份。2011年，我国菜籽产量增加，菜粕产量回升至895万吨。

近12年，我国对蛋白粕消费需求持续增长，大豆进口量连续增加，豆粕产量增幅明显超过菜粕产量增幅，导致菜粕产量占国内蛋白粕产量的比重持续下降。2011年我国蛋白粕总产量为5 933万吨，其中菜粕所占比重为13.88%，较2000年下降12.58个百分点。豆粕所占比重则由2000年的53.21%，提高至2011年的73.18%。

（二）国产油菜籽压榨生产菜粕情况

我国是世界主要的油菜籽生产国，生产菜粕的原料主要来自于国产油菜籽。2010年国产油菜籽压榨量占国内压榨总量的91.18%，比2000年提高10个百分点，但比2004年的历史最高纪录仍降低了6.3个百分点。

2001—2002年和2005—2007年间，我国油菜籽连续减产，油菜籽压榨量随之连年降低。受2007年和2008年一季度国内外油脂油料价格大幅上涨，农民种植收益提高，以及2008年国家开始对油菜种植给予良种补贴和油菜籽托市收购政策的影响，我国油菜籽种植面积连续3年增加。2009年油菜籽产量创下1 366万吨的历史最高纪录，压榨量达到了前所未有的1 350万吨。

受2009年西南地区严重干旱以及2010年上半年长江流域持续降水较多的影响，油菜籽单产下降，虽然种植面积继续增加，但2010年油菜籽总产量仍然下降，进而影响到国产油菜籽压榨量。2011年我国菜籽产量增加，菜粕产量也恢复性增加。国家粮油信息中心统计，2011年国产油菜籽压榨量为1 280万吨，较2000年增长20.75%，较历史最高的2009年减少70万吨，仍为历史次高年份。

（三）进口油菜籽压榨生产菜粕情况

2000年以来，我国油菜籽进口量呈现大幅波动态势，进口油菜籽压榨量占国内油菜籽压榨总量的比重也大幅波动。2000年，我国进口油菜籽压榨量处于历史次高水平，但由于国产油菜籽产量较低，进口油菜籽压榨量占压榨总量的比重达到18.11%，为历史最高水平。

2001—2007年，由于进口油菜籽数量一直保持较低水平，进口油菜籽压榨量相对较低，占国内油菜籽压榨量的比重均不足10%。受2008年全球爆发金融危机，国际市场油脂油料价格大幅下跌，以及国家对国产油菜籽实行托市收购政策的影响，2008年和2009年国内外油菜籽价格倒挂，油厂压榨进口油菜籽效益远高于压榨国产菜籽，国内厂商进口油菜籽积极性大幅提高，油菜籽进口量急剧增加，进口油菜籽压榨量大幅增加，占国内油菜籽压榨量的比重也快速提高。2009年，我国油菜籽进口量创下328.6万吨的历史最高纪录，进口油菜籽压榨量高达280万吨，占国内油菜籽压榨总量的比重提升至17.18%，仅低于2000年，为历史次低水平。

由于2009年11月份国家出台了限制主产区进口油菜籽的措施，2010年，我国油菜籽进口量大幅降低，进口油菜籽压榨量下降至120万吨，较2009年降低160万吨和57%，较2000年降低114万吨和95.33%。进口油菜籽压榨量占国内压榨总量的比重，再次下降至10%以下，仅为8.82%。2011年，进口油菜籽压榨量占压榨总量的比重提高至13.51%，但较2009年降低了3.61个百分点，较2000年降低4.6个百分点。

国内菜粕产量主要受油菜籽产量、进口量和压榨量的影响，进口油菜籽生产菜粕的数量受油菜籽进口量的影响最大。2009年和2000年，我国油菜籽进口量分别达到历史最高水平和次高水平，进口油菜籽生产的菜粕数量也分别达到最高和次高水平。由于2009年国内菜粕总产量较2000年大幅增加，2009年进口油菜籽生产的菜粕数量，占国内菜粕总产量的比重低于2000年。

由于油菜籽进口量大幅下降，2010年，我国进口油菜籽生产菜粕数量仅为68万吨。2011年进口油菜籽生产菜粕数量回升至114万吨，但较2000年降低14.93%。占国内菜粕总产量的比重为12.83%，较2000年降低4.39个百分点。

（四）我国菜粕主要生产地区及产量

2010年之前，我国菜粕生产能力分布与油菜籽主产区较为一致，主要分布在长江流域、西南和西北地区。2009年11月，国家限制主产区进口油菜籽，导致部分非传统油菜籽生产和加工的沿海地区开始改建和新建油菜籽压榨油厂，沿海非油菜籽主产区的广西、广东和福建油菜籽进口量和压榨量急剧增加，国内菜粕生产地区不断扩大。

从近几年国内菜粕产量构成情况上看，进口油菜籽对产量影响较大，其中山东、浙江和江苏表现较为明显。2009年，山东、江苏和浙江地区油菜籽进口量分别创下50.15万吨、35.37万吨和211万吨的历史最高纪录，当年3省菜粕产量也达到历史最高。2010年，山东和浙江地区没有进口油菜籽，江苏地区进口量仅为6万吨，导致3省菜粕产量急剧下降。

2010年，历史上不生产和较少进口油菜籽的沿海省份，如福建、广东和广西等地，油菜籽进口量大幅增长。其中，广西和福建地区分别进口油菜籽13.22万吨和41.02万吨，均实现了从无到有的转变。广东地区进口油菜籽64.15万吨，同比增长52.58万吨和4.54倍。3省油菜籽进口数量大幅增加，使得这些地区也成为我国菜粕主产区。

（五）未来我国菜粕生产前景

2008年底，国务院发布了《关于促进食用植物油产业健康发展保障供给安全的意见》。《意见》明确提出，支持国有和民营油料加工企业充分发挥企业的规模效益，提高市场占有率。从目前情况看，未来几年国内油菜籽压榨能力仍将继续保持增长态势，国内油菜籽压榨行业对油菜籽的需求将会保持增长态势，菜粕产量将会继续增加。

我国菜粕产量的提高，主要依靠油菜籽供应量的增加。最近几年，国家对油料种植的政策扶持力度不断加大，油菜籽种植面积连续出现恢复性增长，单产和总产量呈现增加的趋势。按照农业部油菜籽区域规划布局和发展目标，到2015年，优势区油菜播种面积达到1.39亿亩，约占全国油菜总面积的95%；平均单产138公斤，产量达到1 912万吨。以此推算，国内油菜籽总产量将超过2 000万吨。

从过去10年我国油菜籽产业发展情况看，2015年油菜籽产量达到2 000万吨的目标几乎是不可能实现的。受我国耕地面积有限，以及油菜籽种植效益相对较低的影响，乐观预计，2015年我国油菜籽总产量最多1 500万吨，2020年总产量最多1 800万吨。以此推算，2015年我国国产油菜籽生产菜粕数量有望达到900万吨，2020年预计为1 080万吨。

目前，国内油菜籽产不足需的矛盾依然突出，即使国家不取消对进口油菜籽的限制政策，油菜籽进口也将继续保持增长的态势。但未来10年，全球油菜籽产量难以持续大幅增加，国际市场油菜籽需求不断提高，全球油菜籽供应将会保持偏紧的局面，我国油菜籽进口大幅增加的可能性不大。

乐观预计，2015年我国油菜籽进口量将会再次达到或超过300万吨，2020年将会达到或超过500万吨。以此推算，2015年，我国进口油菜籽生产菜粕数量将在170万吨左右，国内菜粕总产量有望达到1 070万吨。2020年，我国进口油菜籽生产的菜粕数量在290万吨左右，国内菜粕总产量有望达到1 370万吨。

二、我国菜粕消费状况

（一）我国菜粕消费概况

我国菜粕主要用于国内消费，受国内消费需求持续增加的影响，菜粕出口量不断减少，占年度需求总量比重逐年降低，而国内消费量占需求总量的比重持续增加。2011年,我国菜粕国内消费总量为985万吨,较2000年增长37.76%,创历史最高水平，占国内需求总量比重接近98.59%。

我国菜粕国内消费主要用于饲料养殖行业，饲料消费量占国内消费总量比重常年在95%左右。2011年，我国菜粕饲料消费量为950万吨，较2000年增长260万吨和37.68%，占年度国内消费总量的比重为96.45%。

我国菜粕的饲料消费需求不断提高，是国内菜粕消费总量持续增长的主要推动力量。菜粕主要用于水产饲料，受国内水产养殖周期影响，菜粕消费具有季节性特性，每年4—10月间是国内水产养殖旺季，也是菜粕的集中消费时期。

菜粕是我国主要的饲料蛋白来源，仅次于豆粕，居全部蛋白粕品种饲料消费用量第二位。2011年我国菜粕占全部蛋白粕品种饲料消费量比重为15.38%，较2000年下降9.83个百分点，累计增幅与年均增幅均落后于豆粕。

（二）我国菜粕消费特点

我国菜粕消费主要受国内菜粕产量和进口量的影响，菜粕消费量显著增长。2009年，我国菜粕进口量小幅降低，产量显著增长，新增供给量仍显著提高。消费量与上年相比明显增长，增幅达到202万吨和28.13%。

2010年，我国菜粕产量降低，进口量显著增长，出口明显下降，弥补了产量降低的影响。新增供给量只略低于上年水平，消费量达到950万吨，较上年仅降低10万吨和1%。2011年我国菜粕消费量小幅增加。

近年来，沿海地区油菜籽和菜粕进口量均大幅增加，菜粕新增供给量显著上升。若考虑江浙地区以国产油菜籽为原料生产的菜粕供给量，沿海地区供应能力更大。沿海地区菜粕新增供给量明显上升，不仅满足了当地饲料养殖业不断增长的需求，也降低了对内陆地区菜粕的依赖性。同时，进口菜粕的性价比更高，也降低了国内饲料厂商对产区菜粕的需求。过去几年来，内陆油菜籽产区生产的菜粕更多用于本地销售，外销数量逐渐减少。

（三）未来我国菜粕消费市场分析

2010年，我国进口油菜籽生产的菜粕数量和进口菜粕数量合计达到190万吨，可以满足20%的国内消费总量，为历史最高年份。从沿海地区油菜籽压榨产能快速提升和加拿大菜粕供应能力相对稳定的角度考虑，我国沿海地区菜粕供应能力仍将保持增加态势，未来几年对内陆产区菜粕的需求将会继续降低。2011年我国菜粕进口量达到138万吨，同比增长13.12%。

近年来，福建、广东、广西3省（区）的油菜籽加工能力和菜粕进口量均快速增加，菜粕新增供给量显著提高。这些地方的菜粕消费更多地依赖于本地供应能力，对长江流域及西南地区菜粕需求明显降低。但受限于国际市场油菜籽和菜粕贸易量有限的影响，未来几年，沿海地区菜粕供应能力增速将会放缓。

三、我国菜粕贸易状况

（一）我国菜粕贸易概况

我国菜粕生产区域较为集中，而消费区域广泛，国内贸易量相对较大，贸易量占产量的比重在98%以上。

国内菜粕贸易在满足产区消费后，全部流向销售区。长江流域菜粕在满足自用外，主要销往山东、广东、广西和福建地区。内蒙古地区的菜粕主要销往黑龙江、吉林和辽宁地区。青海地区菜粕主要销往周边省份，部分销往华南地区。西南地区菜粕主要以当地消化为主。

（二）我国菜粕贸易特点

我国菜粕贸易以公路、铁路和水陆运输为主。主产区消费的菜粕主要贸易运输以公路为主，西北、西南和长江中上游地区外销菜粕主要是火车运输，长江下游地区外销菜粕主要是轮船运输，少量以火车和汽车运输。

最近几年，我国菜粕贸易流向发生较大变化，主要原因是国家限制油菜籽主产区进口油菜籽后，沿海非油菜籽产区开始大量进口油菜籽和菜粕，导致其对国内主产区的菜粕需求出现下降，长江流域菜粕销往沿海非产区的数量不断减少。

（三）未来我国菜粕贸易市场分析

随着国内饲料养殖行业的持续快速发展，未来我国菜粕消费量和贸易量仍然会继续呈现增加态势。但由于油菜籽和菜粕进口格局的变化，未来我国菜粕贸易半径将会缩小，大部分菜粕贸易将以本省或周边地区为主。

在油菜籽主产区菜粕产量难以大幅增加的情况下，可能会出现沿海非油菜籽产区生产和进口的菜粕流向产区的情况。这一局面将首先出现在广西，未来广西地区生产的菜粕将会流向云南和贵州油菜籽主产区。

四、我国菜粕进口状况及未来展望

（一）我国菜粕进口状况

2006 年之前，我国一直是菜粕净出口国。随着国内饲料养殖业尤其是水产养殖行业的发展和国际市场菜粕贸易量增加，我国菜粕进口量逐年增长。自 2007 年开始，我国成为菜粕净进口国。

2009 年之前，我国菜粕进口量一直处于较低水平，占菜粕总供给量的比重始终在 5% 以下。2009 年底，我国实行限制主产区进口油菜籽的政策，进口油菜籽压榨量大幅降低，菜粕产不足需的矛盾渐显，刺激了我国菜粕的进口需求。同时，加拿大油菜籽加工能力大幅提升，菜粕产量大幅增长，出口压力增大，价格下降，导致我国菜粕进口量急剧增加。

2010 年，我国菜粕进口量达到创历史纪录的 122 万吨，同比大幅增加 97 万吨和 3.9 倍。2011 年，我国菜粕进口量达到 138 万吨，再创历史纪录，较 2000 年进口量增长 135 万吨和 45 倍。菜粕进口量占国内菜粕总供给量的比重达到 18.18%，较 2000 年提高 17.74 个百分点。2012—2016 年中国菜粕月度进口量见表 6–2。

表 6–2　2012—2016 年中国菜粕月度进口量

单位：千吨

	2012 年	2013 年	2014 年	2015 年	2016 年
1 月	79.6	0.0	7.7	9.6	0.0
2 月	4.1	0.1	16.4	0.0	0.0
3 月	30.4	3.0	14.0	1.0	0.0
4 月	67.1	1.8	37.7	15.3	56.5
5 月	47.5	3.9	41.9	29.0	53.1
6 月	75.3	1.5	41.0	9.9	
7 月	33.0	2.8	30.9	25.2	

续表

	2012 年	2013 年	2014 年	2015 年	2016 年
8 月	71.5	5.4	24.4	8.7	
9 月	37.0	32.3	24.9	18.8	
10 月	36.0	41.8	16.8	4.8	
11 月	18.3	24.9	6.8	0.5	
12 月	0.6	6.4	0.6	0.0	
合计	500.3	125.9	263.1	122.8	109.5

注：数据来源于中国海关总署。

（二）我国进口菜粕主要来源国

加拿大和印度是世界主要的菜粕生产国和出口国，两国菜粕出口量常年占全球贸易量的 70% 以上，也是我国进口菜粕的主要来源国。2010 年，我国菜粕进口量为 122 万吨，同比增长 96.83 万吨和 3.91 倍。

其中自印度进口 35.3 万吨，同比增长 12.21 万吨和 52.9%，占总进口量份额由 2009 年的 93.22% 下降至 29.02%。自加拿大进口量达到 74.78 万吨，占总进口量份额达到 61.49%，实现了从无到有的飞跃，是我国菜粕进口量大幅增长的主要推动力量。

2011 年我国进口印度菜粕数量大幅增加，进口加拿大等其他国家的菜粕数量均出现下降。2012 年起，国家限制从印度进口蛋白粕，导致菜粕进口量大幅下降，尤其是从印度进口菜粕数量急剧下降，未来我国进口菜粕格局将出现变化。

（三）我国菜粕主要进口地区

我国菜粕主要进口地区是环渤海、东部沿海和南部沿海地区。2010 年，环渤海地区菜粕进口量为 20.31 万吨，占全国进口量的比重为 16.7%。其中天津地区和山东地区进口量较高，占全国的比重分别为 6.75% 和 7.43%。

2010 年，东部沿海地区菜粕进口量为 16.8 万吨，占全国比重为 13.81%。其中江苏地区进口量较高，占全国比重为 10.27%。

南部沿海地区是我国主要的水产养殖基地，菜粕消费量较大，进口需求为全国之冠。2010 年菜粕进口量达到 84.51 万吨，占全国比重为 69.49%。其中，广东地区进口量最高，2010 年达到 78.04 万吨，占全国比重为 64.17%。

2011 年，我国菜粕进口量增加至 138 万吨，但进口地区反而出现减少的现象，其中河北和浙江当年均没有进口菜粕。

（四）进口菜粕价格具有优势

近年来，我国菜粕进口格局发生较大变化，具体表现在进口地区从邻近的印度转向更多的国家，尤其自加拿大的进口量快速提高。2009 年之前，印度是我国进口菜粕的主要来源国，尽管价格较为低廉，但受灰分高和适口性差等品质不佳的影响，我国自印度进口菜粕的增长相对缓慢。

我国限制主产区进口油菜籽之后，进口油菜籽生产菜粕的数量大幅减少，需要通过进口菜粕弥补国内产需缺口。过去加拿大油菜籽压榨产能快速提高，菜粕产量大幅增加，出口供应能力增强。此外，加拿大菜粕品质优于国产菜粕，更适用于国内饲料养殖行业，从而刺激了国内厂商对加拿大菜粕的进口需求。

2010 年，我国进口菜粕平均价格为 2 139 元 / 吨，与国产菜粕平均价格差由 2009 年的 –82 元 / 吨扩大至 –198 元 / 吨。其中，自加拿大进口菜籽粕平均价格为 2 201 元 / 吨，与国产菜粕价差为 –136 元 / 吨。2010 年加拿大菜粕价格相对国产菜粕价格较低，形成贸易顺价态势，也刺激了我国对加拿大菜粕的进口需求。

2011 年，国内菜粕平均价格较进口菜粕平均到港成本仍然高出 160 元 / 吨，进口菜粕价格优势依然十分突出，导致进口量继续增加。

（五）进口菜粕对国内市场的影响

2010 年之前，我国菜粕进口量一直处于较低水平，占国内菜粕新增供给量比重较低，国内饲料养殖行业大多使用国产菜粕。沿海非油菜籽主产地区，通过江海联运和陆路运输，采购主产区生产的菜粕用于饲料加工。

2010 年以来，沿海地区菜粕进口量显著增长，开始挤占国产菜粕的市场份额，对主产区菜籽加工企业向沿海地区销售菜粕带来不利影响。同时，进口菜粕尤其是加拿大菜粕价格较低，与国产菜粕相比，具备更低的价格优势，使得饲料养殖行业在饲料配方中不断提高进口菜粕的用量配比，在国内菜粕消费总量的份额不断提升，进一步挤占了国产菜粕的销售市场。

（六）未来我国菜粕进口前景展望

2011 年，受国内油菜籽减产和油菜籽进口量增幅有限的影响，国产菜粕产量与上年基本持平，但菜粕国内消费量仍然保持上升趋势。为满足日益扩大的产需缺口，菜粕进口量仍将保持较高水平。

在国家政策扶持力度不断加大的情况下，预计未来 10 年我国油菜籽产量将会提高。即便未来几年国家不取消对进口油菜籽的限制政策，我国油菜籽进口量也会保持增加的趋势。国产菜粕产量将会呈现增长态势，这将会抑制进口需求，预计未来几年，我国菜粕进口增速将会逐步放缓。但从国内产需缺口加大和国际市场菜粕性价比较高考虑，未来几年我国菜粕出口能力将会继续下降，仍会保持菜粕净进口国的地位。

五、我国菜粕出口状况及未来展望

（一）我国菜粕出口状况

过去 10 年，我国菜粕出口量呈现波动式下降趋势，菜粕出口量占总需求量比重不断下降。2001 年，我国菜粕出口量曾经达到 48 万吨，到 2006 年下降至 5 万吨。2009 年回升至 34 万吨，但此后两年急剧下降。2011 年，我国菜粕出口量仅 1 万吨，较 2001 年减少 47 万吨和 97.92%，占总需求量比重由 2001 年的 6.72% 下降至 0.10%。2012—2016 年中国菜粕月度出口量见表 6–3。

表 6–3　2012—2016 年中国菜粕月度出口量

单位：千吨

	2012 年	2013 年	2014 年	2015 年	2016 年
1 月	3.4	14.1	10.3	0.0	18.8
2 月	14.4	27.9	2.8	0.1	10.2
3 月	10.3	19.3	3.9	0.0	48.3
4 月	7.9	6.1	3.7	0.0	9.7
5 月	6.6	3.6	7.8	0.0	3.9
6 月	0.0	0.8	2.0	0.0	
7 月	2.5	0.2	3.9	0.0	
8 月	0.0	0.8	2.0	0.0	
9 月	0.2	0.2	0.1	0.2	
10 月	2.5	0.0	0.0	0.1	
11 月	11.9	0.1	0.0	3.8	

续表

	2012 年	2013 年	2014 年	2015 年	2016 年
12 月	14.0	0.1	0.1	6.8	
合计	73.6	73.0	36.6	11.1	90.9

注：数据来源于中国海关总署。

（二）我国菜粕主要出口地区

我国菜粕出口集中度较高，目的地多在亚太地区。其中韩国、泰国和日本是我国菜粕的主要出口国，常年占我国菜粕出口总量比重在 75% 以上。2010 年我国菜粕出口全部集中于上述 3 国。

（三）近年我国菜粕出口状况

近年来，我国菜粕出口呈现数量大幅降低和目的地集中度不断上升的特点。我国菜粕出口量主要受国内产需状况的影响，国内菜粕产量难以大幅增长，国内消费持续上升，甚至要通过进口弥补产需缺口，因此出口能力不断降低。

此外，受出口价格和出口能力有限的影响，我国菜粕出口集中度不断上升，2010 和 2011 年出口目的地的数量已经由 2009 年的 8 个减少至 3 个。

（四）我国菜粕出口前景展望

受国民经济快速发展，人民生活水平不断提高，以及人口净增长的影响，未来 10 年，我国对肉、蛋、奶和水产品的消费需求将会继续保持增长态势，国内饲料产量和蛋白粕需求继续增加的局面不会改变。

在国内菜粕供应量难以大幅增加的情况下，菜粕的出口量将会越来越少，尤其是印度和加拿大菜籽菜粕出口较我国更有价格竞争力，因此会不断挤占我国的出口市场份额。

第四节 世界菜粕生产、贸易和消费状况

一、世界菜粕生产状况

（一）世界菜粕总体状况

菜粕产量主要受油菜籽产量变化的影响，最近12年全球菜粕产量整体呈现增加的趋势，但个别年份全球油菜籽产量出现下降，菜粕产量也随之下降。

2002/03年度，由于全球油菜籽产量大幅下降，油菜籽压榨量减少，菜粕产量由上年度的1 994万吨下降至1 880万吨。此后3年，全球油菜籽产量恢复性增加，菜粕产量不断增加，持续刷新历史最高纪录。

2006/07年度，受全球油菜籽产量下降的影响，菜粕产量在连续3年增长后再次出现下降。2007/08年度至2010/11年度，受全球油菜籽产量增加和消费需求持续强劲的影响，全球菜粕产量连续4年增加，并不断创下历史纪录。

2010/11年度，全球菜粕产量达到3 494万吨，较2001/02年度增加1 500万吨，累计增幅为75.22%，年复合增长率为6.8%。2011/12年度，全球菜粕产量达到3 577万吨，比上年度增加83万吨和2.38%，再创历史纪录。

（二）世界菜粕主要生产国家和产量

全球菜粕生产地区主要分布于欧盟、中国、加拿大、印度等油菜籽主产地。虽然澳大利亚和乌克兰也是油菜籽主产地，但两国生产的油菜籽主要供出口，国内压榨量较少，菜粕产量和出口量都很低。

日本和巴基斯坦虽然不是油菜籽主产国，但是油菜籽主要进口国，菜粕产量反而超过了澳大利亚和乌克兰等油菜籽生产国。目前，欧盟、中国、印度、加拿大和日本是全球最大的5个菜粕生产国家和地区。

2010/11年度，欧盟菜粕产量为1 283万吨，位居世界第一。欧盟是世界最大的油菜籽生产地区，菜粕原料约90%来自当地油菜籽，10%左右来自进口菜籽。欧盟进口的油菜籽主要来源于澳大利亚、乌克兰和加拿大。由于2011/12年度欧盟油菜籽

产量大幅下降，菜粕产量下降至 1 244 万吨，较上年度减少 39 万吨和 3.04%。

中国菜粕产量位居世界第二，2010/11 年度产量为 825 万吨。按照单个国家计算，仍然是全球第一位。

中国菜粕产量受进口油菜籽影响较大。2009/10 年度，中国油菜籽进口量达到 267 万吨，菜粕产量受到拉动，达到 983 万吨。2010/11 年度油菜籽进口量减少，菜粕产量显著下降，需要直接进口较多菜粕以弥补国内供需缺口。2011/12 年度中国菜粕产量为 895 万吨，较上年度明显增加。

印度菜粕产量位居世界第三，2010/11 年度产量为 403 万吨。印度菜粕产量变动比较平稳，原料完全采用国产油菜籽，2003 年以来几乎没有大的变化。不过最近几年油菜籽种植收益提高，菜粕产量显现出稳步增加苗头。2011/12 年度，印度菜粕产量下降至 365 万吨，比上年度减少 38 万吨和 9.43%。

过去数年，加拿大菜粕产量一直低于印度，位居世界第四。但受国内油菜籽供应充足及较高的压榨收益推动，国内油菜籽压榨产能增长很快，菜粕产量大有超过印度之势。2010/11 年度，加拿大菜粕产量达到 347 万吨，2011/12 年度产量达到 378 万吨，较上年度增加 31 万吨和 8.9%，超过印度跃居世界第三位。未来几年，依托国内充足的油菜籽产量，加拿大菜粕产量将会进一步增长。

日本菜粕产量位居世界第五，2010/11 年度产量为 129 万吨。日本油菜籽产量很少，菜粕原料几乎全部依赖进口。日本进口的油菜籽主要来源于加拿大和澳大利亚，其中加拿大油菜籽占全部进口量的 90%，澳大利亚占 10%。日本油菜籽压榨行业很稳定，10 年菜粕产量几乎没有变化，一直维持在 126 万吨左右窄幅波动。2011/12 年度，日本菜粕产量为 130 万吨，与上年度大体持平。

1. 世界菜粕出口情况和主要出口国

全球菜粕出口量呈明显增长趋势。2011/12 年度，全球菜粕出口量为 545 万吨，较 2001/02 年度增加 394 万吨，累计增幅为 261%，年均复合增长率为 13.7%。全球菜粕增长主要受加拿大和印度出口增长带动。此外，巴基斯坦、埃塞俄比亚出口量也明显增加。

加拿大是全球最大的菜粕出口国，2010/11 年度出口量为 299 万吨，占全球出口总量的 58%。2001/02 年度，加拿大菜粕出口量仅有 80 万吨，10 年的出口累计增长了 274%，年均复合增长率为 15.8%。加拿大约 80% 的菜粕用于出口，受过去几年该国压榨业快速扩张的影响，加拿大菜粕出口量大幅增加，在全球菜粕贸易中的地位得到强化。2011/12年度，加拿大菜粕出口量为331万吨，较上年度增长32万吨和10.7%。

印度菜粕出口位居全球第二，2010/11年度出口量为131万吨，创历史最高纪录，占全球出口总量的25%。2001/02年度，印度菜粕出口量仅为42万吨，10年的出口累计增长了212%。印度菜粕国内消费占产量的比率为75%左右，国内消费总体呈上升趋势，出口比率为25%左右。虽然过去10年出口总体增长，但未来出口可能受到制约，增长空间有限。印度菜粕主要面向亚洲国家出口，如中国、韩国、泰国、越南等国。2011/12年度，印度菜籽出口量为99万吨，比上年度减少32万吨和32.3%。

中国曾是全球主要的菜粕出口国之一，但近年来菜粕产量供不足需，缺口越来越大，目前已经基本不出口菜粕，由原来的菜粕净出口国变为净进口国。近两年，巴基斯坦和埃塞俄比亚菜粕出口量明显增加，主要出口到中国。其中2010/11年度，巴基斯坦出口到中国的菜粕数量为9.9万吨，占中国菜粕全部进口量的6.4%。埃塞俄比亚出口到中国的菜粕数量为2.9万吨，占中国全部菜粕进口量的1.8%。

2. 世界菜粕进口情况和主要进口国

2010/11年度，全球菜粕进口量为499万吨，比2001/02年度增加345万吨，累计增幅为224%，年均复合增长率为13.9%。全球菜粕进口主要受中国和美国进口需求拉动。受全球菜粕产量不断增加的影响，2011/12年度，全球菜粕进口量为507万吨，比上年度增长8万吨和1.6%。

美国是全球最大的菜粕进口国，2010/11年度，菜粕进口量为204万吨，占全球出口总量的41%。2001/02年度，美国菜粕进口量为84万吨，10年的进口累计增长了143%，年均复合增长率为10.4%。虽然美国也生产少量菜粕，但国内产量供不足需矛盾突出，需要进口大量菜粕来弥补国内缺口。过去10年，美国进口菜粕约占国内总供给的70%。

美国国内菜粕产量增长缓慢，需求的增长很大程度上依赖进口。预计未来几年，美国菜粕进口量将呈现继续增长的趋势。2011/12年度，美国菜粕进口量达到279万吨，比上年度大幅增长75万吨和36.8%。

中国近几年菜粕进口增长很快，从净出口国变为净进口国。2005年之前，中国基本上不进口或仅进口少量菜粕，但2006年以来进口量不断增加。2006/07年度，菜粕进口量达到42.6万吨，是上年度进口量的11.2倍。2010/11年度，中国菜粕进口量达到156.6万吨，是全球第二大菜粕进口国。

中国菜粕进口主要来自加拿大和印度，同时也进口少量巴基斯坦和埃塞俄比亚菜粕。2010/11年度进口加拿大菜粕91.8万吨，占全部进口量的58.7%。进口印度菜粕51.9万吨，占全部进口量的33.2%。进口巴基斯坦菜粕9.9万吨，占全部进口量的6.3%。进口埃塞俄比亚菜粕2.9万吨，占全部进口量的1.8%。2011/12年度，中国菜粕进口量为84万吨，较上年度大幅下降72万吨和46.2%，主要是国家出台限制进口印度菜粕的政策造成的。

其他国家菜粕进口量较少，且主要集中在亚洲地区，包括韩国、泰国、越南、印尼等国，欧盟也进口部分菜粕。2010/11年度，除美国、中国之外的国家和地区共进口了139万吨菜粕，相当于全部进口量的27.9%。菜粕进口市场基本呈三分天下的格局。

二、世界菜粕消费状况研究

（一）世界菜粕消费情况

菜粕主要用于饲料养殖，全球每年用于饲料消费的菜粕占全部消费量的比率约为98%，少量用于工业消费和直接作为肥料。目前，菜粕脱壳脱毒用于食品工业尚未进入工业化生产。

菜粕含有硫代葡萄糖甙、芥子碱、植酸、单宁等抗营养因子，会影响动物适口性和生长发育，往年菜粕在饲料中的应用受到限制。近些年受饲料技术发展推动，菜粕在饲料生产中越来越受到重视。

菜粕蛋白含量35%～40%，比豆粕低5个百分点，但价格比豆粕低30%～40%，价格优势突出，可有效降低饲料生产成本。与豆粕相比，菜粕还含有较高的胆碱、生物素、烟酸、VB1、VB2和丰富的微量元素如钙、磷、硒等。

当菜粕与豆粕合用时，可以很好地起到氨基酸平衡和互补作用，显著提高动物的生长性。菜粕被广泛用于水产、畜禽等饲料，是重要的蛋白来源。2010/11年度，全球菜粕饲用消费量为3 387万吨，比2001/02年度增加1 471万吨，累计增幅为77%，年复合增长率为6.5%。

菜粕在饲料中的应用仅次于豆粕，是饲料中第二大植物蛋白来源。按2010/11年度全球7种植物蛋白粕饲料消费量2.426亿吨测算，菜粕饲用消费占植物蛋白粕饲用消费总量的比例为13.9%（豆粕约为70%）。2011/12年度，全球菜粕消费量为3 456

万吨，比上年度增加 69 万吨和 2.0%。

（二）世界菜粕主要消费国和消费量

欧盟是全球最大的菜粕饲料消费地区，2010/11 年度用于饲料消费的菜粕为 1 276 万吨，占全球菜粕饲料消费的 37.7%。2001/02 年度，欧盟菜粕饲料消费量为 604 万吨，10 年累计增长了 111.3%，年复合增长率为 8.7%。2011/12 年度，欧盟菜粕饲料消费量为 1 236 万吨，比上年度减少 40 万吨和 3.1%。

中国菜粕饲料消费仅次于欧盟，2010/11 年度用于饲料消费的菜粕为 920 万吨，占全球菜粕饲料消费的 27.2%。2001/02 年度，中国菜粕饲料消费量为 660 万吨，10 年累计增长了 39.4%，年复合增长率为 3.8%。2011/12 年度，中国菜粕饲料消费量为 950 万吨，比上年度增加 30 万吨和 3.3%。

美国菜粕饲料消费增长较快，2010/11 年度菜粕饲料消费为 271 万吨，占全球菜粕饲料消费量的比例为 8.1%，位居全球第四。2001/02 年度，美国菜粕饲料消费量为 124 万吨，10 年累计增长 118.5%，年复合增长率为 9.1%。2011/12 年度菜粕饲料消费量为 346 万吨，比上年度大幅增加 75 万吨和 27.7%，再次超过印度跃居世界第三位。不过美国菜粕消费量并不稳定，过去几年常被印度超过。美国菜粕总供给的 70% 来自进口，可能成为未来消费增长的主要限制因素。

2010/11 年度，印度菜粕饲料消费为 275 万吨，在全球位居第三，占全球菜粕饲料消费量的比例为 8.1%。2001/02 年度，印度菜粕饲料消费量为 196 万吨，10 年累计增长了 40.3%，年复合增长率为 3.8%。印度菜粕消费需求除全部自给外，还有 25% 左右的菜粕用于出口。加上油籽种植效益较高，印度产量呈增长趋势，未来几年菜粕消费增长比较有保障。2011/12 年度，印度菜粕饲料消费量为 267 万吨，比上年度减少 8 万吨和 2.9%。

日本菜粕饲料消费位居全球第五。日本只进口少量的菜粕，用于生产饲料的菜粕几乎全部来自国内生产，但压榨用油菜籽几乎全部来自进口。2010/11 年度饲料消费为 101 万吨，占全球菜粕饲料消费量的比率为 3.0%。2001/02 年度，日本菜粕饲料消费量为 82 万吨，过去 10 年累计增长幅度为 23.2%，年均复合增长率为 2.3%。

日本油菜籽压榨处于成熟期，菜粕产量稳定，未来几年用于饲料消费的菜粕增长空间有限。2011/12 年度，日本菜粕饲料消费量为 101 万吨，与上年度持平。

菜粕其他消费国主要集中于亚洲，如泰国、巴基斯坦、越南、印尼、韩国等。

三、我国菜粕价格分析

（一）我国菜粕价格变化情况

最近 10 年中，我国菜粕价格呈现波动式上涨的态势，价格运行区间在 800 ~ 2 800 元 / 吨。2001 年至 2003 年上半年，国内外油菜籽产量增加，价格下跌，国内菜粕供应充裕，价格维持低位运行，长江流域主产区菜粕价格主要运行区间在 800 ~ 1 100 元 / 吨。

2003 年下半年至 2004 年一季度，受国内外油脂油料产量下降，价格持续上涨的影响，国内菜粕价格大幅上涨，最高一度超过 1 700 元 / 吨。2004 年二季度，受国内外油脂油料价格大幅下跌的影响，国内菜粕价格大幅回落。2004 年下半年至 2007 年上半年，国内菜粕价格维持震荡运行，主要运行区间在 1 200 ~ 1 500 元 / 吨，价格底部明显抬高。

2007 年下半年到 2008 年下半年，受全球商品价格持续上涨的影响，国内菜粕价格再次走出一轮大幅上涨的行情，最高一度达到 2 750 元 / 吨。2008 年下半年爆发金融危机，国内菜粕价格也出现暴跌。2008 年底国家出台油菜籽托市收购政策后，国内菜粕价格止跌回升。

2009—2011 年继续执行油菜籽托市收购政策，并逐步提高国产油菜籽收购价格。在国产原料价格大幅上涨的推动下，国内菜粕明显上涨，价格底部再次抬高。2010 年以来，国内菜粕价格主要运行区间在 2 000 ~ 2 400 元 / 吨。近些年，国家政策性油菜籽收购价格是我国菜粕的主要影响因素，不断提高的原料价格，抬高了国内菜粕的底部价格。

（二）我国菜粕价格变化的季节性特点

受我国菜粕季节性生产以及菜粕饲料消费旺季和淡季明显的影响，我国菜粕价格呈现季节性波动规律。每年 2—4 月份，国产菜粕库存量较少，水产养殖开始增加，菜粕价格一般会出现上涨。5—8 月份，国产油菜籽开始集中上市，菜粕新增供给量大幅增加，国内菜粕价格常常出现下跌。在新季菜粕供应能力最强的 6—7 月之间，价格往往跌至年内低点。

8—10 月份，国产油菜籽榨季陆续结束，菜粕供应能力趋于减少，水产养殖却进入对菜粕需求的旺季，呈现供应预期减少和需求显著增加的供需格局，国内菜粕价格上涨趋势较为明显。11 月份到来年 2 月份，水产养殖行业采购旺季结束，国内菜粕价格一般呈现稳定或小幅下降。

（三）影响我国菜粕价格的因素分析

1. 国内菜粕供需变化对价格的影响

2010年之前，我国进口菜粕数量相对较少，菜粕价格主要受国内供需状况的影响。通常情况下，如果当年国内菜粕产量下降，价格就会出现上涨。如果国内菜粕产量增加，价格就会出现下降。

2009年，受我国油菜籽产量和进口量大幅增加的影响，国内菜粕供应过剩，下半年一度出现大幅下跌。2010年我国菜粕产量下降，供需出现缺口，国内菜粕价格维持高位运行。

我国政府自2009年第四季度开始限制主产区进口油菜籽，导致油菜籽进口量大幅下降。在国产油菜籽产量难以大幅增加的情况下，国内菜粕产量下降，但消费量却保持小幅增加态势，导致国内菜粕产需缺口进一步扩大，必须大量进口菜粕来弥补。

2010年我国进口菜粕122万吨，是2009年的4.9倍。2011年1—9月份，我国进口菜粕122万吨，与2010年同期进口量持平。我国大量进口菜粕，使得国内菜粕供需状况明显好转，菜粕价格运行较为平稳。

2. 进口菜粕对国内价格的影响

虽然我国大量进口菜粕弥补了国内产需的不足，但由于我国对菜粕进口免收增值税，进口菜粕折合完税价格相对较低，对国内菜粕价格形成抑制作用。

2011年1—9月份，我国沿海地区菜粕进口量达到122.2万吨，同比增长26.37%，平均进口成本在2 050 ~ 2 150元/吨之间，较同期国产菜粕价格低100 ~ 150元/吨，在一定程度上冲击了国内市场。

同时，沿海菜粕进口地区又是国内菜粕的一个重要销区，当地菜粕进口量大幅增加，对国产菜粕的需求降低，加上价格便宜，对国内菜粕价格形成打压。

3. 国际市场油料供需状况对国内价格的影响

国内菜粕价格与国际油料市场供需状况联动性较强。2004年和2008年，全球油菜籽产量降低，全球油料市场供需面偏紧，以大豆、豆粕为代表的油料市场价格大幅上涨。受此带动，国内菜粕价格均大幅上涨，尤其是2008年，达到创历史纪录的2 750元/吨。

2005年和2009年，全球油菜籽产量恢复性增长，全球油料市场供需状况改善。

受国际油料市场价格大幅下跌的影响，国内菜粕出现了阶段性低点，其中2009年出现了4年以来最低的1 450元/吨。近年来，全球油料供应状况相对稳定，国内菜粕价格走势较为平稳，价格波动性明显弱于过去10年。

4. 其他蛋白粕价格变化对菜粕价格的影响

（1）豆粕。

菜粕是我国供需量第二大蛋白粕品种，占全部蛋白粕市场的比重却远逊于豆粕。菜粕价格与豆粕价格关联性较强，菜粕价格走势亦受豆粕价格变化的影响较大。

过去10年，我国菜粕和豆粕价差大幅波动，波动区间在500 ~ 2 100元/吨之间。近年来，两者价差运行区间在500 ~ 1 200元/吨之间，较过去10年明显缩小，并呈现上半年回落，下半年上升的规律性变化，年度间价差变化原因存在差异。

2010年上半年，国内豆粕价格下跌，菜粕价格上涨，两者价差一度回落至500元/吨的历史低点。2010年下半年，进口大豆成本上升，国内菜粕价格涨幅小于豆粕，价差逐渐扩大。2011年上半年，新季菜粕价格跌幅不大，受进口大豆供应充足的影响，豆粕价格大幅下跌，两者价差快速回落。2011年三季度，新季菜粕涨幅小于豆粕，与上年情况类似，两者价差逐渐扩大。

（2）棉籽粕。

棉籽粕和菜粕在饲料应用中都属于限制添加的蛋白原料，棉籽粕与菜粕可搭配使用，在实际应用中是一种互补关系。棉籽粕因去壳程度不同，导致蛋白质含量跨度范围大，不同蛋白质含量的棉籽粕价格不同，但大多数情况下，40%以上棉籽粕价格都高于菜粕价格。

棉籽粕价格变化对菜粕的影响较大，一般情况下，棉籽粕价格的涨跌与菜粕价格趋势是一致的。2010年，国内棉花产量大幅下降，棉花、棉籽、棉壳、棉绒价格均出现暴涨，但棉籽粕价格的上涨幅度却相对较小，主要原因是菜粕等蛋白粕价格上涨幅度较小。

2011年，棉籽及副产品价格持续下跌。虽然棉籽粕价格也出现明显下跌，但跌幅相对较小，主要是菜粕、豆粕等蛋白粕价格下跌幅度较小所致。

5. 饲料养殖企业需求对菜粕价格变化的影响

菜粕主要用作饲料蛋白原料，国内饲料养殖行业消费需求的变化对菜粕价格的影响较大。国内饲料消费需求增加，尤其水产饲料需求增加，往往会带动菜粕价格上涨，反之亦然。

四、菜粕中远期交易概况

目前，国际市场和国内都没有菜粕期货交易，但菜粕作为国内第二大饲料蛋白原料来源，受到国内电子交易市场的持续关注。现在国内已有两家电子交易市场推出了菜粕的中远期交易，分别是上海大宗农产品交易市场和湖南大宗商品交易中心。湖北宝树大宗商品交易市场菜粕中远期交易开始试运行。

在不同电子交易市场上市的菜粕中远期合约，其运作方式和市场运行特点基本一致。即买卖双方签订在本月或未来某时间完成菜粕货物交收的电子交易合同，允许合同转让，采用竞价机制，实行合同保证金制度、逐日结算制度和仓单交收制度等。但各电子交易市场交易的菜粕合同内容、交割仓库数量及分布差别较大。

五、我国菜粕行业发展的机遇和问题

（一）我国菜粕行业发展面临的机遇

1. 国家政策扶持，菜粕加工行业快速发展

2007年9月22日，国务院办公厅发布了《关于促进油料生产发展的意见》，从2007年起，在长江流域“双低”油菜优势区（包括四川、贵州、重庆、云南、湖北、湖南、江西、安徽、河南、江苏、浙江），实施油菜良种补贴，中央财政对农民种植油菜给予每亩10元补贴，鼓励农民利用冬闲田扩大“双低”油菜种植面积。

《意见》还决定，加快油料生产基地建设，统筹研究对油料生产大县和产粮大县的奖励政策。开展油料作物保险试点，逐步将油料作物纳入农业保险范围并给予保费补贴。国家扶持油料生产政策的出台，极大地保护了农户种植油菜等油料作物的积极性，2008—2010年，我国油菜籽种植面积连续3年增长，为我国菜粕加工业的发展提供了原料保证。

2008年底，国务院发布了《关于促进食用植物油产业健康发展保障供给安全的意见》。《意见》明确提出，扶持国有和民营油料加工企业，支持企业通过重组、兼并和联合等方式整合资源，实施跨地区、跨所有制重组，充分发挥企业的规模效益，提高市场占有率。为提高国产油料榨油比重，减轻对进口油料和油脂的依赖，推动国内油料品种多元化，今后几年，国家将大力发展菜油、花生油、棉籽油和小品种植物油，支持新建和扩建一批技术水平高、规模效益好的油菜籽、花生、棉籽以及葵花籽、油茶籽等小品种油料加工项目和油料基地建设。

2009年5月，国务院发布了《轻工业调整和振兴规划》。《规划》提出，支持农

副产品深加工，重点推进油料品种多元化，实施高效、低耗、绿色生产，促进油料作物转化增值和深度开发，2009—2011年，新增菜油100万吨、花生油100万吨、棉籽油50万吨、特色油脂100万吨产能，保障食用植物油供给安全。

国家对油料种植和加工行业的扶持政策，为我国菜粕加工行业的快速发展提供了良好的机遇。我国油菜籽主产区新建和改扩建了一大批大型菜粕加工企业。以国有企业为代表的中粮集团，先后在江西九江、湖北荆州和黄冈、安徽巢湖投资建设了4家日压榨1 000吨油菜籽的加工厂。以民营企业为代表的湖北永康油脂股份有限公司、奥星粮油工业有限公司快速发展，在新上项目投产后，公司日压榨油菜籽能力都达到了2 000吨。

2. 饲料养殖业快速发展，菜粕消费需求不断增加

受国民经济持续快速增长、人民生活水平不断提高、城市化进程加快和人口净增长的影响，我国肉、蛋、奶和水产品消费不断增加，国内饲料养殖行业一直保持快速发展的态势，对菜粕、豆粕等植物蛋白原料的消费持续增加，为菜粕加工行业发展提供了良好的机遇。

2005年我国饲料产量只有1.07亿吨，2010年达到1.62亿吨，5年累计增长幅度达到51.4%，年均增长8.65%。预计2015年我国饲料产量将达到或超过2亿吨。未来我国饲料产量继续增加，将为菜粕消费提供较大的市场空间。

（二）我国菜粕行业发展面临的风险

1. 中小型企业陆续被淘汰

我国菜粕生产行业快速发展，新建和改扩建企业规模不断扩大，集中度明显提高。但由于历史原因，我国生产菜粕的中小型企业众多，尤其是在偏远地区，还存在大量的家庭作坊式企业。这些企业加工工艺与设备落后，能耗高，资源利用率低。

由于油菜籽收购集中期短，资金需求量大，加上原料和加工产品的价格波动剧烈，导致中小型企业抗风险能力普遍较差，与大型企业难以抗衡。未来几年，这些企业将面临被市场陆续淘汰的风险。

2. 低价进口菜粕冲击国内市场

我国曾经是菜粕净出口国家，但由于加拿大油菜籽加工能力大幅提高，菜粕产量不断增加，加上质量好，价格低，出口市场不断扩大。2010年以来，大量加拿大菜粕开始进入国内市场，对国内菜粕市场造成较大冲击。

虽然印度菜粕质量较差，但其进口成本较国内菜粕价格普遍低 300 ~ 500 元 / 吨，更是对国内菜粕价格形成打压。沿海地区是我国主要菜粕进口地区，这些地区过去都是从产区调运菜粕。沿海地区大量进口菜粕，使得主产区菜粕销售困难，价格不断下降，对国内菜粕市场造成巨大冲击。

3. 其他蛋白粕挤占菜粕市场份额

菜粕作为重要的饲料蛋白原料，经常受到棉籽粕、豆粕和其他蛋白粕的影响，其中价格是一个重要原因。豆粕作为不限制添加的饲料蛋白原料，如果与菜粕价差较小，饲料养殖企业就会增加豆粕用量，减少菜粕用量，反之亦然。

棉籽粕与菜粕都属于限制添加的饲料蛋白原料。因为棉籽粕蛋白含量高于菜粕，其价格往往也高于菜粕。但在棉籽粕供应过剩、价格低于菜粕的时候，菜粕市场就会被部分棉籽粕替代。

此外，我国大量进口 DDGS（酒糟蛋白饲料）用作饲料蛋白原料，DDGS 不仅可以替代玉米，也可以部分替代菜粕和棉籽粕，对国内菜粕市场也会造成一定的影响。

（三）我国菜粕行业发展存在的问题

1. 产能过剩问题突出

截至 2010 年，我国具有四级菜油生产资质的企业共有 400 多家，日压榨油菜籽能力在 14 万吨左右，年加工油菜籽能力超过 4 000 万吨。

从我国油菜籽产量和进口量来看，国内油菜籽压榨早已处于过剩状态，但我国油菜籽压榨能力仍在增加，尤其是沿海非油菜籽产区大量建设和改扩建菜籽加工厂。未来几年油菜籽压榨能力仍会继续增加，市场竞争将更为激烈。

2. 菜粕深加工的工业化生产短期无法实现

从理论上讲，菜粕深加工综合利用前景广阔，不仅可以通过深加工生产植酸、单宁等重要化工原料，还可以通过脱壳、脱毒、溶剂萃取等制取菜籽蛋白，应用于食品和饮料行业。但受到生产成本高、出品率低，以及设备和技术不成熟等制约，短期内菜粕深加工综合利用仍无法投入工业化生产。

3. 原料来源受到限制，产量难以持续增加

油菜籽是生产菜粕的唯一来源，受国内耕地面积有限和水资源不足的限制，国内油菜籽产量大幅增加的可能性不大。虽然通过增加油菜籽进口量可以弥补国内产量的不足，但由于全球油菜籽产量和贸易量难以大幅增加，我国不可能像进口大豆

那样大量进口油菜籽。未来国内菜粕产量增加将受到原料来源的限制。

第五节　菜粕相关产品

一、棉籽粕

（一）我国棉籽粕生产状况

1. 棉籽粕概况

我国是世界上最大的棉花生产和消费国，除西藏、青海、内蒙古、黑龙江、吉林等少数省区外，大多数省区都有种植棉花的历史。通常从棉棵上摘下的棉花叫籽棉，籽棉经过去籽加工后的棉花叫皮棉。通常所说的棉花产量，一般指的是皮棉产量。

一般用衣分来表示籽棉加工成皮棉的比例。正常年份，衣分为 36% ~ 40%，也就是 100 斤籽棉能够加工出 36 ~ 40 斤皮棉。籽棉除去皮棉后，即可获得棉籽。

棉籽外部为坚硬的褐色籽壳，形状大小因品种而异。籽壳内有胚，是棉籽的主要部分，也称籽仁。籽仁含油量可达 35% ~ 45%，含蛋白质 39% 左右，含棉酚 0.2% ~ 2%。棉酚是一种对人体有害的化学物质，可以毒害人的神经、细胞及血管的黄色素，是一种萘的衍生物。

棉籽经脱绒、剥壳后，进行压榨和浸出提取棉油，剩余部分为棉籽粕，出粕率一般在 48% ~ 50%。不同加工工艺所得棉粕的营养价值相差很大，影响棉籽粕营养价值的主要因素是棉籽脱壳程度及制油方法。

目前，用作饲料原料的棉籽粕蛋白质含量一般为 38% ~ 50%，仅次于豆粕 49% ~ 48% 的蛋白质含量，略高于菜粕的蛋白质含量。由于棉籽粕中游离棉酚对动物有害，因此在使用棉籽粕时，要根据饲喂对象及游离棉酚的含量加以限量。

2. 棉籽粕质量及分级

针对不同棉籽粕产品的质量情况，《饲料用棉籽粕》（GB/T 21264—2007）对棉籽粕的质量标准做了规定，并根据粗蛋白、粗纤维和粗灰分做了等级划分，共分为五级。同时，基于棉籽粕中含有较多量的棉酚，尤其是游离棉酚，成为限制棉籽粕在鱼类饲料中利用的主要因素。因此，棉籽粕产品对游离棉酚的含量做了规定。

棉籽粕的生产主要依靠上游棉籽和棉花的产量及分布进行。棉花是关系国计民生的战略物资，也是仅次于粮食的第二大农作物。我国主要的棉花种植区域包括：长江流域棉区、黄河流域棉区和新疆棉区。此外，京、津、辽、广西、云南等地也有分散种植，但产量合计占全国棉花总产不到 1%。

近几年来，我国棉花产量一直保持在 600 万吨以上水平。2007/08 年度，曾达到历史最高水平的 762 万吨。但受棉花种植风险增加、效益下降的影响，2008—2011 年连年减产，2010/11 年度棉花产量仅为 596 万吨，导致棉花价格飙升，一度突破 3 万元 / 吨大关。

受种植效益提高提振，2011/12 年度，我国棉花种植面积大幅提高，大部分棉区气象条件适宜，棉花增产。国家统计局数据显示，2011 年全国棉花产量 660 万吨，同比增长 10.7%（中国棉花协会统计,全国棉花产量 728 万吨,同口径比较增长 9.3%）。2011 年进口棉配额发放较为充裕，年底受国内外价差拉大影响，进口量大幅飙升，全年进口棉花 336.5 万吨，同比增长 18.5%。由于棉花价格与前一年相比大幅回落，加之种棉成本上升，收益减少，用工过多，棉农种棉积极性受挫，2012 年我国棉花产量进一步下滑，产量降至 610 万吨。

棉花是生产棉籽粕的上游原材料，由于我国棉籽粕进出口量十分有限，因此棉籽粕产量与国内棉花产量呈正相关。过去 10 年，我国棉籽粕产量波动较大。2002/03 年度，我国棉籽粕产量 320 万吨，为 10 年中最低水平。

2005 年后连续 3 年增产，2007/08 年度达到历史高位的 520 万吨，较 2002/03 年度增长 62.5%。但受上游棉花减产影响,之后两年棉籽粕产量连续回落。2010/11 年度，我国棉籽粕产量仅为 418 万吨，同比下降 6.9%，较 2007/08 年度高点下跌 19.2%。2011/12 年度棉花产量恢复增加后，2012 年我国棉籽粕产量也随之增加至 458 万吨，同比增长 9.5%。2012—2016 年棉花生产状况见表 6–4。

表 6-4 2012—2016 年棉花生产状况

单位：千公顷，吨 / 公顷，千吨，%

	2012 年	2013 年	2014 年	2015 年（7 月估计）	2016 年（7 月估计）	同比变化	同比变幅
播种面积							
全国	4 688	4 346	4 219	3 799	3 500	−299	−7.87
河北	578	483	411	359	330	−29	−8.08
山西	37	23	19	11	10	−1	−9.09
江苏	171	155	132	94	85	−9	−9.57
安徽	305	285	265	233	220	−13	−5.58
山东	690	650	593	516	470	−46	−8.91
河南	257	187	153	120	105	−15	−12.50
湖北	473	416	345	265	245	−20	−7.55
湖南	172	160	130	114	105	−9	−7.89
新疆	1 721	1 718	1 953	1 904	1 760	−144	−7.56
其他	284	269	218	183	170	−13	−7.10
单位产量							
全国	1.458	1.449	1.460	1.475	1.486	0.010	0.70
河北	0.976	0.946	1.049	1.039	1.061	0.022	2.08
山西	1.270	1.325	1.283	1.273	1.300	0.027	2.14
江苏	1.287	1.348	1.214	1.245	1.235	−0.009	−0.75
安徽	0.964	0.880	0.992	1.004	0.955	−0.050	−4.95
山东	1.012	0.955	1.122	1.041	1.043	0.002	0.18
河南	1.000	1.014	0.959	1.050	1.000	−0.050	−4.76
湖北	1.152	1.106	1.044	1.125	1.102	−0.022	−2.00
湖南	1.458	1.244	0.992	1.272	1.190	−0.081	−6.40
新疆	2.056	2.047	1.882	1.840	1.869	0.030	1.60
其他	1.482	1.355	1.398	1.410	1.424	0.014	0.97
产 量							
全国	6 836	6 299	6 161	5 605	5 200	−405	−7.23

续表

	2012 年	2013 年	2014 年	2015 年（7 月估计）	2016 年（7 月估计）	同比变化	同比变幅
河北	564	457	431	373	350	−23	−6.17
山西	47	31	24	14	13	−1	−7.14
江苏	220	209	160	117	105	−12	−10.26
安徽	294	251	263	234	210	−24	−10.26
山东	698	621	665	537	490	−47	−8.75
河南	257	190	147	126	105	−21	−16.67
湖北	545	460	360	298	270	−28	−9.40
湖南	251	199	129	145	125	−20	−13.79
新疆	3 539	3 518	3 677	3 503	3 290	−213	−6.08
其他	421	364	305	258	242	−16	−6.20

注：2015 年及以前产量和播种面积数据引自国家统计局。

（二）我国棉籽粕进出口状况

我国棉花产量居全球第一，国内生产的棉籽粕十分充裕。菜粕与棉籽粕之间替代性较强，丰富的菜粕资源使得我国棉籽粕市场供给充裕，进口需求较小。我国是棉籽粕净出口国，进出口额保持在较低水平。

2001/02 年度以前，几乎没有进口过棉籽粕。直到 2002/03 年度，我国从印度少量进口棉籽 7 000 吨。之后每年都有少量进口，2003/04 年度进口 1.5 万吨，成为迄今为止的最高进口纪录，之后 3 年年均进口量约 1 万吨。2006/07 年度国内棉花丰收，棉籽粕产量大幅增加，进口量减少至 500 吨，我国进口一直维持在这一水平。

出口方面，近 10 年来，我国棉籽粕出口量保持在 1 万 ~ 2 万吨之间。2004/05 年度出口达到 17.5 万吨的历史纪录，之后出口连续下降。到 2010/11 年度，由于棉花减产，国内需求增加等因素影响，出口锐减至 4.9 万吨，同比减少 38.7%，较 2004/05 年度最高水平减少 72%。2011/12 年度，棉籽粕出口量增加 22.4% 至 6 万吨。

（三）我国棉籽粕消费情况

我国棉籽粕生产企业主要分布在棉花种植优势区域，如新疆、山东、河北等地，主要消费地区则在水产养殖集中的南方地区。棉籽粕区域分布不均衡，为国内棉籽粕贸易提供了机会。特别是新疆地区年产棉籽 480 万吨，占全国产量的 40% 左右，当地棉籽粕消费十分有限，棉籽主要运往内陆地区销售。

2010/11 年度，我国棉籽粕产量约 418 万吨，以单价 2 400 元 / 吨测算，贸易总额最高可达 10.03 亿元。尽管 2011/12 年度棉籽粕价格有所下滑，但总产量提高约 40 万吨，其贸易总额仍然接 9 亿元。

我国棉籽粕消费主要以饲料为主，占全部消费量的 90% 以上，水产养殖饲料中棉籽粕需求比较突出。2010/11 年度，我国棉籽粕消费量为 420 万吨，饲用消费 380 万吨，占比达 90.78%。2011/12 年度我国棉籽粕消费量达 435 万吨，其中饲用消费达 390 万吨。2013/14—2016/17 年度中国棉籽粕消费情况见表 6–5。

表 6–5　2013/14—2016/17 年度中国棉籽粕供需分析

	2013/14	2014/15	2015/16（7 月估计）	2016/17（7 月估计）
生产量	4 532	4 400	3 960	3 652
进口量	2	3	2	2
年度供给量	4 534	4 403	3 962	3 654
饲料消费量	4 100	4 100	3 750	3 450
其他消费量	400	300	200	200
年度国内消费量	4 500	4 400	3 950	3 650
出口量	33	50	20	20
年度需求总量	4 533	4 450	3 970	3 670
年度结余量	1	–47	–8	–16

注：棉籽粕的平均出粕率以 44% 计算。

（四）棉籽粕的应用

棉籽粕是以棉籽为原料，经脱绒或部分脱绒脱壳，用预压浸提或压榨浸提法提取油脂后的副产品。一般情况下，去壳棉仁粕粗蛋白含量大于 40%，未去壳的棉籽粕蛋白含量只有 24%，带部分壳的棉仁粕含粗蛋白 34% 左右，粗纤维含量为 12% ~ 15%。棉籽粕中赖氨酸含量较少，只有 1.3% ~ 1.5%，约为豆粕的一半。蛋氨酸 0.4%

左右，约为菜粕的一半。棉籽粕中精氨酸含量远高于豆粕，是菜粕的2倍。

从技术指标对比上看，棉籽粕中粗纤维、粗灰分、粗脂肪和水分含量与菜粕十分接近，但棉籽粕粗蛋白含量一般比同等级的菜粕高6个百分点以上。

实际应用中，饲料企业在用棉籽粕作主要蛋白来源时，在补加赖氨酸的同时，会适当补加蛋氨酸。将棉籽粕与菜粕搭配使用，不但可以减少蛋氨酸添加量，还可以降低棉粕中精氨酸与赖氨酸的比例，使之趋于正常，同时也弥补了菜粕中精氨酸含量的不足。因此，在配制畜禽饲料时，饲料企业常将棉籽粕和菜粕、鱼粉或豆粕搭配使用，以提高粕中蛋白质的利用率。

棉籽粕在饲料应用中受到限制，主要是含有对动物尤其是单胃动物有害的游离棉酚。棉酚主要存在于棉仁色素腺体内，是一种不溶于水而溶于有机溶剂的黄褐色聚酚色素。在生产过程中，由于蒸炒、压榨等热作用，大部分棉酚与蛋白质、氨基酸结合而变成结合棉酚，结合棉酚在动物消化道内不被动物吸收，故毒性很小。

另一部分棉酚则以游离形式存在于饼、粕中，这部分游离棉酚对动物毒性较大。尤其单胃动物过量摄取或摄取时间较长，可导致生长迟缓、繁殖能力及生产能力下降，甚至导致死亡。幼小动物对棉酚的耐受能力更低。

棉籽粕与菜粕可以搭配使用，在实际应用中是一种互补关系，且大多数情况下棉籽粕价格都高于菜粕价格（主要是蛋白质含量高）。棉籽粕因去壳程度不同，导致蛋白质含量跨度范围大，不同蛋白质含量的棉籽粕价格不同。是否可以根据棉籽粕蛋白质含量的不同，通过升贴水方式作为菜粕的替代品交割，尚需进行大量调研和征求意见。

（五）棉籽粕和菜粕的历史价差研究

如果棉籽粕和菜粕历史价差稳定，可不用技术指标，而是依靠价差设计棉籽粕作为替代交割品的升贴水。

但对比棉籽粕和菜粕价格走势，两者历史价差并不稳定。尤其是在2010年5月之前，两者价差大幅波动。2004年9月至2009年12月间，棉籽粕与菜粕价格差在–400元/吨至600元/吨波动。2005年初至2005年4月和2008年11月，棉籽粕价格比菜粕价格低200元/吨以上，但2009年5月至2010年2月，棉籽粕价格比菜粕价格高200元/吨以上，最高时一度达到600元/吨。

2010年5月至2011年10月的一年多时间内，棉籽粕价格一直高于菜粕价格。2011年10月至2012年6月，菜粕价格又高于棉籽粕价格，且价差一直在150元/

吨左右。之后两者价差交替波动，但都维持在 ±200 元 / 吨，价差波动范围明显缩小。棉籽粕与菜粕价差能否保持相对稳定，尚需继续观察。

通过调查研究，如果能够确定一个油厂和饲料养殖企业都可接受的棉籽粕替代菜粕价格的升贴水，进而使棉籽粕与菜粕价差变动相对稳定，用于指导两者价格变化，不失为一个思路。

二、豆粕

（一）豆粕生产状况

1. 豆粕概况

豆粕是大豆经过压榨或浸提得到的一种产品，另外一种产品是豆油。目前，国内现货市场上流通的豆粕主要是按浸提法得到的产品，即通常所说的一浸豆粕。大豆出粕率一般在 80% 左右，出油率一般低于 20%，出粕率超过出油率的 4 倍。通常情况下，豆油价格一般是豆粕价格的 2.5 ~ 3.5 倍，所以每单位大豆形成的豆粕，经济价值通常高于豆油。

豆粕蛋白质含量高，是制作牲畜与家禽饲料的主要原料，还可以用于制作糕点食品、健康食品以及化妆品和抗菌素原料。在制作畜禽饲料时，豆粕可以作为菜粕的重要替代品，替代量大小要看两个方面，一是价格比较，二是两者的供给宽紧程度。

过去 10 年，我国豆粕产量快速增长，但菜粕产量增长较慢。在畜禽饲料领域，豆粕对菜粕形成较大的替代作用。在植物蛋白粕中，2000 年豆粕饲用消费达到 1 490 万吨，占全部蛋白粕饲用消费的 54%，菜粕饲用消费为 690 万吨，占全部蛋白粕饲用消费的 25%。2011 年，豆粕饲用消费达到 4 500 万吨，占全部蛋白粕饲用消费的 73%，菜粕饲用消费为 950 万吨，占全部蛋白粕饲用消费的 15%。从过去 10 余年的变化看，在饲料生产领域，豆粕对菜粕具有较强的替代作用。

2. 豆粕质量及分级

国标饲料用大豆粕 GB/T 19541-2004 把豆粕分为两个等级（带皮大豆粕和去皮大豆粕），并对豆粕感官性状及夹杂物提出要求，明确豆粕的感官性状为呈浅黄褐色或浅黄色不规则的碎片状或粗粉状，色泽一致，无发酵、霉变、结块、虫蛀及异味异臭。不得掺入饲料用大豆粕以外的物质，若加入抗氧剂、防霉剂、抗结块剂等添加剂时，要具体说明加入的品种和数量。

3. 世界豆粕产量

全球豆粕生产主要集中于 6 个国家和地区，产量排名依次为：中国、美国、阿根廷、巴西、欧盟、印度。2011/12 年度，全球豆粕总产量为 1.794 亿吨，其中中国产量 4 720 万吨，占全球豆粕总产量的 26%。美国产量 3 722 万吨，占全球豆粕总产量的 21%。阿根廷产量 2 794 万吨，占全球豆粕总产量的 16%。巴西产量 2 863 万吨，占全球豆粕总产量 16%。欧盟产量 957 万吨，占全球豆粕总产量的 5%。印度产量 768 万吨，占全球豆粕总产量的 4%。2011/12 年度，上述 6 个国家和地区豆粕产量占全球豆粕总产量的比重达到 88%。

在 6 个豆粕主产国家和地区中，美国、巴西、阿根廷和印度 4 国大豆产量能够满足豆粕生产的需要，主要采用国内生产的大豆加工豆粕。中国、欧盟大豆产量远远不能满足豆粕生产的需要，豆粕产量多来源于进口大豆，对外依赖程度较高，国内豆粕价格受国际市场影响明显。

4. 我国豆粕产量

我国是全球豆粕产量增长最快的国家，2000/01 年度，豆粕产量仅有 1 569 万吨，2011/12 年度，豆粕产量达到 4 720 万吨，比 2000/01 年度增长了 201%。在此期间，美国豆粕产量呈波动状态，几乎没有增长。阿根廷豆粕产量增长了 104%，巴西增长了 62%，欧盟没有增长，反而减少了 27%，印度增长了 115%。

我国豆粕增长受到以下因素的拉动，一是受到养殖业快速发展的拉动，二是对其他蛋白粕形成替代。2000—2011 年，我国饲料产量由 7 430 万吨增长至 1.81 亿吨，累计增长了 144%。期间豆粕产量增长率为 201%，高于饲料总产量增长率，主要原因是在饲料中对其他蛋白粕构成替代作用。

2011 年出台的《饲料工业十二五发展规划》，预计到 2015 年，我国饲料总产量将达到 2 亿吨，比 2010 年产量增长 23%。在此背景下，未来 5 年我国豆粕需求还会进一步增长，带动豆粕产量上升。除此之外，我国压榨产能巨大，且大豆进口关税仅为 3%，低于豆油 9% 及豆粕 5% 的进口关税，油厂进口大豆进行压榨的动力较强。

（二）我国豆粕进出口状况

过去 20 年，我国豆粕进出口波动幅度较大。在此期间，国家政策、国内大豆压榨能力变动等因素，对豆粕进出口数量形成较大影响。1995/96 年度之前，我国是豆粕净出口国，豆粕出口量波动于 30 万 ~ 250 万吨之间。

1995年，我国对进口豆粕实行暂时免征增值税政策，豆粕进口量明显上升，我国成为豆粕净进口国。1997/98年度，我国豆粕净进口量达到418万吨的历史新高。1998/99年度之后，我国大豆压榨能力开始增加，豆粕进口受到抑制。除此之外，当时豆粕价格的大幅波动，使部分进口商和贸易企业受到冲击，也对进口形成影响。

1999年7月，我国恢复对进口豆粕13%的增值税征收政策，豆粕进口量明显减少。2000/01年度，我国重新成为豆粕净出口国。除2005/06年度豆粕进口量略大于出口量之外，其他年度我国豆粕净出口量在25万～110万吨之间波动。

2000年之前，我国进口豆粕主要来自于南美，1996—2000年，自阿根廷进口的豆粕占进口总量的比重为22%～63%，自巴西进口的豆粕占进口总量的比重为13%～42%。2000年之后，进口格局发生变化，来自印度的豆粕占据进口量的主流。

按照东盟贸易区协定，我国对印度豆粕实行免征进口环节增值税政策，加上印度距我国较近，运输成本低于南美豆粕，印度豆粕具有价格优势。印度豆粕质量略差于国产豆粕，港口分销价格一般较低。不过由于质量问题，国家质检总局于2012年1月暂停进口印度豆粕。

日本、韩国是我国豆粕最大的豆粕出口国，2001—2011年，我国出口至日本的豆粕数量占豆粕出口总量的比重波动于55%～90%之间，出口至韩国的豆粕数量占豆粕出口总量的比重在3%～17%之间波动，出口两国的豆粕合计数量占豆粕出口总量的68%～95%。

越南养殖业发展迅速，对豆粕需求上升，进口我国的豆粕数量明显回升，目前已经成为我国出口豆粕的主要国家之一。

2012—2016年中国豆粕月度进出口量参见表6–6、表6–7。

表6–6　2012—2016年中国豆粕月度出口量

单位：千吨

	2012年	2013年	2014年	2015年	2016年
1月	30.6	175.8	127.8	162.1	112.0
2月	32.4	70.3	102.5	116.9	102.1
3月	28.5	111.9	142.2	153.6	170.5
4月	40.3	93.4	280.3	89.3	126.5

续表

	2012 年	2013 年	2014 年	2015 年	2016 年
5 月	99.0	96.3	410.0	184.6	165.4
6 月	118.7	132.3	301.7	124.6	
7 月	182.0	122.7	265.1	185.7	
8 月	155.2	82.4	171.7	139.0	
9 月	178.9	71.1	77.7	207.6	
10 月	154.2	38.2	44.0	99.2	
11 月	100.8	25.3	55.8	72.5	
12 月	112.0	50.4	113.6	160.7	
合计	1 232.7	1 070.1	2 091.0	1 695.7	676.5

注：数据来源于中国海关总署。

表 6-7 2012—2016 年中国豆粕月度进口量

单位：千吨

	2012 年	2013 年	2014 年	2015 年	2016 年
1 月	31.2	1.3	2.1	10.3	3.2
2 月	1.9	2.6	2.7	6.9	2.7
3 月	1.5	3.4	3.7	6.9	0.7
4 月	0.3	1.2	3.6	8.1	1.0
5 月	4.2	2.0	2.3	7.9	1.4
6 月	1.1	0.7	0.6	3.7	
7 月	1.3	0.8	0.2	0.8	
8 月	1.1	0.8	0.6	3.0	
9 月	0.3	0.5	0.5	3.0	
10 月	0.3	0.8	0.7	4.2	
11 月	1.5	1.2	1.2	2.4	
12 月	0.8	1.3	4.5	2.4	
合计	45.4	16.6	22.6	59.6	9.0

注：数据来源于中国海关总署。

（三）我国豆粕贸易和流通状况

我国豆粕流通格局与油厂分布及饲料厂分布密切相关。1998 年之前，我国主要以国产大豆压榨为主，东北是我国豆粕产出最大的地区。豆粕产量除能满足当地需求之外，还大量流向南方及西南地区，当时的豆粕市场呈现北产南调的流通格局。

1998 年之后，伴随着沿海地区大型油厂的建立，豆粕生产格局发生巨大变化，流通格局相应地也出现了很大的变化。目前，我国油厂主要分布于东部沿海地区，该区域压榨产能占据全国大豆榨油能力的比重达到 80%，是我国主要的豆粕生产区域。

我国饲料养殖业相对分散，东部沿海地区消费豆粕数量虽然较大，但西部及东北地区养殖业也较发达，豆粕消费能力较强。西部及东北地区豆粕产不足需，需要自沿海地区采购豆粕，我国豆粕市场基本上形成了东产西调、南产北调的流通格局。

东北内陆地区油厂加工收益较低，豆粕产量下降，在油厂停机率较高时，当地生产不能满足需求，沿海地区豆粕流入量呈上升趋势。湖南、湖北、四川、陕西 4 省豆粕需求大于省内供给，需要自沿海地区采购豆粕，是豆粕流向较大的区域。

（四）豆粕和菜粕的历史价差研究

我国豆粕生产所用原料大多来自进口，外部影响因素较多，波动频繁。我国菜粕生产所用原料大多来自国内，波动频繁程度弱于豆粕。从历史价格变化对比分析，我国豆粕价格和菜粕价格走势基本一致，但豆粕走势往往领先于菜粕。

在价差变动方面，豆粕和菜粕的价差变化范围较大。2004 年 9 月至 2011 年底，江苏地区豆粕和菜粕的价差波动范围为 500 ~ 2 200 元 / 吨。

影响豆粕和菜粕价差的主要因素包括：大豆进口量和进口成本，国内菜籽产量和进口量，菜粕进口量及成本，国家菜籽收购政策，水产饲料生产周期等。

衡量豆粕和菜粕价格变化的另外一个参考指标，是豆粕和菜粕价格比值。从历史价格比值变化分析，我国豆粕和菜粕价格比呈下降趋势。2005 年之前，豆粕和菜粕价格平均比值为 2，2006—2009 年平均比值降至 1.8，2010—2011 年底，平均比值降至1.5。豆粕和菜籽粕价格比值下降，说明菜粕价格优势呈减弱趋势，豆粕对菜粕构成较强的替代作用。

三、DDGS

（一）DDGS概况

DDGS是酒糟蛋白饲料的商品名，即含有可溶固形物的干酒糟。用玉米籽实与精选酵母混合发酵生产乙醇和二氧化碳后，剩余的发酵残留物如蛋白质、脂肪、纤维等通过低温干燥形成的共生产品，就是DDGS。在生产乙醇过程中，玉米中占籽实2/3的淀粉发酵形成乙醇和二氧化碳，另外1/3则形成共生产品。由于这些共生产品蛋白质含量高，故称为蛋白饲料。

DDGS由DDG（Distillers Dried Grains 干酒精糟）和DDS（Distillers Dried Soluble 可溶性酒精糟滤液）组成，其中含有约30%的DDS和70%的DDG。DDGS的主要特点是高蛋白、低淀粉、高纤维及有效磷含量高，其养分（以干物质为基础）含量变化范围为粗蛋白26.7%～32.9%、粗脂肪8.8%～12.4%、中性洗涤纤维33%～40%、酸性洗涤纤维7.5%～18.5%、钙0.06%～0.12%和磷0.58%～0.73%。

此外，DDGS富含B族维生素和维生素E，还融入了糖化曲和酵母的营养成分及活性因子，并含有很高水平的中性洗涤纤维，木质素含量非常低，这就是DDGS含有高消化率纤维的来源。中性洗涤纤维有42%在24小时内被消化，这与玉米青贮和苜蓿干草非常相似。

DDGS的营养特性使得它可以替代畜禽饲料中的部分玉米、豆粕和磷酸二氢钙，在饲料中的添加量一般为5%～10%。颜色越浅且气味越淡的DDGS，其营养价值越高，因为颜色浅，意味着加工过程对其中的赖氨酸破坏较小。在干燥加工过程中，如果DDGS加热过度，会发生美拉德反应，表现为DDGS的颜色较深，气味浓，这将影响其赖氨酸的利用率。

（二）DDGS的应用

DDGS的蛋白质含量在26%以上，已成为国内外饲料生产企业广泛应用的一种新型蛋白饲料原料，在畜禽及水产配合饲料中通常用来替代豆粕、菜粕、鱼粉，添加比例最高可达30%，并且可以直接饲喂反刍动物。

美国DDGS约60%用于饲喂奶牛，36%用于饲喂肉牛，4%用于饲喂猪、鸡和其他动物。由于疯牛病的蔓延，饲料行业特别是牛用饲料业禁止应用动物副产品，要求全部应用植物性饲料，其中就包括 DDGS。

我国 DDGS 饲料应用时间较短，各种饲料配方仍在不断调整过程中，仍以生猪养殖消费量最大，在水产饲料中有少量替代菜粕应用。DDGS 饲料对不同畜禽的营养价值和饲喂量有一定差异，在使用 DDGS 时，一定要掌握确切的营养成分组成和优缺点。

1. 家禽

DDGS 是必需脂肪酸、亚油酸的优秀来源，与其他饲料配合，成为种鸡和产蛋鸡的饲料。DDGS 缺乏赖氨酸，但对于家禽第一限制性氨基酸是用于生长羽毛的蛋氨酸，所有的 DDGS 产品都是蛋氨酸的优秀来源。DDGS 在不同家禽日粮的最大用量分别为：肉子鸡 2.5%、育肥肉鸡 5%、蛋鸡 15%、种鸡 20%、青年母鸡 5%、鸭 5%、斗鸡 5%。

2. 猪

DDGS 饲料能预防猪肠道消化疾病，并能抑制饲料自身的病原菌。DDGS 有效磷含量高，钙含量很低，需要其他矿物原料来补充。B 族维生素和维生素 E 含量丰富，但赖氨酸和色氨酸含量很低，必须添加赖氨酸和色氨酸。

玉米 DDGS 是猪不同生长阶段所需能量、蛋白质和其他主要养分的优秀来源。DDGS 在不同猪日粮的最大用量分别为：子猪（7 ~ 12 千克）和生长猪（12 ~ 50 千克）20%，育肥猪（50 ~ 100 千克）20%，怀孕母猪 50%，泌乳母猪 20%，种公猪 50%，后备母猪 20%。

使用 DDGS 不当，会影响饲料的适口性。刚出厂时，DDGS 酒味很浓，用于生产猪饲料，添加 5% ~ 6% 则会导致饲料适口性下降，但存放一段时间之后，则刺激性气味明显减弱，适口性提高。

3. 肉牛

DDGS 用于肉牛饲料，优越性表现在：提高瘤胃发酵功能，提供过瘤胃蛋白质，转化纤维为能量，适口性和食用安全性强，是磷和钾等矿物质的优秀来源。肉牛生产试验表明，新鲜 DG、新鲜 DGS 和 DDGS 的增重净能分别为压片玉米的 96%、102% 和 80%。由于新鲜或干燥 DGS 中脂肪、有效纤维替代可溶性碳水化合物、淀粉有助于维持瘤胃微生态的平衡，稳定瘤胃 pH 值，因此新鲜或干燥 DGS 能减少瘤胃酸中毒。

DDGS 在过瘤胃蛋白质、优秀的适口性和有效纤维的安全性方面具备独特性，在代乳料中用量达20%，补乳料中用量达20%，在育肥肉牛的用量为总采食干物质的40%，后备母牛的用量为总采食干物质的25%。

4. 奶牛

DDGS是高产奶牛需要的不溶性采食蛋白质（62%）或过瘤胃蛋白质（55%）、中性洗涤纤维（44%）和非纤维碳水化合物（11%）的优秀来源，可以避免日粮中过多的降解蛋白质导致子宫液中的氨、尿素和其他含氮复合物水平增多对精子、卵子和胚胎产生的毒性危害。

DDGS也是奶牛正常繁殖所需要的过瘤胃蛋白质的优秀来源。DDGS在高产奶牛中的用量为总采食干物质的19%，产奶性能等同或超过豆粕日粮，泌乳奶牛的最大用量为总采食干物质的30%。

5. 水产

可以用DDGS替代虹鳟鱼日粮中的高价鱼粉，从而降低饲养成本。试验表明，用含有高蛋白的DDGS替代15%的鱼粉，虹鳟鱼养殖者的饲料成本至少可以降低10%，此外，虹鳟鱼的肌肉也没有被染成黄色。

DDGS是一种成本更低的鱼粉替代品，能使水产养殖者维持适当的利润和持续的生产。由于鲑鱼和虹鳟鱼的关系密切，养殖虹鳟鱼的成功结果，证明可以利用DDGS来饲喂淡水和海水养殖的其他食肉性鱼，从而降低饲养成本。

（三）我国DDGS生产情况

我国乙醇工业有着悠久的历史。20世纪70年代以前，我国生产乙醇的主要原料是糖蜜、薯干等。进入80年代后，由于我国玉米产量迅速增加，使用玉米生产的乙醇质量好，导致以玉米为原料生产乙醇的厂家迅速发展。

2003年，年产蛋白含量为27%以上的DDGS饲料就已经达到200万吨，来自玉米乙醇生产的DDGS饲料为60万吨，占DDGS总量的33%，2010年占比超过8成。目前，国内酒精厂主要集中在东北三省以及河南、安徽等地，规模大的生产企业主要有中粮、吉林乙醇、安徽丰原、天冠等。2011年，我国DDGS产量约为400万吨，2012年产量超过430万吨。

由于DDGS价格低于玉米及粕类产品，其在饲料中的替代作用不断增强，需求量亦快速增加。我国政府对玉米深加工项目实行严格的审批制度，导致DDGS产量增幅受限，国内产量远远不能满足消费需求。

（四）我国 DDGS 进出口状况

随着全球及我国生物能源产业的迅速发展，生物能源的副产品玉米干酒糟（DDGS）的生产和利用也快速增长，并成为饲料的重要来源之一。2009 年，全球 DDGS 产量大约 5 900 万吨，2010 年产量约达 6 800 万吨，2011 年达到 7 500 万吨。美国产量最大，预计产量在 3 500 万吨，其次是巴西。

我国进口的 DDGS 99% 以上都是从美国进口，品质以蛋白＋脂肪大于 35% 的产品为主。2009 年以前，我国进口 DDGS 数量非常少。但从 2009 年 8 月开始，进口量大幅上升，2009 年进口 65.6 万吨，2010 年进口量飙升至 316 万吨，同比增长 381%，超过玉米进口量的 2 倍。

由于进口量剧增，我国相关政府部门对此展开了反倾销立案调查，进口企业为规避风险，纷纷减少 DDGS 进口量。2011 年我国月度进口量一直在 20 万吨以下，5 月份进口量降至最低的 6.6 万吨，2010 年同期为 24 万吨。2011 年全年进口 168.6 万吨，远低于上年同期的 361.4 万吨，减幅达 53.3%。

2012 年，我国结束对美国 DDGS 的双反调查，进口量随之增加，1—10 月份累计进口 212.9 万吨，较 2011 年同期的 131.2 万吨增长 62.3%。

（五）DDGS 和菜粕价格的关系

DDGS 作为玉米加工乙醇的主要副产品，其价格与乙醇加工企业的收益具有直接关系。前些年我国 DDGS 价格保持在 1 000 ～ 2 400 元 / 吨的区间运行，且与玉米价格走势相关性较高。玉米种植面积、产量变化对 DDGS 价格变化具有较大的影响力。

2012 年，随着国内玉米价格走高，DDGS 价格一路攀升。到 9 月初，在玉米价格的带动下，DDGS 价格一举突破 2 400 元 / 吨整数关口，创历史新高，2011 年同期价格为 2 250 元 / 吨。10 月份以后，随着国内外玉米价格回调，DDGS 价格缓慢下滑，至今仍在 2 000 元 / 吨左右徘徊，预计后期会随着国内玉米价格走势稳步回升。

DDGS 中蛋白质含量较菜粕低，作为替代产品，其价格一直低于菜粕，但两者间的价差变化较大。2009 年 10 月，两者价差最低仅为 100 元 / 吨，之后随着菜粕价格走强，价差不断扩大。

通常情况下，菜粕价格较 DDGS 价格约高 600 ～ 800 元 / 吨。2011 年 1 月，两者价格差曾一度扩大到 1 000 元 / 吨。之后在玉米供应偏紧，价格持续上涨带动下，

DDGS 价格快速上涨，2012 年 DDGS 价格始终保持在 1 500 元 / 吨以上。2013 年 1—5 月份菜粕价格偏低，导致价差维持在 350 元 / 吨以内。

新季菜粕上市之后，在豆粕价格大幅上涨的背景下，菜粕价格一路走高，且涨幅大于 DDGS，一度达到 2 800 元 / 吨，两者价差已升至 630 元 / 吨，随后价差回落至 330 元 / 吨。两者价差缩小，将减少 DDGS 对菜粕替代。但由于两者替代数量不大，对菜粕价格的支持作用有限。

第七章 菜油期货

第一节 菜油概况

一、菜油的用途

菜籽油俗称菜油（以下通称菜油），是以油菜种子（油菜籽，以下简称菜籽）榨制所得的透明或半透明状液体，色泽金黄或棕黄。菜油是我国主要食用油之一，也是世界上第三大植物油，和豆油、葵花籽油、棕榈油一起，并列为世界四大油脂。菜籽含油率高，可达 35% ~ 45%，其主要用途就是榨油食用。

菜油除食用外，在工业上用途也很广泛，比如可以制造人造奶油等食品，在铸钢工业中用作润滑油。一般菜油在机械、橡胶、化工、塑料、油漆、纺织、制皂和医药等方面都有广泛的用途。菜粕蛋白质含量高达 36% ~ 38%，其营养价值与大豆粕相近，是良好的精饲料，广泛运用在淡水养殖业中。另外，兴起的生物柴油工程，使菜油转化为生物柴油的比例逐年增加，成为石油柴油的理想替代品。

二、菜油的生产过程

菜油的制取一般有两种方法：压榨法和浸出法。压榨法是用物理压榨方式。浸出法是运用化学原理，采用食用级溶剂取油的方式。浸出制油工艺是目前国际上公认的最先进的生产工艺。

菜籽经过清理、破碎、软化、轧胚、蒸炒等流程后，用压榨法或浸出法制得毛油，毛油不能直接食用。菜油加工时，一般先压榨取油，然后将压榨后的饼粕通过浸出再取油。菜籽毛油经脱胶、脱脂、脱杂和脱水后，成为可以食用的四级成品菜油。四级菜油再经过脱酸、脱臭、脱色等精炼后，成为精炼油。

一般企业加工的精炼油主要是一级油，一级油通过小包装的形式在市场上销售。少数企业的精炼油达不到一级标准，成为二级和三级菜油，二三级油在现货市场上数量很少。

三、菜油的贸易和储藏

菜油的贸易和储藏以四级油为主，采用散装、散运和罐储的形式。四级菜油贸易量占菜油现货贸易量的80%以上，国家储备和地方储备的菜油也都是四级油。四级菜油既可以以散油的形式为居民直接消费，也可以精炼成一级菜油（原国标色拉油），以小包装的形式在市场上销售。同时，四级菜油价格也是现货市场的基准价格。

菜油不适合长期储藏。在储藏过程中，酸价和过氧化值会随着时间的推移升高，影响油品的质量，因此国储菜油规定两年内必须轮换一遍。现货中菜油储藏时间一般不超过1年。

第二节　我国菜油市场状况

一、我国菜籽的种植分布

我国分为冬油菜（9月底种植，次年5月底收获）和春油菜（4月底种植，9月底收获）两大产区。冬油菜面积和产量均占90%以上，主要集中于长江流域，春油菜集中于东北和西北地区，以内蒙古海拉尔地区最为集中。如图7–1所示。

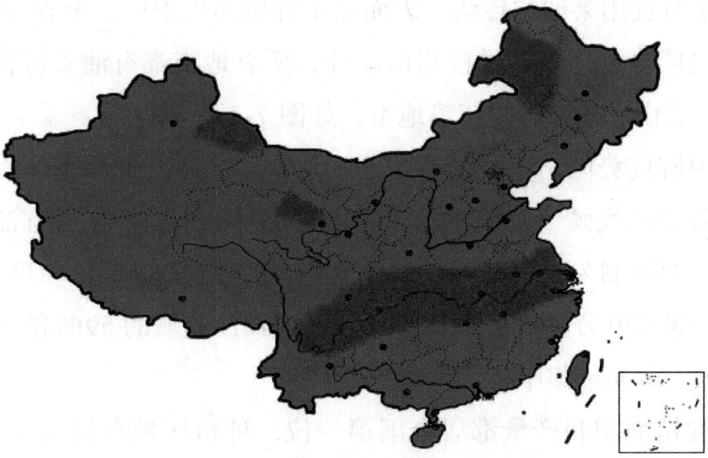

图7–1　中国油菜籽种植区域分布图

根据资源状况、生产水平和耕作制度，国家农业部将长江流域油菜优势区划分为上、中、下游三个区，并在其中选择优先发展的地区或县市。其主要条件是：油菜种植集中度高，播种面积占冬种作物的比重分为上游区占30%以上、中游区占40%以上、下游区占35%以上，区内和周边地区有带动能力较强的加工龙头企业。见表7–1。

表7–1　我国长江流域油菜优先发展地区分布

长江流域	优先发展地区
上游	四川成都平原、川中盆地丘陵，贵州遵义、安顺地区，重庆和云南部分重点县，共计36个县市。其中四川18个，贵州10个，重庆4个，云南4个
中游	湖北的江汉平原、鄂东地区，湖南的洞庭湖平原，江西的鄱阳湖地区，安徽的江淮丘陵和沿江地区，河南信阳地区，共计92个县。其中湖北26个，安徽24个，湖南21个，江西18个，河南信阳3个
下游	江苏沿江地区，浙江杭嘉湖地区，共计22个县市。其中江苏15个，浙江7个

（1）长江上游优势区。该区包括四川、重庆、云南、贵州。这里气候温和湿润，相对湿度大，云雾和阴雨日多，冬季无严寒，利于秋播油菜生长。加之温、光、水、热条件优越，油菜生长水平较高，耕作制度以两熟制为主。该区2005/06年度种植油菜1 678千公顷，菜籽产量307万吨，面积和产量均占长江流域的27%。

四川省历来有食用菜油的传统，因而油菜种植面积很广。全省除了甘孜、阿坝、凉山三个少数民族自治州以及攀枝花市以外，所有地市都有油菜籽种植，主要分布在德阳、绵阳、眉山、遂宁、内江等地市。如图7–2所示。

（2）长江中游优势区。该区包括湖北、湖南、江西、安徽和河南信阳地区。这一区域属亚热带季风气候，光照充足，热量丰富，雨水充沛，适宜油菜生长。耕作制度上，北部以两熟制为主，南部以三熟制为主。该区2005/06年度种植油菜3 702千公顷，菜籽产量639万吨，面积、产量分别占长江流域的59%和56%，是长江流域油菜面积最大、分布最集中的产区。

湖北油菜种植面积和产量都居全国第一位，种植区域在江汉平原、鄂东地区，主要在荆州、荆门、襄樊、宜昌、孝感、黄冈、黄石地区。如图7–3所示。

图 7–2 四川油菜籽产区分布图

图 7–3 湖北油菜籽产区分布图

安徽菜籽种植面积及产量仅次于湖北，居全国第二位，主要种植区集中在六安、合肥、滁州、巢湖、芜湖、安庆、宣成等地，基本上是在淮河以南及沿长江一带。如图 7–4 所示。

湖南菜籽种植区域集中在洞庭湖平原，主要是常德、益阳、岳阳地区。如图 7–5 所示。

（3）长江下游地区。该区包括江苏、浙江、上海。这一区域属于亚热带气候，雨水充沛，日照丰富，光、温、水资源非常适合油菜生长。其主要不利因素是地下水位较高，易造成渍害。土地劳动力资源紧张，生产成本高。这里的耕作制度以两熟制为主。

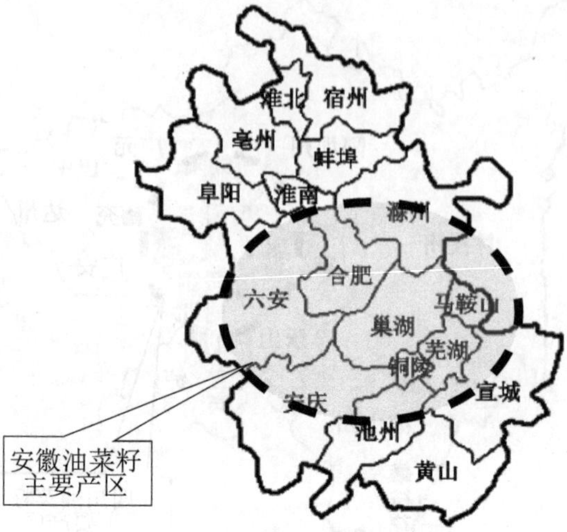

图 7–4　安徽油菜籽产区分布图

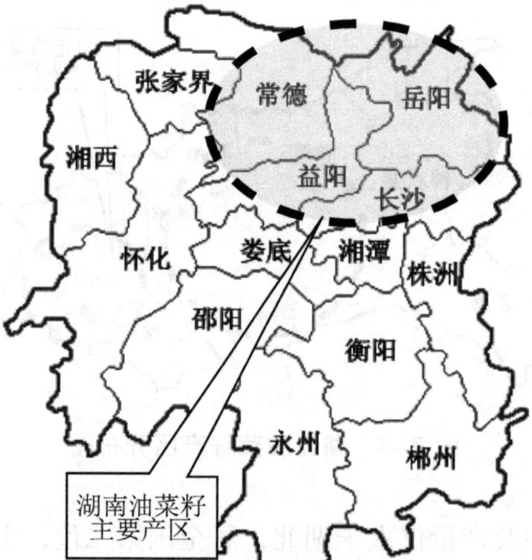

图 7–5　湖南油菜籽产区分布图

该区 2005/06 年度种植油菜 888 千公顷，菜籽产量 204 万吨，面积、产量分别占长江流域的 14%和 18%，是长江流域菜籽单产水平最高的产区。苏、浙、沪地处长江三角洲，交通便利，港口贸易活跃，油脂加工企业规模大，带动能力强。

江苏菜籽种植区域主要集中在长江以北，包括盐城、扬州、泰州、南通、南京等丘陵地区。如图 7–6 所示。

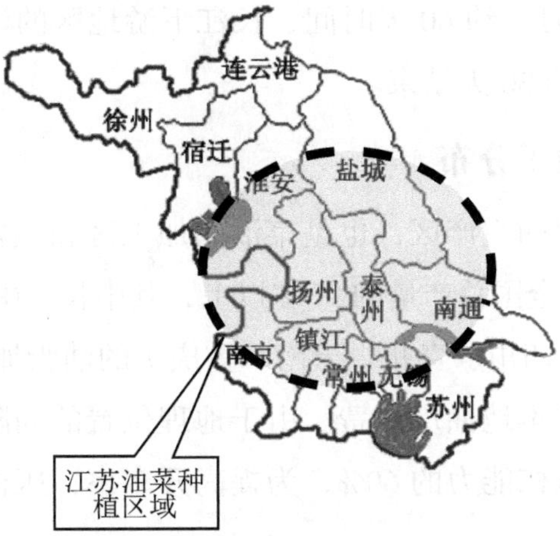

图 7-6　江苏油菜籽产区分布图

浙江菜籽种植主要集中在两个区域：一是浙北的杭（州）嘉（兴）湖（州）地区，二是浙南的衢州、金华地区，两地区菜籽产量约占浙江总产量的 85%。近年来，浙江菜籽种植面积和产量都大幅下降，特别是杭嘉湖地区，由于工业快速发展，减少幅度更大。如图 7-7 所示。

图 7-7　浙江油菜籽产区分布图

（4）沿江地区由于气候、土壤不同，菜籽每年的收割时间不尽相同。长江上游地区要早于中游地区约 15 天左右，中游地区比下游地区要早 20 天左右。长江下游地区正常年景在 5 月底 6 月初开始收割。一般情况下，长江上游地区油菜从收割到批量交易结束的时间是 4—6 月，约 90 天时间。长江中游地区的油菜从收割到批量交易结束的时间是 5—6 月，约 60 天时间。长江下游地区的油菜从收割到批量交易结束的时间是 7—8 月，约 30 天结束。

二、我国菜籽的加工分布

长江流域既是冬油菜的主产区，也是菜油的加工区和主要消费区域。长江上中下游沿岸各省加工量约占全国总产量的 90% 以上，其中长江中下游加工最为集中。

长江上游三省一市（四川、贵州、云南、重庆）的油脂加工企业主要生产菜油，因此该地区的菜籽基本被本地油厂消费。由于地理位置的局限和油菜产量有限，该区域菜籽仅可满足自我压榨能力的 60%，为提高开车率，压榨企业经常在长江中游收购菜籽原料。

长江中游五省（湖北、湖南、安徽、江西、河南）为我国菜籽生产最集中的区域，该区域的油脂加工企业主要生产菜油、豆油、花生油、棉籽油等，产量占全国年菜油产量的 50% 以上。

据估计，该区域生产的菜籽约有 40% 被长江上游和下游加工企业采购，所剩 60% 菜籽在本地加工。据统计，国内第一大菜籽主产省湖北省生产的菜籽，2/3 在省内加工，1/3 被省外加工企业收购。主产省安徽省生产的菜籽大部分销往江浙油厂。

长江下游区域（江苏、浙江、上海）油料产量相对较少，但油脂产量高。油脂加工企业以生产豆油和菜油为主，规模较大，实力较强，经济效益较好。

该区域菜籽基本上被本地油厂收购，不足部分的油料从国内其他地区采购或从国外进口。该区域每年都会从长江中游和东北地区购进菜籽，加工后在该区域销售。参见表 7–2、表 7–3、表 7–4。

表 7–2　我国长江流域主要菜油加工企业所在区域

长江流域	省份	城市
上游	四川	成都、绵阳、达州
中游	湖北	武汉、荆州、荆门、宜昌、天门、襄樊、黄冈、孝感
	安徽	合肥、安庆、巢湖、滁州、六安、蚌埠、宣城
	湖南	常德、岳阳、益阳
下游	江苏	盐城、南通、无锡、苏州、南京
	浙江	湖州、嘉兴

表 7–3　我国历年各省菜油产量统计

单位：万吨

省份	1996/97	1997/98	1998/99	1999/00	2000/01	2001/02	2002/03	2003/04	2004/05	2005/06	2006/07
全国	292	308	335	466	477	418	357.5	400	458	470	435
江苏	55	52	68	93	100	78	64	75	90	98	92
浙江	26	27	33	60	75	55	41	45	50	48	45
安徽	38.5	43	49	64	63	56	47.5	55	68	72	68
江西	18	19	15	21	23	20	18	19	20	22	19
河南	15.5	14	11	16	14	13	15	15	16	18	17
湖北	40	42	44	58	57	58	43	55	60	58	56
湖南	26.5	29.5	27	39	32	32	28	35	40	36	35
四川	38.5	33	36	48	44	44	43	42	46	47	44
贵州	15.5	16.5	17	20	19	19	19	19	19	19	17
陕西	5	5.5	6	8	6	5	5	5	5	5	4
其他	13.5	26.5	29	39	44	38	34	35	44	47	38

注：数据来源于国家粮油信息中心。

表 7–4　2013/14—2016/17 年度中国菜籽油供需平衡分析

单位：千吨

项目	2013/14	2014/15	2015/16（7 月估计）	2016/17（7 月估计）
生产量	6 377	6 894	6 683	6 164
进口量	1 259	631	895	500
年度供给量	7 636	7 525	7 578	6 664
年度国内消费量	5 800	6 300	7 800	8 500
出口量	6	5	3	5
年度需求总量	5 806	6 305	7 803	8 505
年度结余量	1 830	1 220	–226	–1 841

注：数据来源于国家粮油信息中心。

三、我国菜油消费流向

从菜油流向来看，多数菜油企业采取就近加工，就近销售。江浙地区每年从安徽、湖北和东北等地区调进菜籽，加工的菜油主要在本地销售。川渝地区每年需从湖北、安徽和江苏等地调进菜油在本地销售。贵州、云南等地由于菜油产不足需，每年也从外地调进菜籽和菜油。

内蒙古等地的春菜籽主要调往浙江地区，加工成菜油后在本地销售。随着小包装调和油销售量的增长，作为调和油主要成分之一的菜油，销售范围有扩大的趋势。目前新投产的大型压榨厂，不少是以小包装产品为主打产品，直接面向终端市场销售。

四、我国菜籽加工企业状况

我国菜籽市场放开较早。目前，国有、民营、外资油厂、个体油商自由收购和销售，完全竞争。一些基层粮管所受大型油厂的委托，也参与收购和短期储存。

总体来看，我国菜籽加工行业有以下几个特点。

一是菜籽供应时间短，收购、加工、销售时间比较集中。由于我国菜籽是季节性生产，菜籽加工企业一般在6—9月份集中加工菜籽，多数小型工厂只生产2—3个月，只有大型菜籽加工企业可以保持全年生产。

二是国内菜籽加工业布局分散，加工厂规模小，数量多。与国内大豆加工能力大型化、集团化发展趋势不同，国内菜籽加工企业这几年发展不快，仍维持数量众多、规模小、设备陈旧、加工工艺落后的特点。

据统计，我国工商注册的菜籽加工企业有2 500家左右，这还不包括各菜籽主产区星罗棋布的小型菜籽作坊企业。这种布局和我国菜籽的种植生产状况密不可分。我国小型菜籽加工企业规模多在100吨/日以下，加工能力超过100吨/日的数量极其有限。小加工厂人员配置灵活，多视原料情况决定工厂的生产。菜籽加工大型化会受到国内菜籽供应的制约，尤其是在国际菜籽价格较高的情况下，供应的局限性较为明显。

三是菜油加工企业利润微薄，很多企业抗风险能力较低。一般菜籽收购加工半径在150公里左右，超过这个距离，很难保障压榨利润。一些实力稍强的大型企业，在菜籽主产区建厂收购和加工菜籽，直接深入主产省收购，因此菜籽资源的抢购比较普遍，竞争激烈，导致企业抗风险能力较低。

在国内庞大的菜籽加工能力面前，随着国内菜籽供应的严重减少，给菜籽加工企业带来严重的原料供应困难。特别是长期单一依靠菜籽加工的中小型油厂，经营显得更为困难。

第三节 我国菜油的产量

一、我国菜籽的产量

2000年以来，我国菜籽种植面积保持在700万公顷左右，产量在1 000万吨以上。2004年种植面积创最高纪录780万公顷，产量达1 304万吨。随后的2005年和2006年，种植面积和产量快速下降。

据国家粮油信息中心统计，2006年种植面积下降到664万公顷，产量为1 100万吨，为2000年以来的最低水平。产量的下降主要是由于播种面积减少所致。如图7-8所示，并参见表7-5。

从统计数据可以看出，受国内土地资源的限制及其他作物争地的影响，菜籽播种面积波动明显，增长空间有限。

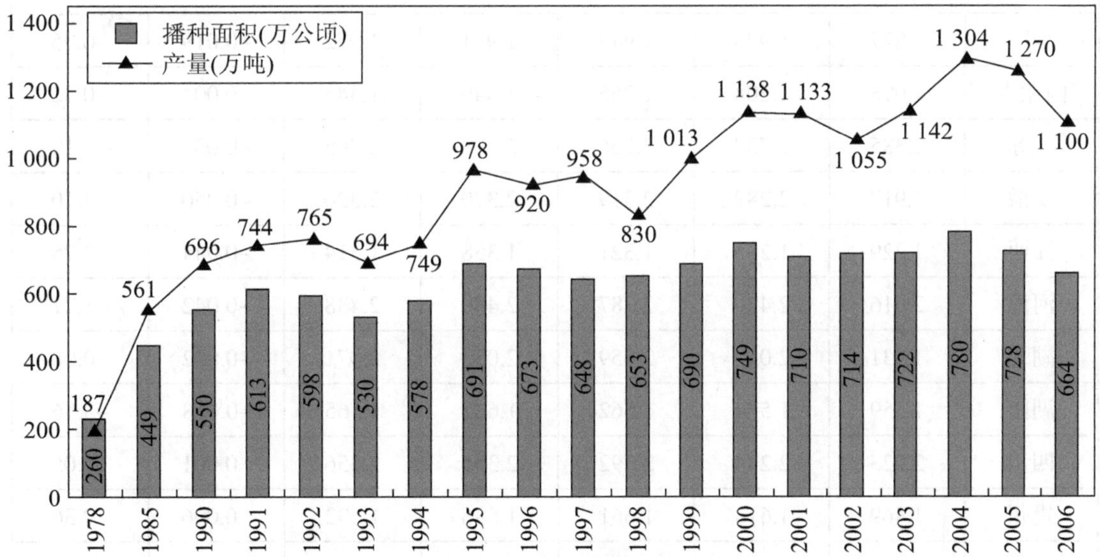

图7-8 我国历年菜籽种植面积和产量

注：① 2005年、2006年数据来源于国家粮油信息中心。

②其他年份数据来源于中国统计年鉴。

表 7-5　2012—2016 年中国油菜籽生产状况

单位：千公顷，吨 / 公顷，千吨，%

	2012 年	2013 年	2014 年	2015 年（7 月估计）	2016 年（7 月估计）	同比变化	同比变幅
播种面积							
全国	7 432	7 519	7 588	7 500	7 100	–400	–5.33
内蒙古	271	279	313	315	290	–25	–7.94
江苏	421	414	398	376	340	–36	–9.57
安徽	610	568	551	530	500	–30	–5.66
江西	552	548	548	545	510	–35	–6.42
河南	380	371	362	348	320	–28	–8.05
湖北	1 167	1 226	1 249	1 230	1 120	–110	–8.94
湖南	1 201	1 260	1 298	1 300	1 150	–150	–11.54
四川	981	998	1 017	1 015	1 040	25	2.46
贵州	497	507	522	526	520	–6	–1.14
其他	1 353	1 348	1 330	1 315	1 310	–5	–0.38
单位产量							
全国	1.827	1.923	1.947	1.991	1.972	–0.019	–0.95
内蒙古	1.098	1.208	1.265	1.349	1.345	–0.004	–0.32
江苏	2.385	2.737	2.766	2.798	2.765	–0.033	–1.19
安徽	1.917	2.289	2.319	2.370	2.320	–0.050	–2.10
江西	1.229	1.285	1.321	1.358	1.314	–0.044	–3.25
河南	2.016	2.420	2.387	2.480	2.438	–0.042	–1.71
湖北	1.931	2.043	2.059	2.073	2.071	–0.002	–0.08
湖南	1.559	1.544	1.562	1.623	1.565	–0.058	–3.56
四川	2.223	2.244	2.292	2.355	2.356	0.001	0.05
贵州	1.469	1.613	1.661	1.686	1.692	0.006	0.36
其他	1.898	1.912	1.964	2.021	1.992	–0.029	–1.43
产　量							
全国	14 007	14 458	14 772	14 931	14 000	–931	–6.24

续表

	2012 年	2013 年	2014 年	2015 年（7 月估计）	2016 年（7 月估计）	同比变化	同比变幅
内蒙古	307	337	396	425	390	–35	–8.24
江苏	1 091	1 133	1 101	1 052	940	–112	–10.65
安徽	1 343	1 300	1 278	1 256	1 160	–96	–7.64
江西	688	704	724	740	670	–70	–9.46
河南	876	898	864	863	780	–83	–9.62
湖北	2 300	2 505	2 572	2 550	2 320	–230	–9.02
湖南	1 786	1 946	2 027	2 110	1 800	–310	–14.69
四川	2 221	2 240	2 331	2 390	2 450	60	2.51
贵州	782	818	867	887	880	–7	–0.79
其他	2 613	2 577	2 612	2 658	2 610	–48	–1.81

注：2014 年及以前产量和播种面积数据引自国家统计局。

二、我国菜油的产量

菜油作为我国主要的植物油品种，2001 年以前，国内菜油产量在国内植物油中的份额居第一位。2001 年，菜油产量占到国内植物油总产量的 37.9%。其后由于我国大豆进口量和压榨量大幅度增加，2002 年，豆油产量一跃超过菜油产量。如图 7–9 所示。

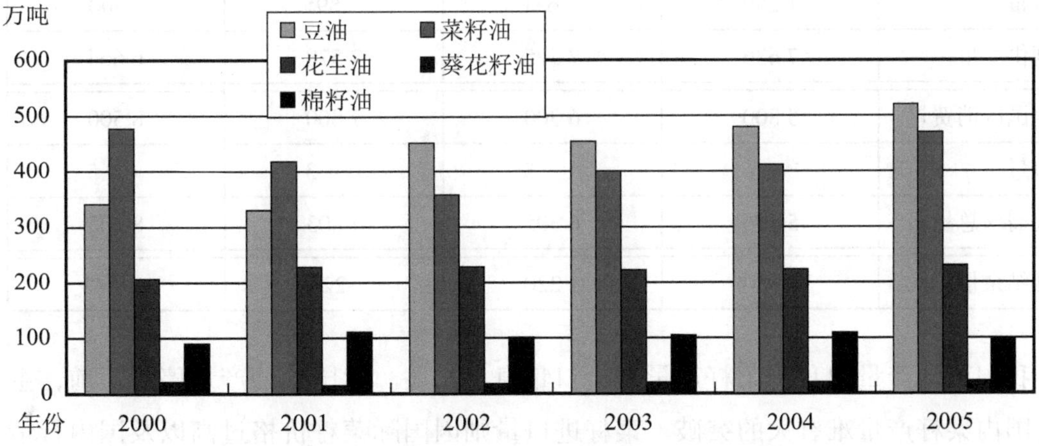

图 7–9 我国主要植物油品种产量对比图（2000—2005）

随着我国经济的发展和居民生活水平的不断提高，菜油消费不断增加，菜油产量逐年提高。20 世纪 90 年代初，我国菜油产量尚不足 250 万吨。90 年代末，菜油产量则上升到 400 万吨以上。至 2000 年，产量更是达到历史最高水平 478 万吨。国内菜油年产量始终保持在 400 万吨以上。如图 7–10 所示，并参见表 7–6。

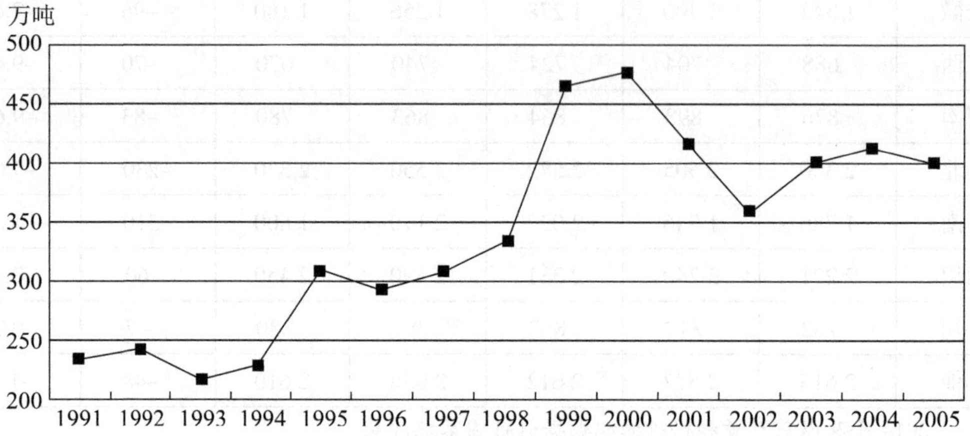

图 7–10　我国历代菜籽油产量情况

表 7–6　2013/14—2016/17 年度中国菜籽油供需平衡分析

单位：千吨

项目	2013/14	2014/15	2015/16（7 月估计）	2016/17（7 月估计）
生产量	6 377	6 894	6 683	6 164
进口量	1 259	631	895	500
年度供给量	7 636	7 525	7 578	6 664
年度国内消费量	5 800	6 300	7 800	8 500
出口量	6	5	3	5
年度需求总量	5 806	6 305	7 803	8 505
年度结余量	1 830	1 220	–226	–1 841

我国菜油产量跟我国菜籽产量和进口量息息相关。我国菜油产量停滞不前，主要是国内菜籽产量难有大的突破。菜籽进口量则因国际菜籽价格过高以及国内行情低迷，一直维持在较低水平。

三、我国菜油的进出口

（一）我国菜籽进出口

从菜籽压榨能力上看，我国菜籽产量不能满足国内需求，因此我国菜籽以进口为主，极少出口。1998—2002年间，我国菜籽进口量较大，2000年最高时达到296.9万吨，主要进口地为加拿大、澳大利亚。主要进口港口为上海、南通、张家港。

2000年以后，菜籽进口不断下降，主要原因是国际菜籽价格高，国内菜油行情不足以支撑高成本的菜籽进口。另一方面，国内大豆压榨能力快速膨胀，导致国内大豆进口量大幅攀升，抑制了菜籽的进口。

2006年，国内菜籽产量大幅下降，使得国内菜籽进口量较2005年有所增长。但由于2006年国际菜籽产量同样大幅下降，尤其是主要出口国加拿大和澳大利亚的菜籽产量下降幅度较大，导致国际菜籽价格始终高企，国内菜籽进口总量没有突破100万吨，仅为73.8万吨。

我国菜籽出口量较少，多数年份出口量在10万吨以下。1999年出口量最高，达55万吨。从2002年开始，我国没有出口菜籽。目前菜籽进口关税为9%。如图7-11所示。

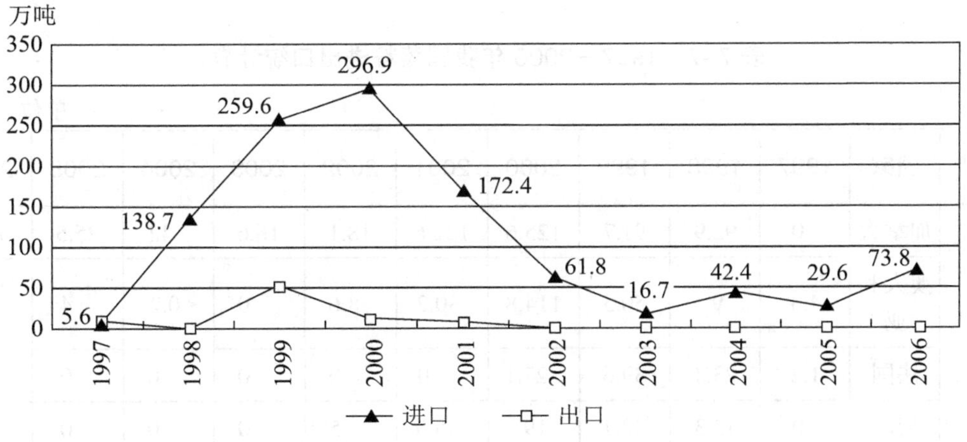

图7-11 我国油菜籽进出口统计

注：数据来源于国家粮油信息中心。

近年来，我国菜籽进口时间主要集中在年尾年头。这段时间正好是我国菜籽加工完毕，原料面临短缺，同时菜油行情也比较好。2006年，国内菜籽减产幅度较大，收购进程缩短，菜籽供应紧张，导致除5月份外，其余月份都有进口菜籽到港。如图7-12所示。

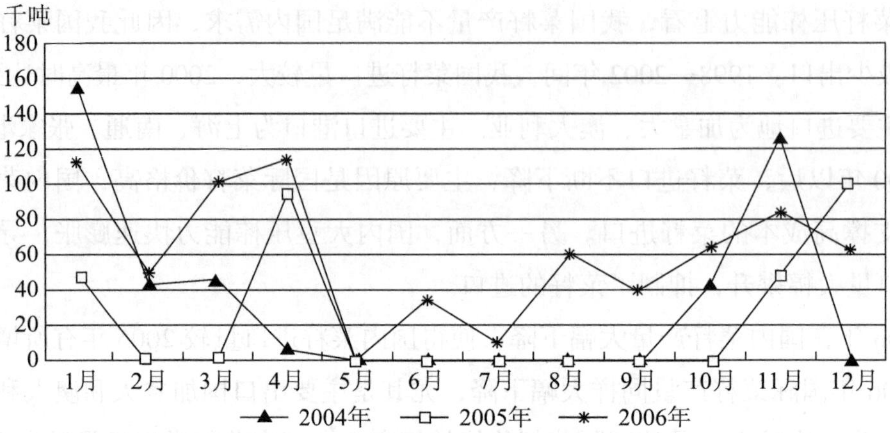

图7-12　我国菜籽月度进口对比

2002年以前，我国菜籽进口来源国主要是加拿大、澳大利亚及欧盟地区。此后主要是加拿大，原因是澳大利亚菜籽产量呈下降态势，尤其是2006年，减产幅度达60%以上，导致澳大利亚成为菜籽净进口国。欧盟地区则由于生物柴油对菜油的需求较大，因而菜籽出口量较为有限。参见表7-7、表7-8。

表7-7　1997—2006年我国菜籽进出口统计表

单位：万吨

项目	国家	1997	1998	1999	2000	2001	2002	2003	2004	2005	2006
进口	加拿大	0	92.9	91.7	125.6	122.6	18.1	16.6	42	25.5	72.8
	澳大利亚	4.3	9.1	50.3	114.8	30.2	38.6	0	0.2	4	0
	法国	1.2	23.3	39.6	27.1	0	0	0	0	0	0
	德国	0	13.3	32.4	19.7	5.5	5	0	0	0	0
	英国	0	0	11	0	0	0	0	0	0	0
	波兰	0	0	21	0	14.1	0	0	0	0	0
	其他	0.1	0.1	13.6	9.7	0.1	0.1	0.1	0.2	0.1	1
	总计	5.6	138.7	259.6	296.9	172.4	61.8	16.7	42.4	29.6	73.8
出口	总计	8	0	55	10.7	6.5	0	0	0	0	0.014

表 7-8 2012—2016 年中国油菜籽月度进口量

单位：千吨

	2012 年	2013 年	2014 年	2015 年	2016 年
1 月	274.3	382.2	584.6	338.2	139.9
2 月	189.5	199.4	426.0	296.6	500.1
3 月	313.7	236.5	138.5	283.2	280.7
4 月	287.2	364.4	544.2	347.4	287.0
5 月	135.7	472.7	651.2	538.8	522.6
6 月	341.9	117.5	352.9	538.6	
7 月	212.4	241.8	426.2	202.0	
8 月	93.1	276.1	288.0	576.4	
9 月	184.6	232.8	494.7	295.5	
10 月	236.9	73.7	187.1	364.7	
11 月	442.3	559.1	505.7	374.1	
12 月	218.0	506.5	481.8	314.3	
合计	2 929.6	3 662.7	5 080.8	4 469.7	1 730.3

注：数据来源于中国海关总署。

（二）我国菜油进出口

我国菜油的人均产量较低，虽然菜油产量多年呈增长态势，但产不足需，菜油供给一直存在缺口。多年来，我国一直是菜油净进口国，每年仅有少量菜油用于出口。

从 2005/06 年度开始，我国的菜油出口开始大于进口，成为菜油净出口国。主要原因是欧盟国家的菜油在生物柴油行业的用量急剧增长，欧盟的菜油价格远远高于世界市场，进口需求显著增长。2005/06 年度，我国菜油进口量约为 4.4 万吨，菜油出口量达到 14.5 万吨。如图 7-13 所示，并参见表 7-9。

表 7-9 2012—2016 年中国菜籽油月度出口量

单位：千吨

	2012 年	2013 年	2014 年	2015 年	2016 年
1 月	101.9	160.1	86.2	51.8	85.4
2 月	86.5	71.1	64.9	45.4	47.3

续表

	2012 年	2013 年	2014 年	2015 年	2016 年
3 月	40.2	156.0	123.2	95.6	153.4
4 月	69.1	187.5	100.3	58.6	50.4
5 月	96.5	175.5	108.1	52.1	47.5
6 月	96.6	132.6	39.5	122.5	
7 月	127.3	183.3	73.9	47.2	
8 月	90.1	116.5	19.6	59.0	
9 月	131.7	78.3	20.4	26.4	
10 月	119.9	83.4	60.7	43.7	
11 月	131.6	93.2	80.9	106.2	
12 月	85.6	89.4	32.1	106.5	
合计	1 175.8	1 526.9	810.0	815.0	383.8

注：数据来源于中国海关总署。

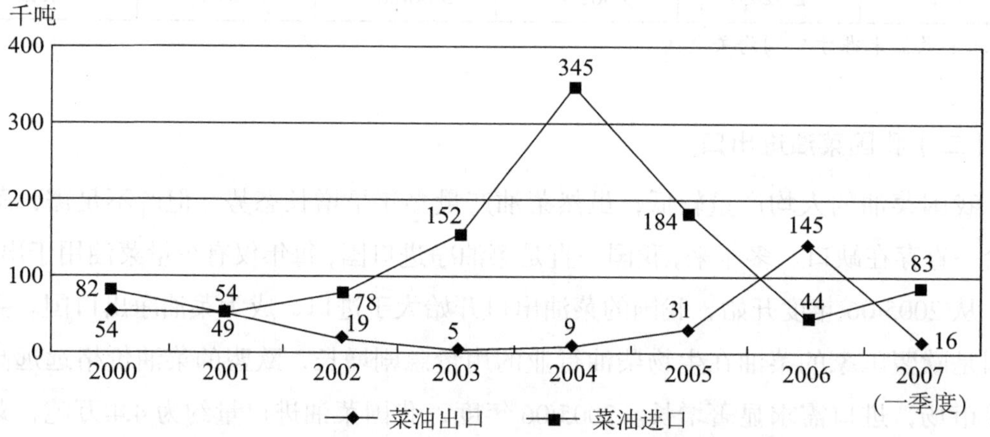

图 7–13　2000—2007 年一季度我国菜油进出口情况

20 世纪 90 年代中期以来，我国实行的是植物油进口配额管理。2006 年以后，国家取消关税配额，只征收 9%的单一进口关税。2001 年以来，由于国际菜油到岸价格高于国内菜油价，菜油进口量一直不大，菜油进口逐渐转为菜籽原料进口。如图 7–14 所示。

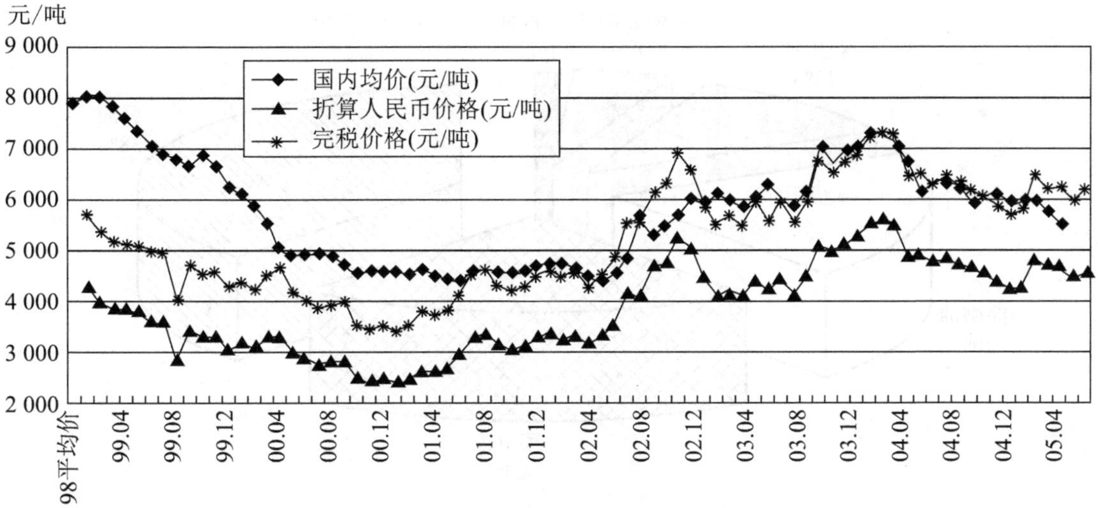

图 7-14 菜籽油国内价格与进口菜籽油完税价格对比图（1999—2005）

我国菜油进口国家主要是加拿大，占我国菜油进口量的 90%左右。见表 7-10。

表 7-10 菜油分国别进口概况表

单位：万吨

国家	1996 年	1997 年	1998 年	1999 年	2000 年	2001 年	2002 年	2003 年	2004 年	2005 年	2006 年
加拿大	5.5	2.4	4.3	1.3	7.1	4.6	1.7	14.3	33.8	17.7	3.9
荷兰	5.5	8	10	2.1	0.2		4.3	0.1	0		
德国	12.1	19.6	8.5	1.2	0	0	0.6	0.1	0.6	0	
其他	8.5	5.1	5.7	2.4	0.2	0.3	1.4	0.6	0.9	0	0.453 3
总计	31.6	35.1	28.5	7	7.5	4.9	7.8	15.2	35.3	17.8	4.4

注：数据来源于国家粮油信息中心。

（三）我国菜油消费

我国是世界上最大的菜油消费国，消费量占世界总消费量的 30% 左右。2001 年以前，菜油在我国植物油消费总量中居第一位。其后，随着进口大豆和豆油量的上升，目前退居第二位。

1999 年以来，菜油消费量稳定在 450 万吨左右。2005 年，国内菜油消费约占植物油消费总量的 24%。如图 7-15 所示。

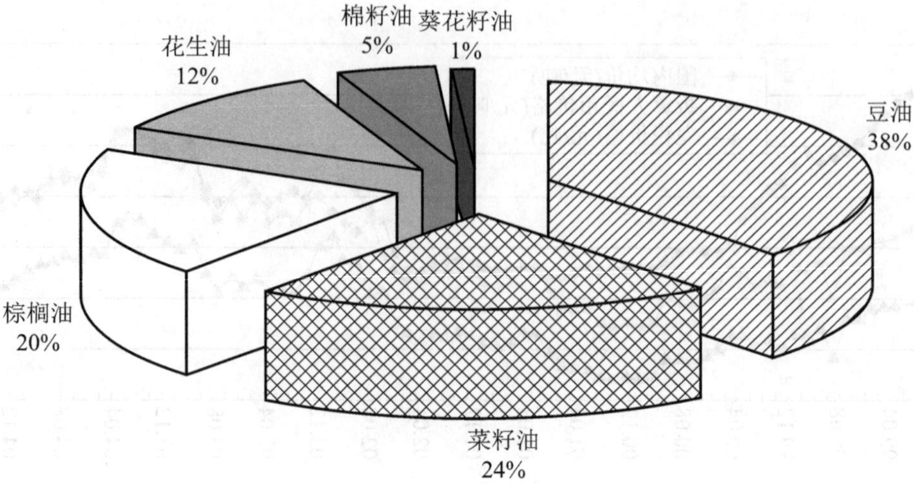

图 7-15　我国植物油消费比重结构图

从加工能力上看，国内菜籽产量远远不能满足国内的压榨需求，不少企业因为原料短缺而在下半年加工棉籽油。

另外，菜油的需求受豆油及棕榈油的影响较大，很多传统菜油消费市场正在被豆油渗透和挤占，因此，2000 年以来，菜油的消费增长缓慢。如图 7-16 所示，并参见表 7-11、表 7-12。

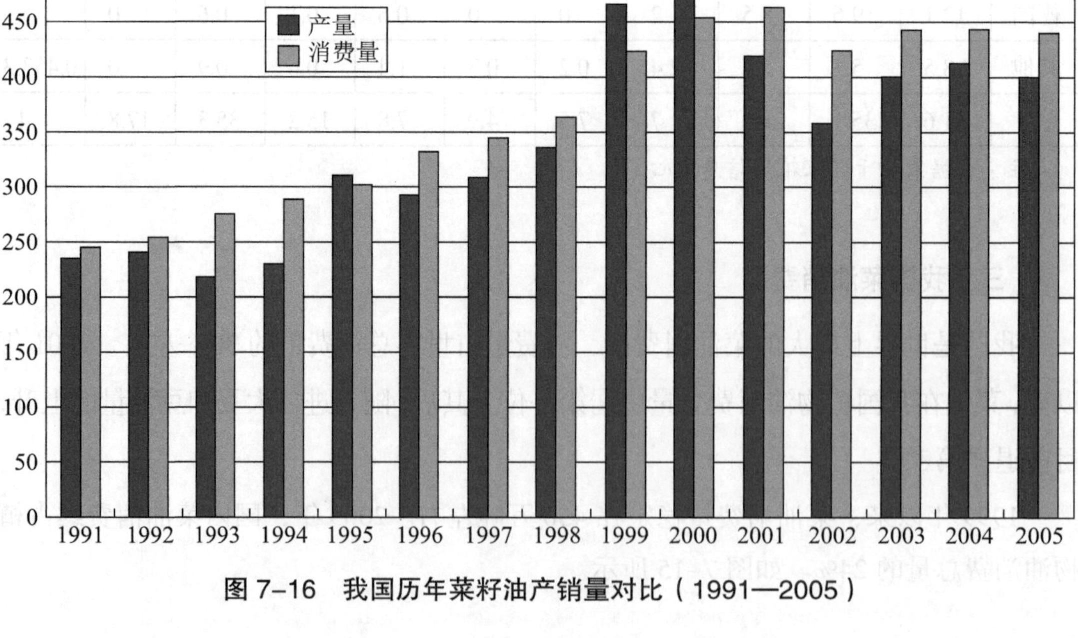

图 7-16　我国历年菜籽油产销量对比（1991—2005）

表 7-11 我国菜籽市场综合平衡分析

单位：万吨

项目	2000/01	2001/02	2002/03	2003/04	2004/05	2005/06	2006/07
国内产量	1 138.1	1 133.1	1 055.2	1 142	1 318.2	1 300	1 100
进口数量	234.4	97.9	15.6	41.8	31.7	50	80
新增供给	1 372.5	1 231	1 070.8	1 182.8	1 349.9	1 350	1 180
榨油消费	1 318	1 168	1 000	1 124	1 270	1 300	1 128
种用损耗	77.5	70.1	83.7	59.8	59.9	50	50
国内消费	1 395.5	1 238.1	1 083.7	1 183.8	1 329.9	1 350	1 178
出口数量	0	0	0	0	0	0	0
消费总量	1 395.5	1 238.1	1 083.7	1 183.8	1 329.9	1 350	1 178
期末结余	−23	−7.1	−12.9	0	20	0	20

注：①中国菜油市场年度为当年 6 月至次年 5 月。

②数据来源于国家粮油信息中心。

表 7-12 我国菜油市场综合平衡表

单位：万吨

项目	2000/01	2001/02	2002/03	2003/04	2004/05	2005/06	2006/07
生产量	477	418	358	392.8	447.4	457.6	451.7
进口量	7.8	4.1	8.5	32.9	26.9	6.4	16
总供给量	485	422	363	425.7	474.3	464	467.7
国内消费	450	460	380	420	450	470	450
出口量	3	3	1.2	0.5	0.6	6.6	14
需求总量	453	463	381	420.5	450.6	476.6	464
期末结余	−32	−41	−18.3	5.2	23.7	−12.7	3.7

注：①中国菜油市场年度为当年 6 月至次年 5 月。

②数据来源于国家粮油信息中心。

第四节　世界菜油供给与需求

菜油在世界植物油生产和消费中占有重要地位。近年来，世界菜油产量和消费量均呈现上升态势。在世界植物油贸易中，菜油贸易也占有举足轻重的地位。

一、世界菜油产量

（一）世界菜油总产量

菜油是世界四大植物油品种之一，产量仅次于棕榈油和豆油，在植物油中居第三位，据美国农业部海外农业机构统计数据显示，2005/06 年度，世界植物油总产量为 1.153 亿吨，其中豆油产量为 3 372 万吨，棕榈油产量为 3 507 万吨，菜油产量为 1 665 万吨，葵花籽油产量为 1 004 万吨，其他植物油产量为 1 982 万吨左右，菜油产量占植物油总产量的 14% 左右。如图 7–17 所示。

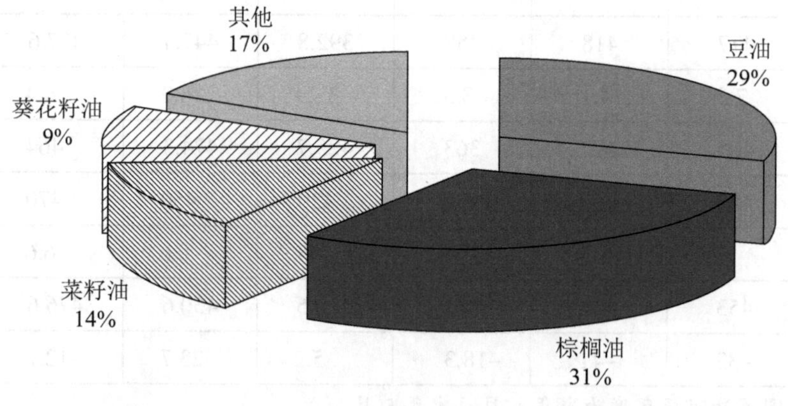

图 7–17　2005/06 年度世界植物油产量对比

注：数据来源于美国农业部海外农业机构。

世界菜油产量呈快速增长态势。联合国粮农组织统计数据显示，1990 年，世界菜油产量为 823 万吨，2005 年增长到 1 663 万吨，产量翻了一番，年均增长 6.8%。如图 7–18 所示。

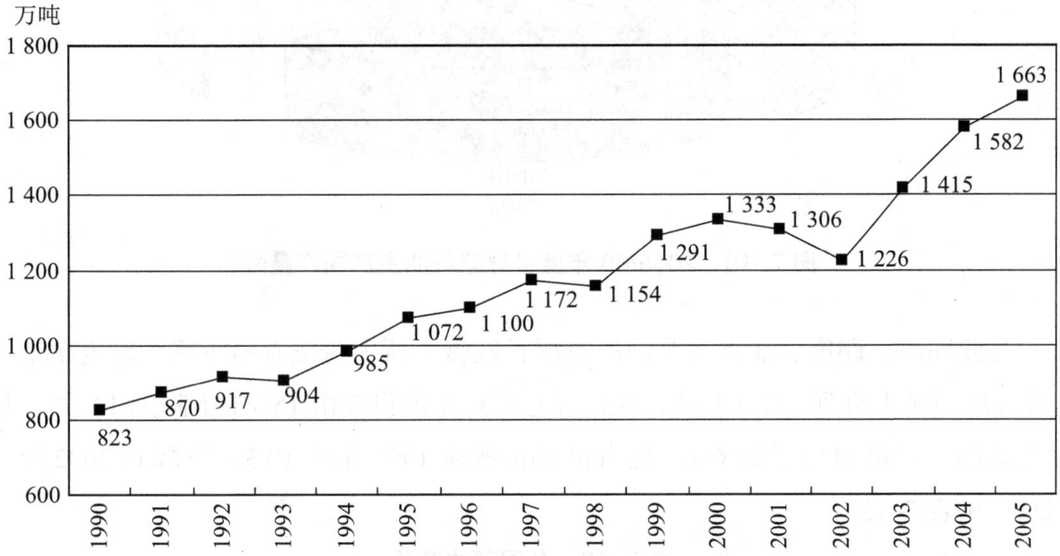

图 7–18　近年来世界菜籽油产量统计

注：数据来源于联合国粮食及农业组织（FAO），2005 年为预测数据。

（二）各国菜油产量

欧盟、中国、印度、加拿大是世界菜油四大主产国（地区），2005/06 年度菜油产量分别占世界总产量的 36%、29%、13%、8%，4 国（地区）产量之和占世界菜油总产量的 86%。其他如日本、墨西哥、美国、巴基斯坦、澳大利亚和孟加拉国等 6 国产量之和，占世界总产量的 14%。如图 7–19 所示。

从 20 世纪中期以来，世界四大菜油主产国（地区）产量排序一直没有变化，但所占份额有所不同。欧盟、中国和巴基斯坦菜油产量增长较快，所占份额上升，其中欧盟菜油产量增长最快。

1996 年到 2005 年，欧盟菜油产量增加了 116%，所占份额由 24.8% 上升为 35.5%。中国菜油产量增长了 70.1%，占世界总产量的份额由 25.1% 增加到 28.3%。巴基斯坦的菜油产量占世界总产量的比重较低，但增长速度最快，同期增长了 287%。

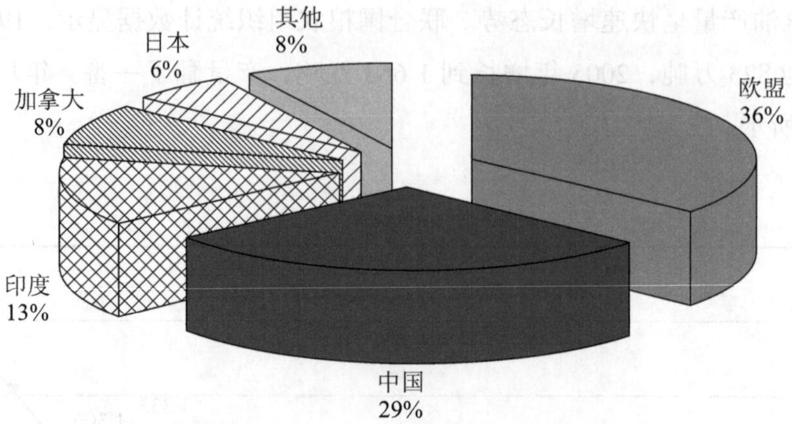

图 7-19　2005/06 年度世界菜籽油主产国产量分布

与此同时，印度、加拿大菜油产量增长较慢，所占份额有所下降。印度菜油产量由 175 万吨上升到 217.4 万吨，在世界总产量中的份额由 15.9% 下降到 13.1%。加拿大菜油产量虽增加了 20.6%，但占世界份额从 1996 年的 10.3% 下降到 2002 年的 8.2%。见表 7-13。

表 7-13　各国菜油产量

单位：万吨

	1996/97	1997/98	1998/99	1999/00	2000/01	2001/02	2002/03	2003/04	2004/05	2005/06
欧盟	273.7	324	351.1	370.9	425.2	430.2	435.3	433.9	540	591
中国	276.3	295.4	317	425	417.5	418	353.8	408	455.6	470
印度	175	165	126.2	146.3	127.6	136	108	179.3	232.1	217.4
加拿大	113.6	128.8	129.2	125.3	126	96.4	92.5	128.5	124.5	137
日本	78	82	90	89	88.5	85.3	88.3	87	89	94.3
墨西哥	21.3	21.3	26	33.1	34.1	33	30.9	40.7	34.1	40
美国	15.5	20.5	25	28.1	29.2	26.5	22.6	27.4	33.6	35.8
巴基斯坦	8.4	10.1	11	18.1	18.9	19.4	21.5	21.6	21.7	32.5
澳大利亚	9.8	12.1	6.2	19.9	19.9	16	13.3	16.5	17.2	16.8
孟加拉国	10.7	10.1	13.3	16.6	17.4	14.5	14.5	11.9	14	13.4

注：①数据主要来源于美国农业部海外农业机构（FAS）。

②2005/06 年度数据来源于国家粮油信息中心。

二、世界菜油消费情况

（一）世界菜油消费量

菜油需求来自两个方面。首先，菜油被认为是安全、健康的植物油，成为居民和食品行业的主要食用油。其次，能源价格上涨，刺激了生物柴油的需求，进而加大了菜油工业需求。

从 20 世纪 90 年代中期开始，世界菜油总消费量达到 1 000 万吨以上，并保持逐年上升的趋势。在总消费量中，食用量占 70% ~ 90%，工业用量占 5% ~ 8%，库存及其他用量比例较低。世界菜油用量不断提高的一个重要原因，是欧盟生物燃料行业的需求增加。见表 7–14。

表 7–14　世界菜油供需平衡表

单位：万吨

年度	总供应量	出口量	工业用量	食用量	饲料耗费量	总消费量	期末库存
1992/93	1 055.4	172.9	51.5	785.3	5.6	842.4	40.1
1993/94	1 172.3	223.9	63.1	838.6	4.7	906.4	42
1994/95	1 321.5	263.4	93.1	925.3	5.2	1 023.6	32.5
1995/96	1 401.6	259.6	100.1	995.9	1	1 097	45
1996/97	1 352.2	262.5	101.1	948.4	1.2	1 050.7	39
1997/98	1 450	302.4	97.5	1 004.2	1.3	1 103	44.6
1998/99	1 485.9	297.9	86.8	1 051.1	1.3	1 139.2	48.8
1999/00	1 680.6	313.9	101.3	1 208.2	1.3	1 310.8	55.9
2000/01	1 622.2	259.5	141.7	1 144.6	2.6	1 288.9	73.8
2001/02	1 562.9	251.1	139.3	1 102.8	3.3	1 245.4	66.4
2002/03	1 439.6	243	133.8	1 008.5	3.9	1 146.2	50.4
2003/04	1 375	128	142.1	1 252	0.3	1 385	49
2004/05	1 621.4	121	159.9	1 287.3	0.5	1 447.7	52.7

注：数据来源于美国农业部海外农业机构（FAS）。

（二）各国菜油消费情况

从消费国家看，主要消费国（地区）是欧盟、中国和印度，其次是美国、墨西哥、加拿大、巴基斯坦、孟加拉等国。除了几个消费大国，其他国家的消费量较小。

20世纪末以来，欧盟菜油消费增长最快，2005年比1997年消费量增加了350万吨左右，达到607万吨。其中生物柴油的消耗量增长最大，将近400万吨，占总消耗量的60%。见表7–15。

表7–15　世界各国菜油消费量

单位：万吨

	1997/98	1998/99	1999/00	2000/01	2001/02	2002/03	2003/04	2004/05	2005/06
欧盟	263.4	218.3	320.1	342.1	334.3	332.1	439.2	526.5	607
中国	344.8	390.9	468.5	470.2	438.8	377.5	436.3	475.6	470
印度	201.8	162.1	183.5	165.3	174.1	143.3	213.5	206.5	217.4
美国	58.6	63.8	70.4	83.2	71.2	65	69.6	73.1	82
加拿大	63	60.9	59	52.4	46.2	41.8	53.5	51.3	51.5
澳大利亚	9.5	9.9	10.9	12.8	12.2	11.4	12.6	13	12.5
其他	270.3	365.7	328.9	293.8	294.4	283	219.5	220.4	223.3
总计	1 211.7	1 271.6	1 441.3	1 420	1 366	1 254	1 444.2	1 566.4	1 663.7

注：① 2002年及其之前的数据来源于《油世界》(2003)。
② 2002年以后的数据来源于国家粮油信息中心。

三、世界菜油进出口情况

（一）菜油出口情况

世界植物油贸易量从2001/02年度的3 325万吨增长到2005/06年度的4 430万吨，增长了33.23%。其中，菜油的出口量增加32.38%，豆油出口量增加8.65%，棕榈油出口量增加45.16%，葵花油出口量增加65.26%。

2005/06年度，世界菜油出口量达到139.8万吨，比2004年113.8万吨增加22.8%。菜油占植物油贸易量的3.2%，豆油占贸易量的20.7%，棕榈油占植物油贸易量的58.3%。

菜油主要出口国为加拿大。加拿大出口量在1995年由世界第二位跃升为第1位，1997年菜油出口量70.9万吨，2005年出口量上升到95万吨，占当年世界菜油总出口量的68%。

欧盟曾是第一大菜油出口地区，受生物柴油需求增加的影响，近年欧盟菜油出口大幅减少，2005年降至7.5万吨。见表7–16。

表 7-16　世界菜油主要出口国历年出口统计

单位：万吨

	1997/98	1998/99	1999/00	2000/01	2001/02	2002/03	2003/04	2004/05	2005/06
澳大利亚	3.8	5.1	40	2.8	3.5	2.5	5.2	4	5
加拿大	70.9	74.1	78.7	73.8	56.3	51.5	82.1	81.4	95
美国	15.7	12.4	12.9	8.3	11.6	7	12.6	12	17.9
欧盟	76.8	70.8	60.7	19.9	36.1	29.5	14.3	12.5	7.5
印度	0.5	0	0.2	0.1	0.2	0.2	—	—	—
中国	10	2.3	7.1	7.2	2.3	2.5	0.5	0.9	10
其他	33.6	28.6	30.4	28	19.3	17.9	—	—	—
总计	211.4	193.3	194	140.1	129.3	111	114.7	113.8	139.8

注：① 2002 年及其之前的数据来源于《油世界》（2003）。
② 2002 年以后的数据来源于国家粮油信息中心。

（二）菜油进口情况

美国、中国、欧盟和墨西哥是世界菜油主要进口国。其中，美国菜油进口量居世界第一位，进口量从 1991 年的 37.4 万吨增加到 2005 年的 64.8 万吨，增幅 78%，占该年世界菜油总进口量的 51%。

我国菜油进口居世界第二位，年进口量呈下降趋势。1991 年进口量 29.2 万吨，2005 年降为 10 万吨。欧盟 25 国受生物柴油需求强劲的影响，2005 年菜油进口大幅增加，预计全年进口量在 23.5 万吨左右，并由净出口地区转变为净进口地区。另外，墨西哥、日本、孟加拉等国有少量进口。见表 7-17。

表 7-17　世界菜油主要进口国历年进口统计

单位：万吨

	1996/97	1997/98	1998/99	1999/00	2000/01	2001/02	2002/03	2003/04	2004/05	2005/06
美国	50.2	50.4	50.3	53.4	54.5	50.3	44.5	64.6	50.9	64.8
中国	29.1	32.3	15.3	3.9	8.5	4.8	11.5	16	23	10
印度	3	6.6	24.1	16	5	0.5	5	2.5	0	—
加拿大	5.2	7.6	0.9	10.2	5.6	3.4	5	3	3	3

续表

	1996/97	1997/98	1998/99	1999/00	2000/01	2001/02	2002/03	2003/04	2004/05	2005/06
日本	0.5	0.4	0.2	1.4	2.2	1.8	1.8	1.5	7.5	6
欧盟	3.2	1	0.7	1	0.3	0.5	2.6	1.5	4.5	23.5
墨西哥	4.8	5.4	11	6.6	6.7	9.4	8	5	7	9
孟加拉	1	1	1	1	1.1	1.6	1	0.2	0.3	—

注：①数据主要来源于美国农业部海外农业机构（FAS）。

② 2005 年数据来源于国家粮油信息中心。

第五节　菜油投资价值分析

一、菜油期货品种特点

（一）完全市场化，价格竞争充分

菜油是国内市场放开较早的植物油品种之一，菜籽和菜油价格完全由市场供求关系决定。菜油市场是一个完全竞争性的市场，大型加工企业极少，中小油厂遍布主产区，国有、民营、外资油厂、个体油商可以自由收购、加工、销售菜籽和菜油，跨省收购和贸易非常普遍，价格竞争充分，难以形成市场垄断。

（二）产量、消费量大，商品率高

我国是世界菜籽、菜油第一大生产国和消费国，菜油产量占世界产量的 1/4，占我国植物油消费量的 20%，是我国第二大植物油品种，商品率在 90% 以上，国际和国内市场地位都非常突出。这为菜油期货交易的开展提供了有利条件。

（三）国际化程度高，国内外联动性强

菜油（菜籽）进出口完全放开，没有配额限制，各类企业可以自主进出口。国内供求与国际供求基本一体化，菜油的价格与国际上联动性非常紧密，走势一致。

郑州商品交易所上市的菜油期货，无论是进口菜油还是国产菜油，只要达到规定的质量标准都可以交割，因此这是个与国际市场密切接轨的品种。

（四）价格波动大，影响因素多

菜油价格波动不但受国内国际菜籽种植面积、菜籽产量、需求等本身的影响，还受豆油、棕榈油等其他油脂价格的影响，因此价格影响因素多，波动性大，周期性和季节性波动强。

1999 年以来，四级菜油最高为 8 037 元 / 吨，最低为 4 400 元 / 吨，因此，菜油品种具有良好的投资价值。

（五）生产、消费集中，信息采集便利

长江中下游沿岸各省既是菜籽种植地区，又是菜油的加工和消费地区，贸易频繁，信息集中，价格透明，非常方便投资者进行市场调研，及时准确地搜集市场信息，并做出分析判断。

（六）现货经营风险大，套期保值需求高

我国菜油生产、储藏和贸易特点是季节性集中加工，常年储藏和销售。由于菜油加工行业加工能力严重过剩，菜籽大量上市季节，企业争相抢购。集中加工为菜油后，可以全年储藏和销售。

如果储藏期间菜油价格大幅波动，现货企业将面临巨大的市场风险。如 2006 年菜油价格大幅波动，很多菜油现货企业亏损严重，一些大型企业因无法偿还贷款而倒闭。因此，大量的生产、经营和加工企业，迫切需要利用期货市场开展套期保值业务，规避价格风险。

（七）国际上有相关期货品种，市场成熟

菜籽（油）是国际上比较成熟的期货品种之一。目前，国际上共有 4 家交易所上市菜籽（油）期货，分别为加拿大温尼伯商品交易所（WCE—菜籽期货）、泛欧交易所（EURONEXT—菜籽 / 菜油期货）、澳大利亚期货交易所（SFE—菜籽期货）和印度多种商品交易所（MCX—菜籽 / 菜油期货）。目前，加拿大和欧盟已经成为菜籽和菜油的国际定价中心。

国内外贸易商已习惯根据交割月菜籽期货价格加上基差来确定现货贸易合同价，主产国政府也将菜籽期货价格作为制定相关政策的重要参考。

（八）交割制度符合现货特点，能够有效实现期现对接

菜油期货以现货市场流通量最大的四级油为基准交割品，质量稳定，检验方便。采用期货转现货（期转现）、仓单通用等交割方式，在菜油交通集散地设立交割仓库，

符合现货流通方向，便于企业灵活操作和节省成本，以高效、快捷地完成交割，有效实现期现对接。

（九）完善农产品品种体系，增加品种间的套利机会

继郑州商品交易所上市了小麦、棉花、白糖期货品种，菜油期货的上市完善了粮、棉、油、糖等农产品体系，形成了独特的较为完备的农产品板块，为投资者研究分析农产品期货运作规律，发现投资机会，实现品种间的套利操作创造了条件。

二、菜油价格主要影响因素

近几年来，影响我国菜油价格的因素日益增多。我国农业种植结构调整，国内菜籽种植面积和菜油产量波动较大。加入世界贸易组织后，我国油脂和油料进出口量逐年增加，菜油价格受国际市场的影响程度越来越大。石油价格急剧上涨，菜油转化为生物柴油的比例逐年增加，生物柴油需求对我国菜油价格影响日益增大。

（一）我国菜籽供应和价格

菜油作为菜籽加工的下游产品，其价格受菜籽产量和价格的影响很大，而菜籽的产量和价格又由菜籽种植面积、天气状况、供求关系决定。

1. 我国菜籽种植面积

菜籽种植面积波动较大，主要原因是农民的种植意愿发生了很大的改变。农民种植意愿受上年菜籽收购价格、小麦收购价格及其他因素的影响。

小麦与冬油菜播种时间相近，存在争地关系。近年来，由于国家对小麦出台很多扶持政策，种植小麦的收益比菜籽高，影响了农民种植菜籽的积极性。

另外，菜籽在种植和收获过程中需要大量人工，也会降低农民种植菜籽的兴趣。因此，应密切关注主产省菜籽种植面积的波动幅度。

2. 天气状况和单产

我国菜籽种植面积很难有大的突破，因此影响菜籽最终产量的是单产，而单产受天气影响巨大。菜籽在生长过程中，受干旱、低温、洪涝影响较大，尤其在生长后期和收割、脱粒、整晒期，如果遭遇灾害性天气，将会使菜籽品质降低，单产下降，出油率降低。

如2002年，我国菜籽产量由预期的丰收逆转为减产，主要原因就是在临近收获时，长期阴雨天气影响了最终收成。2005年，菜籽一度受到低温冻害天气的影响，但在菜籽生长后期，天气较为理想，部分弥补了前期不利天气造成的影响，使单产水平有所

提高。因此，进行菜油期货交易，需要特别关注菜籽生长及收获过程中的天气变化。

3. 菜籽收购价格

菜籽收购价格的高低，直接影响菜油的生产成本和压榨效益。压榨效益是决定菜油供应量的重要因素之一。如果加工厂的压榨效益一直低迷，那么一些厂家将会停产，从而减少菜油的市场供应量。

每年6—10月，菜籽收购价格都是市场关注的焦点。收购价格取决于农民的出售心态和油厂的收购心态。如果市场预期减产，则会导致农民在收购初期进行观望乃至惜售，收购价格上涨，产需矛盾加剧，在部分地区和一定阶段出现油厂抢购和囤积。因此，密切关注菜籽的收购价格及进度，是分析菜油价格的重要一环。

（二）菜油的供求关系

1. 产量

菜油当期产量是一个变量，受制于菜籽供应量、菜籽压榨收益、生产成本等因素。一般来讲，在其他因素不变的情况下，菜油的产量与价格之间存在明显的反向关系。菜油产量增加，价格相对较低。菜油产量减少，价格相对较高。

2. 消费量

近年来，随着豆油、棕榈油的市场份额不断扩大，对长江流域传统菜油消费区域的消费习惯起到一定的改变作用，不少传统的菜油消费区域也逐步接受了豆油消费。

尽管如此，菜油传统消费市场依然存在。一旦菜油减产幅度较大，进口菜籽也不能弥补国内的供应缺口，那么菜油供应紧张的局面也就较为突出。

3. 季节性规律

菜油年度内价格变化的一般规律是：5—6月新菜籽逐渐上市，菜油价格开始回落。7—8月菜油供应增多，价格最低。9月底，双节临近，需求增大，价格开始回升。10月份以后，气温下降，棕榈油消费减少，菜油消费增加，价格进一步上升。12月到次年1月份，菜油进入需求旺季，价格不断攀高并保持高价，直到新菜籽上市。

近年来，受国内宏观经济形势和其他植物油供求等综合因素的影响，菜油季节性价格变化规律更加复杂。如图7–20所示。

4. 进出口量

菜籽的进出口量主要取决于国内外菜籽、菜油的价格。近年来，我国菜籽和菜油的进口量日趋减少，主要原因是国际成本较高，无法进口。2005年以来国内很多厂商密切关注进口菜籽行情，只是进口价格较高，没能大量进口，一旦国内外价格合适，菜籽进口将会大幅提高。从目前的趋势看，随着我国人均油料消费的不断增长，国内菜油供求缺口不断加大，我国菜籽和菜油进口总量有望增加。

5. 菜油库存

菜油库存是构成供给量的重要部分，库存量的多少体现了供应量的紧张程度。在多数情况下，库存短缺则价格上涨，库存充裕则价格下降。由于菜油具有不易长

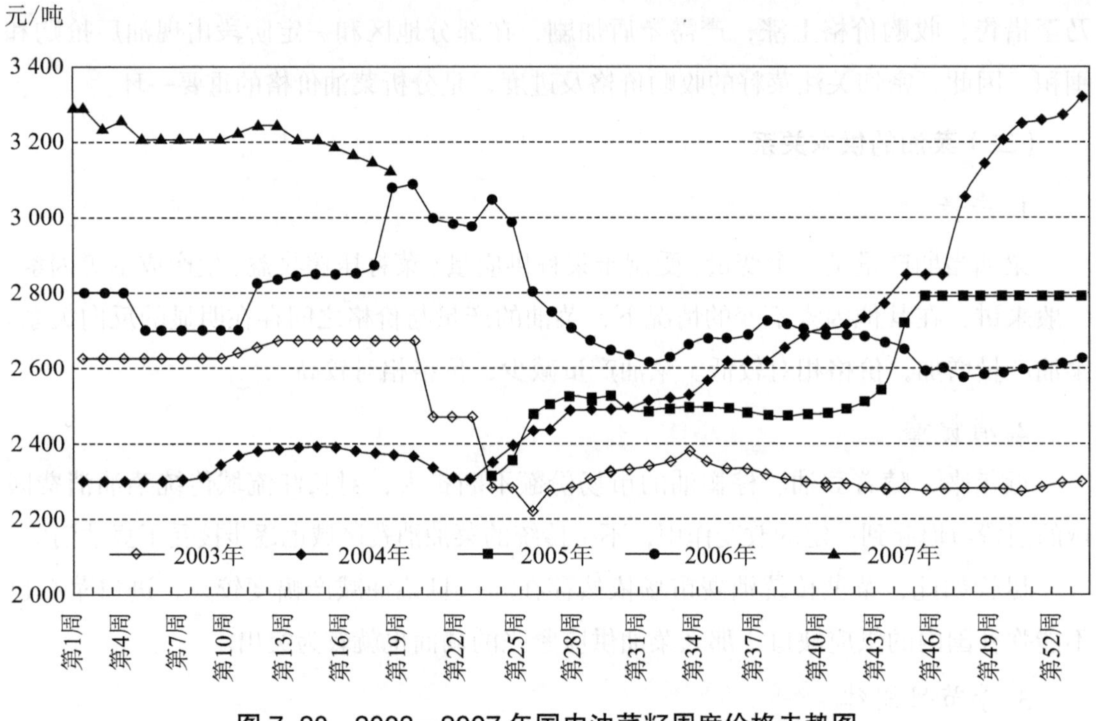

图 7-20　2003—2007 年国内油菜籽周度价格走势图

期保存的特点，一旦菜油库存增加，菜油价格往往会走低。我国菜油库存除了商业库存外，还有国家储备。国家储备主要在浙江、安徽和四川，每年都要轮换 50%，数量较大，因此投资者需要关注国家储备轮换时间、进度和流向。

6. 生物柴油的需求

原油市场的影响也不可忽视。2006 年，基于生物柴油的炒作是植物油价格上涨的重要因素之一。欧盟各国政府通过免税等优惠政策的扶持，使得以低芥酸菜油为原料制取生物柴油已经实现规模化，并已经成为其能源安全战略的重要组成部分。2006 年，欧盟地区生物柴油的菜油消耗量占总消耗量的 63.7%。我国也在江苏南通、

湖北天门投资建设生物柴油加工基地，蓬勃发展的生物柴油产业将会对菜油价格产生重要影响。

（三）相关及替代商品价格的影响

1. 菜油与菜粕的比价关系

菜油是菜籽的下游产品，每吨菜籽可以压榨出大约 0.38 吨的菜油和 0.6 吨的菜粕。菜油与菜粕的价格存在着密切的联系。菜籽主要用于淡水养殖业，其他品种的油粕很难替代菜粕使用。如果我国淡水养殖业效益较好，菜粕用量就会增加，菜粕价格就会回升，就会拉动菜籽的收购价格，油厂开工率增加，菜油供应增加，价格会出现下跌；菜粕出现滞销的时候，油厂会降低开工率，菜油产量就会减少，菜油价格往往会上涨。

2. 菜油与其他油脂的价格

菜油价格除了与菜籽和菜粕价格具有高度相关性之外，豆油、棕榈油、花生油、棉籽油等菜油替代品对菜油价格也有一定的影响。如果菜油价格过高，精炼油厂或者用油企业往往会使用其他植物油替代，或者进行掺兑，从而导致菜油需求量降低，促使菜油价格回落。

随着豆油市场份额的不断扩大、棕榈油进口量的剧增以及菜油消费地位的转变，国内菜油市场已经不能独立来分析，其受国内豆油、棕榈油市场影响相当大。例如 2005 年国内菜籽减产，菜籽进口量也下降，但实际上菜油价格依然低迷，跟随豆油市场阴跌不止，主要原因是受到整体市场的拖累。受消费习惯改变的影响，豆油、棕榈油的替代性不断加强，因而不能将菜籽市场和整体植物油市场割裂开来分析。

3. 国际市场相关油脂的供求及价格

世界油料生产形势，特别是美国大豆生产进展状况、马来西亚棕榈油供应形势、加拿大菜籽生产形势以及主要进口国进口需求状况，是国际市场价格波动的主要影响因素。受世界植物油各品种供求不定和菜油自身供求因素的共同影响，近年菜油价格波动频率增加，价格风险剧增。

4. 油厂综合成本的变化因素

油厂综合成本（如利息、税金、煤价、溶剂油、员工工资、修理用材料等要素）的提高或降低，都会致使菜油价格产生波动。见表 7–18。

表 7-18 菜油期货基本影响因素分析表

菜油期货基本影响因素	内在因素	菜籽种植面积、天气状况、菜籽产量、收购价格
		菜油产量、消费量、季节性规律、国储轮换
		菜籽进出口量、菜油进出口量
	外在因素	菜油与菜粕的比价关系，菜油与豆油、棕榈油的比价关系
		国外相关油脂市场的影响
		石油、生物柴油的影响

如图 7-21 所示，我国菜油价格历史走势可以划分为下面六个阶段。

第一阶段：菜油价格大幅下跌阶段（1999 年 1 月至 2000 年 10 月）。1999 年，随着我国宏观经济紧缩和菜油、豆油产量的提高，我国油脂市场价格呈现大幅下跌态势。1999 年 1 月份，四级菜油价格高达 8 037 元 / 吨，随后一路下跌，2000 年 10 月跌至 4 517 元 / 吨，相对年初价格下跌幅度达到 56.2%。

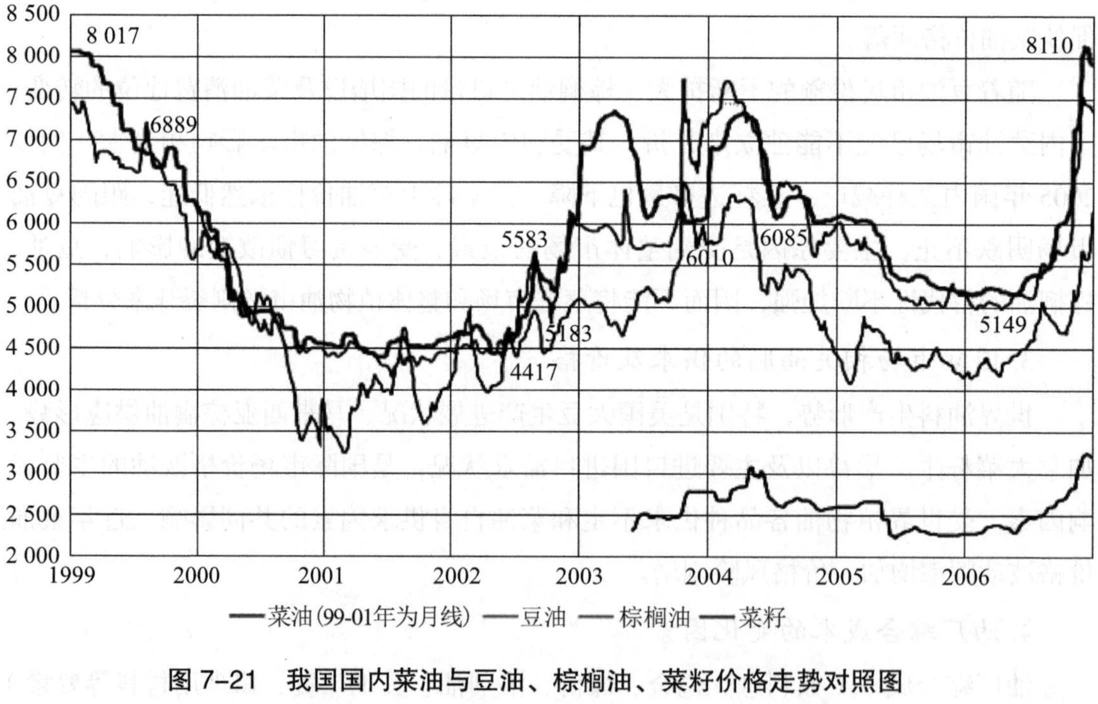

图 7-21 我国国内菜油与豆油、棕榈油、菜籽价格走势对照图

第二阶段：菜油小幅下跌和低价波动阶段（2000 年 11 月至 2002 年 7 月）。2000 年 11 月至 2002 年 7 月，我国菜油基本在低价位波动，波动区间在 4 440 ~ 4 700 元 / 吨。

受新菜油上市的压力，2001 年 6 月，菜油跌至最低 4 400 元 / 吨左右。

第三个阶段：菜油价格大幅上涨阶段（2002 年 8 月至 2004 年 3 月）。2002 年，我国宏观经济形势向好，粮油市场回暖，加之我国菜油产量大幅下降（2001 年产量为 418 万吨，2002 年产量为 357.5 万吨），8 月份新油上市不久，价格便大幅上涨。

2002 年 7 月份，菜油价格仅为 4 780 元 / 吨。到 2003 年 6 月，价格达到 6 257 元 / 吨，上涨幅度为 30.9%。2003 年 7 月新菜油上市后，由于市场供给增加，8 月份菜油价格回调至 5 916 元 / 吨，随后又出现急剧大幅上涨行情。2004 年 3 月份，菜油价格最高达到 7 300 元 / 吨。

第四阶段：菜油价格再次下跌阶段（2004 年 4 月至 2005 年 10 月）。随着我国宏观经济紧缩和豆油产量、进口量增加，菜油价格开始大幅回落。2004 年 4 月，我国菜油价格保持在 7 000 元 / 吨以上。6 月底新菜油上市前，价格下跌至 6 150 元 / 吨左右。7 月份菜油上市后，价格继续下跌至 5 750 元 / 吨。2005 年双节，菜油价格一度反弹至 6 100 元 / 吨，随后价格继续下跌。至 6 月份，菜油价格最低下跌至 5 150 元 / 吨左右。2005 年 7 月份，由于新年度菜籽产量下降，菜油价格回升至 5 250 元 / 吨左右。8 月以后，随着菜油供给量的增加，菜油价格开始小幅度回落，截至 10 月中旬，价格跌至 5 100 元 / 吨左右。

第五阶段：菜油跌后趋稳阶段（2005 年 11 月至 2006 年 8 月）。随着菜油逐渐进入消费旺季，四级菜油价格基本扭转下跌趋势，菜油价格在低价位保持稳定。2005 年 11 月至 2006 年 5 月，四级菜油的平均价格基本稳定在 5 160 元 / 吨附近。受新年度菜籽减产和菜油出口的影响，2006 年 6 月，国内菜油价格开始出现上涨态势，菜油价格达到 5 450 元 / 吨。

第六阶段：菜油价格大涨阶段（2006 年 9 月至 2006 年 12 月）。2006 年 9 月份，国内菜油市场终于在低谷中呈现反弹，爆发出一轮较为迅猛的上升行情。自夏收菜籽登场上市以后，在成本价格连续几次攀升的推动下，部分主产区菜油价格终于冲至 8 400 元 / 吨大关，从而突破了 2003 年以来 7 500 元 / 吨的历史最高纪录。

第八章　棕榈油期货

第一节　棕榈油简介

一、棕榈油

棕榈油是一种热带木本植物油，是目前世界上生产量、消费量和国际贸易量最大的植物油品种，与大豆油、菜油并称为“世界三大植物油”，拥有超过五千年的食用历史。

棕榈油由油棕树上的棕榈果压榨而成，果肉和果仁分别产出棕榈油和棕榈仁油。传统概念上所说的棕榈油只包含前者。棕榈油经过精炼分提，可以得到不同熔点的产品，分别在餐饮业、食品工业和油脂化工业拥有广泛的用途。

东南亚和非洲作为棕榈油的主要出产区，产量约占世界棕榈油总产量的88%。印度尼西亚、马来西亚和尼日利亚是世界前三大生产国。20 世纪 20 年代，我国曾从马来西亚引种到海南岛，后来台湾、云南、广西、福建、广东等省区均有种植，但产量不多。由于我国受气候等自然条件限制，生产发展缓慢，20 世纪 80 年代后期开始大量进口，进口量占世界棕榈油贸易量的 15% 以上。目前，中国已经成为全球第一大棕榈油进口国，棕榈油消费量每年约为 600 万吨，占市场总量的 20%。

棕榈油是世界油脂市场的一个重要组成部分，在世界油脂总产量中的比例超过 30%。油棕是一种四季开花结果及长年都有收成的农作物。油棕的商业性生产可保持 25 年。

受全球棕榈种植面积扩张以及成熟棕榈面积提高等因素影响，2012 年，全球棕榈油产量继续增加，或创下历史新高。

2012 年底，国内棕榈油现货市场回暖，主要是“两节”需求启动，刺激终端贸易商加快采购。与此同时，国内棕榈油进口到港速度加快，远超需求增加量。棕榈油进口成本下滑，远期预期更低。

油棕是世界上生产效率最高的产油植物。在马来西亚，目前每公顷油棕最多可生产大约 5 吨油脂，每公顷油棕生产的油脂比同面积的花生高出 5 倍，比大豆高出 9 倍。一般的马来西亚已到成熟期的油棕，每年每公顷平均产量是 3.7 吨毛棕榈油。

棕榈油是植物油的一种，能部分替代其他油脂，可代替的有大豆油、花生油、葵花籽油、椰子油、猪油和牛油等。由于棕榈油与各种油脂具有相互替代的关系，棕榈油的价格也随着世界一般油脂价格的波动而浮动，同时棕榈油价格的波动幅度也很大。

二、棕榈的种植历史

油棕树最早源自西非。工业棕榈油是红色的，从棕榈树皮提取。棕榈仁油是白色的，从棕榈果的内核提取。棕榈油和棕榈仁油的生产过程比较复杂，主要经过以下几个工序：除菌、提炼、漂白、除臭，送去存储之前得到棕榈油和棕榈仁油。

棕榈树的种植始于 19 世纪初，那时英国发起的工业革命，特别是蜡烛制造和机械用润滑剂，创造了对棕榈油的需求。

刚开始棕榈油由西非农民供应，1848 年，荷兰殖民者把棕榈种植带到爪哇。1910 年，英格兰殖民者威廉·森米德尔顿和银行家亨利美在马来西亚创办了森达美公司，大量种植棕榈树并生产棕榈油。

棕榈油是世界用量领先油脂——大豆油的主要竞争对手，其他竞争对手包括菜油、葵花籽油、花生油、棉籽油、棕榈仁油和橄榄油。2004 年以来，棕榈油和棕榈仁油的总用量首次超过世界上主要的食用油——豆油。

中国是全球食用油消费第一大国，每年食用油的消费总量高达 2 500 多万吨。

三、棕榈油的生产

人们通过水煮、碾碎、榨取的过程，可以从棕榈果肉中获得毛棕榈油（CPO）和棕榈粕（PE）。在碾碎的过程中，棕榈的果子（即棕榈仁）被分离出来，再经过碾碎和去掉外壳，剩下的果仁经过榨取得到毛棕榈仁油（CPKO）和棕榈仁粕（PKE）。

油棕果实中含两种不同的油脂，从果肉中获得棕榈油，从棕榈种子（棕榈仁）中得到棕榈仁油，这两种油中前者更为重要。以上所有这些产品，均被有效地应用于食品、化工、农业等领域。可以说，棕榈是一种很好的经济类植物。

经过上述初级阶段的榨取之后，毛棕榈油和毛棕榈仁油送到精炼厂精炼，经过去除游离脂肪酸、天然色素、气味后，成为色拉级的油脂——精炼棕榈油（RBD PO）及棕榈油色拉油（RBD PKO）。

经过精炼的棕榈油在液态下接近于无色透明，在固态下接近白色。此外，根据不同用户的需求，棕榈油还可以经过进一步的分馏、处理，形成棕榈油酸（PFAD）、棕榈液油（简称 OLEAN）、棕榈硬脂（简称 STEARINE 或 ST）。

油棕果实里含有较多的解脂酶，所以对收获的果实必须及时进行加工或杀酵处理。棕榈毛油容易自行水解，生成较多的游离脂肪酸，酸值增长很快，因此要及时精炼或分提。

四、棕榈油的成分

棕榈油中富含胡萝卜素（0.05% ~ 0.2%），呈深橙红色。这种色素不能通过碱炼有效去除，通过氧化可将油色脱至一般浅黄色。在阳光和空气作用下，棕榈油也会逐渐脱色。棕榈油略带甜味，具有令人愉快的紫罗兰香味。常温下呈半固态，其稠度和熔点在很大程度上取决于游离脂肪酸的含量。国际市场上把游离脂肪酸含量较低的棕榈油叫做软油，把含量较高的棕榈油叫硬油。

棕榈油也被称为饱和油脂，因为它含有 50% 的饱和脂肪。油脂是饱和脂肪、单不饱和脂肪、多不饱和脂肪三种成分混合构成的。人体对棕榈油的消化和吸收率超过 97%，和其他所有植物食用油一样，棕榈油本身不含有胆固醇。

五、棕榈油的用途

作为一种饱和度较高的油脂，棕榈油曾经被推测有可能会增加人体血清中胆固醇含量。但经过许多专家进一步的实验论证，发现食用棕榈油不但不会增加血清中的胆固醇，反而有降低胆固醇的趋势。

大量研究数据显示，不同的饱和脂肪酸对血脂的影响是不同的。棕榈油中富含中性脂肪酸，促使胆固醇提高的物质在棕榈油中含量微乎其微（1%）。棕榈油中富含天然维生素 E 及三烯生育酚（600 ~ 1000mg/kg）、类胡萝卜素（500 ~ 700mg/kg）和亚油酸（10%），对人体的健康十分有益。一些研究人员曾针对不同的人种（欧洲、美洲、亚洲）分别进行研究，结果表明，棕榈油是一种完全符合人体健康需要的食用植物油。

棕榈油在常温下呈半固态，其稠度和熔点在很大程度上取决于游离脂肪酸的含量。市场上常把低酸值的棕榈油叫做软油，高酸值的油叫做硬油。

（1）含饱和脂肪酸较多。稳定性较好，不容易发生氧化变质，烟点高，故用于油炸食品很合适。

（2）可将棕榈油进行分提，使固体脂肪与液体脂肪分开。其中，固体脂可代替昂贵的可可脂用作人造奶油和起酥油。液体油脂用作凉拌或烹饪用油，其味清淡爽口。大量未经分提的棕榈油用于制皂工业，用棕榈油生产的肥皂能起耐久的泡沫，具有较强的去污能力。

（3）棕榈油中含有丰富的维生素 A（500 ~ 700ppm）和维生素 E（500 ~ 800ppm）。为了进一步提高棕榈油的营养价值，研究提高其不饱和脂肪酸含量的工作已在积极进行，国外在这方面已经取得了一定的成效。

新鲜的棕榈仁油呈乳白色或微黄色，有如固体的稠度，具有令人喜爱的核桃香味。棕榈仁油在贮藏时容易氧化分解，气味变得辛辣。

棕榈油在世界上被广泛用于烹饪和食品制造业，被当作食用油、松脆脂油和人造奶油来使用。像其他食用油一样，棕榈油容易被消化、吸收，能够促进人体健康。棕榈油是脂肪里的一种重要成分，属性温和，是制造食品的好材料。

从棕榈油的组合成分来看，它的高固体性质甘油含量，能够让食品避免氢化而保持平稳，并有效抗拒氧化，是炎热气候条件下糕点和面包厂产品的良好材料。棕榈油具有的几种特性，使它深受食品制造业的喜爱。

马来西亚和印度尼西亚是全球主要的棕榈油生产国，这两个国家的棕榈油产量占全球产量的 80% 左右。

六、棕榈油分类

（一）58℃棕榈油

质量指标如下。

（1）比重（60℃ /20℃水）：0.882。

（2）皂化值（mgKOH/g）：193。

（3）透明度（80℃）：澄清透明。

（4）气味、滋味：棕榈油固有气味，口感良好。

（5）色泽（罗维朋比色槽 133.4mm）：Y30、R3.0。

（6）水分及挥发物（%）：0.04。

（7）杂质（%）：0.043。

（8）熔点（℃）：57.6。

（9）游离脂肪酸（以棕榈酸计）0.25%，酸值（mgKOH/g）：0.40。

（10）不皂化物（%）：1.0。

（11）过氧化值（meq/kg）：5.26。

（12）碘值（韦氏法）：40gI/100g。

（13）脂肪含量（%）：≥ 99%。

（14）成分：棕榈酸（C16:0）占 67.056%，硬脂酸（C18:0）占 4.905%，油酸（C18:1）占 17.116%，亚油酸（C18:2）占 3.942%。

质量符合 GB15680–2009 标准要求，可广泛面向化工行业，可作为生产肥皂、洗衣皂、透明皂、生物柴油、润滑剂、造纸助剂、工艺蜡烛、氢化油、硬脂酸、甘油等的生产原料。

（二）52℃棕榈油

质量指标如下。

（1）比重（70℃ /25℃水）：0.875。

（2）硬价（gI/100g）：51。

（3）皂化价（mgKOH/g）：189。

（4）透明，气味、口感良好。

（5）色泽（罗维朋比色槽 133.4mm）：Y30、R3.0。

（6）水分及挥发物（%）：0.07。

（7）杂质（%）：0.09。

（8）熔点（℃）：52。

（9）酸价（mgKOH/g）：0.40。

（10）不皂化物（%）：1.0。

（11）过氧化值（meq/kg）：10。

（12）碘价（韦氏法）：40gI/100g。

（三）44℃棕榈油

质量指标如下。

（1）比重（60℃ /25℃水）：0.880。

（2）硬价（gI/100g）：53。

（3）皂化价（mgKOH/g）：187。

（4）透明度（55℃）：澄清透明。

（5）气味、滋味：气味、口感良好。

（6）杂质（%）：0.05。

（7）熔点（℃）：44。

（8）酸价（mgKOH/g）：0.28。

（9）不皂化物（%）：1.0。

（10）过氧化值（meq/kg）：10。

（四）33℃棕榈油

质量指标如下。

（1）比重（50℃/25℃水）：0.893。

（2）硬价（gI/100g）：54。

（3）皂化价（mgKOH/g）：184。

（4）透明度（45℃）：澄清透明。

（5）气味、滋味：气味、口感良好。

（6）杂质（%）：0.04。

（7）熔点（℃）：33。

（8）酸价（mgKOH/g）：0.18。

（9）不皂化物：1.0。

（五）24℃棕榈油

质量指标如下。

（1）比重（40℃/25℃水）：0.902。

（2）碘值（gI/100g）：56。

（3）皂化值（mgKOH/g）：180。

（4）透明度（35℃）：澄清透明。

（5）气味、滋味：气味、口感良好。

（6）色泽（罗维朋比色槽 133.4mm）：Y30、R3.0。

（7）水分及挥发物（%）：0.03。

（8）杂质（%）：0.03。

（9）熔点（℃）：24。

（10）酸值（mgKOH/g）：0.16。

（11）不皂化物（%）：1.0。

（12）过氧化值（meq/kg）：10 。

符合国家食品新标准要求，可广泛用于食品行业。

中国民用航空局 2014 年 2 月 12 日向中国石化颁发了我国首个生物航煤技术标准规定项目批准书，标志着中国自主知识产权的生物航煤产品获得了商业化应用的“门票”。生物航煤是以可再生资源为原料生产的航空煤油。此次获得适航批准的 1 号生物航煤以棕榈油和餐饮废油为原料。

在棕榈油里，酸的形成是由于棕榈果实中脂肪酶或脂肪酸过氧化氢酶两者中任何一种水解所致。在未破损的果实中，游离脂肪酸是很低的，一旦细胞破损，果实脂肪酶活化，在初期游离脂肪酸会急剧上升。之后，游离脂肪酸上升减缓，直到脂肪酶活性钝化才停止。

棕榈油中游离脂肪酸的含量水平,实际上取决于三个因素:果实的不成熟程度（过于成熟的果实易损伤），果穗预处理（杀酵）达到的程度，收获和脂肪酶钝化之间迟延的时间。

制油时辅以除去铁质，可以间接控制氧化作用，同时注意对促使油脂氧化的一切环境条件加以控制。输送机、提升机定期进行清理，可以防止由种植地带来的泥土和破碎物对油造成污染。切勿采用铜、黄铜、青铜配件，防止铜和油的接触。其原因为铜是一种强氧化剂。在不妨害取油的前提下，尽可能保持较低的温度。同时，尽量使油少暴露在空气中。

储藏期间，在工厂真空干燥工段后面可装冷冻机，使油在进入储罐之前，温度降到 45 ~ 50℃。油装进罐后，对罐内充入惰性气体（二氧化碳、氮气）。也可以在油中加入抗氧化剂，钝化微量金属，以消除油脂储藏过程中的氧化作用。另外，采用大容器储油时，氧化作用亦能控制，也减少装卸时油的飞溅。

在运输和卸货时，要注意以下事项。

第一，罐的涂料采用环氧树脂，装油前要对罐内的清洁进行检查。

第二，用惰性气体喷布和覆盖。

第三，油的装载不外溅。

第四，船运期间油温保持在 32 ~ 40℃。装货前加热油使其温度上升，速率每

24 小时不超过 5℃。

第五，装船温度不超过 55℃。

第六，脱臭棕榈油运到终点时，在那里装入涂有环氧树脂的油罐中并充入氮气。

第二节　棕榈油生产

全球油料市场主要被大豆、棕榈、葵花籽和油菜籽四种作物主导。2005 年，全球油脂生产已经达到了 1.39 亿吨，比上一年增加了 900 万吨。20 世纪 70 年代末，全球油脂需求量约为 5 100 万吨，到 2005 年已经增长了 2 倍。

在油脂中，植物油占到整个油脂总量的 82%，其余由黄油、猪油、牛脂和鱼油等构成。尽管近些年的油脂产量总体上在不断增加，但是动物油脂的产量基本维持不变，油脂产量的增长主要来自于植物油脂。在所有植物油中，棕榈油 10 年来的增长最为显著。

一、棕榈油生产概况

棕榈油产量近些年来出现了快速增长，产量增长的原因在于种植面积的增加和产量的提高。1989 年以前，全球的棕榈油产量不足 1 000 万吨。1997 年以前，产量也只是小幅增长，从 1 000 万吨向 2 000 万吨小步迈进。

1998 年开始，全球棕榈油产量随着东南亚棕榈油产量的快速提升而实现了飞跃性的增长。截至 2006 年，全球棕榈油产量已经超过 3 500 万吨，相当于 20 世纪 50 年代产量的 7 倍。

食用棕榈油和棕榈油工业用途的扩展，推动了棕榈油产量的迅猛提升。棕榈油相对其他油类产品具有低廉的价格，世界及部分地区经济的快速发展，掀起了一个又一个棕榈油用量高峰，从而推动了东南亚棕榈种植业的蓬勃发展。

世界上约有 20 个国家生产棕榈油，主要生产国只有三个，包括马来西亚、印度尼西亚和尼日利亚，这三个国家的总产量约占世界棕榈油总产量的 88%。

二、主要生产国家

东南亚国家属于热带雨林气候或热带季风气候，全年高温，雨水丰富，适于规模化种植油棕。马来西亚和印度尼西亚是全球两大棕榈油生产国。过去10多年来，马来西亚和印度尼西亚棕榈油产量出现了持续稳定的增长，这两个东南亚国家生产的棕榈油占世界棕榈油总产量的80%以上。

（一）马来西亚棕榈油生产情况

马来西亚是世界最大的棕榈油生产国，其棕榈油产量将近世界总产量的45%。马来西亚棕榈树的种植面积约占全国耕地的1/3，达250万公顷。1985年，马来西亚的棕榈油产量基本上在500万吨左右徘徊。2005年，马来西亚棕榈油产量达到了创纪录的1 520万吨，产量在20年的时间里增长为原来的3倍，主要原因是收割面积大幅提高。2006年，马来西亚棕榈油产量也维持在1 500万吨左右。

（二）印度尼西亚棕榈油生产情况

印度尼西亚是排在全球第二位的棕榈油生产大国。2005年，印度尼西亚的棕榈油产量占全球棕榈油总产量的41%。随着马来西亚适于棕榈树生长的农业耕地越来越少，棕榈油产量的增长已经转移到了印度尼西亚。在过去10多年中，印度尼西亚棕榈油产量也增长为原来的3倍。

1997年，马来西亚棕榈油产量比印度尼西亚的产量高出了360万吨，但是这种差距在逐渐缩小。至2006年，印度尼西亚的棕榈油产量已经超过了马来西亚。由于气候的影响，马来西亚棕榈油单产下降，而印度尼西亚棕榈树进入旺产期，单产提升，加上进一步扩张种植园，总体上来看，印度尼西亚棕榈油产量更具增长潜力。

三、贸易状况

在世界油脂贸易领域，棕榈油通常引导着大豆油的走势，在出口市场上处于领导地位。在20世纪60年代，棕榈油在世界油脂贸易中并不突出，当时的主要贸易油脂为大豆油和动物油脂。

到了1993年，情况发生了很大的变化，棕榈油贸易量占全球油脂贸易量比重从1970年的10%增长到1977年的20%，1985年达到了30%的水平。1997年，世界棕榈油总产量为1 741万吨，而出口量达到了1 134.6万吨。截至2006年，棕榈油贸易量占世界油脂贸易总量的比重超过50%。

马来西亚是世界上最大的棕榈油生产和出口国，其棕榈油总产的90%用来出口。马来西亚出口的棕榈油，只有少量属于未经提炼的毛棕榈油。

1985年以前，马来西亚几乎控制着整个棕榈油的出口市场。1986年，马来西亚毛棕榈油的生产量为 454 万吨，占同年世界棕榈油产量的 60%，出口的棕榈油占世界棕榈油出口量的 68%。1996 年，马来西亚棕榈油的产量为 886 万吨，占世界总产量的 53%，出口量为 732.5 万吨，占世界总出口量的 64%。

随着印度尼西亚棕榈油出口份额的不断增加，马来西亚棕榈油的出口量下降到了占全球一半份额左右。2005 年，全球棕榈油总出口量达到了 2 630 万吨，其中马来西亚棕榈油出口达到 1 345 万吨，占 49%，印度尼西亚棕榈油出口为 1 030 万吨，占 39%。

世界棕榈油出口市场 88% 的份额，被这两个主产大国牢牢地控制着。此外，尼日利亚、象牙海岸、巴布亚新几内亚、新加坡、哥伦比亚等其他国家和地区，也生产、出口一定数量的棕榈油。

四、消费状况

近些年来，动物油脂消耗量在全球油脂中的比重大幅下降，从 20 世纪 80 年代末的 24% 下降到 17%。受到世界人口增长和人均消费增长的驱动，植物油脂的消耗却以每年 3% ～ 4% 的速度增长。

地域性的油脂消耗比例是向发达国家倾斜的。世界上 75% 的人口聚集在亚洲和非洲地区，但占世界人口少数的欧洲和美洲却消耗掉 40% 的油脂总量。随着经济的发展，发展中国家的油脂增长潜力要远高于发达国家。

2001 年，全球棕榈油消费量为 2 400 万吨。自 1995 年以来，棕榈油消费出现急剧增长。到 2005 年，全球棕榈油的消费量达到了 3 300 多万吨，5 年的消费增幅达到 38%。总体上来说，棕榈油的消费主要集中在亚洲国家，欧盟也提高了棕榈油进口量，以抵消因生物燃料行业的需求提高而造成的菜油供应缺口。

棕榈油主要消费国有印度、欧盟 25 国、中国、印度尼西亚、马来西亚和巴基斯坦，这些国家和地区占到消费总量的 60%。作为一个主要的消费国，我国占全球棕榈油消费总量的 14%，印度占 11%。我国棕榈油消费增幅最为明显。2001 年，我国国内棕榈油消费量刚刚超过 200 万吨，到 2005 年，消费量翻了 1 倍多，达到了 436 万吨。

（一）价格走势

近 20 年来，国际棕榈油价格波动比较大，与大豆油等植物油的价格走势相近。马来西亚毛棕榈油的期货价格，最低价格出现在 1986 年，当时全球油籽丰产，尤其是美国大豆丰收，导致包括豆油在内的所有植物油价格受到压制，棕榈油价格出现阶段性低点。

随着全球出现几次恶劣的气候，包括厄尔尼诺和拉尼娜等现象，影响了全球植物油的产量，棕榈油出现了几次规模较大的上涨行情，包括 1988 年和 1994 年。价格上涨基本上都是从 800RM（马币）/ 吨以下上涨到 1 400 ~ 1 600RM/ 吨。

1999 年，由于持续遭遇灾害天气，油籽减产，植物油供应紧张，而需求却出现了空前的增长。产量的扩张难以跟随需求的增长，导致棕榈油价格达到历史性高点 2 600RM/ 吨。至 2007 年 4 月末,马来西亚大马交易所棕榈油价格在 2 200 RM/ 吨左右。

（二）中国市场

中国棕榈油现货市场中贸易企业众多，流通环节发达。广州、张家港、天津是棕榈油的主要进口地,并由此向周边地区辐射。棕榈油有食用和化工两个方面的用途,消费企业众多。

（三）加工流通

中国棕榈油主要依靠进口,见表 8–1,华北(天津周边地区及山东)、华东(张家港、泰兴、宁波等上海周边地区）、华南（黄埔、深圳及厦门等广州周边地区）是我国棕榈油的主要进口、加工、销售地区，棕榈油进口量占全国进口总量的 92%，其中华北地区占 24%，华东地区占 34%，华南地区占 34%。

表 8–1　2012—2016 年度棕榈油月度进口情况

单位：千吨

	2012 年	2013 年	2014 年	2015 年	2016 年
1 月	443.2	472.7	556.5	461.2	482.1
2 月	383.7	423.8	566.1	248.9	268.4
3 月	584.7	591.2	452.2	245.3	408.9
4 月	458.9	589.0	486.6	479.2	274.3
5 月	370.8	474.2	408.6	487.4	194.7
6 月	392.6	297.9	395.7	551.8	
7 月	472.6	488.1	468.8	718.8	
8 月	457.5	537.2	310.4	542.0	
9 月	531.6	468.5	290.6	568.6	
10 月	638.2	414.7	305.2	476.3	

续表

	2012 年	2013 年	2014 年	2015 年	2016 年
11 月	654.2	569.9	476.5	462.5	
12 月	954.1	652.5	611.0	667.7	
合计	6 341.2	5 979.1	5 323.9	5 909.6	1 628.4

注：数据来源于中国海关总署。

从进口港来看，天津港、张家港和黄埔港进口量占全国总进口量的 67%。此外，青岛、深圳、厦门的棕榈油进口量也比较大，均占全国总进口量的 5% 左右。

国内有棕榈油加工（精炼、分提、调和）企业上千家，主要棕榈油加工企业如益海粮油工业有限公司、天津龙威粮油工业有限公司等，基本分布在主要进口港的周边地区。根据 2006 年中国海关的进出口数据，当年开展棕榈油进口的大型油脂企业有 50 多家，进口量约占总进口量的 60%。开展直接进口的油脂企业，通常将大部分棕榈油精炼、分提后再进入贸易领域，小部分通过中间商进入流通领域。

国内有棕榈油贸易企业上万家，其中大型贸易企业直接从国外进口，进入国内后再通过大量的中小分销商进行分销。2006 年，开展棕榈油进口的贸易企业有 80 多家，进口量约占总进口量的 34%。这些贸易企业一般都没有专门的储存仓库，通常租用油脂企业或仓储企业的储罐。

天津、上海和广州周边地区不但是我国棕榈油的主要进口、贸易集散地，而且大型的棕榈油加工企业也主要集中在这些地区，拥有足够的棕榈油加工、储存能力。

1. 天津周边地区

天津周边地区棕榈油进口量、加工及库存能力都很充足，各主要油脂企业共有约 4 500 吨 / 天的加工能力，40 万吨的罐容。该地区棕榈油的销售区域为京、津、河北大部、河南北部、山东东部、山西大部、内蒙古、东北部分、甘肃、陕西。

棕榈油加工企业为获得较低的物流成本，基本上都建在港口附近，大型船舶停靠方便，向外运输主要通过铁路和公路，条件便利，是国内棕榈油的一个重要集散地。

2. 上海周边地区

上海周边地区各主要油脂企业共有约 2 500 吨 / 天的精炼能力，60 万吨的罐容，其中加工企业的罐容约 20 万吨，仓库的罐容约 40 万吨。该地区棕榈油的销售区域为上海、浙江、安徽、湖北、湖南、江西、重庆、四川及河南、陕西部分地区。

该地区棕榈油加工企业都选择临港工业发展模式，主要分布在张家港、泰兴、宁波等地区，各港口大多可以停靠 3 万 ~ 5 万吨的货轮。其中向河南和陕西的销售主要通过铁路，向其他省份销售主要依托长江水道，通过水运的方式完成，具有很好的棕榈油集散功能。

3. 广州周边地区

广州周边地区棕榈油产能和罐容也很充足，各主要油脂企业共有约 3 000 吨 / 天的精炼能力，40 多万吨的罐容，这些罐容基本上都分布在加工企业。该地区棕榈油的销售区域为广东、福建、江西、湖南、广西、四川、云南、贵州。

棕榈油加工企业主要集中在广州、东莞、深圳沿珠江入海口一带，各港口大多可以停靠 3 万 ~ 5 万吨的货轮。其中，广东、福建等省的棕榈油销售以水运为主，并对湖南南部、广西东部有一定的辐射力，向其余地区的销售以铁路和公路运输为主，棕榈油集散功能较强。

第三节　棕榈油消费情况

棕榈油既可以用于食用消费，也可以用于工业消费。来自贸易商的统计数据显示，我国棕榈油消费以食用为主，其中 24℃精炼棕榈油为主要品种，占据的市场份额在 60% 以上。

一、我国植物油的消费结构

如果以各油品的消费量来衡量其市场份额，以 2001 年为分水岭，其前与其后植物油的消费结构发生了明显的变化。2001 年以前，各品种植物油在消费总量中所占份额变化并不显著。2001 年，市场份额从大到小依次为：菜油、豆油、花生油、棕榈油、棉籽油、小品种油。

2001 年以后，豆油、棕榈油消费份额明显增长，菜油、花生油与棉籽油的消费份额出现下降，小品种油制品消费份额在 2001—2003 年增速明显加快，2003 年以后增速有所减缓，但仍逐年刷新历史纪录。2004 年，棕榈油食用消费量达到 270 万吨，2005 年棕榈油的食用消费量为 290 万吨，较 2004 年增加 20 万吨。

二、棕榈油工业消费情况

我国对44℃以上的棕榈油并不实行配额管理，这在很大程度上促进了44℃以上棕榈油的进口，棕榈油的工业消费量也相应出现迅速增加。

2002年，棕榈油工业消费为35万吨，2004年则达到了120万吨，2002—2004年工业消费量平均年增长42万吨。2005年我国棕榈油的工业消费量为140万吨，较2004年增加20万吨。以后年份见表8-2。

表8-2　2013/14—2016/17年度中国棕榈油供需平衡分析

单位：千公顷，吨/公顷，千吨

项目①	2013/14	2014/15	2015/16（7月估计）	2016/17（7月估计）
生产量	0	0	0	0
进口量	5 573	5 696	5 000	5 000
年度供给量	5 573	5 696	5 000	5 000
食用消费量	4 700	4 200	3 500	3 400
工业及其他消费量	1 400	1 500	1 550	1 600
年度国内消费量	6 100	5 700	5 050	5 000
出口量	0	0	0	0
年度需求总量	6 100	5 700	5 050	5 000
年度结余量②	–527	–4	–50	100

①棕榈油市场年度为当年10月至次年9月。

②结余量为当年新增供给量与年度需求总量间的差额，不包括上年库存。

三、棕榈油消费企业情况

从消费企业来看，目前国内有成规模的各类棕榈油消费企业上千家，如果算上小型企业，数量超过5 000家。这些企业主要分布在餐饮、食品加工和化工领域，代表性企业有方便面生产企业，如统一食品集团、顶新集团等，化工企业如广州宝洁有限公司、纳爱斯益阳有限公司等。

大部分消费企业通常不自己直接进口，主要靠中间商供货。2006年直接进口的消费企业约有30家，约占总进口量的2%。据不完全统计，总体上来看，进口棕榈油用于商业流通的比例约为80%，直接进入终端消费、来料加工贸易、保税区仓储转口货物的比例约为20%。

四、我国棕榈油消费的季节性

由于棕榈油的熔点比较高，因此其消费具有一定的季节性，夏季消费量比较大，冬季较小。消费的季节性直接表现为进口量的季节性，从2004—2006年的情况看，1月、2月份的进口量比较小，大约在16万～29万吨，6—9月份进口量较大，2004年8月、2005年6月、2006年8月，分别为当年进口量最大的月份，分别达到41万吨、50万吨和67万吨。

棕榈油是一类脂肪酸的混合物，熔点为40℃的棕榈油，只能用于做肥皂和化妆品。熔点为24℃的棕榈油，可以用来做方便面和糕点。熔点为12℃的棕榈油，可以作为食用植物油。现在市场最容易获得的是熔点为24℃的棕榈油。

消费者往往认为棕榈油与椰子油相似，也含较高的月桂酸和肉豆蔻酸，这种误解导致许多人认为食用棕榈油是“不健康的”，因此给棕榈油一个“坏印象”。其实，棕榈油里面的主要成分是软脂酸（即十六烷酸），这种短链的饱和脂肪酸对人体的影响并没有我们想象的那么大。

（一）棕榈液油

棕榈液油是通过控制温度使棕榈油结晶后，从中分提出来的液体部分。棕榈液油是世界油脂贸易中的主要油脂。以2004年为例，马来西亚一国就出口了610万吨棕榈液油，而2004年葵花籽油世界贸易总出口量为270万吨。

棕榈液油的物理性质不同于棕榈油，在温暖的天气里，它完全呈液体状态，且甘油酯的组成范围较窄，能和任何植物油很好地调和。马来西亚生产的两种主要级别的棕榈液油是标准棕榈液油和二次分提（超级）棕榈液油。二次分提棕榈液油熔点较低，作为散装而大量生产的仍是标准棕榈液油。

对棕榈油而言，液体油的特性经过大量测试和认真研究，形成了马来西亚棕榈液油标准MS：816:1991。

（二）棕榈硬脂

棕榈硬脂是在棕榈油冷冻结晶后分提出来的固体部分，因此是棕榈液油的副产品。虽然分提出的硬脂量较少（硬脂与液体的比例大约为25:75），然而在国际贸易中却占有重要的地位。2003年的国际贸易中，仅马来西亚一国就出口了148万吨棕榈硬脂。

棕榈硬脂和棕榈油的物理特性有很大区别，它的熔点和碘值范围比较宽泛。但是，硬脂的特性范围是可以缩小的，这一点非常重要。很多供应商可以根据确定的滑动熔点和碘值指标，向市场提供低硬度、中硬度和高硬度的棕榈硬脂。

对于起酥油、糕点用人造奶油和印度人造酥油等产品来说，棕榈硬脂是很好的天然原料。在动物饲料和油化产品中，棕榈硬脂也是最好的选择。棕榈硬脂也可以部分代替牛羊脂用于肥皂中。

关于棕榈硬脂的化学和物理特性，马来西亚棕榈油研究院经过大量测定已经确定，并形成了马来西亚标准 MS815:1991。

（三）棕榈仁油

棕榈仁油是从棕榈果仁中制取的一种植物油，它的组分与棕榈油存在很大差别。棕榈仁油的组分和特性与椰子油非常相似，未经精炼的毛油呈微黄色，可以简单地通过精炼获得亮色的棕榈仁油，既适合应用于食品方面，也适合应用于非食品方面。

棕榈仁油的脂肪酸组分熔点范围在 25.9℃ ~ 28.0℃之间，碘值为 16.2 ~ 19.2。脂肪酸组成范围是 C_6 ~ C_{20}。脂肪酸类型以月桂酸为主，大约占总组分的 46% ~ 51%。甘油三酯的组分主要是 C_{36} 和 C_{38}，其他低于 10%。

环境温度在 28℃以下，棕榈仁油呈半固体状态。在较低的温度下，固体含量较高。但温度提高到 30℃时，固体含量会迅速下降。具有陡峭的固体含量曲线的油，非常适合糖果业应用。

第九章 棉花期货

棉花原产于热带、亚热带地区，是一种多年生、短日照作物。棉花栽培历史悠久，约始于公元前 800 年。我国是世界上种植棉花较早的国家之一，目前国内种植的棉花多为陆地棉种（细绒棉），新疆还种植有少量海岛棉（长绒棉）。

中国、美国和印度是世界棉花市场影响力最大的 3 个国家。中国棉花的产量和消费量均居世界第一位，年出口量极少。美国是世界上最大的棉花出口国，70% 以上的棉花产量均用于出口，产量居世界第三位。印度棉花产量居世界第二位，消费和出口均居世界第二位。因此，中国、美国和印度这 3 个国家的产量、消费以及出口政策变动对棉市影响较大。

棉花主要用于纺织工业，替代品有涤纶化纤等品种，因此棉花需求主要是纺织工业需求。

世界上棉花期货推出已有较长的历史。为了转移现货风险，1870 年，纽约棉花交易所应运而生，并在当年推出了棉花期货。我国郑州商品交易所（简称郑商所）于 2004 年 6 月推出棉花期货合约，经过 10 多年的摸索和探索，郑商所棉花期货市场逐步成熟，持仓量和成交量稳步增长，“郑州价格”已成为棉花产业关注和利用的重要参考价格。

越来越多的棉花现货企业已经参与到期货交易中来，截至 2011 年底，涉棉企业开户数已近 4 000 户，棉花期货发现价格和套期保值的功能得到初步发挥，正在发挥着为现货企业回避经营风险保驾护航的积极作用。

表 9-1 是郑商所一号棉花期货合约，交易所在合约交易单位、报价单位等详细条目上都有明确的规定。投资者在进行棉花期货交易前，对期货合约进行详细的解读和理解是必要的。

每个期货合约的交易都是有期限的，到了合约最后交易日没有平仓的话，就只能实物交割。期货合约有主力合约和非主力合约之分，棉花主力合约主要集中在 1 月、

5月、9月三个月份的合约上。

表 9–1 一号棉花期货合约

交易单位	5吨/手（公定重量）
报价单位	元（人民币）/吨
最小变动价位	5元/吨
每日价格最大波动限制	不超过上一交易日结算价的 ±5%
合约交割月份	1月、3月、5月、7月、9月、11月
交易时间	星期一至星期五（法定节假日除外） 上午 9:00—11:30；下午 1:30—3:00
最后交易日	合约交割月份的第10个交易日
最后交割日	合约交割月份的第12个交易日
交割品级	基准交割品：328B级国产锯齿细绒白棉，替代品及其升贴水，详见交易所交割细则
交割地点	交易所指定的棉花交割仓库
最低交易保证金	合约价值的7%
交割方式	实物交割
交易代码	CF
上市交易所	郑州商品交易所

第一节 中国棉花现货市场特点

一、价格波动大

棉花是农产品中受气候影响最大的品种。同时，作为重要的轻纺原料，棉花价格还受到进出口、纺织需求、储备、国家政策等多种因素的影响。1999年9月1日棉花市场开放以来，棉花价格波动剧烈。如图 9–1 所示。

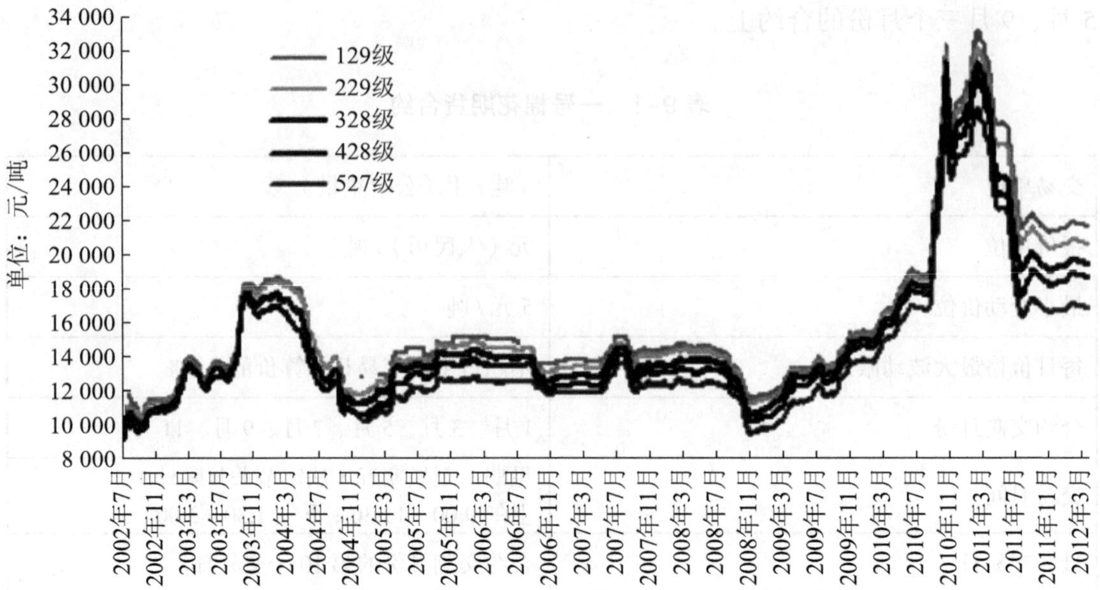

图 9-1　2002—2012 年冀鲁豫各级棉花现货价格走势图

注：数据来源于中国棉花网。

二、影响因素多

影响棉花现货价格的因素主要有以下几个方面。

（一）政策面

一般说来，政策对价格的影响是很短暂的，但是有时却很剧烈。影响棉花现货价格的政策因素主要有下面四点。

1. 政府宏观政策

政府宏观政策，包括政治、经济政策，如农业政策、贸易政策、金融政策和税收政策等，都会对棉花期货价格产生影响。在分析国家重大宏观经济政策对棉花期货价格影响的同时，还要分析国务院和其他职能部门出台的政策对棉花价格的影响程度。

2. 行业组织政策

行业组织（如地方棉花协会、纺织工业协会等）在市场经济中所起作用日益明显，它们制定的产业政策，有时会影响棉花的种植面积、产量、消费量和相对价位。

3. 国家收放储政策

国家的收储、轮储政策，能够短期改变市场供求关系，从而影响棉价走势，因此要重点关注国家的收储、轮储计划。2011/12年度，国内棉花市场供大于求，国家为了保护农民利益，以“限价不限量”形式进行收储，总收储达到313万吨，超过年度产量的42%。

4. 国家农业补贴政策和纺织品进出口政策

纺织品出口政策和棉花配额管理政策影响国内的棉花价格，国际棉花价格与棉花补贴也存在密切的关系。

（二）产量

产量直接决定当期市场的供给能力。当期产量是一个变量，主要受当前播种面积和单产的影响。一般情况下，棉花的播种面积主要受上年度棉花价格的影响。上年度棉花的价格较高，则本年度的播种面积将增加。反之，播种面积则下降。

另外，由于棉花生长周期较长，受气候变化影响大，因此棉花生长关键时期的气候因素，会影响棉花的生长情况，进而影响到单产水平。投资者对棉花的播种面积、气候条件、生长条件、生产成本以及国家农业政策变动等因素进行全面、充分的研究后，对当期产量会有一个比较合理的预测。

（三）期初库存

期初库存是构成总供给量的主要组成部分。前期库存量的多少，体现了前期供应的紧张程度，供应短缺则价格上涨，供应充裕则价格下降。

（四）进出口量

在生产量和期初库存一定的情况下，进出口量能够直接改变供应量。进口量越大，国内可供应量就越大，则国内市场价格可能会下跌。出口量越大，国内可供应量就越小，国内市场价格就可能回升。

投资者应密切关注实际进口量的变化，尽可能即时了解和掌握国际棉花形势、价格水平、进口政策的变化等。

（五）国内消费量

棉花的国内消费并不是一个常数，而是处于经常变动状态，并受多种因素影响。影响因素主要有消费者购买力的变化，人口增长及消费结构的变化，政府收入与就业政策，等等。

我国棉花95%用于纺纱，江苏、浙江、山东、湖北为棉花的主要消费省。

（六）天气

2003年新棉上市后，棉价之所以大涨，很重要的一个因素是天气恶劣，收获期雨量过多。从历年情况看，8月、9月、10月的天气情况，是决定棉花产量和质量的关键因素，也是投资棉花期货需要关注的首要因素。

（七）国家储备

棉花行业是一个劳动密集型行业，就业人口达到2亿多，棉花价格高低直接关系到农民和棉纺织企业工人的收益。做好棉花市场的宏观调控，确保棉花价格合理波动非常重要。棉花市场放开以后，我国棉花储备和进出口政策成为调节棉花价格的两个主要工具。

1984年，我国棉花储备达到430万吨。20世纪90年代末，我国棉花价格居高不下。为了满足棉纺企业的加工需要，我国大量抛售棉花储备，棉花储备降到最低点，接近0库存。

（八）替代品

化纤是棉纱的主要替代品。化纤（涤短）价格的变化，直接影响到棉纱的需求，间接影响棉花需求量和棉花价格。

2010年下半年国内棉价大涨，导致棉纱价格上扬，化纤的需求量也随之增加。

（九）国际市场

1. 世界棉花的产量和库存量

棉花的产量与库存量是影响棉花供给的两个主要因素，与棉花价格具有反向关系。1961年以来，世界棉花面积基本在4.5亿～5亿亩之间波动。由于科技水平的提高，棉花单产不断增加，世界棉花总产量由1 000万吨增加到2 500万吨左右。棉花生产集中在中国、美国、印度、巴基斯坦等国。

2. 世界经济增长对棉纺织品的需求量

世界经济形势对棉花进出口和棉花价格影响较大，发达国家是棉纺织品的重要需求国，发达国家的宏观经济形势好转，棉纺织品的需求增加，则棉花的价格上升。

总之，棉花价格与世界经济形势相关性很高。

三、产量大，消费量大

我国是世界上棉花产销量最大的国家。2011年，我国棉花产量已超过700万吨，占世界棉花产量的 1/4 左右，消费量接近 850 万吨。中国在世界棉花市场的影响力越来越大，“世界棉花价格看中国”已是不争的事实。如图 9–2、图 9–3 所示，并参见表 9–2。

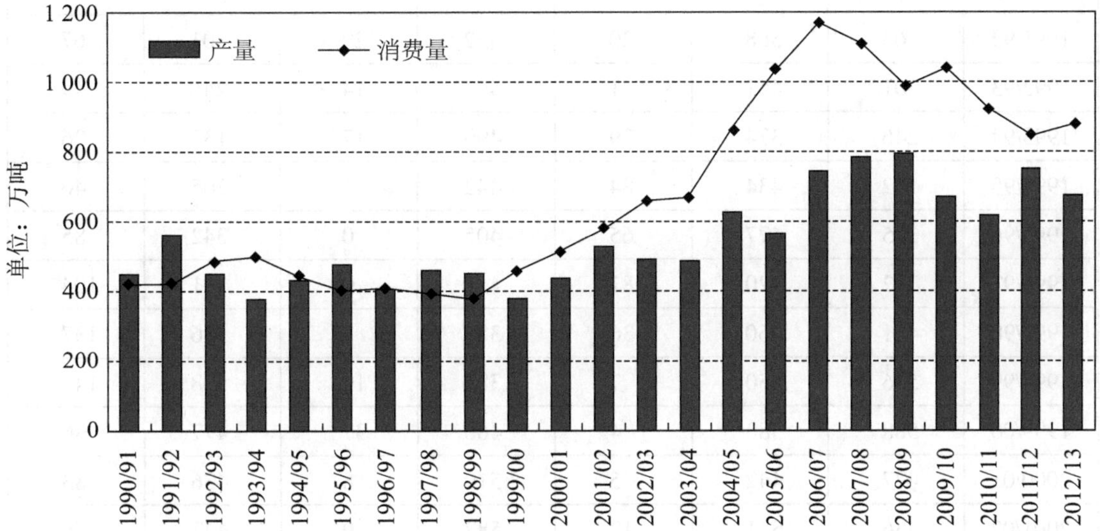

图 9–2　中国棉花历年产量和消费量统计图

注：数据来源于中国棉花网（2012/13 年度为预计数据）。

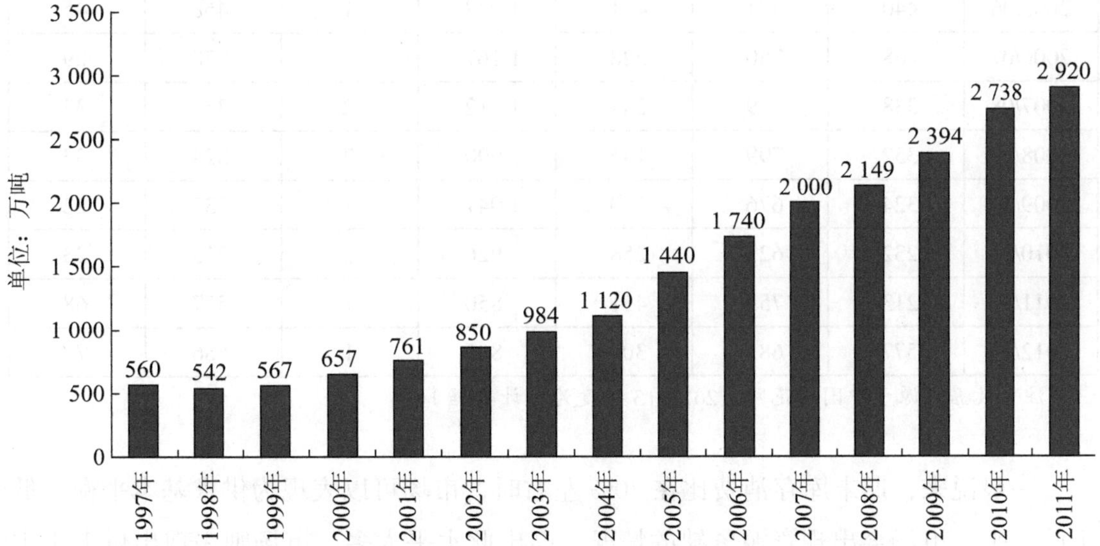

图 9–3　中国历年社会纺纱量统计图

注：数据来源于中国棉花网。

表 9-2　中国棉花库存消费情况

单位：万吨，%

年度	期初库存	产量	进口	消费	出口	期末库存	库存消费比
1990/91	122	451	30	421	29	165	37
1991/92	165	568	20	422	29	301	67
1992/93	301	451	1	493	14	246	49
1993/94	246	374	29	499	17	132	26
1994/95	132	434	84	442	3	205	46
1995/96	205	477	65	405	0	342	85
1996/97	342	420	81	412	0	431	104
1997/98	431	460	36	389	1	536	137
1998/99	536	450	7	387	19	588	145
1999/00	588	383	4	460	37	477	96
2000/01	477	442	5	519	8	436	83
2001/02	436	531	12	582	9	447	76
2002/03	447	492	72	660	15	395	58
2003/04	395	486	199	674	3	456	67
2004/05	456	632	166	872	1	440	50
2005/06	440	571	411	1 032	1	468	45
2006/07	468	750	228	1 167	2	338	29
2007/08	338	789	244	1 112	2	352	32
2008/09	352	799	145	990	2	324	33
2009/10	324	676	250	1 041	1	232	22
2010/11	232	623	258	926	3	213	23
2011/12	213	755	451	850	1	577	68
2012/13	577	681	304	885	1	686	77

注：数据来源于中国棉花网（2012/13 年度为预计数据）。

一般说来，期末库存消费比在 30% 左右时，市场可以表现为供求基本平衡。低于此水平，市场会出现资源紧缺的情况。高出此水平太多，市场则表现出供大于求的格局。如图 9-4 所示。

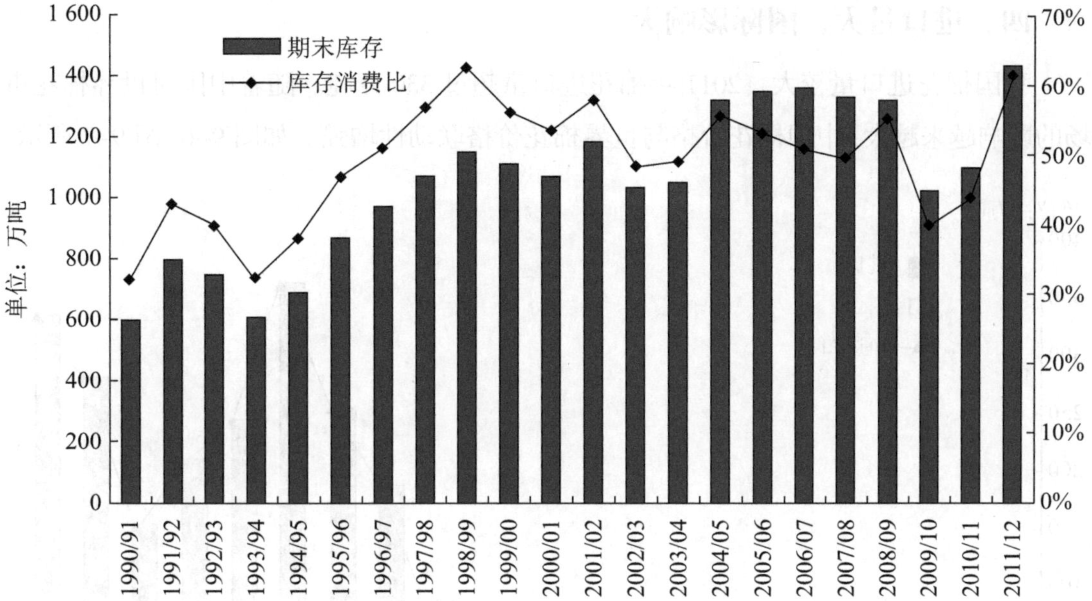

图 9-4　世界棉花期末库存量

注：数据来源于 USDA（http://www.fas.usda.gov/psdonline/psdQuery.aspx）。

图 9-5 是每年的棉花产需关系走势图，横坐标以下表示年度供不应求。

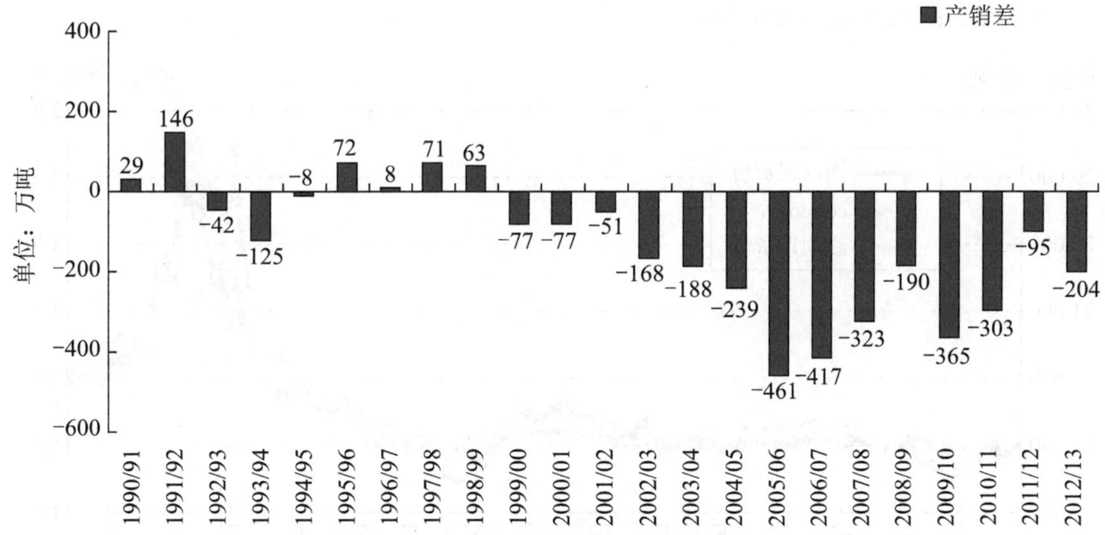

图 9-5　中国棉花产量与消费量之差

注：数据来源于中国棉花网（2012/13 年度为预计数据）。

四、进口量大，国际影响大

我国棉花进口量较大，2011 年棉花进口量超过 330 万吨。随着中国对世界棉花市场的影响越来越大，中国棉花价格与世界棉花价格联动性增强。如图 9-6、图 9-7 所示。

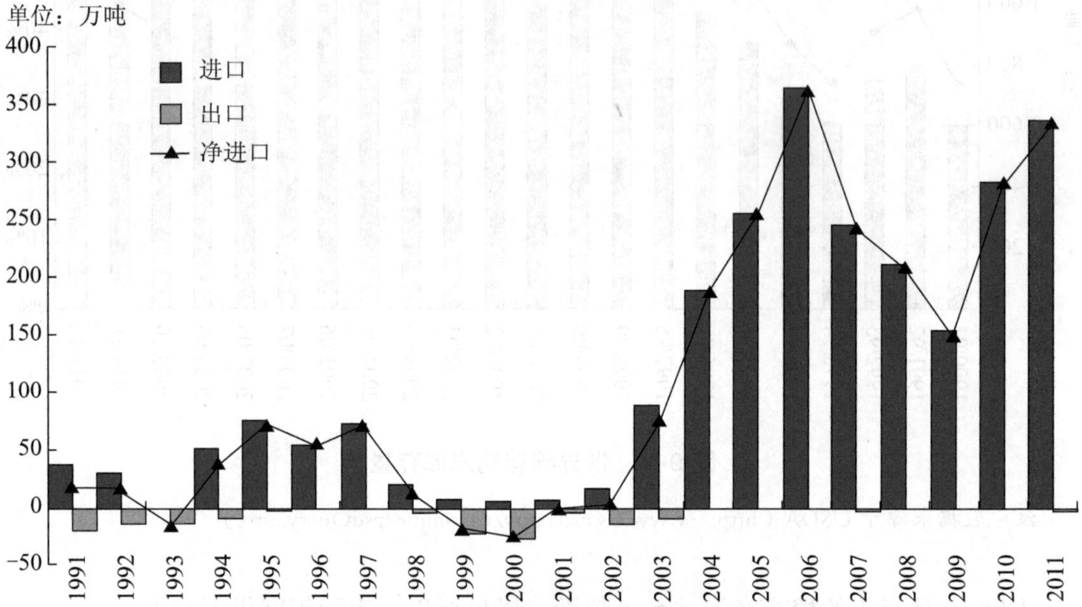

图 9-6 中国棉花进出口走势图

注：数据来源于中国棉花信息网。

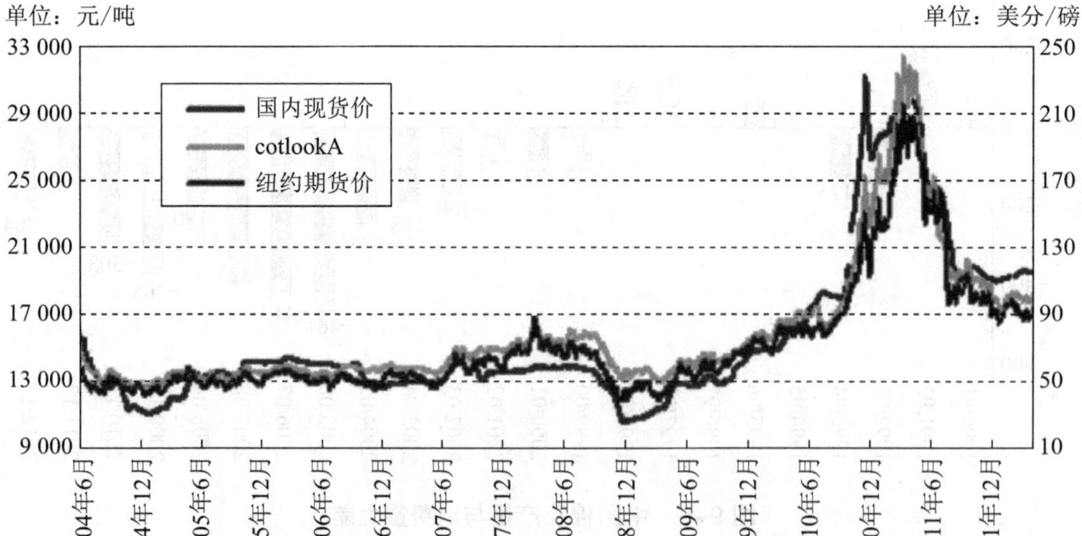

图 9-7 国内现货价与国外期现货价格对比走势图

注：①国内现货价格数据来源于中国棉花网 CNcottonB。
②cotlookA 数据来源于中国棉花信息网。
③纽约期货价数据来源于 ICE。

五、年间供求变化大

年间供求变化大，主要表现在种植面积变化大，产量变化大，库存量变化大，价格变化大。如图 9-8、图 9-9 所示。

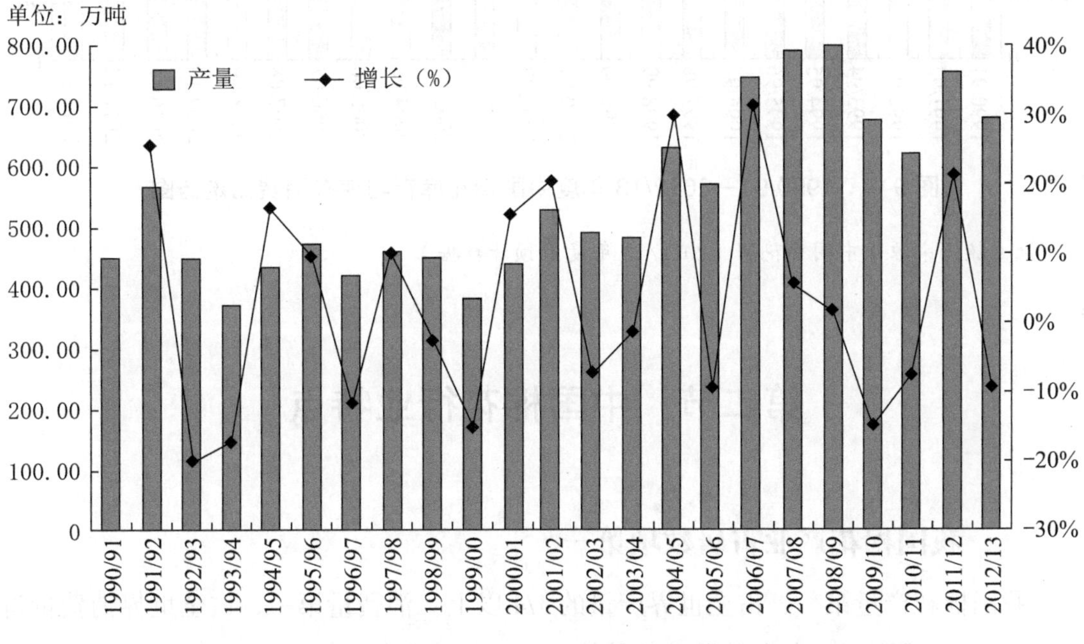

图 9-8　1990/91—2012/13 年度中国棉花产量及变化统计图

注：数据来源于中国棉花网（2012/13 年度为预计数据）。

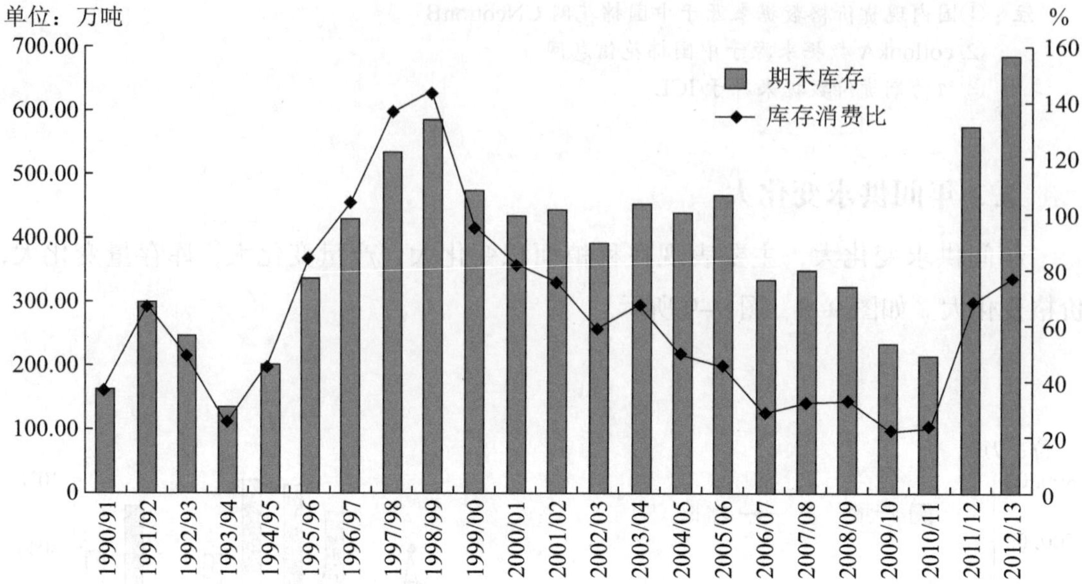

图 9-9　1990/91—2012/13 年度中国棉花库存与库存消费比走势图

注：数据来源于中国棉花网（2012/13 年度为预计数据）。

第二节　中国棉花行业特点

一、我国棉花产业占居数项第一

我国棉花产量第一，占全世界产量的 1/4 以上。消费量第一，占全世界消费量将近 1/2。进口量第一，占全世界进口量的 1/7 左右。见表 9-3。

表 9-3　棉花产量、消费量、进口量、出口量世界排名

排名	产量	消费量	进口量	出口量
1	中国	中国	中国	美国
2	印度	印度	土耳其	乌兹别克斯坦
3	美国	巴基斯坦	印尼	澳大利亚
4	巴基斯坦	美国	巴基斯坦	巴基斯坦

注：数据来源于中国棉花网。

二、棉花产区相对集中

我国棉花主产省（区）为新疆、山东、河北、湖北、河南、安徽，其产量约占全国总产量的 84%。如图 9–10 所示。

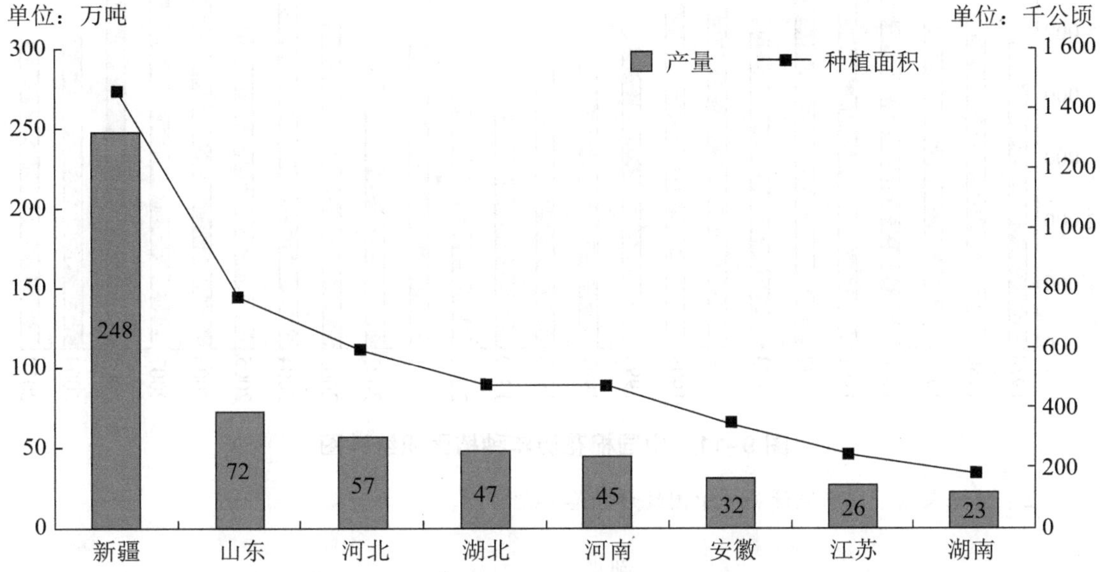

图 9–10 2010 年棉花主产省面积、产量统计图

注：数据来源于国家统计局《中国统计年鉴》(2011)。

三、棉花种植面积波动性大

中国棉花播种面积变化较大，主要受价格的影响。本年价格高了，下年农民就多种。反之就少种，而且面积调整幅度也比较大。该状况增加了年度之间的波动幅度，增加了生产和经营的风险。如图 9–11 所示。

四、棉花消费相对集中

棉花主要消费省份为山东、河南、江苏、浙江、福建、湖北、河北等，约占全国消费总量的 82%。如图 9–12 所示。

五、棉花消费增长较快

从 1997/98 年度以来，国内纺织业快速发展，年平均增幅达到 14%左右。中国棉花消费量占世界比重明显增加。如图 9–13 所示。

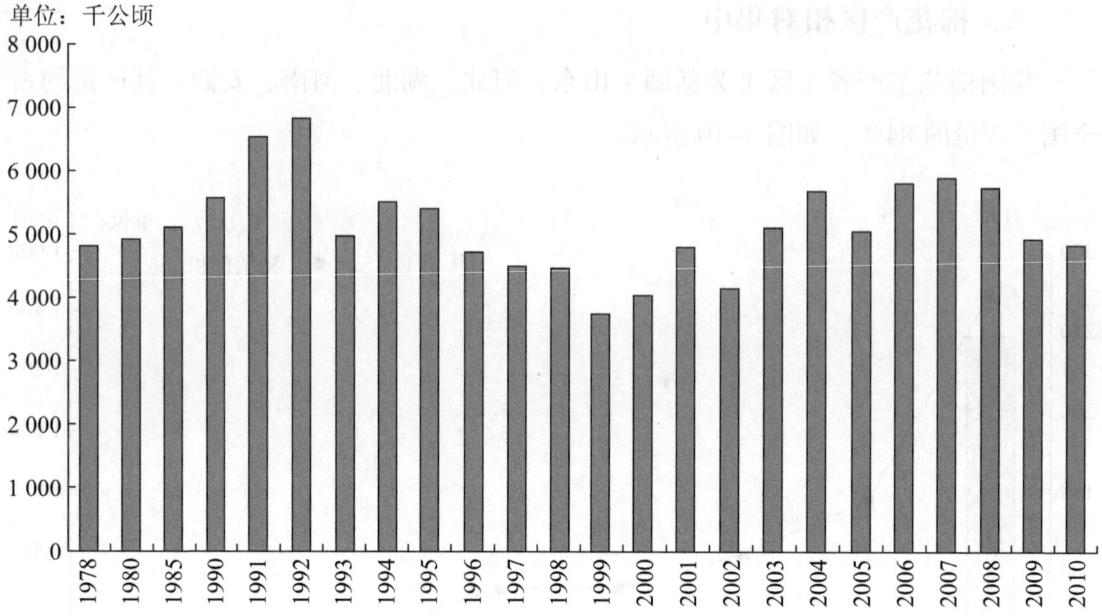

图 9-11 中国棉花历年种植面积统计图

注：数据来源于国家统计局《中国统计年鉴》(2011)。

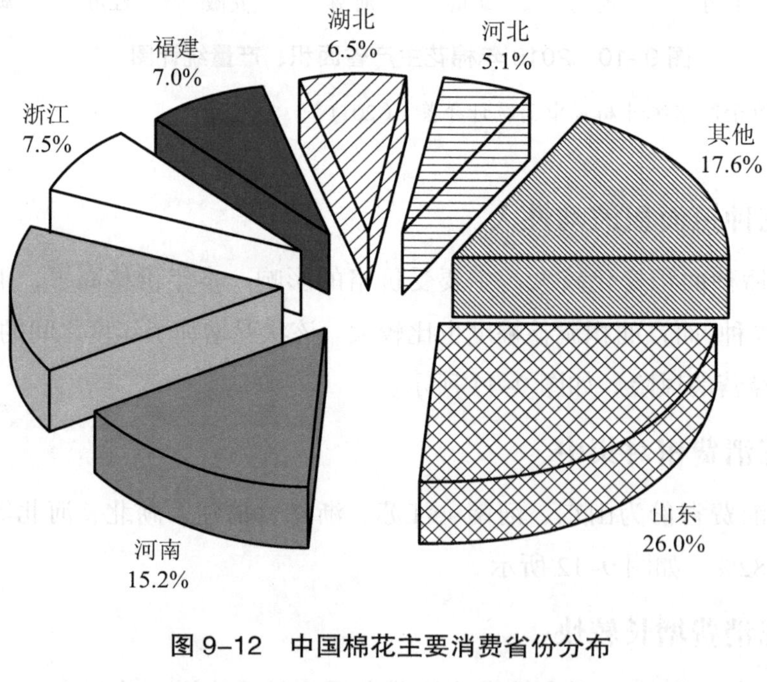

图 9-12 中国棉花主要消费省份分布

注：数据来源于中国棉花网（根据 2010/11 年度各省份的纺纱量计算）。

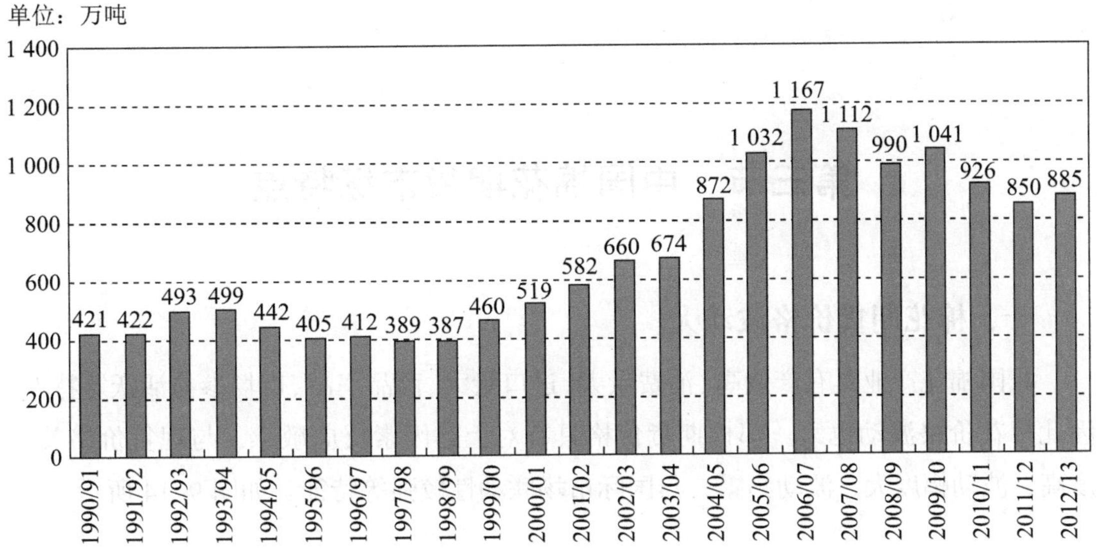

图 9-13 中国棉花年度消费量

注：数据来源于中国棉花网。

六、棉花市场化步伐快

我国棉花行业经历了半个世纪的计划经济，8 年的市场经济。1999 年棉花市场全部开放，2001 年加入 WTO，2004 年推出棉花期货交易，2005 年取消纺织品配额。虽然开放时间只有 8 年，但市场化步伐比较快。

七、棉花波动影响面大

棉花产业链长，涉及农业、纺织业、商业等多个行业。棉花经历了原棉种植—采摘—轧花—储存—纺织等多个环节，生产、流通和加工环节非常多，涉及农业家庭数千万个，农业人口约 1.5 亿，30 万轧花工人，1 800 万纺织工人。棉花的品种属性决定了影响棉花价格的因素多，棉花价格波动幅度大。

从生产环节来看，棉花价格变动使种植棉花的比较效益在年度间波动较大，影响下一年度农民种植，导致棉花种植面积在年度间大起大落，反过来又加剧了棉花价格的波动。

1990 年以来，我国棉花种植面积最高为 10 260 万亩，最低为 5 595 万亩，相差 1 倍。天气条件尤其是采收季节的雨涝，对棉花产量和质量的影响非常大。

第三节　中国棉花期货市场特点

一、棉花期货价格波动大

我国棉花产业具有产量高、消费量大、进口量大、商品率高、市场参与活跃等特点，因此棉花价格波动也大。郑棉期货价格具有对上述因素反应敏感，与现货价格关联度高，波动幅度大，波动频繁，与国际市场联动性较强等特征。如图 9-14 所示。

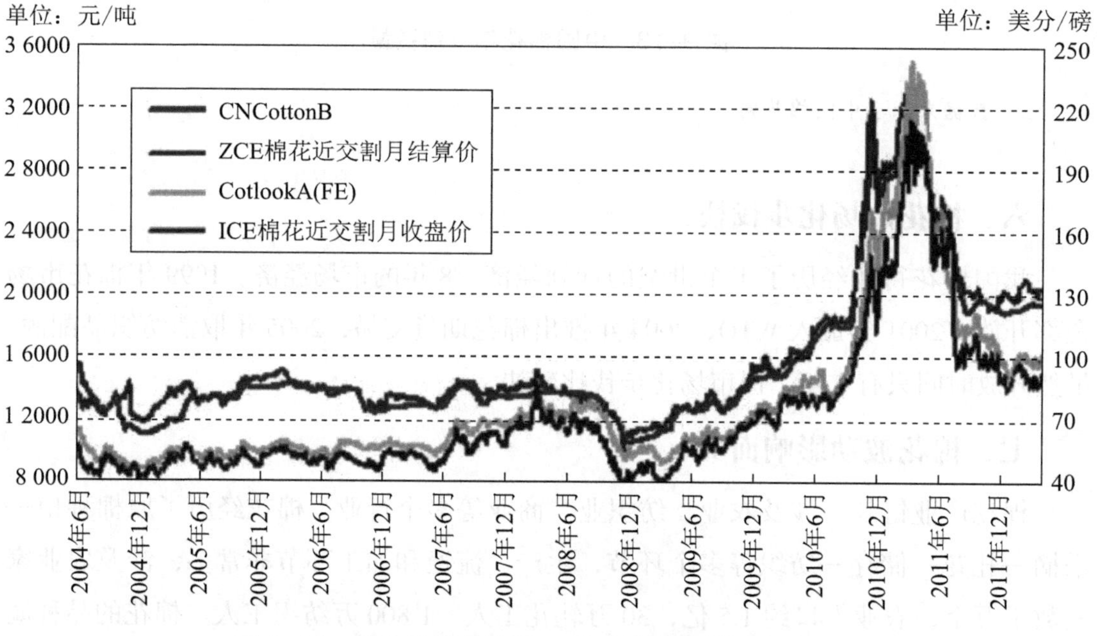

图 9-14　国内外棉花期货、现货价格走势对比图

二、与国际期货、现货价格关联度高

棉花现货中可用于期货交割（货）的量大（大约为 80%），且交割成本相对较低。因此，棉花期货价格具有与现货价格关联度高、理性程度高和可预期性强等大品种特性。

三、影响因素多，机会多

棉花产业链长，参与群体种类多，对外贸易量大等特点，都决定了棉价的影响因素较多。天气变化、生长情况、供求关系、国家对棉花价格的预测指导信息、金融政策、国家收放储政策、进出口政策、纺织业发展情况、播种预期（根据10月份麦播时预留面积预测）等，这些都为棉花期货价格的波动提供了题材，同时也提供了很多投资机会。

四、市场信息容易把握，投资效益高

我国棉花产销区相对集中，收集信息相对便利，投入人力物力收集棉花主产区和主销区的供求信息，及时了解国家有关棉花政策，投资棉花期货的成功率很大。

棉花期货潜在投资机会多，投资价值大，及时挖掘和发现有价值的棉花信息，客观、全面地分析棉花信息，把握棉花期货的投资机会，必能获得巨大的投资回报。

五、适宜广泛参与

棉花期货适宜套期保值的现货企业、机构投资者和中小投资者参与。从1999年9月以来的棉花价格走势来看，棉花价格波动频繁且剧烈，适宜套期保值者利用期货市场规避风险。同时，棉花价格具有趋势性强、可预测性高的特点，尤其适宜于机构投资者进行长线投机。

机构投资者可以通过收集棉花供求信息，以相对较低的成本获取较高的投资回报。同时，影响棉花期货价格的因素多，对基本面因素反应敏感，波动频繁，投资机会较多，非常适宜中小投资者进行短线技术性操作。

第四节 棉花品种特性和分级指标

衡量棉花质量的主要指标有长度、整齐度、纤维细度、纤维强度、纤维成熟度等。

一、棉花的分类、加工与检验

（一）分类

根据棉花物理形态的不同，可以分为籽棉和皮棉。棉农从棉棵上摘下的棉花叫籽棉，籽棉经过去籽加工后的棉花叫皮棉。通常所说的棉花产量，一般指的是皮棉产量。

根据加工机械的不同，棉花分为锯齿棉和皮辊棉。锯齿轧花机加工出来的皮棉叫锯齿棉，皮辊轧花机加工出来的皮棉叫皮辊棉。

皮辊棉生产效率低，加工出来的棉花杂质含量高，但对棉纤维无损伤，纤维相对较长。锯齿轧花机加工出来的皮棉杂质含量低，工作效率高，但对棉花纤维有一定的损伤。

目前，细绒棉基本上都是锯齿棉，长绒棉一般为皮辊棉。

（二）加工

一般用衣分来表示籽棉加工成皮棉的比例。正常年份，衣分为 36 ~ 40。也就是说，100 斤籽棉能够加工出 36 ~ 40 斤皮棉。

皮棉不能散放，必须经打包机打成符合国家标准的棉包。

（三）检验

目前，棉花新国标 GB1103-2007 已于 2007 年 9 月 1 日实施。标准规定，检验棉花分以下几个指标。

（1）品级：根据棉花的成熟程度、色泽特征、轧工质量这三个条件，把棉花划分为 7 个级别，即一至七级，三级为品级标准级。

（2）长度：根据棉纤维的长度，划分出长度级。以 1 毫米为级距，把棉花纤维分成 25 ~ 32 毫米 8 个长度级，28 毫米为长度标准级。

（3）马克隆值：马克隆是英文 Micronaire 的音译。马克隆值是反映棉花纤维细度与成熟度的综合指标，数值愈大，表示棉纤维愈粗，成熟度愈高。

具体测量方法是，采用一个气流仪测定恒定重量的棉花纤维在压成固定体积后的透气性，并以该刻度数值表示。马克隆值分 3 级，即 A、B、C 级。B 级分为 B1、B2 两档。B 级为马克隆值标准级。

（4）断裂比强度：分为 5 档。

（5）长度整齐度指数：分为 5 档。

（6）回潮率：棉花公定回潮率为 8.5%，回潮率最高限度为 10%。实际工作中，一般用电测器法测定原棉回潮率。

（7）含杂率：锯齿棉标准含杂率为 2.5%。

（8）危害性杂物：棉花中严禁混入危害性杂物。

根据棉花中异性纤维含量，也做出了明确的分级规定。棉花检验分感官检验和仪器检验两种。2003 年 9 月，国务院批准的《棉花质量检验体制改革方案》中规定，纤检机构对棉花加工企业生产车大包型（每包 227 公斤）棉花逐包实行仪器化公证检验，又适用于仪器化检验，2009年后其他包型棉花退出市场流通。

在我国，承担棉花检验和仲裁的机构是中国纤维检验局及各省（市）级纤维检验局（所），棉花的进出口检验由各省（市）进出口检验检疫局负责。

二、棉花储存与保管

棉花一般存放在专业的棉花仓库内。目前，国内的棉花仓库房有砖混仓和钢板仓两种。仓库要求交通便利、防火、通风、防潮、防霉变等，特别是防火，棉花储备库都是特级防火单位。

正常的储存条件下，棉花的保质期较长。但由于棉花内含有一定量的水分，在高温情况下，尤其是温度超过35℃时，颜色可能会发生变化，出现自然变异，进而影响到棉花品级。棉花品级越低，质量越不稳定，越容易发生自然变异。

第五节　中国棉花种植

一、棉花的重要性

棉花是关系国计民生的战略物资，也是仅次于粮食的第二大农作物。棉花涉及农业和纺织工业两大产业，是全国1亿多棉农收入的主要来源，是纺织工业的主要原料，也是广大人民群众的生活必需品。棉纱、棉布和服装还是出口创汇的重要商品。

二、棉花产区分布及区划

全国划分为三大产棉区，分别是长江流域棉区、黄河流域棉区和新疆棉区。如图9–15所示。

长江流域棉区包括上海、浙江、江苏、湖北、安徽、四川、江西、湖南8省（市），种植面积稳中有减。

黄河流域棉区包括河南、河北、山东、山西、陕西5省份，种植面积比较稳定。

新疆棉区包括新疆和河西走廊一带，种植面积稳中有升。新疆棉花以纤维长、色泽洁白、拉力强著称，是我国最具有发展潜力的棉区。新疆水土光热资源丰富，气候干旱少雨，种植棉花条件得天独厚，棉花种植面积增长很快。

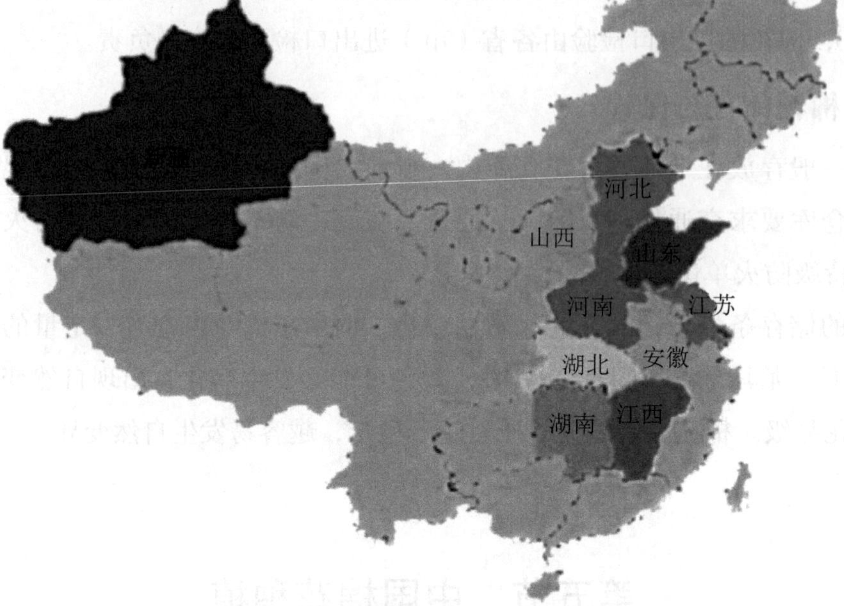

图 9-15　我国棉花主要产区分布图

除三大主产区外，京、津、辽、广西、云南等地也有分散种植，但其产量合计占全国棉花总产量不到 1%。如图 9-16 所示，并参见表 9-4、表 9-5。

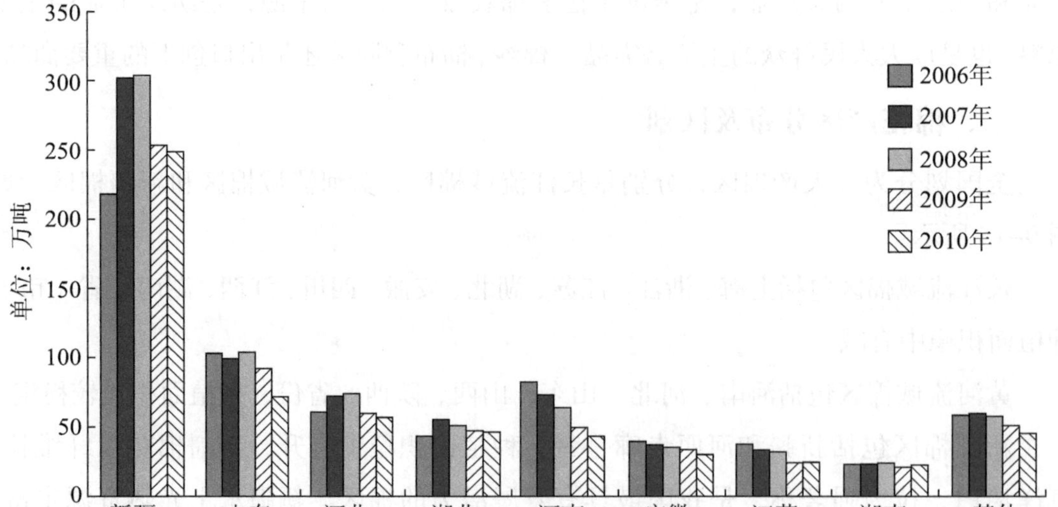

图 9-16　我国棉花主产省区产量及所占比例

注：数据来源于国家统计局《中国统计年鉴》。

表 9-4 我国棉花产区产量所占比重变化

年份	1958	1968	1978	1988	1998	2008	2010
新疆棉区	2%	4%	3%	7%	31%	26%	28%
长江流域棉区	60%	44%	47%	60%	35%	41%	40%
黄河流域棉区	38%	52%	50%	33%	34%	31%	31%
合计	100%	100%	100%	100%	100%	98%	99%

注：数据来源于《中国统计年鉴》。

表 9-5 2012—2016 年中国棉花生产状况

单位：千公顷，吨 / 公顷，千吨，%

	2012 年	2013 年	2014 年	2015 年（7 月估计）	2016 年（7 月估计）	同比变化	同比变幅
播种面积							
全国	4 688	4 346	4 219	3 799	3 500	–299	–7.87
河北	578	483	411	359	330	–29	–8.08
山西	37	23	19	11	10	–1	–9.09
江苏	171	155	132	94	85	–9	–9.57
安徽	305	285	265	233	220	–13	–5.58
山东	690	650	593	516	470	–46	–8.91
河南	257	187	153	120	105	–15	–12.50
湖北	473	416	345	265	245	–20	–7.55
湖南	172	160	130	114	105	–9	–7.89
新疆	1 721	1 718	1 953	1 904	1 760	–144	–7.56
其他	284	269	218	183	170	–13	–7.10
单位产量							
全国	1.458	1.449	1.460	1.475	1.486	0.010	0.70
河北	0.976	0.946	1.049	1.039	1.061	0.022	2.08
山西	1.270	1.325	1.283	1.273	1.300	0.027	2.14
江苏	1.287	1.348	1.214	1.245	1.235	–0.009	–0.75

续表

	2012 年	2013 年	2014 年	2015 年 （7 月估计）	2016 年 （7 月估计）	同比变化	同比变幅
安徽	0.964	0.880	0.992	1.004	0.955	–0.050	–4.95
山东	1.012	0.955	1.122	1.041	1.043	0.002	0.18
河南	1.000	1.014	0.959	1.050	1.000	–0.050	–4.76
湖北	1.152	1.106	1.044	1.125	1.102	–0.022	–2.00
湖南	1.458	1.244	0.992	1.272	1.190	–0.081	–6.40
新疆	2.056	2.047	1.882	1.840	1.869	0.030	1.60
其他	1.482	1.355	1.398	1.410	1.424	0.014	0.97
产　量							
全国	6 836	6 299	6 161	5 605	5 200	–405	–7.23
河北	564	457	431	373	350	–23	–6.17
山西	47	31	24	14	13	–1	–7.14
江苏	220	209	160	117	105	–12	–10.26
安徽	294	251	263	234	210	–24	–10.26
山东	698	621	665	537	490	–47	–8.75
河南	257	190	147	126	105	–21	–16.67
湖北	545	460	360	298	270	–28	–9.40
湖南	251	199	129	145	125	–20	–13.79
新疆	3 539	3 518	3 677	3 503	3 290	–213	–6.08
其他	421	364	305	258	242	–16	–6.20

注：2015 年及以前产量和播种面积数据引自国家统计局。

三、棉花生长阶段及影响因素

（一）播种期

从播种到发出幼苗，需要一定的外界条件，主要是适宜的温度、水分、氧气、土壤等，其中决定因素是温度。棉花是喜温作物，在发芽出苗时，要求较高的温度。

在自然地温下，黄河流域棉区播种一般在 4 月中旬。如果前茬腾地及时，长江流域棉区 4 月上旬就可播种。新疆棉区一般在 4 月 15 日至 4 月 25 日之间播种。

棉花播种后，出苗日期主要取决于土壤的温度和水分。正常情况下，黄河流域棉区出苗需 10 ~ 15 天，长江流域棉区需 7 ~ 10 天，新疆棉区需 15 天左右。

（二）苗期

苗期是指棉花从出苗到现蕾这一段时期。黄河流域棉区的苗期一般从 4 月底 5 月初至 6 月上中旬，长江流域棉区从 4 月下旬至 6 月上旬。棉花苗期为营养生长期，影响棉苗的主要环境因素是温度。

除了温度外，如果此期间连续阴雨，水分过多，缺乏光照等，也会造成棉苗争光上窜，形成高脚细弱苗，推迟生育期，甚至会严重影响根系发育，形成烂种、烂芽及苗期病害。

（三）蕾期

棉花蕾期是指从现蕾到开花这一段时间，一般在 6 月上中旬至 7 月上旬。棉花蕾期生长水平，直接影响到中后期抗灾能力和最终的经济产量。

棉花现蕾一般在 6 月上中旬，气温较高，此时降雨量的多少是决定现蕾多少的关键因素。此期的干旱、疯长或高温，会严重影响棉花生育。

（四）花铃期

花铃期是指从开花至吐絮这一段时间，一般从 7 月上旬到 8 月底、9 月初。花铃期在产量形成过程中处于决定性位置，是决定产量和品质的关键时期。

此阶段根据其生育特性，又分为初花期和盛大结铃期。花铃期是棉花一生中需水最多的时期，棉株对水反应敏感。如水分失调，则代谢过程受阻，导致大量蕾铃脱落，并引起早衰，严重影响棉花生育进程。

（五）吐絮期

吐絮期是指开始吐絮到枯霜来临、生育结束的一段较长时间。棉花一般在 8 月下旬、9 月初开始吐絮，持续 70 ~ 80 天，是棉纤维生长发育的主要阶段。此期影响棉花产量和质量的因素主要有：连绵阴雨加重棉花烂铃，冷秋年份使棉花贪青迟熟，纤维发育不良等。

四、主要灾害对棉花生长的影响

影响棉花生长和发育的灾害有两种。一是气象灾害，如雨涝、冰雹、干旱等。二是病虫害，如棉花枯黄萎病、棉花铃病、各种虫害等。

（一）雨涝

雨涝灾害是频发性、季节性的严重自然灾害，轻者造成棉花减产，重则绝收。

长江流域棉区一般 7—8 月份发生雨涝，黄河流域棉区一般在 6—8 月份。不同程度的雨涝对棉苗的影响不同。见表 9–6。

表 9–6　雨涝和冰雹对我国棉花的影响

		轻度危害	中度危害	重度危害	严重危害	特重危害
雨涝	程度	淹水 10 ~ 24 个小时，及时排水	淹水 2 ~ 3 天，未淹没整个棉株	淹水 2 ~ 3 天，积水 40 ~ 50cm	淹水超过 4 ~ 5 天，淹没棉株	淹水 5 天以上
		严重萎蔫，幼蕾脱落，叶片发黄，基本无死苗	蕾花和叶脱落严重，有轻度死苗	70% 以上的棉株没顶，多数蕾花脱落，死苗率 20% 左右	80% 棉株顶心死亡，叶、花、蕾全部脱落，根系发黑，死亡率 50%	棉花基本死亡
	对产量的影响	基本不减产	减产较轻	减产 30% ~ 40%	减产幅度较大	绝产
冰雹	程度	茎叶损伤，主茎完好，果枝砸掉不足 10%，处于盛花期以前	落叶破叶严重，主茎完好，果枝断枝率 30% 以下，断头率不足 50%，处于初花期前后	无叶片，主茎基本未破裂，叶节完好，腋芽完整，断枝率 60% 以上，断头率 50% ~ 70%，处于蕾期内	无叶片，无果枝，光杆，主茎表皮破裂不足 50%，30% 以上腋芽完好，叶节大部分完好	光杆，主茎砸破率大于 50%，叶节大部分被砸坏，腋芽不足 30%
	对产量的影响	基本不减产	减产较轻	减产 30% ~ 40%	减产幅度较大	绝产

（二）冰雹

我国冰雹的危害范围广，主要棉产区历年都会遭受不同程度的雹灾。在我国的产棉区，4 月份以前降雹主要集中在秦岭、淮河以南地区。4—5 月份雹区由南向北扩展。6 月份雹区范围最广，此时正值棉区蕾期或初花期，对棉花生长影响较大。6 月份以后，雹区主要集中在华北、西北和东北地区。

由于棉花具有无限生长性和较强的再生性，程度较轻的雹灾对棉花影响较小。

如果冰雹程度较重，又处于棉花生长的关键时期，就会造成棉花减产甚至绝产。见表 9–6。

（三）干旱

黄河流域棉区由于常年冬春干旱，因此在播种出苗期对棉花影响较大。长江流域棉区，对棉花影响较大的主要是夏季干旱和秋季干旱。新疆棉区常年降雨量偏小，棉田干旱经常发生，需灌溉植棉才行。

（四）病虫害

在棉花生长过程中，有很多病虫害随时会影响棉花的生长和发育。在棉花生长的不同时期，病虫害的种类也不一样。

低温阴雨是导致棉花苗期病虫害发作的主要原因。目前国内发现的苗病有 20 多种，如立枯病、炭疽病等，造成棉田缺苗断垄，严重时会影响棉花的产量。棉花成株后，主要受以下病虫害的影响。

1. 棉花枯、黄萎病

在棉田温度较低、湿度较大时易发生枯萎病、黄萎病。一般在 6 月，棉苗四五个真叶时发病，七八月份现蕾到花铃期加重，造成病叶大量枯落，并伴有蕾铃脱落。多雨年份，夏季湿度大，气温偏低，枯萎病发病迅速，病株成倍增长，危害严重。

2. 棉花红叶茎枯病

棉花红叶茎枯病，主要是由花期和结铃期肥水失调，营养不足，特别是缺钾肥造成的。一般在蕾期初发，花期普发，铃期盛发，吐絮期成片死株。

3. 棉花铃病

我国棉花铃病发生普遍，严重时造成烂铃、僵瓣。多雨年份，长江及黄河流域棉区烂铃率可达 10% ~ 30%。烂铃与健铃相比，籽棉重量减轻 40.8%，衣分降低 22.8%，皮棉减少 53.5%，棉花绒长缩短 23.4%，强度下降 49.3%，严重影响棉花的产量和质量。

铃期久雨高温，是造成棉花铃病的主要原因。一般情况下，连续下雨 3 ~ 5 天或 10 ~ 20 mm 以上降雨 3 ~ 5 天，田间就会出现大量烂铃。8—9 月份的雨量和雨日，是决定全年铃病的关键。调查表明，烂铃率随这个时期降雨而变化，雨日多，降雨量大，烂铃严重。反之则轻。

黄河流域棉区，7—8 月份正值第一批棉铃成铃后 40 ~ 50 天，汛雨集中，温度高，湿度大，烂铃极易发生。长江流域棉区，秋季阴雨多出现在8—9月份，所以烂铃开始及盛期较北方迟，但因湿热环境持续天数较多，烂铃往往比北方严重。新疆棉区此期降雨较少，热量充足，因此正常年景不易发生烂铃灾害。

除了以上介绍的影响棉花生长发育的主要气象灾害和病虫害外，还有许多因素如大风、沙尘和冻害等，也会影响棉花的产量和质量。

五、我国棉花产量

建国以来，我国棉花供求矛盾一直比较突出。20世纪80年代以前，由于生产条件落后，棉花单产水平较低，总产量基本在250万吨以下（1973年产量256.2万吨）。由于产量较小，国内市场供不应求，年进口棉花量较大。1979年，棉花进口量曾达91.89万吨。这一时期总体上处于供不应求的状态。

20世纪80年代以后，由于实行联产承包责任制，棉花生产的积极性被调动起来，产量迅速提高。到1984年，棉花产量创历史之最，达626万吨，当时的消费能力只有300万吨左右。随后棉花生产出现滑坡，1989年棉花产量只有379万吨，当年棉花进口量达40万吨。

20世纪90年代以来，棉花生产比较稳定，除了特殊年份的1993年和1999年，其余年份棉花产量均在450万吨左右，基本能够满足生产经营的需要。见表9–7、表9–8。

加入WTO以后，由于我国纺织品出口爆炸性增长，用棉量急剧上升，用棉缺口很大，2005/06年度缺口一度达411.7万吨。

表9–7　我国棉花生产情况统计表

年份	播种面积（千公顷）	单产（千克／公顷）	产量（万吨）
1990	5 588.1	806.7	450.8
1991	6 538.5	867.9	567.5
1992	6 835.0	659.6	450.8
1993	4 985.4	750.1	373.9
1995	5 528.0	785.3	434.1
1996	5 421.6	879.4	476.8
1997	4 722.2	890.1	420.3
1998	4 491.4	1 024.8	460.3

续表

年份	播种面积（千公顷）	单产（千克／公顷）	产量（万吨）
1999	4 459.4	1 009.3	450.1
2000	3 725.6	1 027.7	382.9
2001	4 041.2	1 093.1	441.7
2002	4 809.8	1 106.8	532.4
2003	4 184.2	1 175.0	491.6
2004	5 110.5	950.9	486.0
2005	5 692.9	1 110.8	632.4
2006	5 061.8	1 128.9	571.4
2007	5 815.7	1 295.3	753.3
2008	5 926.1	1 286.4	762.4
2009	5 754.1	1 302.0	749.2
2010	4 948.7	1 288.6	637.7

注：数据来源于国家统计局《中国统计年鉴》(2011)。

表 9-8　2013/14—2016/17 年度中国棉花供需分析

单位：千公顷，吨 / 公顷，千吨

项目	2013/14	2014/15	2015/16（7月估计）	2016/17（7月估计）
播种面积（棉花）	4 346	4 219	3 799	3 500
单位产量（棉花）	1.449	1.460	1.475	1.486

第六节　世界棉花产销和贸易

世界棉花生产有着悠久的历史，产区积累了丰富的种植经验。由于近代科学技术突飞猛进，育种技术和种植工艺的革命，极大地推动了世界棉花生产。目前，世界上种植棉花的国家约有 60 多个，分布在亚洲、非洲、欧洲和大洋洲，产棉区域大都在北纬 40℃至南纬 30℃之间的广阔地带。

一、世界棉花生产、消费和贸易概况

第二次世界大战后，世界棉花生产格局呈现以下主要特点。

一是棉花生产在 20 世纪 50 年代迅速增长之后，从 60 年代开始转入爬坡式的缓慢增长。世界棉花产量和消费量逐年增长，与世界人口的增长速度基本适应，与人类生活水平的提高相适应，并通过国际贸易需求杠杆不断得到平衡。

二是棉花种植总面积变化不大，世界棉花产量的增长主要依靠单位面积产量的提高。如图 9-17、图 9-18 所示。由于棉花价值较高，各棉花生产国比较重视提高棉

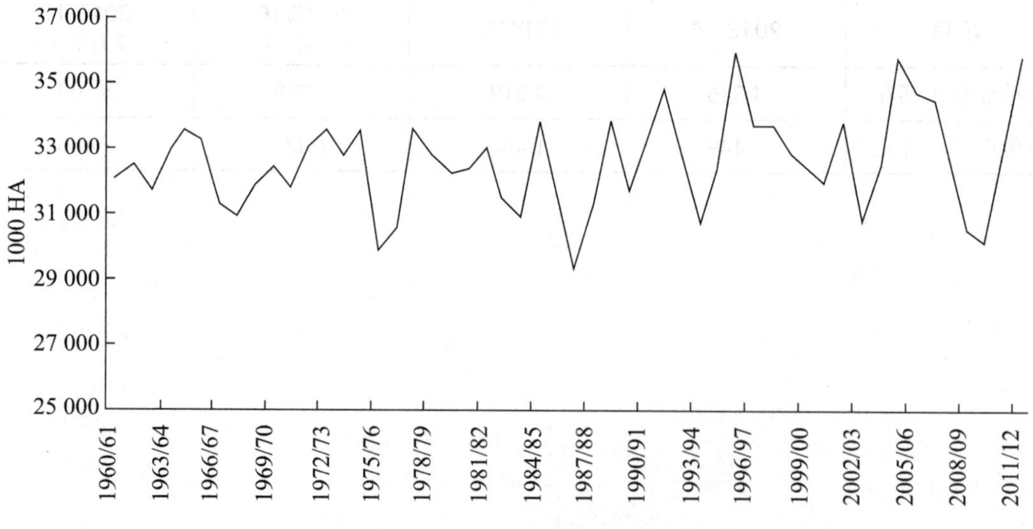

图 9-17　1960 年以来全球棉花收获面积变化图

注：数据来源于 www.fas.usda.gov。

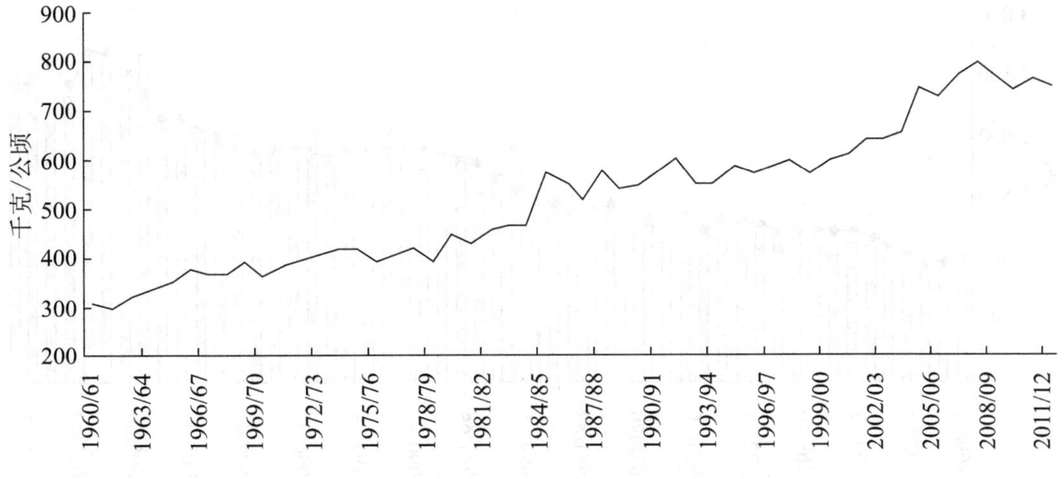

图 9-18 1960 年以来全球棉花单产变化图

注：数据来源于 www.fas.usda.gov。

花单产。目前中国是棉花单产最高的国家，其次是美国、乌兹别克斯坦等国家。

三是美国、乌兹别克斯坦和中国主宰世界棉花生产的格局发生了变化，变为中国、印度、美国三国左右世界棉花生产格局。同时，棉花生产超过百万吨的国家由原来的 3 个（美国、前苏联和中国）增加到 5 个，依次为中国、美国、印度、巴基斯坦和乌兹别克斯坦。

四是在原棉消费量方面，中国位于世界第一，然而在原棉出口量方面，美国依然是世界第一。

虽然棉花主产国年际间棉花产量有增有减，但国际棉花总产量稳步增长，目前已达 2 500 万吨左右。棉花作为一种生活必需品，除了棉花生产国消费棉花外，其他不产棉花的国家也要消费棉花。产棉国与非产棉国之间、产棉国与产棉国之间的供求和调剂关系，形成世界进出口棉花市场的选购和推销之间的棉花贸易。如图 9-19 所示。

总的来说，世界棉花绝大部分贸易量集中在少数大国之间，出口棉花最多的 6 个国家和地区依次是美国、乌兹别克斯坦、澳大利亚、印度、苏丹和巴基斯坦，合计出口量约占世界出口总量的 65%，其中美国的出口量占世界出口总量的 20% 左右。进口棉花较多的国家和地区分别是中国、孟加拉、巴基斯坦、印尼、泰国、欧盟、越南、韩国等。如图 9-20 所示。

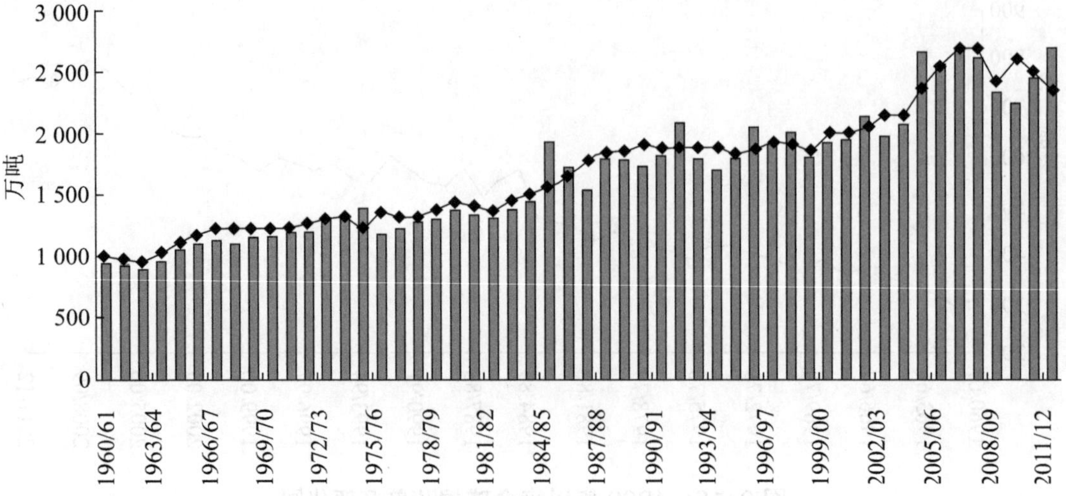

图 9-19　世界棉花产销量统计图

注：数据来源于 www.fas.usda.gov。

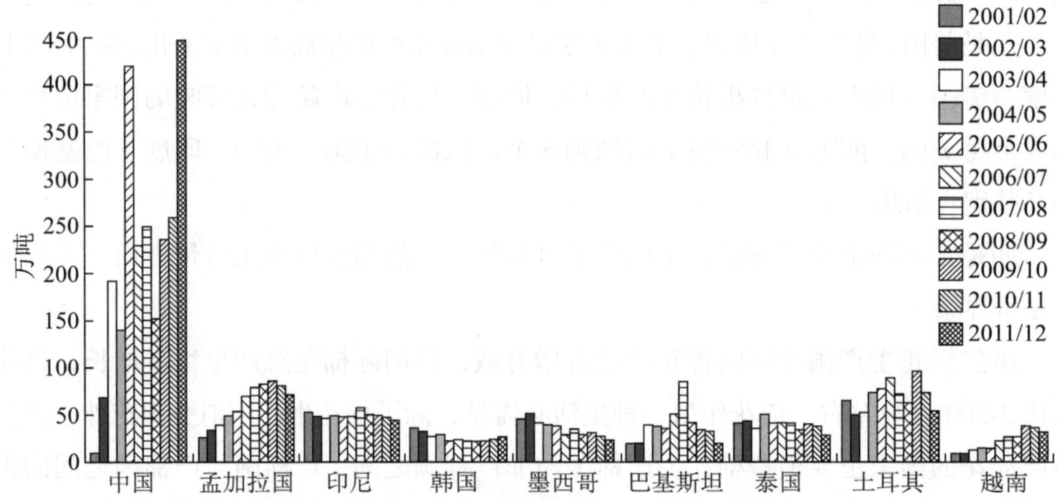

图 9-20　世界主要棉花进口国和地区进口量对比

二、国际权威棉花价格及走势

2004 年 6 月 1 日，郑州商品交易所上市棉花期货以前，国际市场上的权威棉花价格有两个：一是纽约期货交易所的棉花期货价格，它是各国政府制定棉花政策和各国涉棉企业生产经营时参考的主要依据。二是英国利物浦棉花展望公司整理的 CotlookA 和 CotlookB 指数，它是英国棉花展望公司每天从各个渠道得到的北欧主要港口棉花到岸价，是实际交易价格。如图 9-14 所示。

中国棉花期货推出后，引起国际市场的广泛关注，形成了又一个棉花定价中心，郑商所棉花期货价格也成为全球棉商每日关注的重要指标之一。

影响国际市场棉价波动的原因有很多，如产量、消费量、气候、经济景气程度、战争、化纤价格等，但在国际棉花市场供大于求的情况下，影响棉花价格走势的一个重要因素是“中国因素”，中国棉花产量及进出口量对世界棉花价格影响巨大。

1992 年和 1993 年，中国没有大进大出，国际市场棉价也一直稳定在 53 ~ 67 美分 / 磅之间，折合到岸价 11 130 ~ 14 070 元 / 吨，波动幅度不太大。1994 年，中国棉花生产下滑，消费需求旺盛，中国的棉花进口量加大，加之 1995 年度中国大幅度调整国内棉花收购价格，拉动国际市场棉价大幅上涨。年内，国际市场棉价最高上涨到 117 美分 / 磅，折合到岸价 24 570 元 / 吨，比 1992 年、1993 年增长 74.6%，达到 1981 年以来的最高点。

1995 年以后，中国棉花生产比较稳定，产量保持在 450 万吨左右，基本可以满足国内市场的需求，进口量大幅减少，国际市场棉价随之下跌。到 1999 年 12 月底，美国纽约期货价格只有 48.86 美分 / 磅，折合到岸价 10 260 元 / 吨，与 1995 年的最高价相比下跌了 58.24%。

2001 年度，由于预测中国 2001/02 年度棉花产量大幅增加，总量达 532 万吨，棉花期货价格再度下跌。2001 年 10 月 25 日，纽约期货交易所 12 月份合约最低收至 28.52 美分 / 磅，折合到岸价 5 989 元 / 吨。

2002 年度，由于棉花主产国种植面积下降，产量减少，拉动全球棉价上升，新棉花年度（9 月 1 日）后，纽约期货交易所棉花期货合约量最近交割月价格由 43.8 美分 / 磅（2002 年 9 月 3 日）上升到 60 美分 / 磅（2003 年 3 月 17 日），上涨幅度达 36.99%。

2008 年全球发生金融危机，实体需求大幅下降，商品联袂齐跌，纽约棉花期货最低跌至 40 美分 / 磅以下，距年内最高点跌幅达到 58.4%。

2010 年，由于中国市场供不应求，在中国市场强劲需求的推动下，美国纽约棉花期货大涨，其中主力合约 3 月合约最高达到 227 美分 / 磅，创下历史新高。

三、国际棉花期货市场

在纽约棉花期货交易所推出棉花期货交易以前，棉花市场价格波动很大，供求关系突然失衡会造成价格的剧烈波动，并严重冲击棉花生产和贸易。为了转移现货市场固有的风险，1870 年，纽约棉花交易所应运而生，并于当年推出棉花期货交易。

此后130多年中，全球有15个商品交易所开展过棉花期货交易，比较著名的有亚历山大棉花交易所（埃及）、新奥尔良交易所（美国）、利物浦棉花交易所（英国）、不莱梅交易所（德国）等。日本、印度、巴基斯坦、法国、巴西、香港地区等的交易所也曾先后开展过棉花期货交易。除纽约期货交易所（现更名为洲际交易所，简称ICE）至今仍在进行棉花期货交易外，其他14个交易所的棉花期货交易均已停止。

随着棉花期货市场的不断发展，尤其是20世纪70年代以后，纽约棉花的期货价格越来越受到重视，其规避风险、发现价格的功能不断发挥出来。目前，棉花期货价格在贸易界和管理界都有很高的权威性，已成为棉花行业和产棉国政府不可缺少的价格参考依据。

美国政府依据纽约期货交易所的棉花价格对农民进行补贴。墨西哥政府为保护棉农利益，由农业部出面，在洲际交易所对全国棉花进行套期保值操作（主要利用期权）。英国的棉花企业，澳大利亚的植棉农场主，也都在洲际交易所从事棉花的套期保值交易。

据美国最大的棉花贸易商艾伦宝公司专家介绍：若不将自己的现货贸易进行100%的套期保值，谁也没法抵御风云变幻的价格变动的影响，不参与期货意味着赌博，公司随时可能破产。目前，国外现货商参与期货交易已不仅仅限于套期保值，大公司有信息、预测优势，往往通过期货、期权交易投机获利。

第十章　白糖期货

第一节　白糖现货基本知识

一、白糖概述

白糖是天然甜味剂，是人们日常生活的必需品，同时也是饮料、糖果、糕点等含糖食品和制药工业中不可或缺的原料。作为一种甜味食料，白糖是人体必需的三大养分（糖、蛋白质、脂肪）之一，食用后能供给人体较高的热量（1 公斤白糖可以产生 3 900 大卡的热量）。

（一）生产白糖的原料

生产白糖的原料主要是甘蔗，其次还有甜菜。尽管原料不同，但甘蔗糖和甜菜糖在品质上没有什么差别，国家标准对两者同样适用。

甘蔗是适宜种植在热带和亚热带的作物，其整个生长发育过程需要较高的温度和充沛的雨量，一般要求全年大于 10℃的活动积温为 5 500 ~ 6 500℃，年日照时数 1 400 小时以上，年降雨量 1 200 毫米以上。地球上热带和亚热带地区的许多国家都种植甘蔗，主要分布在南美、加勒比海、大洋洲、非洲的大多数发展中国家和少数发达地区。

甜菜生长于温带地区，主要分布在欧洲和北美的发达国家，如欧盟、美国北部和加拿大，少量在亚洲地区，如日本、俄罗斯和我国北部等。

一些国家，如中国、美国、日本、埃及、西班牙、阿根廷和巴基斯坦，既生产甘蔗糖，又生产甜菜糖。我国是世界上用甘蔗制糖最早的国家之一，已有 2000 多年的历史，而用甜菜制糖的历史只有几十年。

从全球看，利用甘蔗生产白糖的数量远大于甜菜，两者的比例大致为 7:3。

（二）白糖的种类

根据加工环节、加工工艺、深加工程度、专用性等不同，白糖可以分为原糖、白砂糖、绵白糖、冰糖、方糖、红糖等。白砂糖、绵白糖俗称白糖。食品、饮料工业和民用消费量最多的为白砂糖，我国生产的一级及以上等级的白砂糖，占我国白糖生产总量的 90% 以上。如图 10–1 所示。

根据制糖工艺的不同，白砂糖可以分为硫化糖和碳化糖。碳化糖保质期较长，质量较好，生产成本和市场价格相对较高。目前，我国绝大部分糖厂生产的是硫化糖。

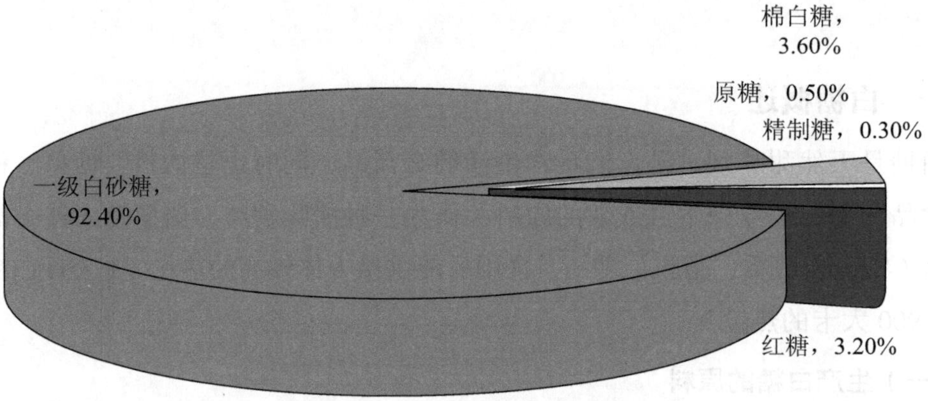

图 10–1　我国食糖品种的构成

注：近几年食糖品种结构基本保持稳定。

（三）白糖生产

工厂利用甘蔗榨取糖汁，经过沸腾浓缩、中心分离形成糖结晶，这种结晶称为原糖，呈浅棕色。甘蔗制糖有两种方法：一种是用亚硫酸法或者碳酸法直接生产白糖（一步法）；另一种是先用石灰法制造原糖，然后在精炼厂再回溶、提净，再次结晶成为精炼糖（二步法）。欧美等发达国家制糖一般采用二步法，我国糖厂全部采用一步法。

甜菜制糖一般采用渗出法提糖，或用碳酸法澄清直接生产白糖，不生产原糖。

（四）制糖生产期

由于所处纬度和气候不同，世界主要白糖输出国（地区）的制糖生产期（糖料收获期）不同。世界白糖榨季开始与结束时间见表 10–1。习惯上，世界白糖生产销售年度期从 9 月至翌年 8 月计算。

表 10-1　世界主要食糖生产国（地区）榨季起止时间

国家（地区）	开榨－收榨时间	食糖生产销售年度
巴西	中南部为 5 月至 12 月，东北部为 9 月至翌年 4 月	5 月初至翌年 4 月末
印度	11 月至翌年 9 月	10 月初至翌年 9 月末
泰国	11 月至翌年 1 月	12 月初至翌年 11 月末
欧盟	7 月至翌年 1 月	8 月初至翌年 7 月末
美国	10 月初至翌年 4 月	10 月初至翌年 9 月末
墨西哥	11 月至翌年 7 月	11 月初至翌年 10 月末
俄罗斯	8 月至翌年 1 月	9 月初至翌年 8 月末

我国白糖的生产销售年度从每年 10 月到翌年 9 月，开榨时间由北向南各不相同。一般讲，我国制糖生产期从 11 月至翌年 4 月。甜菜糖榨季从每年的 9 月底或 10 月初开榨，到翌年 2 月结束。甘蔗糖厂中江西、湖南 10 月底或 11 月初开榨，广西、广东、海南等省区 11 月中旬或 12 月初开榨，云南省 12 月底或翌年 1 月初开榨，到翌年 4—6 月结束。

（五）白砂糖保存

白砂糖存放时间受气候条件、加工质量、保管条件等多种因素影响。加工质量好、气候条件好、保管条件好的情况下，白糖可存放 2 ~ 3 年。加工质量差、气候条件差、保管条件差的情况下，只能保存半年左右。

目前，我国白砂糖的出厂质量大都能达到国标（GB317-2006）一级标准。但是受加工工艺的影响，在相同的储存条件下，不同工厂生产的一级白砂糖保质期差别较大。

白砂糖保管不善或保存时间过长，容易出现如下问题。

一是受潮、溶化、流浆、结块。

二是色值变化，颜色变黄。

三是污染，理化指标及卫生指标超标。

二、我国白糖的生产流通与消费

我国是重要的白糖生产国和消费国，白糖产销量仅次于巴西、印度、欧盟，居世界第四位。我国白糖产量和消费量都超过1 000万吨，产销基本平衡，略有缺口，缺口主要靠进口糖和国储糖来弥补。

（一）生产情况

我国白糖生产具有非常强的周期性。导致白糖生产这种周期性的主要原因如下。

一是糖料种植具有自然的周期性生长规律。如甘蔗种植一次,宿根可以生长3年。

二是周期性出现的自然灾害，也导致糖料生产具有强周期性。

三是糖料大幅度减产或增产，导致价格大幅涨跌，从而影响第二年的播种面积。

白糖生产大致上以5 ~ 6年为一个生产周期，基本上是2 ~ 3年连续增产，接下来的2 ~ 3年连续减产。2007/08年度榨季白糖产量创历史新高，达到1 484.02万吨，同比增加23.7%，其中甘蔗糖产量1 367.91万吨，同比增加27.30%。甜菜糖产量为116.11万吨，同比减少7.03%，随后白糖连年减产。如图10-2所示，并参见表10-2。

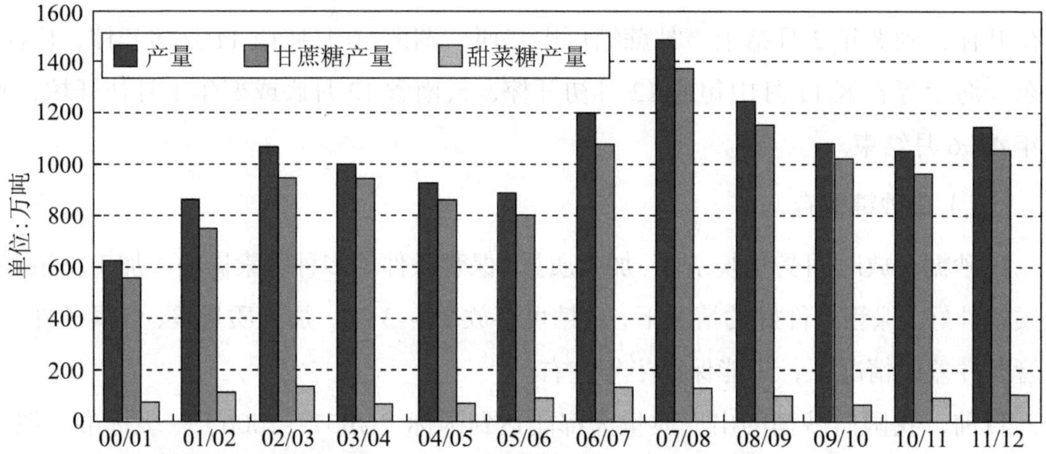

图10-2　2000/01—2011/12年度榨季全国食糖产量变化情况

注：①资料来源于中国糖业协会。

②2011/12年度榨季截至2012年4月底统计。

表10-2　2011/12—2015/16年度中国食糖供需平衡表

单位：千吨

	2011/12	2012/13	2013/14	2014/15	2015/16
结转库存（1/10）	1 353	4 083	6 862	9 754	10 164

续表

	2011/12	2012/13	2013/14	2014/15	2015/16
食糖产量	11 518	13 068	13 318	10 556	9 300
甘蔗糖产量	10 510	11 983	12 572	9 818	8 560
甜菜糖产量	1 007	1 085	746	738	740
国内总供给	12 871	17 151	20 184	20 310	19 464
进口	4 260	3 661	4 024	4 812	3 900
总供给	17 131	20 812	24 204	25 122	23 364
国内总需求	13 000	13 900	14 400	14 900	15 200
出口	48	50	50	59	50
总需求	13 048	13 950	14 450	14 959	15 250
年末总库存（30/9）	4 083	6 862	9 754	10 164	8 114

注：①食糖榨季按上一年 10 月 1 日到第二年 9 月 30 日计。
②数据来源于 BOABC 数据库。

我国 18 个省区产糖，南方是甘蔗糖，北方为甜菜糖。白砂糖产地主要集中在广西、云南、广东、海南、黑龙江、新疆、内蒙古等省区，其中，全国产糖量的 95.5% 集中于广西、云南、广东、海南、新疆 5 个优势省区。如图 10-3 所示。

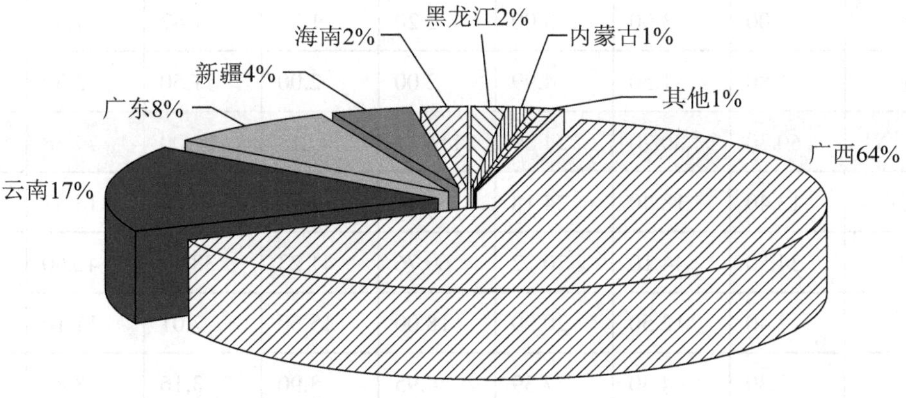

图 10-3　2010/11 年度我国主要产糖省份食糖产量占比

白糖生产在产业发展优势地区集中度越来越明显，广西产糖量保持良好的增长势头，10 年产量增加两倍，产量占全国的比例由原来的 34%增加到目前的 63%。新疆甜菜糖产量 2007/08 年度榨季略有减少，产量仍占甜菜糖总产量的 52%，成为全国主要的甜菜糖产区。见表 10–3、表 10–4。

表 10–3　2004/05—2011/12 年度榨季全国食糖产量统计表

单位：万吨

制糖期	2004/05	2005/06	2006/07	2007/08	2008/09	2009/10	2010/11	2011/12
全国合计	917.40	881.50	1 199.41	1 484.02	1 243.12	1 073.83	1 045.42	1 145.33
甘蔗糖小计	857.10	800.80	1 074.52	1 367.91	1 152.99	1 013.83	966.04	1 044.60
广西	532.00	537.70	708.60	937.20	763.00	710.20	672.80	694.20
云南	159.20	141.30	183.15	216.25	223.52	177.15	176.14	196.43
广东	112.10	92.20	127.86	145.35	105.87	85.77	87.20	114.91
其中：湛江	90.10	76.70	109.37	120.72	92.15	73.03	77.64	99.36
海南	38.50	17.80	37.52	51.67	46.15	31.81	22.64	31.09
福建	5.70	3.70	5.80	7.07	5.88	3.48	1.96	2.09
四川	4.80	3.60	3.60	6.17	5.31	2.45	1.50	1.65
湖南	3.00	3.00	3.00	2.20	1.26	1.47	1.48	1.51
其他	1.80	1.50	4.99	2.00	2.00	1.50	2.32	2.71
甜菜糖小计	60.30	80.70	124.89	116.11	90.13	60.00	79.38	100.74
黑龙江	13.40	18.40	24.18	31.40	28.50	9.89	18.37	28.38
新疆	34.50	44.10	70.82	60.76	41.23	38.44	42.60	47.17
内蒙古	7.40	12.50	20.00	18.00	15.50	7.01	11.10	13.71
河北	3.30	4.30	7.39	4.95	3.90	3.16	3.81	4.96
其他	1.70	1.40	2.50	1.00	1.00	1.50	3.50	6.52

注：①资料来源于中国糖业协会。

② 2011/12 年度榨季截至 2012 年 4 月底统计。

表 10-4　2004/05—2011/12 年度榨季全国糖料播种面积统计表

单位：万亩

制糖期	2004/05	2005/06	2006/07	2007/08	2008/09	2009/10	2010/11	2011/12
全国合计	2 043.82	1 914.30	2 323.76	2 589.15	2 757.25	2 482.66	2 548.21	2 716.39
甘蔗糖小计	1 806.95	1 621.30	1 949.10	2 224.55	2 399.25	2 257.60	2 268.71	2 379.32
广西	1 026.00	960.00	1 180.00	1 388.00	1 574.00	1 480.00	1 520.00	1 560.00
云南	430.00	363.00	424.00	470.00	451.00	457.80	438.19	498.71
广东	203.00	196.00	220.00	210.00	209.00	190.00	207.00	220.00
其中：湛江	155.00	150.00	183.00	195.00	182.00	164.90	182.87	193.00
海南	105.00	60.00	85.00	120.00	128.00	105.00	85.00	82.95
福建	11.20	10.90	11.40	11.55	11.89	7.60	5.50	4.86
其他	31.75	31.40	28.70	25.00	25.36	17.20	13.02	12.80
甜菜糖小计	236.87	293.00	374.66	364.60	358.00	225.06	279.50	337.07
黑龙江	82.00	110.00	136.40	136.00	140.00	63.06	100.00	115.00
新疆	95.37	110.00	150.00	138.00	134.00	92.00	110.00	131.00
内蒙古	36.50	52.00	70.00	66.60	60.00	40.00	42.50	50.00
其他	23.00	21.00	18.26	24.00	24.00	30.00	27.00	41.07

注：资料来源于中国糖业协会。

目前，全国共有制糖生产企业（集团）139 家，开工糖厂 296 家，其中甜菜糖生产企业（集团）24 家，糖厂 45 家。甘蔗糖生产企业（集团）115 家，糖厂 251 家。炼糖企业 9 家。

（二）进出口情况

1. 我国白糖进口政策

白糖生产和世界市场的特殊性，决定了各国政府对白糖贸易采取高度保护的政策。为保护并维持本国国内白糖市场供求总量平衡和国内白糖价格稳定，无论是发达国家还是发展中国家，均设置了一整套保护政策，把本国市场和世界市场相对隔离开来。

加入WTO后，我国对白糖进口实行关税配额管理。1999年发放160万吨，以后5年内每年增加5%，2004年配额增长到194.5万吨，此后这一数额延续到2007年。

1999年至2003年配额内进口原糖关税为20%，白糖为30%，配额外进口关税为76%。2004年配额内进口关税统一降低为15%，配额外进口关税降低到50%，并同时打破国家对白糖进口的垄断，非国有企业也可以进口。目前，我国关税水平远远低于世贸组织135个成员国（地区）97%的平均关税水平。

根据2003年颁布的《农产品进口关税配额管理暂行办法》，商务部每年9月底出台第二年的白糖进口关税配额申请和分配细则。目前，我国白糖进口关税配额分为国营配额和非国营配额，国营配额占70%比例，私营配额占30%。进口关税配额证自每年1月1日起至当年12月31日有效。

2. 我国白糖进出口情况

我国以前白糖长期处于供不应求的状态，一直靠进口来弥补缺口，是世界白糖进口大国。为稳定供应，我国与古巴签订了长期进口原糖协议，每年从古巴进口原糖40万吨。进口原糖大都直接转入国家储备。我国白糖进口主要来自印度、古巴、泰国、韩国等国，出口目的地主要是香港、蒙古、日本等国家和地区。如图10-4、图10-5、图10-6所示。

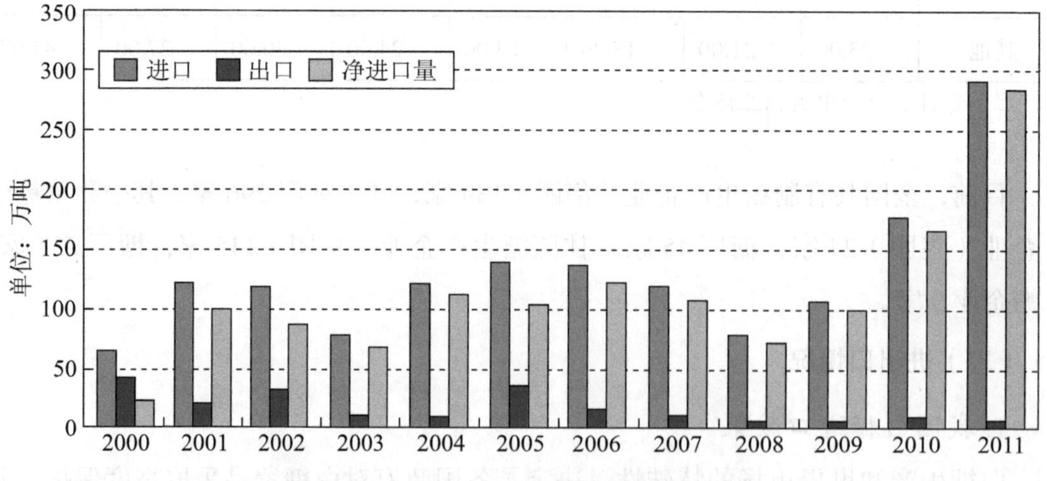

图10-4 2000年以来我国食糖进出口量

注：资料来源于中国海关总署。

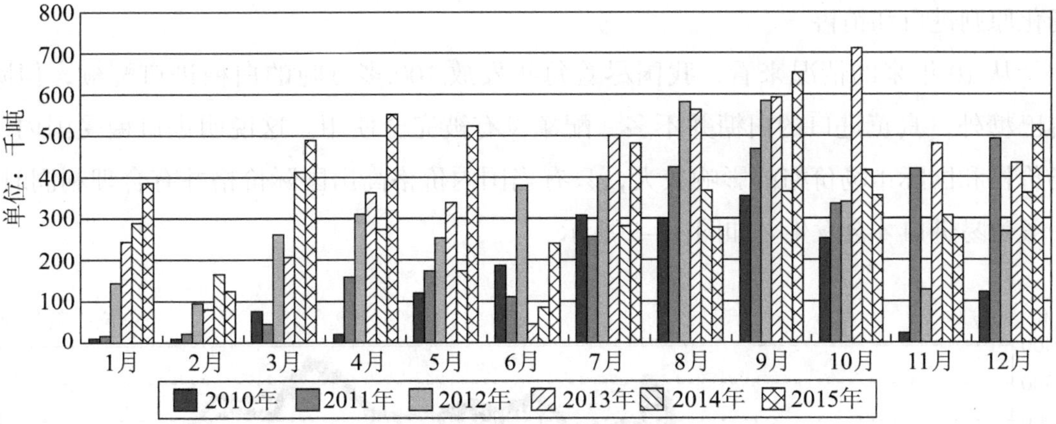

图 10-5　2010—2015 年中国进口糖数量

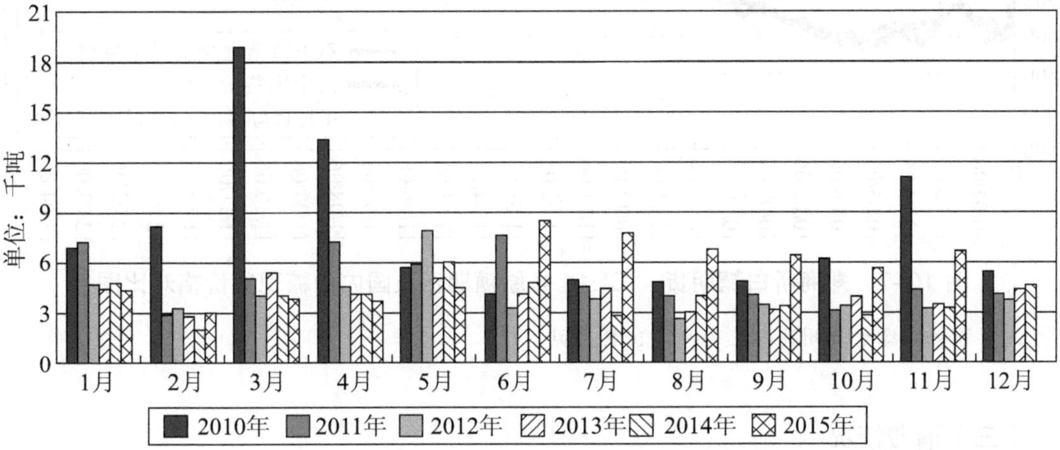

图 10-6　2010—2015 年中国出口糖数量

注：数据来源于中国海关总署。

3. 进口糖的流通

我国进口糖主要以原糖为主，进口原糖中一部分为政府间贸易（即每年 40 多万吨的古巴糖），这部分直接进入国家储备库，形成“国储糖”。国储糖中的原糖以竞卖形式投放市场，经精炼厂加工成成品糖后，进入国内市场自由流通。

进口原糖的另一部分为一般贸易进口糖，即获得进口配额的白糖加工企业，在国际白糖市场进口原糖，经过精炼糖厂加工成成品糖，进入国内市场自由流通。

另外，我国一般贸易进口糖中还有一部分成品糖，这部分成品糖直接进入国内市场自由流通。配额外进口糖的关税税率为 50%，属于自由贸易，企业完全按照市场化原则进口和销售。

从10年来的情况来看，我国尽管每年发放100多万吨的白糖进口配额，但除古巴糖外，真正进口的白糖并不多，配额没有被完全使用。这说明进口糖受国内市场价格和国际市场价格的影响较大，只有当国内价格高出国际价格并有合理利润时，一般贸易进口才会发生。如图10–7所示。

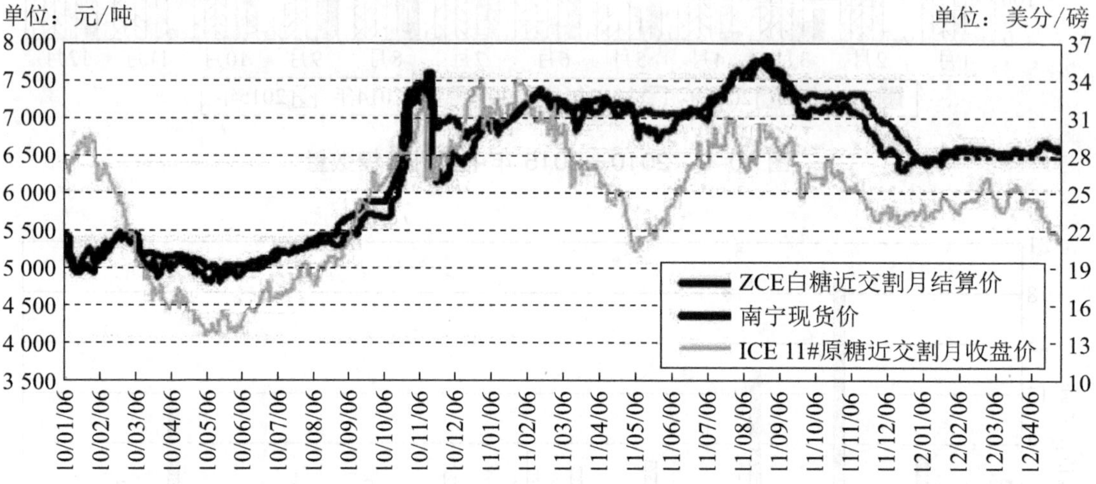

图10–7 郑商所白糖期货、ICE11号原糖期货及国内白糖现货价格对比图

注：资料来源于郑州商品交易所、ICE网站。

（三）消费情况

我国是世界第四大白糖消费国。2003年以前，我国白糖年消费量800万吨左右，约占世界白糖消费量的6%。这之后，我国白糖年消费量达到了1 000万吨以上，年人均白糖消费量（包括各种加工食品用糖）达到9.6公斤，白糖消费进入新一轮增长期。随着人民生活水平的迅速提高，我国白糖消费市场还有极大的拓展空间。如图10–8所示。

我国食品工业、饮料业、饮食业等用糖行业的快速发展，推动了白糖工业消费的稳步上升。白糖消费结构发生了变化，食品业发展在十五期间平均增幅19.8%，这种速度有效促进了白糖消费的增长。

（四）白糖储备

我国储备糖制度建立于1991年，制度规定，国家储备糖（系指中央储备）总规

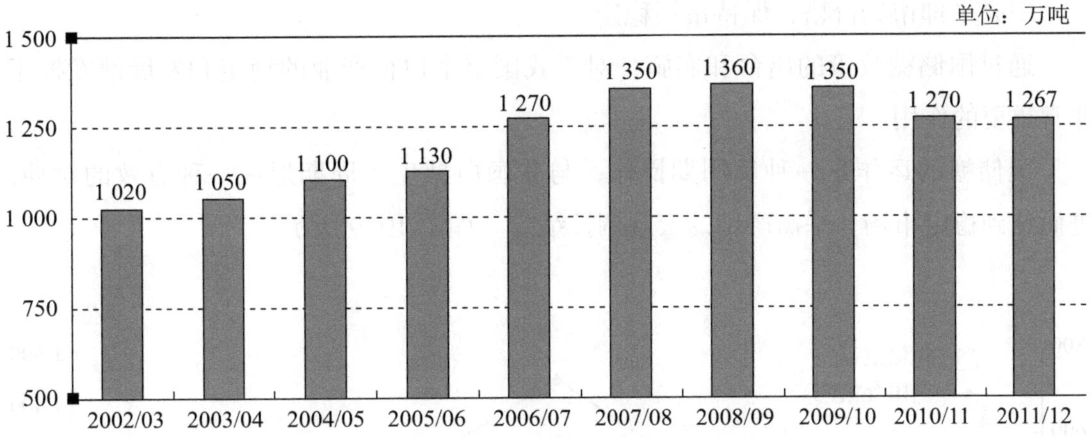

图 10-8　历史上我国食糖消费变化趋势图

注：资料来源于布瑞克。

模 160 万吨。国家储备糖的主要来源，是通过国内收储和中古政府间贸易从古巴进口的原糖。历史上我国白糖储备变动情况见表 10-5。

表 10-5　历史上我国白糖储备变动情况表

年　度	收　储	产　量
2003/04	−53.25	1 002.30
2004/05	−40.92	917.40
2005/06	−114.3	881.50
2006/07	0.12	1 199.41
2007/08	80	1 484.02
2008/09	80	1 243.12
2009/10	−170.52	1 073.83
2010/11	−188.32	1 045.42
2011/12	50	1 145.33

目前国家储备糖的政策目标主要有以下三个。

一是以合理的价格保障白糖的有效供给。

二是保护我国白糖企业和蔗农的利益，确保整个白糖产业的可持续发展。

三是平抑市场价格，保持市场稳定。

通过国储糖政策的出台和实施，对于我国整个白糖产业的稳定和发展都发挥了非常重要的作用。

国储糖的运作是一种反周期操作，与我国白糖生产周期形成一种有效的对冲，进而达到稳定市场、平衡产销的宏观调控绩效。如图 10-9 所示。

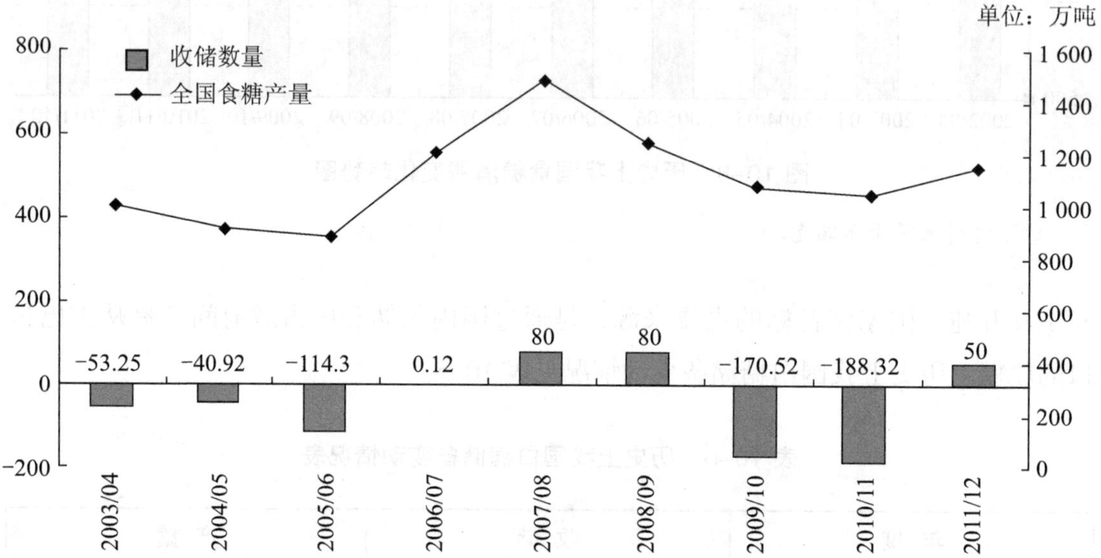

图 10-9　2003 年以来国储糖收储增减变化图

注：2011/12 年度榨季截至 2012 年 4 月底的数据。

三、世界白糖生产、流通与消费

（一）生产情况

甘蔗糖生产主要是沿着地球南北回归线区域，分布在南美洲、加勒比海地区、大洋洲、亚洲、非洲等热带亚热带国家，生产相对集中，且多数是第三世界国家，如巴西、印度、泰国、古巴等。

甜菜糖生产主要分布在北温带的欧洲、北美洲和小部分亚洲及南美洲地区。中国、美国、埃及、阿根廷和巴基斯坦是少数几个既产甘蔗糖又产甜菜糖的国家。

从发展趋势看，今后甘蔗种植面积和产糖量还会不断增加，甜菜的种植面积和产糖量很难有明显的增加。尤其是欧盟削减其糖业补贴后，加快了甜菜糖份额不断减少的趋势。

主要产糖国中，巴西的产量居世界第一位。巴西气候适宜种植甘蔗，蔗区主要集中在中南部和东北部两个地区，是世界上唯一每年有两次甘蔗收获和加工期的国家。巴西的甘蔗除了用于生产糖外，还将超过一半的甘蔗用于生产酒精，酒精产量占世界总产量的40%以上，大部分供国内使用，小部分出口。由于巴西汽车工业的飞速发展，巴西已经逐渐演变成生物酒精的净进口国。

印度是世界第二大产糖国，第一大白糖消费国，印度的产糖量过去也曾长时间位居世界第一位。糖业是印度第二大农产品产业，仅次于棉纺制品行业，种蔗从业人员5 000万人。糖业对印度的农业和工业发展起到了十分重要的推动作用，对国际糖价也有举足轻重的影响。

由于制糖业是关系到印度国计民生的重要行业，印度政府对蔗价和糖价都作了严格的控制，每年都要制定甘蔗的最低保护价格，各个地方政府可以在此基础上将甘蔗收购价上调20% ~ 50%，各糖厂必须严格按照政府制定的收购价格来收购甘蔗。

欧盟是世界白糖主产区之一，也是世界甜菜糖的发源地和主产区。欧盟的主要产糖国是法国和德国，两国的甜菜产量占欧盟甜菜总产量的40%以上。欧盟国家的甜菜糖业发展程度较高，在甜菜种植机械化和制糖生产方面都达到了很高的水平。糖厂设备先进，自动化程度高，能耗低，糖分总回收率高，糖厂的技术水平和管理水平都处于世界前列。

泰国地处东南亚，大部分地区属于热带季风气候，土地肥沃，土层深厚，非常适合发展甘蔗生产。泰国蔗糖行业有着悠久的历史，凭借泰国采取“农业工业化”的经济发展战略，泰国的糖业得到了高速发展，产糖量也从2007/08年度榨季开始超越了美国，排世界第五位，其中白糖出口位列世界第二位，仅次于巴西。

美国是一个产糖大国，既产甘蔗糖又产甜菜糖，产糖量目前居世界第六位，仅次于巴西、印度、欧盟、中国和泰国。同时，美国也是一个白糖消费大国，并且是世界上淀粉糖最大的生产国。美国每年还需要进口300万吨左右的白糖，为了避免进口糖对本国成本较高的国产糖产生冲击，保证国内糖业的稳定生产，美国政府也制定了相关政策保护其糖业。见表10–6。

表 10-6 2006/07—2011/12 年度榨季世界主要产糖国产量统计表

单位：万吨（原糖值）

项目	2006/07	2007/08	2008/09	2009/10	2010/11	2011/12
总产量	16 445.8	16 353.6	14 414.4	15 368.7	16 143.7	16 824.7
加拿大	13.5	11.6	6.1	7	9.7	9.5
墨西哥	563.3	585.2	526	511.5	549.5	565
美国	766.2	739.6	683.3	722.4	711	715.3
古巴	120	142	134	125	110	125
多米尼加	48.2	50	51	52	51.5	52
加勒比海	196.7	215.8	208.3	193.6	181.2	197.5
危地马拉	236.5	227.4	238.1	234	225.9	247.4
阿根廷	244	219	242	223	201	220
巴西	3 145	3 160	3 185	3 640	3 835	3 575
哥伦比亚	235.4	224.5	227.7	229.4	220	225
欧盟	1 775.7	1 561.4	1 401.4	1 668.7	1 509	1 674
俄罗斯	315	320	348.1	344.4	299.6	480
乌克兰	285	202	171	138.2	168.5	230
埃及	165.2	151.1	161.2	182	183	202.5
土耳其	198	170	210	253	227.4	230
印度	3 078	2 863	1 595	2 063.7	2 665	2 830
巴基斯坦	361.5	416.3	351.2	342	392	422
中国	1 285.5	1 589.8	1 331.7	1 142.9	1 119.9	1 184
日本	93.5	95	92.7	90.1	70	77
印尼	190	200	205.3	191	177	208.8
菲律宾	223.2	245.5	210	200	230	240
泰国	672	782	720	693	966.3	1 017
澳大利亚	521.2	493.9	481.4	470	370	415

注：资料来源于美国农业部。

（二）进出口情况

白糖国际贸易以原糖为主。由于各国生产的糖大部分用于国内消费，或通过保护性协议进行销售，因此进入世界贸易的白糖仅相当于世界白糖总产量的1/4 ~ 1/3，约为5 000万吨。其中约1/3受政府双边协议支配，其余2/3是自由贸易，占世界总产量的19%，这就形成了白糖商品率高但自由贸易量小的局面。当供求关系突然失衡时，会造成糖价在短期内暴涨暴跌，严重冲击白糖的生产和贸易。

为了稳定国内供求，保护国内白糖市场，世界各国对白糖进口实行高关税，并维持国内高糖价。WTO乌拉圭回合谈判后，除不产糖的零关税地区外，在135个WTO成员国中，目前平均白糖进口关税税率高达97%。其中，发达国家平均进口关税税率为122%，发展中国家为55%，欠发达国家为167%。

2008年以来，世界白糖主要出口国家和地区为巴西、泰国、澳大利亚、印度、欧盟、危地马拉、阿联酋、墨西哥、哥伦比亚和古巴，这10个国家和地区的出口量约占世界白糖出口量的82%。如图10–10所示。主要进口国家和地区为欧盟、美国、印尼、中国、阿联酋、俄罗斯、马来西亚、韩国、日本和沙特阿拉伯，这10个国家的进口量约占世界进口总量的44%。如图10–11所示。

主要进口国的消费量和进口量相对比较稳定，但主要出口国的生产量和出口量变化较大。出口国出口量的变化对世界白糖市场的影响，比进口国进口量的变化对世界白糖市场的影响大。

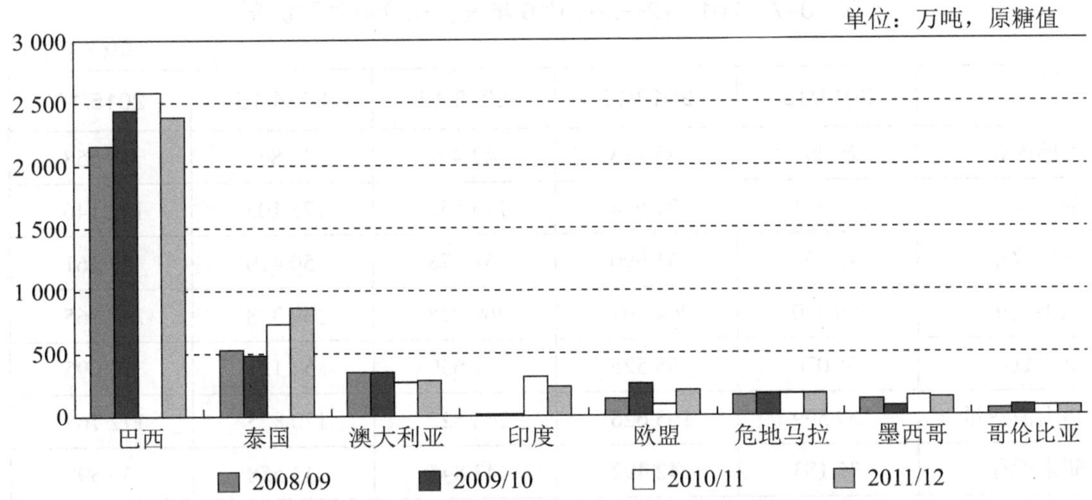

图10–10 世界出口量前8国（地区）出口量对比图

注：资料来源于美国农业部。

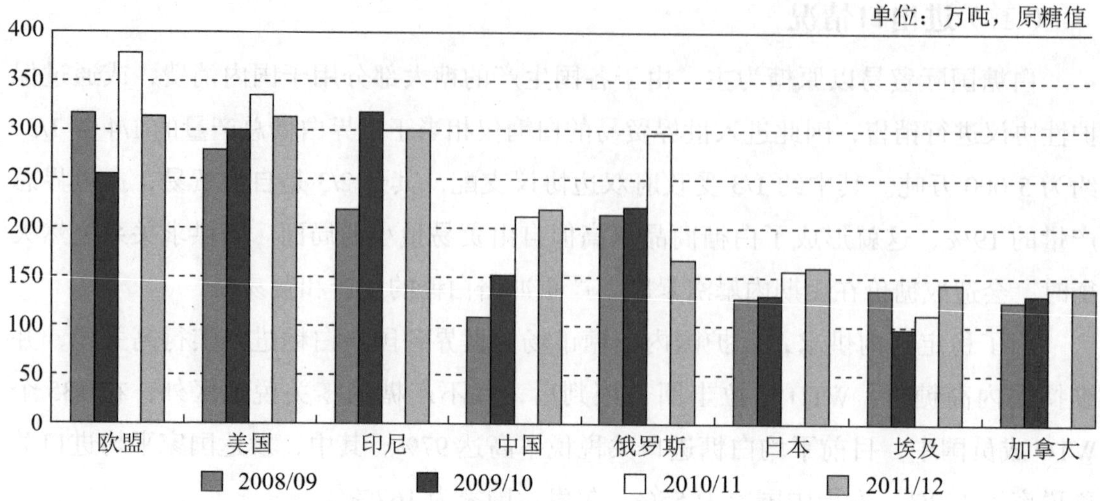

图 10–11　世界进口量前 8 国（地区）进口量对比图

注：资料来源于美国农业部。

（三）消费情况

在当前全球经济依然处于不断发展的时期，白糖在全球范围内的消费量将继续增加，但区域之间、国家之间在消费上会存在一定的差异。发达国家的白糖生产及消费会略有下降或持平，发展中国家随着人口的自然增长和生活水平的提高，白糖生产与消费量将有较快的增长，参见表 10–7。

表 10–7　2011/12—2015/16 年度全球食糖供需状况

单位：千吨

	2011/12	2012/13	2013/14	2014/15	2015/16
期始库存	29 491	35 183	42 492	43 845	43 558
糖产量	172 371	177 624	175 558	175 103	172 146
进口数量	48 568	51 990	51 178	50 410	52 161
总供应量	250 430	264 797	269 228	269 358	267 865
出口数量	55 026	55 525	57 650	54 126	54 695
国内消费量	159 599	165 626	166 522	170 825	172 768
期末库存	35 183	42 492	43 845	43 558	39 598

注：数据来源于美国农业部。

四、影响白糖价格的主要因素

影响白糖价格波动的原因较多，既有国内生产供给和国际市场供求变化的影响，又有白糖消费、市场体系和宏观调控等方面的因素。据统计，在世界市场15种农产品中，白糖是价格波动最大的商品。

（一）影响国际白糖价格的主要因素

1. 主要出口国及消费国情况

巴西、印度、泰国、澳大利亚、古巴等，是全球白糖主要生产国（地区）和出口国（地区）。这些国家和地区的产量、出口量、价格及政策，是影响国际白糖市场价格的主要因素。

欧盟、俄罗斯、中国、印度尼西亚、巴基斯坦等国家和地区，是全球主要白糖消费国或进口国。这些国家的白糖消费量、消费习惯、进口政策、本国产量等，也是影响国际白糖市场价格的主要因素，参见表10–8。

表10–8　2010—2015年中国分月进口原糖到岸价格（税前）

单位：美元/吨

	1月	2月	3月	4月	5月	6月	7月	8月	9月	10月	11月	12月
2010年	405	831	748	293	640	469	452	482	502	477	2 112	484.4
2011年	1 634	754	462	805	800	700	637	680	658	643	624	581
2012年	611	573	630	613	649	624	604	579	557	585	538	528
2013年	492	542	488	465	475	455	463	439	426	426	417	412
2014年	423	426	435	428	470	517	438	414	413	398	374	380
2015年	375	366	378	372	367	365	348	353	329	318	336	

注：数据来源于中国海关总署，BOABC数据库。

2. 自然灾害对主要产糖国白糖生产的影响

作为农产品，各国的白糖生产不可避免地受到洪涝和干旱天气等自然灾害的影响，某些年份，自然灾害对白糖生产的冲击尤为明显。

3. 国际石油价格对白糖市场的影响

随着国际石油价格的不断上涨，一些国家为减少对石油的依赖，加入了寻找蔗制酒精等生物替代能源的行列，甘蔗已不再单一地作为一种农产品，市场方面越来越把糖看作是一种能源产品。

石油价格的涨跌不仅影响全球经济状况，影响国际运费，还会影响酒精产量，进而影响全球白糖产量。因此，石油价格的涨跌不可避免地影响白糖价格的走势。

4. 美元汇率和全球经济形势对白糖市场的影响

作为用美元计价的商品，白糖价格走势除受自然灾害的影响外，无疑还受美元币值的升降和全球经济增长快慢的影响。通常情况下，美元币值下跌意味着非美元区购买白糖的成本下降，购买力增强，对国际白糖市场的支撑力增强。反之，将抑制非美元区的消费需求。

5. 主要白糖进口国政策变化对白糖市场的影响

主要白糖进口国政策和关税政策的变化，对白糖市场的影响很大。国际白糖组织的有关政策，欧盟国家对白糖生产者的补贴，美国政府的生产支持政策等，对世界白糖供给量均有重要影响。如美国实行白糖配额管理制度，按照配额从指定国家进口白糖，进口价格一般高于国际市场价格。

美国不出口原糖，但却大量出口由原糖精炼而成的食用糖浆。因此，产糖国若向美国出口，必须首先获得美国的进口配额。巴西、古巴、欧盟用控制种植面积的方法，有计划地控制产糖量。印度、菲律宾、泰国政府则依据国内市场情况控制出口数量，随时调整有关政策。

俄罗斯和欧盟是全球最主要的两大白糖进口国和地区，这两大经济体的糖业政策变化，对国际白糖市场的影响力比较大。印度尼西亚、巴基斯坦等国的进口政策，也会在一定程度上影响国际市场糖价。

6. 投资基金大量涌入，使国际糖市充满变数

作为期糖市场上左右糖市走向最强大的力量，投资基金的取舍，很大程度决定着糖价的涨跌。分析糖价走势，绝对不可以无视投资基金的动向。历史上，投资基金进驻商品市场的规模基本上与全球经济增长快慢成正比，即全球经济高速增长，投资基金在商品市场上做多的规模也扩大，反之亦然。

（二）影响国内白糖价格的主要因素

1. 糖料生产波动

糖料生产波动是白糖市场波动的根本原因。制糖业是典型的农产品加工业，制

糖原料是决定白糖供给的基础因素。

（1）播种面积。

正常情况下，糖料播种面积增加，会导致糖业原料增加，从而导致白糖产量增加，糖价会下跌。反之，糖价会上涨。多年以来，糖料生产由于生产周期和产业链较长，对市场变化的反应相对滞后，致使糖料种植、白糖生产和市场往往脱节。

特别是市场信息不准确甚至失真，容易对糖料种植形成误导，加大了糖料种植面积的不稳定性，引起市场连锁反应。糖料产量直接影响白糖的生产，成为影响白糖市场的根本原因。

（2）气候。

甘蔗在生长期具有喜高温、光照强、需水量大、吸肥多等特点。因此，对构成气候资源的热、光、水等条件有特殊的依赖性。干旱、洪涝、大风、冰雹、低温霜冻等天气，对生长期中的甘蔗具有灾害性的影响，而且这种影响一旦形成便是长期的。

如 1999 年底我国甘蔗主产区发生霜冻，使宿根蔗的发芽率降低，导致 1999/00 年度制糖期白糖减产 200 多万吨。

2. 产销关系

白糖产销不稳定，是造成价格波动的主要原因。我国白糖消费主要依靠国内生产，国内白糖产量大幅变化，直接引起市场供求关系的不稳定，导致市场价格出现波动。

同时，消费量的变化也是影响供求关系的重要因素。我国白糖消费进入快速增长期，在这种情况下，产销关系变化也变得更加不稳定。

3. 季节性因素

白糖是季产年销的大宗商品，白糖行业有“七死八活九回头”的说法。5 月以前，由于各产区都在生产，货源充足，商家选择的余地比较大。再加上糖厂急需资金，所以价格是混乱的。进入 6 月份后，糖厂停榨，总体趋势还没有形成，此时价格是平稳的，持观望态度的较多，也有人顺价销售。

进入 7 月以后，很多厂家资金压力减轻了，产销率的压力也小了，出于对后市的一种本能看好，或者说惜售心理较重，自然要放慢销售的节奏。商家又觉得囤货为时还早，真正意义上的旺季还没有到来，7 月的糖市就没有多少活力。

进入 8 月份后，销售的时间只剩两个月，传统的中秋节在即，用糖高峰就要开始了，于是市场又有了一定的活力。到了 9 月，随着老糖销售接近尾声，新糖还没有上市，价格可能会出现翘尾行情。

4. 国家宏观调控

国家调控部门对白糖市场的宏观调控，是影响国内白糖价格变化的主要因素之一。当白糖供应在某个榨季出现短缺时，国家动用白糖储备投放市场。当供应出现过剩时，国家对白糖实行收储。宏观调控已经对国内白糖市场多年的平稳运行起到了决定性的作用。

国家收储以及工业临时收储，加上糖商的周转库存，在全国范围内形成一个能影响市场糖价的库存量。预估当年及下一年的库存和国家对白糖的收储与抛售，对于正确估测白糖价格具有重要意义。一般情况下，国家收储是重要的利好因素，抛储则是重要的利空因素。

5. 替代品

白糖的替代品主要有糖精、甜味剂、玉米淀粉糖等，被广泛用于点心、饮料、蜜饯等食品中。它们虽不可能完全取代白糖，但它们的使用减少了白糖的正常市场份额，对糖的供给、价格有一定的影响。

6. 节假日的影响

在一年中，春节和中秋节是我国消耗白砂糖的最大节假日。两个节假日前一月，由于食品行业大量用糖，使糖的消费进入高峰期，这个时期的糖价往往比较高。

两个节日之后的一段时期，由于白砂糖消费量降低，糖价往往回落。八九月份是用糖高峰期，月饼、北方蜜饯、饮料、饼干都需要大量的糖，因而会拉动白糖消费。

7. 国际市场的变化及进口量

在世界主要产糖国中，我国和澳大利亚是唯一没有对国内糖业实行高关税保护，实行白糖贸易自由化的国家，这决定了国内白糖市场与国际市场具有较强的相关性。

作为白糖净进口国，我国白糖进口量成为影响国际市场和国内市场的直接原因。我国准白糖自由贸易政策，在很多时候并不需要发生实际的贸易，国际白糖市场价格的变化对国内价格也可以立刻产生影响。

国内白糖生产流通和使用的各个企业，均认识到国际白糖市场通过进口可以在很多时候影响到国内白糖市场价格和供求的变化，普遍对国际白糖市场的变化较为关心。在国际白糖市场发生较大变化时，往往会采取与之相应的商业行为，因此国内白糖市场的变化经常与国际白糖变化形势密切相关，亦步亦趋。这种情况并不是因为从国际上进口白糖以后改变了国内市场的供求状态才发生的，而是国际白糖市场变化对国内市场产生的心理上、情绪上的影响。

8. 人民币汇率的变化

前些年，人民币对美元处于持续升值状态。人民币升值有助于降低进口成本，增加进口数量。据有关测算，人民币升值2%，对进口糖完税成本价的影响是60元/吨。

9. 其他因素

一些不发达国家如古巴、菲律宾、多米尼加等，主要靠出口白糖换取外汇。这些国家的耕地只适合种植甘蔗，不能改种其他作物。甘蔗减产将在很大程度上影响这些国家的经济状况，从而导致这些国家白糖产量一直维持供给过多的情况。

另外，一些国家用甘蔗提炼乙醇，其中巴西是用甘蔗生产乙醇的主要国家。用于乙醇生产的甘蔗数量，直接影响到用于加工白糖的甘蔗数量。乙醇生产的数量影响白糖生产数量，巴西可以将全国甘蔗不用于生产白糖而改为生产乙醇，所以巴西甘蔗提炼乙醇的数量和比例，对预测全世界白糖产量具有重要影响。

第二节　白糖期货风险控制制度

一、期货交易保证金阶梯收取

期货交易实行保证金制度。白糖期货合约的最低交易保证金标准为期货合约价值的6%。期货合约的交易保证金标准，按照该期货合约上市交易的“一般月份”（交割月前一个月份以前的月份）“交割月前一个月份”“交割月份”三个期间依次管理。

以白糖期货SR209合约为例，2012年9月份为交割月份，2012年8月为交割月前一个月份，2012年7月及之前的其他月份均为一般月份。

保证金标准如下。

（1）一般月份期货合约按持仓量的不同，适用不同的交易保证金标准。

（2）交割月前一个月份，期货合约按上旬、中旬和下旬的不同，分别适用不同的交易保证金标准。

（3）交割月份期货合约交易保证金标准均为30%。见表10–9。

表 10-9 交易保证金标准

<table>
<tr><td colspan="6">一般月份</td></tr>
<tr><td>双边持仓量（N 万手）
交易保证金标准</td><td>N ≤ 70</td><td colspan="2">70 < N ≤ 90</td><td>90 < N ≤ 100</td><td>N > 100</td></tr>
<tr><td>白糖</td><td>6%</td><td colspan="2">8%</td><td>10%</td><td>12%</td></tr>
<tr><td colspan="6">交割月前一个月</td></tr>
<tr><td colspan="2">上旬</td><td colspan="2">中旬</td><td colspan="2">下旬</td></tr>
<tr><td colspan="2">8%</td><td colspan="2">15%</td><td colspan="2">25%</td></tr>
<tr><td colspan="6">交割月</td></tr>
<tr><td colspan="6">30%</td></tr>
</table>

交易过程中，当日开仓，按照该期货合约前一交易日结算价收取相应标准的交易保证金。当日结算时，该期货合约的所有持仓按照当日结算价收取相应标准的交易保证金。

某交易日闭市时，某期货合约持仓量符合调整交易保证金标准要求的，该期货合约的所有持仓在结算时，按照新的交易保证金标准收取相应的交易保证金。

某期货合约所处期间符合调整交易保证金要求时，自该期间首日的前一交易日闭市起，该期货合约的所有持仓按照新的交易保证金标准收取相应的交易保证金。

二、限仓制度

期货交易实行限仓制度。限仓是指交易所规定会员或者客户按单边计算的、可以持有某一期货合约投机持仓的最大数量。

期货合约的限仓数量按照该期货合约上市交易的“一般月份”“交割月前一个月份”“交割月份”三个期间的不同，分别适用不同的限仓标准。

一般月份分别对期货公司会员、非期货公司会员和客户实行持仓限制（含跨期套利持仓）。见表 10-10。

表 10-10　一般月份的持仓限制

单位：手

期货合约月份单边持仓量（N）	一般月份最大单边持仓占市场单边持仓比例或绝对限仓量		
	期货公司会员	非期货公司会员	客户
N ≥ 30 万	15%	10%	5%
N ＜ 30 万	45 000	30 000	15 000

交割月前一个月，分别对期货公司会员、非期货公司会员和客户按照上旬、中旬和下旬实行最大单边持仓的绝对量限仓（含跨期套利持仓）。见表 10-11。

表 10-11　交割月前一个月的持仓限制

单位：手

期货公司会员			非期货公司会员			客户		
上旬	中旬	下旬	上旬	中旬	下旬	上旬	中旬	下旬
30 000	20 000	10 000	20 000	10 000	5 000	8 000	6 000	3 000

交割月份，分别对期货公司会员、非期货公司会员和客户实行最大单边持仓的绝对量限制（不含跨期套利持仓）。见表 10-12。

表 10-12　交割月份的持仓限制

单位：手

期货公司会员	非期货公司会员	客户
2 000	1 000	500

自进入交割月起，期货公司会员、非期货公司会员和客户所拥有的投机持仓与跨期套利持仓之和，不得超过该品种在交割月前一个月下旬的最大限仓量。其中，投机持仓不得超过交割月最大限仓量。

第三节　白糖期货交割及有关事项

一、交割流程及要点说明

（一）交割流程

（1）买方操作流程：建仓→准备货款→按比例交纳保证金→交割月可以提出交割意向→配对后提供增值税发票信息→交纳全额货款→拿到标准仓单→仓库提货。

（2）卖方操作流程：建仓→交割预报（交纳定金）→组织入库（退预报定金）→交割库检验→生成仓单→交割月提出交割申请→配对后开具发票→收到货款。如图 10-12 所示。

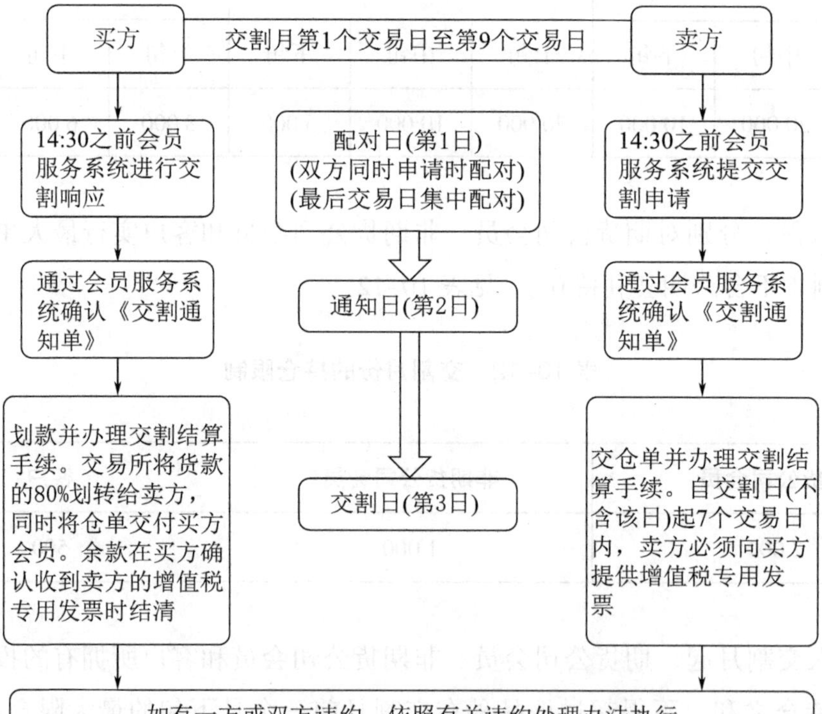

图 10-12　交割流程图

（二）交割流程要点说明

（1）配对。自进入交割月第一个交易日起至最后交易日的前一交易日（交割月第 9 个交易日），持有交割月合约的买方会员，和持有交割月合约、标准仓单的卖方会员，均可在每个交易日下午 2:30 之前，通过会员服务系统提出交割申请。

买方会员在会员服务系统响应卖方会员的交割申请。未得到买方会员响应的，卖方会员可于申请当日下午 2:30 之前撤销交割申请。没有撤销的，由计算机系统判为作废。买方会员响应的，即视为确认，买卖双方均不得撤销。

申请当日闭市后，交易所依据买卖双方相对应的持仓量、买卖双方确认的申请量和卖方持有的标准仓单量，取最小数进行配对（即配对日）。卖方配对后，其相应的标准仓单予以冻结，相应的交易保证金予以释放。

最后交易日（第 10 个交易日）闭市后，同一会员同一交易编码客户所持有的该交割月买卖持仓相对应部分，由计算机自动平仓，平仓价按当日结算价计算。其他未平仓合约，一律视为交割合约，由计算机按“数量取整，最少配对数”原则予以配对（配对日）。

（2）通知。配对日后的下一交易日为通知日，买卖双方通过交易所会员服务系统确认《交割通知单》。会员未收到《交割通知单》或者对《交割通知单》有异议的，应在通知日下午 5:00 之前以书面形式通知交易所。规定时间内没有提出异议的，视为对《交割通知单》认可。

（3）交割结算。通知日后的下一交易日为交割日，上午 9:00 之前，买方会员应当将尚欠货款划入交易所账户，卖方会员应当将持有的可流通标准仓单交至交易所结算部门。交易所结算部门为买卖双方办理交割结算手续,买卖双方在《交割通知单》注明的时间，通过交易所会员服务系统查收交割结算结果。同时，买方会员把客户名称、税务登记证号等事项提供给卖方会员。

交易所收取买方会员全额货款后，于交割日将全额货款的 80% 划转给卖方会员，同时将卖方会员的仓单交付买方会员。余款在买方会员确认收到卖方会员转交的增值税专用发票时结清。

最后交易日的交割结算价，为期货合约配对日前 10 个交易日（含配对日）交易结算价的算术平均价。

（4）开具增值税专用发票。期货交割由交割卖方向对应的买方开具增值税专用发票。增值税专用发票由双方会员转交、领取并协助核实。

自交割日（不含该日）起 7 个交易日内，卖方应当提供增值税专用发票。延迟 1 至 10 日（公历日）的，卖方会员应当每天支付货款金额 0.5‰的滞纳金。超过 10 日（公历日）仍未提供增值税专用发票的，视为拒绝提供增值税专用发票，卖方会员应当按货款金额规定的比例支付违约金。滞纳金或者违约金从货款余额中扣除，补偿给买方会员，剩余货款属于卖方会员。卖方会员先行支付滞纳金或者违约金后，有权向客户追偿。

因买方会员提供资料有误，致使发票作废的，买方会员责任自负。买方会员提供资料延迟的，卖方会员提供发票的时间可以顺延。

（三）注意事项

（1）自然人客户不允许交割。主要原因是自然人不能交付或者接收增值税专用发票。

（2）进入交割月前，不得交割的客户应当将交割月份的相应持仓予以平仓。自进入交割月第一个交易日起，自然人客户不得开新仓，交易所有权对自然人客户的交割月份持仓予以强行平仓。不得交割的持仓被配对的，交易所对其处以合约价值（按配对日交割结算价计算）10% 的违约金，违约金支付给对方，终止交割。

二、仓单入库及注册流程

（一）入库及仓单注册流程图

入库及仓单注册主要包括交割预报、入库验收、质量检验、注册仓单四个环节。如图 10-13 所示。

（二）仓单注册流程要点说明

（1）交割预报。主要流程为：货主委托期货公司填写《交割预报单》→交割库在两个工作日内回复→货主两个工作日内交纳交割预报定金→交割库收到预报定金当日开具《白糖入库通知单》。

《白糖入库通知单》有效期：12 月 1 日至次年 4 月 30 日，主产区库 15 天；其他时间和其他地区交割仓库，有效时间为 40 天。

（2）入库验收。入库时，货主要准备好各种所需证件，办好各项手续。国产白糖申请入库的，应当向交割仓库提交本批白糖生产厂家出具的符合交割标准的《卫生许可证》《产品合格证》《食品生产许可证》、生产厂家营业执照（复印件）、生产厂家检验报告等。

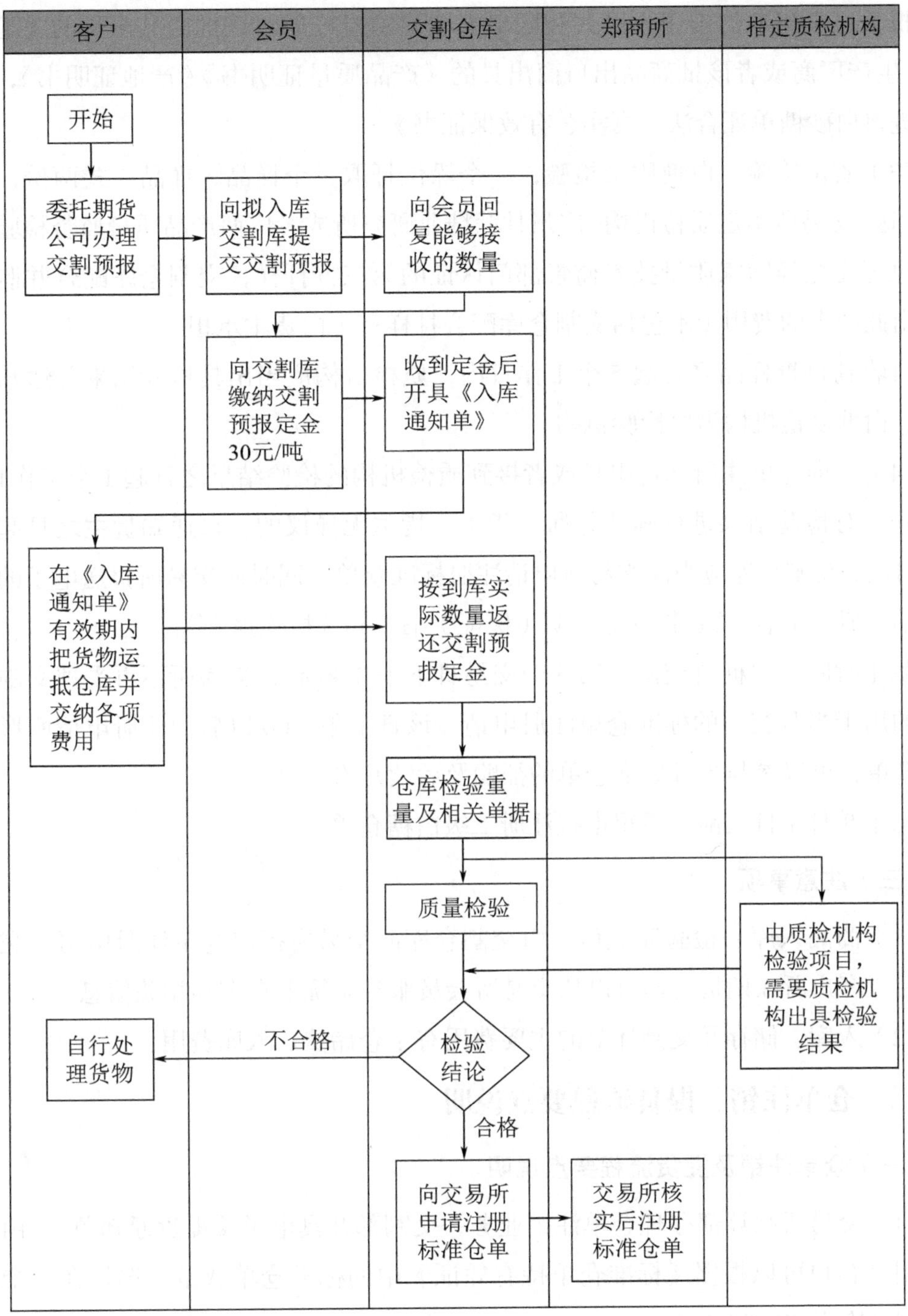

图 10-13 仓单入库及注册流程

进口白糖申请入库时，应当具备以下资料：允许该批白糖在中国境内销售（贸易方式为“一般贸易”）的《中华人民共和国海关进口货物报关单》（复印件）；该批商品报关口岸当地的中华人民共和国出入境检验检疫局对该批商品出具的《卫生证书》；生产厂商或者该批商品出口商出具的《产品质量证明书》《产地证明书》，并签署《进口白砂糖单证合法、真实、有效保证书》。

（3）质量检验。白糖质量检验，一个垛位扦取一个样品，样品一式两份，封样后寄（送）交易所指定质检机构（广州甘蔗糖业研究所或者广西产品质量监督检验院）。货主也可委托经国家质量技术监督部门认证的第三方扦样，交割仓库配合并监督扦样，由此产生的费用（不包括交割仓库配合扦样费）由货主承担。

自收到每批样品之日起5个工作日内，质检机构应当出具检验结果并通知交割仓库。白糖复检机构为原检验机构。

（4）标准仓单注册。自出具或者接到质检机构的检验结果之日起1个工作日内，交割仓库对检验结果进行确认并通知货主。货主无异议的，自通知货主之日起2个工作日内，交割仓库应当向交易所申请注册标准仓单。同时向交易所报送电子的《标准仓单注册申请表》《货物存储证明（保证）书》和《检验报告》。

截止时间：白糖自交割月第5个交易日下午3:00起，交易所不再受理交割仓库提出的用于当月交割的标准仓单注册申请。该日下午3:00以后的注册申请所形成的标准仓单，可以参与当月标准仓单的征购及后续月份交割。

每年8月1日之前，不得申报注册二级白糖仓单。

（三）注意事项

（1）商品入库、检验完成后，由交割仓库向交易所提出仓单注册申请。交易所注册后，客户所在期货公司可以从交易所会员服务系统上查询到相关信息。

（2）入库、储存及交割环节的主要费用有：仓储费、入库费用。

三、仓单注销、提货流程要点说明

（一）仓单注销及提货流程要点说明

（1）交易所结算部办理仓单注销业务，交割部开具电子《提货通知单》。由于仓单通用，客户可以根据《标准仓单持有凭证》中的标准仓单数量，选择在一个或几个交割仓库提取交割商品。

客户应委托期货公司通过会员服务系统向交易所结算部提交标准仓单注销申请。结算部根据会员申请及交割仓库的标准仓单情况进行注销结算。

交割部接受注销信息并分配垛位后，向会员及交割仓库同时发出电子《提货通知单》。

如有剩余标准仓单，仓单系统自动更新电子《标准仓单持有凭证》。

（2）客户到仓库办理提货手续。会员收到电子《提货通知单》后，转发给客户。客户应自交易所开出《提货通知单》之日起 10 个工作日内，持提货人身份证原件、提货人所在单位证明原件，到交割仓库确认所提货物质量。对货物质量无异议后，办理提货手续，确定运输方式、申明到站、去向、收货人，并预交各项费用。

逾期未办理相关提货手续的，按现货提货单处理，交割仓库不再保证全部交割商品质量符合期货标准。

需要注意的是，客户在办理提货手续之前，交割仓库和会员须共同验证提货人身份。

期货交割商品出库的重量检验，由货主与交割仓库共同实施，可采用过地磅同时抽包检斤或单独抽包检斤的方式进行。

（3）办理出库。使用汽车、轮船、火车运输的，原则上由客户提供或申请运输工具。客户也可以委托交割仓库申请运输工具，但发生的相关费用应由客户承担。

发货时间规定：委托交割仓库申请运输工具的，交割仓库若不能在规定时间内（汽车、船舶 10 日，火车 20 日）发出货物，免收仓储费。客户提供运输工具，运输工具到达交割仓库之日起，交割仓库开始发货，也要停止收取其后相应的仓储费。

（二）注意事项

（1）出库复检。自《提货通知单》开具之日起 10 个工作日内，仓单持有人对商品质量有异议的，可向交易所申请一次复检，并预交复检费。

交易所不受理超出规定时间或者已经出库的交割商品的质量和数量复检，不承担由此产生的一切责任。

（2）白糖标准仓单有效期。N 制糖年度生产的白糖，只能交割到 N 制糖年度结束后的当年 11 月份，且从当年 9 月合约交割起（包括 9 月合约交割），每交割月增加贴水 20 元 / 吨。即 9 月贴水 20 元 / 吨，11 月贴水 40 元 / 吨，贴水随货款一并结算。

（3）白糖出库费用。汽车出库中，广西区仓库 8 元 / 吨，其他地区 10 元 / 吨；火车出库，24 元 / 吨；轮船出库，26 元 / 吨。采用集装箱出库的，在以上费用基础上，增加 2 元 / 吨的装箱费。

四、期货转现货流程及要点说明

（一）期货转现货流程

期货转现货是指持有同一交割月份合约的交易双方，通过协商达成现货买卖协议后，变期货部位为现货部位的交易。在期货配对交割前，客户可以期货转现货交割。其优点是：卖方可以提前把货物交出去，得到货款，也节省了仓储费。买方可以提前拿到货物进行加工、销售。

达成期转现协议的双方共同向交易所提出申请，获得交易所批准后，分别将各自持仓按双方达成的平仓价格，由交易所代为平仓。现货的买方在期货市场应当持有多头部位，现货的卖方在期货市场应当持有空头部位。同时，双方按达成的现货买卖协议，进行与期货合约标的物种类相同、数量相当的现货交换。

期货合约自上市之日起到该合约最后交易日期间，均可进行期转现交易。如图10–14 所示。

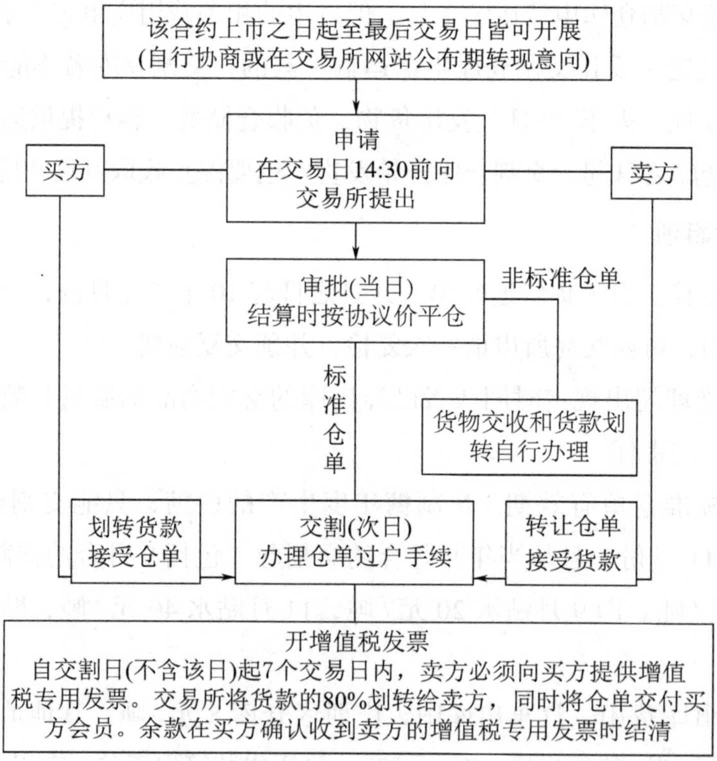

图 10–14　期货转现货流程

（二）期货转现货要点说明

（1）买卖双方通过交易所会员服务系统发布期转现意向。

（2）买卖双方协商，就平仓价、交货价（二者可以不相同）达成现货买卖协议。

（3）持有同一交割月份合约的买卖双方达成协议后，在每一个交易日的下午 2:30 之前向交易所提交期转现申请。

（4）交易所批准后，期转现买卖双方持有的期货持仓，由交易所在审批日下午闭市之后，按照买卖双方达成的平仓价格平仓。买卖双方达成的平仓价格，应当在审批日合约价格限制的范围内。

（5）用标准仓单进行期转现的，可由交易所进行货款划转。买方提交期转现申请前，应当有 20% 以上的货款。货款不足的，不予批准或不予办理。在期转现申请批准后的下一个交易日，交易所为成功的期转现买卖双方办理仓单过户。增值税专用发票由卖方向买方开具，买方收到卖方开具的发票后，才能把全部货款转给卖方。

（6）非标准仓单的期转现，交易所代为平仓后，货物交收、货款划转由双方自行解决。

（7）买卖双方各自负担标准仓单期转现中的仓单转让环节手续费。

（三）期转现的优点

（1）不受交割月的限制，灵活掌握经营节奏。

（2）可以选择物流便捷、运距最近、服务更优的仓库，节约物流成本。

（3）可以选择适合自己生产、经营的等级。

（4）灵活确定价格，进行合理避税。

（5）降低交割成本，实现利润最大化。

（6）减少资金压力，提高资金利用效率。

（7）有效避免时间带来的行情风险。

（8）交割效率明显提高，提货更加便捷、快速。

（9）让不可能实现的生意轻松完成。

（10）期转现适合大、中、小企业的参与。

第十一章　橡胶期货

第一节　天然橡胶概况

一、自然属性

通常我们所说的天然橡胶，是指从巴西橡胶树上采集的天然胶乳，经过凝固、干燥等加工工序制成的弹性固状物。天然橡胶是一种以聚异戊二烯为主要成分的天然高分子化合物，分子式是（C_5H_8）n，其橡胶烃（聚异戊二烯）含量在90%以上，还含有少量蛋白质、脂肪酸、糖分及灰分等。

（一）天然橡胶的物理特性

天然橡胶在常温下具有较高的弹性，稍带塑性，具有非常好的机械强度，滞后损失小，在多次变形时生热低，因此耐屈挠性也很好。因为是非极性橡胶，所以电绝缘性能良好。

（二）天然橡胶的化学特性

因为有不饱和双键，所以天然橡胶是一种化学反应能力较强的物质，光、热、臭氧、辐射、屈挠变形和铜、锰等金属，都能促进橡胶的老化，不耐老化是天然橡胶的致命弱点。

添加了防老剂的天然橡胶，有时在阳光下曝晒两个月，依然看不出有多大的变化。在仓库内贮存3年后，仍可以照常使用。

（三）天然橡胶的耐介质特性

天然橡胶有较好的耐碱性能，但不耐浓强酸。天然橡胶是非极性橡胶，只能耐一些极性溶剂，但在非极性溶剂中则会出现溶胀，因此其耐油性和耐溶剂性很差。

一般说来，烃、卤代烃、二硫化碳、醚、高级酮和高级脂肪酸，对天然橡胶均有溶解作用，但其溶解度受塑炼程度的影响。低级酮、低级酯及醇类，对天然橡胶则是非溶剂。

二、品种分类及质量标准

天然橡胶按形态可以分为两大类：固体天然橡胶（胶片与颗粒胶）和浓缩胶乳。在日常使用中，固体天然橡胶占据绝大部分比例。胶片按制造工艺和外形的不同，可分为烟胶片、风干胶片、白皱片、褐皱片等。

烟胶片是天然橡胶中最具代表性的品种，一度曾是用量最大、应用最广的一个胶种。烟胶片一般按外形来分级，分为特级、一级、二级、三级、四级、五级等共六级，达不到五级的则列为等外胶。

颗粒胶（即标准胶 SMR，也称技术分级橡胶 TSR）是按国际上统一的理化性能、指标来分级的。这些理化性能包括杂质含量、塑性初值、塑性保持率、氮含量、挥发分含量、灰分含量及色泽指数等，其中以杂质含量为主导性指标。

三、主要用途

由于天然橡胶具有上述一系列物理化学特性，尤其是其优良的回弹性、绝缘性、隔水性及可塑性等特性，经过适当处理后，还具有耐油、耐酸、耐碱、耐热、耐寒、耐压、耐磨等宝贵性质，所以具有广泛用途。

例如，日常生活中使用的雨鞋、暖水袋、松紧带；医疗卫生行业所用的外科医生手套、输血管、避孕套；交通运输中使用的各种轮胎；工业中使用的传送带、运输带、耐酸和耐碱手套；农业中使用的排灌胶管、氨水袋；气象测量用的探空气球；科学试验用的密封、防震设备；国防上使用的飞机、坦克、大炮、防毒面具；甚至连火箭、人造地球卫星和宇宙飞船等高精尖科学技术产品，都离不开天然橡胶。

目前，世界上部分或完全用天然橡胶制成的物品已达 7 万种以上。天然橡胶与钢铁、石油和煤炭并称为四大工业原料，是关乎国计民生的重要战略物资。

第二节 天然橡胶供求

一、供给与需求

（一）国际市场天然橡胶供给

天然橡胶树属热带雨林乔木，种植地域基本分布于南北纬 15° 以内，主要集中在东南亚地区，其种植面积约占世界天然橡胶种植面积的90%。主要生产国为泰国、印度尼西亚、马来西亚、印度、越南、中国、缅甸、斯里兰卡等，尤以前3国为主。2010年，前3国产量占世界总产量的66.7%，且其所产天然橡胶绝大部分用于出口。

目前，泰国是全球天然橡胶产量和出口量最大的国家，2010年出口量达268.3万吨，占产量的82.5%。然而2010年泰国产量增速放缓，仅为2.8%。第二、第三产胶国印度尼西亚和马来西亚的产量增速较快，主要是因为2010年天然橡胶价格连创新高提振了胶农割胶的积极性，以及马来西亚东北部前几年扩种、胶林产量增加的影响。

（二）国际天然橡胶需求

天然橡胶主要消费地集中在东亚、南亚、美国和西欧，其中亚洲东部和南部消费量最高。2010年，中国、印度、日本合计消费量占全球总量的49.5%。其中，中国天然橡胶消费量最大，达363.1万吨，约占全球总量的33.7%。印度在2010年消费量占全球总量的8.8%，居世界第二位。美国则由原来天然橡胶最大消费国降至第三位，约占全球8.6%的消费份额。

（三）国内市场天然橡胶供给

我国天然橡胶产区有海南、云南、广东、广西以及福建等地，主要集中在海南、云南两省。一般情况下，海南割胶季节从每年3月中下旬至12月中下旬，云南从每年的3月初至12月初。2010年，我国天然橡胶种植面积居世界第四位，年产量居世界第六位。

根据中国天然橡胶协会统计数据，截至2010年底，全国天然橡胶种植面积1 508万亩左右，其中海南约725万亩，云南约715万亩，广东约63万亩，其他地区约为5万亩。

2010年，全国开割胶园866万亩，天然橡胶产量达65万吨。全国平均单位面积产量76.1公斤 / 亩，云南省胶园单产水平达101.5公斤 / 亩，为全国之首。

（四）国内市场天然橡胶需求

2002年起，我国天然橡胶消费量超过美国，居世界第一位。2010年，我国天然橡胶消费量达363.1万吨，自给率仅18%左右。

二、国际与国内流通特点

（一）国际市场

天然橡胶种植受地理气候等因素的制约，天然橡胶的主要生产地都在赤道附近。天然橡胶的主要消费国，大都不能生产天然橡胶或产量有限。因此，从全球范围看，天然橡胶的流通特点是从赤道附近流向世界各地，尤其是流向北美、东亚和西欧等地。

（二）国内市场

我国天然橡胶流通特点是：国产天然橡胶流向为由南向北，以主要消费地上海、青岛和天津为中心向外辐射。另外，中原地区和东北地区也占相当比例。

进口天然橡胶主要通过青岛、厦门、上海和天津等口岸，进口天然橡胶除了被主要进口消费地使用外，其余部分流向为由东向西。

我国市场上流通的天然橡胶，主要是烟胶片和颗粒胶，其中烟胶片多为进口胶，颗粒胶（标准胶）包括国产胶和进口胶。随着国内轮胎子午化率的不断提高，中国颗粒胶的进口份额逐年提升。

以前，国家对进口天然橡胶实行配额许可证管理，由国家发改委下发配额，然后从商务部换取许可证，最后由海关对进口橡胶进行跟踪管理，确保配额橡胶首先满足生产企业，防止扰乱国内天然橡胶市场，维护国内胶农的利益。

根据加入世贸组织的协定，中国于 2004 年开始取消配额管理，采取天然橡胶进口登记制度，天然橡胶进口从此进入更加市场化的运作模式。

第三节 天然橡胶价格影响因素、合约及交割仓库

一、天然橡胶国际供求情况

供求情况是影响天然橡胶价格最根本的因素。目前，全球天然橡胶的主产国是泰国、印度尼西亚、马来西亚、印度、越南和中国。由于中国、印度自身用胶量大，越南产量目前无法与上述前三国相比，因此，天然橡胶主要出口国是泰国、印度尼西亚和马来西亚。

三国已经于 2002 年成立天然橡胶地区销售联盟（ITRCo），并合资成立天然橡胶

联盟（IRCo）。该组织的目的是稳定橡胶价格，并保持橡胶供需的长期平衡。2011 年 3 月，日本大地震导致橡胶价格大幅下挫，以泰国为代表的国际橡胶联盟申明保持国内价格不低于 120 泰铢 / 公斤。

全球天然橡胶消费量最大的国家和地区是中国、印度、美国、西欧和日本，其中，中国自身的天然橡胶产量由于近些年消费量快速增长，仅能满足约 1/5 的本国消费量，其余需要进口。印度天然橡胶自给率达 90%，美国、西欧和日本则完全依赖进口。显而易见，上述三大天然橡胶主要出口国和几个主要进口国及地区之间对天然橡胶的供求关系，对天然橡胶的价格起着最基本也是最重要的影响。

另外，在关注全球天然橡胶主产国生产状况的同时，还须关注越南、印度、斯里兰卡等国天然橡胶种植、生产的发展趋势，尤其是越南。越南政府宣布将扩大天然橡胶种植面积，并采取鼓励出口等措施以增加天然橡胶销售量，种植面积明显增加，预计未来全球份额将会提升。

由于橡胶树从种植到可以产胶需要 5 年以上的时间，因此在分析时要注意扩大种植面积到实际产量的延迟期。天然橡胶消费量最大的是汽车工业（约占天然橡胶消费总量的 65%），因此，汽车工业以及相关轮胎行业的发展，将会影响天然橡胶的价格。库存亦是影响天然橡胶价格的重要因素。

二、天然橡胶国内供求情况及关税政策

我国国产的天然橡胶一直处于供不应求的局面，因此，在天然橡胶进口没有完全放开之前，国际天然橡胶的供应情况对我国天然橡胶价格仍有一定的影响作用。加入 WTO 以后，政府如何兑现 WTO 承诺，调整进出口政策，成为影响我国天然橡胶进口情况乃至天然橡胶价格波动的一个重要因素。

我国对天然橡胶进口实行“二证”管理，具体内容为：进口天然橡胶包括来料加工部分实行零关税，1999 年 10 月 1 日开始不受配额许可证限制。双限部分限制流向和用途，1997 年、1998 年为 5% 关税，1999 年调整为 10%。一般贸易部分 2000 年以前的关税为 25%。

来料加工部分和双限部分被称为减免税部分，海关对以这两种方式进口的天然橡胶进行跟踪，监管其流向和用途，只有一般贸易部分能够进入流通市场，并能参与期货市场的交割。根据我国加入世界贸易组织承诺的关税减让义务，以及国务院关税税则委员会发布的《2011 年关税实施方案》规定，2011 年中国继续对天然橡胶

实施选择税。

三、国际、国内经济大环境

天然橡胶作为一种重要的工业原料，其价格波动与国际、国内经济大环境可以说休戚相关。当经济大环境向好，市场需求充足时，市场对天然橡胶的需求量就会增加，从而推动其价格上涨。相反，当经济大环境向坏，市场悲观情绪严重，需求不足时，市场对天然橡胶的需求就会减少，从而促使其下跌。

2008 年爆发的全球经济危机导致胶价大幅下跌，就是一个明证。因此，国际、国内经济大环境的好坏，将影响天然橡胶价格的长期走势。

四、主要用胶行业的发展情况

天然橡胶消费量最大的是汽车工业，约占天然橡胶消费总量的 65%，汽车工业的发展带动轮胎制造业的进步。汽车工业以及相关轮胎行业的发展情况，将会影响天然橡胶的价格。尤其是汽车工业，它的发展情况直接关系到轮胎的产量，从而影响全球天然橡胶的需求和价格。

在欧美、日本等国汽车工业进入相对稳定发展阶段之后，天然橡胶的需求也相对平稳。比较而言，中国汽车工业刚刚起步，未来发展有很大空间，因此，国内天然橡胶价格受汽车工业和轮胎行业发展影响的程度将加强。

五、合成橡胶的生产及应用情况

随着橡胶制品生产工艺的不断改进，原材料的选用也有所变化，许多产品已经做到利用合成橡胶替代天然橡胶。伴随着合成橡胶工业的不断发展，其价格也越来越具有竞争力。当天然橡胶供给紧张或价格上涨时，许多生产厂商会选择使用合成橡胶，两者的互补性将会越来越强。

同时，由于合成橡胶属于石化类产品，自然而然其价格受其上游产品——石油的影响。事实上，石油价格一直是不断波动的，因此，石油价格的波动也会通过影响合成橡胶的价格而作用于天然橡胶。

六、自然因素

天然橡胶树的生长对地理、气候条件有一定的要求，适宜割胶的胶树一般要有 5—7 年的树龄，因此可用于割胶的天然橡胶树的数量短时期内无法改变。

影响天然橡胶产量的主要因素如下。

（1）季节因素。进入开割季节，胶价下跌；进入停割季节，胶价上涨。

（2）气候因素。台风或热带风暴，持续的雨天、干旱、霜冻等，都会降低天然橡胶产量，进而促使胶价上涨。

（3）病虫害因素。如白粉病、红根病、炭疽病等，都会影响天然橡胶树的生长，甚至导致死亡，对天然橡胶的产量及价格影响也很大。

七、汇率变动因素

由于全球经济动荡，汇率变动频繁，对天然橡胶价格尤其是进出口业务有一定的影响。因此，在关注国际市场天然橡胶行情的时候，一定要关注各国尤其是三大产胶国，以及日元兑美元汇率变动的情况。

有资料表明，通过相关性分析，日元兑美元汇率与东京工业品交易所（TOCOM）天然橡胶价格存在一定的相关关系。因此，日元兑美元汇率的变动，对进口天然橡胶的成本会产生相应影响，从而引起国内胶价的变动。

八、政治因素

政治因素除了包括各国政府对天然橡胶进出口的政策影响外，更重要的是指国际范围内的突发事件以及已经发生和将要发生的重大事件，例如灾难性事件以及可能发生的战争因素等。

政治因素往往会在相关消息传出的短时期内导致天然橡胶价格的剧烈波动，并且影响其长期价格走势。

九、国际市场交易情况的影响

天然橡胶在国际期货市场已经成为一个成熟品种，在东南亚各国期货交易所占有一定的市场份额。因此，天然橡胶期货交易的主要场所，如东京工业品交易所（TOCOM）和 OME、上海期货交易所（SHFE）、新加坡商品交易所（SICOM）、马来西亚的 KLCE 以及泰国的 AFET 等期货交易所的交易价格，互相之间也有不同程度的影响。

对于国内天然橡胶期货投资者来说，在参与 SHFE 天然橡胶期货交易时，既要关注国外主要天然橡胶期货市场的交易情况，也要关心国内海南、云南、青岛等现货市场的报价情况。

影响天然橡胶价格的因素多，波动频繁，特别是我国由于天然橡胶消费量逐年增长，产量及进口量受到各种客观条件的制约，市场供求矛盾较为突出，价格波动频繁且波幅较大。所以，天然橡胶生产商、流通商和消费商都迫切需要通过期货市场进行套期保值，以达到转移风险的目的。与此同时，许多投资者也希望在频繁的价格波动中获取投机收益。在此过程中，通过期货市场不同投资者的交易行为，也达到了天然橡胶价格发现的目的。

十、橡胶期货合约

表 11-1 上海期货交易所天然橡胶标准合约

交易品种	天然橡胶
交易单位	10 吨 / 手
报价单位	元（人民币）/ 吨
最小变动价位	5 元 / 吨
每日价格最大波动限制	不超过上一交易日结算价的 ±6%
合约交割月份	1 月、3 月、4 月、5 月、6 月、7 月、8 月、9 月、10 月、11 月
交易时间	上午 9:00—11:30；下午 1:30—3:00
最后交易日	合约交割月份的第 15 日（遇法定假日顺延）
交割日期	最后交易日后连续 5 个工作日
交割品级	标准品： ①国产天然橡胶（SCR WF），质量符合国标 GB/T8081-2008 ②进口 3 号烟胶片（RSS3），质量符合《天然橡胶等级的品质与包装国际标准（绿皮书）》（1979 年版）
交割地点	交易所指定交割仓库
最低交易保证金	合约价值的 8%
交割方式	实物交割
交易代码	RU
上市交易所	上海期货交易所

十一、橡胶期货交割仓库

表 11-2 我国橡胶期货交割仓库

序号	指定仓库名称	办公地址	存放库	存放地址	到达站／港	异地升贴水
1	上海晶通化轻发展有限公司	上海市南大路 478 号	上海晶通化轻发展有限公司	上海市南大路 478 号	化轻总公司桃浦仓储公司专用线	标准价
2	上海远盛仓储有限公司	上海市曲阳路 900 号 3 号楼 225 室	上海远盛仓储有限公司	上海市蕴川路 2508 号		标准价
3	中国外运华东有限公司	上海市福建中路 188 号	中外运上海张华浜仓库	上海市逸仙路 4088 号	中外运张华浜储运公司专用线	标准价
4	中储发展股份有限公司	上海市宝杨路 2069 号	上海吴淞分公司	上海市宝杨路 2069 号		标准价
5	中储发展股份有限公司	上海市宝山区南大路 257 号	上海大场分公司	上海市宝山区南大路 310、137 号	桃浦站（中储大场公司专用线）	标准价
6	中储发展股份有限公司	上海市奉贤区平宇路 585 号	上海临港分公司	上海市奉贤区平宇路 585 号	洋山港	标准价
7	中储发展股份有限公司	天津市北辰区顺义道	天津南仓分公司	天津市北辰区天穆村顺义道	（京局）南仓中储股份南仓分公司铁路专用线	标准价
			南仓小站仓库	天津市津南区小站工业区 5 号		
			南仓武清仓库	天津市武清区钢城南路		
8	天津全程物流配送有限公司	天津市东丽区华粮道 2298 号	天津全程物流配送有限公司	天津市东丽区华粮道 2298 号	京局大毕庄站全程物流专用线	标准价
9	山东省奥润特贸易有限公司	山东省青岛市李沧区长顺路 15 号	山东省奥润特贸易有限公司	山东省青岛市李沧区长顺路 15 号	奥润特贸易专用线	标准价
10	山东储备物资管理局八三二处	山东省青岛市城阳区文阳路 988 号	山东储备物资管理局八三二处	山东省青岛市城阳区文阳路 988 号	八三二处专用线	标准价

续表

序号	指定仓库名称	办公地址	存放库	存放地址	到达站 / 港	异地升贴水
11	中远物流仓储配送有限公司	青岛市高新技术产业开发区宝源路 688 号	高新区库	青岛市高新区宝源路 688 号	青岛港	标准价
			南泉库	青岛市即墨南泉镇三城路 88 号	即墨站转专用线	
12	云南天然橡胶储运中心	云南省昆明经济开发区洛羊街道王家营贮木场	云南天然橡胶储运中心	云南省昆明市经济开发区洛羊街道办事处王家营贮木场	王家营贮木场	贴水 480 元
13	海南省海南港航物流有限公司	海南省海口市滨海大道 96 号海港大厦	货运分公司	海南省海口市秀英码头	海口港	贴水 210 元
14	海南新思科电子商务有限公司	海南省海口市大同路 36 号华能大厦 301 室	永桂仓库	海南省海口市长流金盘永桂开发区永桂路 9 号	海口市滨海大道秀英码头	贴水 210 元

第十二章 鸡蛋期货

第一节 鸡蛋期货概况

鸡蛋期货，是中国首个畜牧期货品种和鲜活农产品。2013 年 3 月 18 日，大连商品交易所发布鸡蛋期货合约草案。2013 年 9 月 25 日，中国证监会批准大连商品交易所（以下简称大商所）上市鸡蛋期货合约，以进一步健全农产品期货品种体系，满足现货企业的实际需求,更好地服务实体经济发展。鸡蛋期货作为国内首个生鲜品种，其推出上市丰富了国内期货市场品种体系，并给蛋禽业提供了规避“鸡飞蛋打”市场风险的工具。

一、价格波动程度分析

全国鸡蛋价格走势总体呈现上升趋势。2000 年至 2003 年 6 月，鸡蛋价格相对平稳，总体在 5 元 / 千克左右波动。2003 年 6 月之后步入震荡上行走势。2011 年 6 月，全国鸡蛋平均价格突破 10 元 / 千克，较 2003 年 6 月上涨一倍。

2000—2011 年，中国鸡蛋零售价格已从 5.09 元 / 千克上升到 10.05 元 / 千克，平均年度复合增长率为 6.39%。生产成本要素的全面涨价和流通成本上升，均推高了鸡蛋价格。

由于 2011 年中国鸡蛋供给处于紧平衡状态，且受食品价格全面上涨的影响，2011 年中国鸡蛋出场平均价格为 7.84 元 / 千克，同比上升 16.33%，全年鸡蛋平均零售价格已突破 10 元 / 千克。

根据相关部门监测的鸡蛋出厂价格与农业部鸡蛋零售价格比较，2011 年中国鸡蛋在中间流通环节普遍加价 1.5 ~ 2.5 元 / 千克。参见表 12–1。

表 12–1 产销区鸡蛋价格相关系数

		河北	河南	辽宁	山东
产区	河北	1			
产区	河南	0.991 501	1		
	辽宁	0.994 344	0.987 823	1	
	山东	0.992 562	0.990 951	0.986 811	1
销区	北京	0.990 418	0.983 947	0.989 747	0.990 418
	上海	0.971 12	0.969 648	0.970 471	0.971 12
	广东	0.954 705	0.958 897	0.950 226	0.954 705
	广西	0.961 331	0.959 866	0.956 879	0.961 331

二、价格影响因素分析

（一）宏观环境及政策影响

改革开放以来，我国经济持续快速发展，经济实力和综合国力不断增强，基础设施和城乡面貌发生了巨大变化。进入新的发展阶段以来，经济保持平稳快速增长，国家财政收入显著增加。

正是在这种大环境下，居民的消费水平越来越高，物价水平也呈现上升的态势，导致鸡蛋价格呈现出在波动中上涨的变动趋势。另外，一旦宏观环境发生大变化，也会对鸡蛋价格产生冲击。

国家相关产业政策的调整，进出口政策的调整，以及农产品收储政策等，均会对鸡蛋价格产生直接或间接的影响。

（二）供给对价格的影响

鸡蛋生产从购入雏鸡到产蛋至少需要半年时间，具有较长的周期性。养殖户对其生产的调节，会滞后于市场供求关系的变化，从而引起蛋鸡行情的周期性变动。因此，鸡蛋产量的变动是影响鸡蛋价格的重要因素。

（三）生产规模的影响

我国蛋鸡养殖业经常出现价格波动的情况，很重要的一个原因就是农户在蛋鸡养殖中的盲目性。看到别人养自己也养，甚至盲目扩大养殖规模，不考虑自身条件和全国市场行情，使市场蛋品供过于求，相互恶性竞争，导致鸡蛋价格下跌。

养鸡的饲养规模，直接决定养殖户的经济效益和市场鸡蛋的供给量，对供求关系的变化影响最大，是影响鸡蛋价格变动的主要因素。随着蛋鸡养殖规模的逐步扩大，鸡蛋产品的供给量不断增加，在生产技术不变的情况下，根据边际收益递减规律，鸡蛋价格会呈现下降趋势。

（四）生产的季节性

春季气候逐渐变暖，是鸡群产蛋最适合季节。进入产蛋旺季，供应量增加，鸡蛋价格下降。夏季气温较高，气候炎热，影响蛋鸡的采食量，致使母鸡的产蛋率下降，进入产蛋的淡季，产蛋量和上市量都会有所下降，供应量减少，鸡蛋价格上升。

三、需求因素分析

（一）人口数量和经济发展

人口数量的增长和地区经济的快速发展，会增加社会对鸡蛋产品的需求。

（二）鸡蛋消费数量

鸡蛋的消费价格是影响鸡蛋人均主食消费数量最主要的因素。一般来讲，人均主食消费数量会随着消费价格的上升而下降，反之则上升。也就是说，鸡蛋的人均消费量与消费价格之间存在负相关的关系。同时，鸡蛋的需求价格弹性（需求量变化幅度 / 价格的变化幅度）应为负值。

（三）替代品价格

一般来讲，在鸡蛋价格不变的情况下，竞争品价格的下跌，会使消费者增加竞争品消费，从而减少鸡蛋的消费。反之，居高不下的猪肉和其他肉类价格，在一定程度上增加了人们对鸡蛋的消费。

（四）消费习惯变化的影响

消费习惯变化主要受地区与消费季节的影响。例如，夏季人们饮食偏清淡，对鸡蛋替代品猪牛羊肉的消费减少，鸡蛋需求增多，鸡蛋价格升高，冬季则消费量相对减少。

（五）市场需求的季节性

蛋鸡养殖的经济效益受市场供求关系的制约，供过于求时，蛋价下跌，相反会提高。每年的四五月份和八九月份，几乎都会出现很明显的高起波段，其原因主要是节前消费者对鸡蛋需求的增加带动鸡蛋价格上涨。

四、生产情况

蛋鸡养殖作为畜牧养殖业中的短、平、快项目，在实现粮食转化增值、促进农民增收上起到了很好的带动作用，所以蛋鸡养殖业已经成为我国农业主导产业之一。

中国祖代蛋种鸡长期以来依赖进口，但由于国产蛋鸡选育方面取得突破，从2010年开始，中国国产祖代蛋种鸡的比例已经超过了进口蛋种鸡比例。2011年，中国国产祖代蛋种鸡所占比例已经达到约53%。

在蛋种鸡存栏量方面，由于2010年国内蛋种鸡存栏出现下降，2011年祖代蛋种鸡进口数量上升，且由于淘汰蛋鸡价格较好，养殖场户也加快了蛋种鸡和蛋鸡的更新速度，国内进口祖代蛋种鸡存栏共计约29万套，加上国产蛋种鸡存栏约33万套，2011年国内祖代蛋种鸡存栏量共计约为62万套，可提供超过30亿只商品蛋鸡。

我国作为鸡蛋生产大国，产区区域还在不断增大，年生产量也在逐年递增式发展。国家统计局数据显示，2008—2010年全国禽蛋产量分别为2 702.2万吨、2 742.5万吨、2 762.7万吨。

五、主产区分布

目前，我国的养殖密集区主要集中在河北、山东、河南、辽宁、江苏、湖北等省。这些地区的优点有以下三点。

一是位于粮食主产区，饲料价格低，有助于降低生产成本。

二是靠近北京、上海、天津等主要交通枢纽城市，有利于蛋品迅速、集中销售到广东等南部销区省份。

三是更适合家禽生产的气候条件。

由于防疫等因素的影响，蛋鸡企业不再盲目追求在同一个地方饲养种鸡数量的扩张，而是在合理的防疫半径内建设适度规模的种鸡场，这种现象在2010年表现较为明显。

北京华都峪口禽业有限公司在湖北、山东建立了种鸡饲养基地。北京德青源农业科技股份有限公司在安徽黄山建立了自己的种鸡场，并已成功引进祖代种鸡。宁夏晓鸣生态农牧有限公司已经开始在宁夏戈壁滩上1 000亩的范围内建设一个种鸡场。湖北省也将规模化标准提升到20万只。福建省、广东省、江西省等以前的鸡蛋消费区，也相继有一些大型的蛋鸡养殖场建设投产。

六、规模化程度

从2000年至2011年，中国年存栏蛋鸡500只以下的养殖场，蛋鸡存栏量比例连续下降，从2000年的约57.78%下降到2011年的约17.64%。2011年中国规模以上养殖场（年存栏蛋鸡500只及以上），蛋鸡存栏量约为12.7亿只，占存栏蛋鸡总量的82%。

规模养殖中，以存栏2 000 ~ 9 999和10 000 ~ 49 999只规模的比重最大，占到规模蛋鸡存栏总量的36%和20%。蛋鸡养殖规模（笼位）在1万只以上的蛋鸡养殖场，可以称为标准化蛋鸡规模养殖场，2011年中国蛋鸡养殖的标准化规模程度为27%。

七、国内的消费情况

（一）国内鸡蛋总消费量变化情况

2010年，我国禽蛋消费达2 826.8万吨，较2009年增加1.81%。若按照鸡蛋消费约为禽蛋消费的85%计，2010年全年鸡蛋消费量达2 402.8万吨。

从2000年至2010年中国禽蛋消费量变化来看，鸡蛋需求一直保持稳中有升的增长趋势，从2 204万吨增加到2 827万吨，年均复合增长率为2.52%。

（二）鸡蛋消费区域分布情况

从2010年国家统计局禽蛋消费数据来看，全国31个省市区中，年消费量超过100万吨的有10个地区，分别是山东、广东、河南、江苏、河北、安徽、四川、辽宁、浙江和湖北等省。其中，山东、广东、河南和江苏4省需求超200万吨，4省之和占全国总需求约32%。

八、鸡蛋消费的构成

按照消费途径来分，中国禽蛋消费分为工业消费（保洁蛋、深加工蛋等）、家庭消费（居民食用蛋）和户外消费（餐馆和机构消费蛋），中国禽蛋消费依然以家庭消费为主。

2010年，中国禽蛋工业消费、家庭消费和户外消费分别为551万吨、1 491万吨和784万吨，分别占国内禽蛋消费的19.50%、52.76%和27.74%。

九、鸡蛋消费结构变化情况

在中国禽蛋消费持续增长的过程中，中国禽蛋消费途径发生了显著变化，同时揭示出未来禽蛋消费的发展趋势，主要表现为禽蛋家庭消费量增长速度大幅低于工业消费和户外消费增长速度。

1992—2010 年，中国禽蛋总消费年均增速约为 2.52%，其中工业消费增速最快，年均增速为 9.31%；户外消费增速为 3.41%；家庭消费增速最慢，只有 0.51%。未来这一趋势仍将继续。

截至 2010 年，中国城乡禽蛋消费量分别为 1 950 万吨和 876 万吨，城乡消费比重占到 69%，农村消费比重占 31%。预计到 2015 年，城镇消费比重将进一步上升至 80% 以上。

从禽蛋消费的结构来看，自 2008 年之后，城镇居民禽蛋人均消费数量从 2008 年开始略有下降，但仍较 1991 年至 2007 年间有显著提升。农村地区的禽蛋消费总量保持平稳，但比重出现下降。这是由于禽蛋工业消费和户外消费上升很快，因此城镇地区的禽蛋消费总量比重持续上升。

综上所述，中国禽蛋消费未来发展趋势为禽蛋家庭消费持续增长，比重下降；工业消费、户外消费的数量和比重同比增长。从城乡消费结构看，未来禽蛋消费继续以城镇消费为主，城镇居民家庭人均禽蛋购买量下降，总消费量继续上升；农村地区家庭人均禽蛋消费量和总消费量持续上升。

第二节　中国禽蛋消费的驱动与制约因素

一、人均收入

中国“十二五”规划以提高居民收入作为重要目标，提出居民收入加速增长、减小收入差距、收入分配向中低收入居民倾斜的目标。居民收入增长将带动禽蛋消费，主要表现在三个方面：一是家庭保洁蛋等初加工禽蛋购买量增加；二是在外就餐使禽蛋消费量增加；三是家庭购买蛋糕、饼干等含深加工鸡蛋产品增加。

从不同收入等级的城镇居民来看，各收入阶层居民的禽蛋购买量差异明显，占居民人数约 10% 的高收入居民，禽蛋家庭购买量最高，这反映出随着收入的增长，禽蛋消费增长空间巨大。随着中国中产阶级人群的扩大，中低收入居民的收入增速加快，这部分人群的潜在禽蛋消费需求也将得到快速提升。

二、城市化

中国禽蛋消费总体上是以城镇地区消费为主，这是因为中国城镇人口可支配收入绝对水平和增长速度均显著高于农村人口，在外用餐机会也更多。2000—2010 年，中国农村居民人均禽蛋肉消费量年均增长率为 5.09%，而同期中国城镇居民人均禽肉消费量年平均增长率为 7.76%。

2010 年，城镇居民禽蛋购买量为 10 千克，而农村人均禽蛋家庭消费量为 5.5 千克。将该人口从农村地区转入城市，其禽蛋消费量净增长 4.5 千克。2000—2010 年，中国城市化率上升了 13.46 个百分点，禽蛋消费量上升约 622 万吨。长期来看，城市化率每上升 1 个百分点，禽蛋消费量上升 46 万吨。

三、人口因素

2011 年 4 月，中国第六次全国人口普查数据表明，全国总人口约为 13.4 亿人，与 2000 年第五次全国人口普查相比，10 年增加 7 390 万人，增长 5.84%，年均增长 0.57%。

根据中国《人口发展“十一五”和 2020 年规划》，未来中国总人口（不含香港、澳门和台湾）每年仍将净增 800 万 ~ 1 000 万人，2020 年人口总量将达到 14.5 亿人，人口总量高峰将出现在本世纪 30 年代，达 15 亿人左右。刚性的人口增长，将会带来禽蛋消费的持续增长。

假设收入水平和城乡结构不变，仅以 2010 年中国人均禽蛋消费量 21.10 千克计算，若每年中国增加 800 万人，到 2015 年将增加禽蛋消费 84.4 万吨。

四、成本因素

中国蛋鸡养殖成本整体上呈逐年上升趋势。根据农业部全国饲料集市价格，2011 年蛋鸡配合饲料平均价格为 2.81 元 / 千克，比 2010 年上升 7.25%。蛋鸡苗平均价格为 3.23 元 / 千克，比 2010 年上升 26.67%。加上人工、电费等成本上升，2011 年蛋鸡全程养殖成本达到约 135.59 元 / 只，比 2010 年上升 7.51%。

五、天气因素及运输成本的影响

天气变化会影响到鸡蛋储运，直接关系到鸡蛋价格的变化。如夏季天气炎热，蛋品储存难度增大，如遇多雨天气，对交通运输也会带来诸多不便。

同时，随着国际油价的上涨，运输成本也会进一步增加，对鸡蛋价格带来影响。

六、疫病与进出口数量的影响

鸡的疫病流行情况是影响未来鸡蛋供给、造成蛋价波动的较大因素之一。

鸡蛋进出口数量也是鸡蛋市场供求的一部分，进出口量的变化对鸡蛋供求产生影响，进而影响鸡蛋价格。不过由于国内鸡蛋进出口数量相对较少，对价格影响有限。

现代化蛋鸡生产最大的风险依旧是疫病。如何做好疫病防控及日常管理，对于蛋鸡企业来讲尤为重要。每天检查鸡群状况，是养鸡者必做的功课。

根据鸡群的精神、活动、食欲及排粪情况，再结合采食量和饮水量，就可以了解鸡群的健康状况。根据健康鸡和病鸡的区别，及时发现并及早处理病鸡，可以大大减少因病蔓延而造成的损失。见表 12–2。

表 12–2 病鸡与健康鸡的鉴别

项目	病鸡	健康鸡
精神	精神沉郁，行动迟缓，缩头闭眼，翅膀下垂，食欲不振，反应迟钝	精神饱满，活泼好动，行动迅速，眼大有神，食欲旺盛，反应敏捷
呼吸	呼吸困难，间歇张嘴，呼吸频率增加或减少	不张嘴呼吸，每分钟平均呼吸 15 ~ 30 次
鸡冠	紫红、黑紫或苍白色	鲜红色
眼和眼睑	眼神迟滞，眼睑肿，有分泌物	眼珠明亮，有神
鼻孔	有分泌物	干净，无分泌物
嗉囊	膨胀，积食有坚实感或积水，早上喂前积食	早上喂食无积食
翼窝	发热，烫毛	不发热
胫部	鳞片干燥，无光泽	鳞片有光泽
泄殖腔	不收缩，黏膜充血、出血、坏死或溃疡	频频收缩，黏膜呈肉色
粪便	液状或水样黄白色、草绿色、甚至为血便，沾污肛门周围羽毛	多为褐色或黄褐色，呈圆柱形，细面弯曲，附有白色尿液
皮肤	无光泽，呈暗色	有光泽，黄白色
羽毛	蓬乱粘污，缺乏光泽	整齐清洁，富有光泽

七、蛋鸡主要疫病及影响

（一）鸡新城疫

鸡新城疫，是由副黏病毒科的新城疫病毒引起的一种急性、高度接触性及败血性传染病。本病广泛分布于世界各地，是危害家禽的严重疫病之一。

本病一年四季均可发生，但冬春季较多。各日龄的鸡均可感染，但以 30 ~ 50 日龄为高发群体。传染源主要是病鸡和带毒鸡。主要通过呼吸道和消化道，其次是眼结膜，也可以通过外伤及交配传染。根据临床表现和病程长短，可分为最急性型、急性型、亚急性或慢性型三种。

1. 最急性型

突然发病，常无特征性症状而迅速死亡，多见于流行初期和雏鸡。

2. 急性型

病初体温高达 43℃ ~ 44℃，食欲减退或废绝，精神不振，垂头缩颈，翅膀下垂，状似昏睡，鸡冠变暗红色或暗紫色。产蛋停止或产软壳蛋，随后出现典型症状：咳嗽，呼吸困难，有黏性鼻液，张口呼吸，并发出“咯咯”的喘气声或尖锐的叫声。口角流出大量液体，嗉囊充满液体。粪便稀薄，呈黄绿色或黄白色，有时混有少量血液，后期排出蛋清样的排泄物。急性病例于 2 ~ 4 天内昏迷死亡，死亡率介于 90% ~ 100%。

3. 亚急性或慢性型

这种类型见于流行后期或成年鸡，或免疫后发病鸡。病鸡除有轻度呼吸道症状外，同时出现神经症状，一般经过 10 ~ 20 天死亡。

（二）传染性法氏囊病

传染性法氏囊病，又称腔上囊炎，是由双 RNA 病毒属的传染性法氏囊病毒引起雏鸡的一种急性、高度接触性传染病。临床上以法氏囊肿大、肾脏损害为特征。

3 ~ 6 周龄鸡群对本病最易感，成年鸡多呈隐性感染。本传染源主要是病鸡和带毒鸡。可直接接触传播，也可以经过呼吸道、消化道和眼结膜感染。在高度易感鸡群中发病率高，几乎达到 100%，典型性感染的死亡率一般为 30%。卫生条件较差时，死亡率高达 40% ~ 60%，甚至更高。本病一年四季均可发生，无明显季节性和周期性。

本病突出表现为：发病突然，发病率高，死亡集中发生。在很短几天之内，鸡群迅速康复，但一度流行后常呈隐性感染，在鸡群中长期存在。

（三）马立克氏病

马立克氏病，是一种由马立克氏病毒引起的一种高度接触性传染的肿瘤疫病，该病以外周神经、内脏器官、性腺、肌肉和皮肤单独或多发的淋巴样细胞浸润为特征。

本病多发生于 2 ~ 5 月龄的鸡群，发病率和死亡率差异较大，发病率为 5% ~ 80%，死亡率和淘汰率为 10% ~ 80%。本病一旦感染，终生存在于感染鸡的大多数组织器官中，形成终生带毒并排毒。

传染源主要是病鸡和带毒鸡，传播方式是直接接触，呼吸道是病毒进入体内的主要途径。

（四）鸡球虫病

鸡球虫病,是幼鸡常见的一种急性流行性原虫病。以 3 ~ 7 周龄的幼鸡最易感染，常呈地方性流行，春秋季多发，发病率和死亡率较高，是养鸡业发展的一大障碍。

根据病程长短分为急性和慢性两种。

1. 急性型

病程数天到 2 ~ 3 周，多见于幼鸡。病初精神沉郁，羽毛松乱，食欲减少，泄殖腔周围羽毛为稀粪粘连。随后可视黏膜苍白，消瘦，水样稀粪并带血液，以后变为纯粹血粪。

2. 慢性型

多见于月龄较大的幼鸡（2 ~ 4 月龄）或成年鸡，临床症状不明显，病程较长，拖至数周或数月，病鸡逐渐消瘦，足和翅常发生轻瘫，产蛋量减少，间歇下痢，但死亡较少。

（五）鸡白痢

鸡白痢，是由鸡白痢沙门氏菌引起的鸡和火鸡等禽类的传染病，传染源主要是病鸡和带菌鸡。通过垂直传播构成世代相传的链锁。一般 2 ~ 3 周龄雏鸡多发，发病率和死亡率都很高。

临床症状：被感染种蛋在孵化过程中可出现死胎，孵出的弱雏及病雏常于 1 ~ 2 天内死亡，并造成雏鸡群的横向感染。出壳后感染者见于 4 ~ 5 日龄，常呈急性败血症死亡。7 ~ 10 日龄者发病日渐增多，至 2 ~ 3 周龄达到高峰。急性者常呈无症状突然死亡。稍缓者常见怕冷成堆，排出白色或带绿色的黏性糊状稀便并污染肛门周围，糊状粪便干后堵塞肛门，致使病雏排粪困难，发出尖锐的叫声。成年母鸡感染后产蛋率及受精率下降，孵化率低，严重者死于败血症。

（六）禽流感

禽流感，由流感病毒引起的一种急性、热性、高度接触性传染病。其临床症状是高热、呼吸困难以及其他各系统器官不同程度的临床症状。

A 型流感病毒感染多种家禽，通过多种途径传播，如经消化道、呼吸道、皮肤损伤和眼结膜途径传播。

本病发病率高，死亡率低，但在高致病力毒株感染时，发病率和死亡率可达100%。

第三节　鸡蛋期货知识

一、鸡蛋期货形成条件

（一）有明确的行业标准，可以实现标准化

农业部 NY5039《无公害鸡蛋——鲜禽蛋》和原国内贸易部（现划归商务部）SB/T10277《鲜鸡蛋》都对鲜鸡蛋品种进行了界定，对其技术要求、试验方法、产品检验和标志、包装、运输、储存都有明确的规定。农业部还发布了 NY/T1758《鲜蛋等级规格》，通过哈夫单位等指标对鸡蛋进行明确分级。以 SB/T10277 和 NY/T1758 为基础，合理增加 NY5039 中关于病菌含量检验指标，可以实现对鸡蛋品种的标准化。

鸡蛋的新鲜度容易随时间发生变化。在常温条件下，新鸡蛋存储 6 天就会发生明显变化，存储 25 天就会出现散黄现象。研究表明，通过鸡蛋的气室高度、比重、蛋黄指数（蛋黄高度 / 蛋黄直径）、哈夫单位等指标，都可以检验出这种变化。尤其是哈夫单位，是国际上检验鸡蛋新鲜度的常用指标。

在中国已有的行业标准中，哈夫单位、蛋黄指数、每 10 个鸡蛋的蛋重指标以及鸡蛋的气室高度等指标，都已经纳入到鸡蛋的分级中，可以客观评定鸡蛋的新鲜度。

（二）市场规模适中，可供交割量充足

根据国家统计局禽蛋产量数据和联合国粮农组织数据，2008—2010 年，中国鸡蛋的平均产量约为 2 357 万吨。根据中国畜牧业协会价格数据，2008—2010 年间，我国鸡蛋的平均价格为 7 965 元 / 吨。粗略计算，中国鸡蛋的市场规模超过 1 800 亿元。

中国鸡蛋的商品化率很高，除部分散养农户出产的鸡蛋用于自身消费外，规模养殖场的鸡蛋，都通过市场化的方式销售。我国蛋鸡养殖数量超过 2 000 只的养鸡场，产量约占全国总产量的 60%，约为 1 410 万吨，市场规模达 1 120 亿元。若以 SB/T10277《鲜鸡蛋》中的标准设计交易标的，则我国规模蛋鸡养殖厂生产的鸡蛋都可用于交割，仅养殖量 1 万只以上的养鸡场，产量就达到 570 万吨，可供交割量充足。

（三）市场竞争较为充分，不存在垄断

中国鸡蛋市场在生产、消费、贸易等方面市场化程度较高，竞争充分，不存在垄断。从生产方面看，河南省是中国鸡蛋产量最大的省份，产量仅占全国的 14.1%。产量最大的前 10 个省，合计占全国总产量的 78.7%。蛋鸡养殖量超过 1 万只的养鸡场约有 3 万家，最大的企业产量不足全国总产量的 0.5%，前 10 家养鸡场产量不足全国的 5%。

从消费方面看，家庭和餐饮企业消费量超过中国鲜鸡蛋总消费量的 80%，难以形成垄断。从贸易方面看，中国鸡蛋行业的四种贸易模式都带有一定的地域性特点，也难以形成全国性的垄断贸易商。

（四）价格波动大，地区间相关性高

鸡蛋价格的影响因素较多，雏鸡、饲料、疾病防治、其他畜产品的替代作用、季节因素、天气、疫情等，都对鸡蛋价格产生很大的影响，因此鸡蛋的价格波动较大且比较频繁。根据中国畜牧业协会全国鸡蛋月平均价格数据，2000 年 1 月至 2011 年 8 月间，中国鸡蛋平均价格在 4.66 ~ 10.64 元 / 公斤之间波动，均值为 6.72 元 / 公斤，标准差为 1.43 元 / 公斤，单月最大涨幅超过 15.5%。最大跌幅为 8.6%。

中国鸡蛋地区间价格关联度较高，以鸡蛋输出量最大的河南、河北、山东、辽宁和输入量最大的广东、北京、上海、广西等地的平均价格为例，4 个输出省份平均价格间的相关系数都超过 0.98，输出省份与输入省份、输入省份与输入省份平均价格间的相关系数也都超过 0.94，中国鸡蛋价格走势联动非常明显。

（五）不存在重大潜在风险和政策性障碍

鸡蛋在出售和运输时不需要进行强制性检疫。《中华人民共和国动物防疫法》明确规定，只有可能传播动物疫病的种蛋在跨省、自治区、直辖市运输时，货主应当按照规定向输入地卫生监督机构申请检疫，检疫合格后方可出售，对普通食用或其他用途的鸡蛋，并没有强制性检验要求。在我国的行业标准中，也没有关于鸡蛋强制检疫的相关规定。

鸡蛋具有明确的行业标准，质量判定方法明确，新鲜度可以用哈夫单位等理化指标判断，不存在重大潜在风险。鸡蛋行业进入门槛低，散养农户和小零售商在行业中仍然占有一定比例。

与鸡蛋行业相关的国家部委和行业协会包括卫生部、农业部、商务部、中国畜牧业协会等，有关国家部委都制定了各自的行业标准对鸡蛋行业进行规范，鸡蛋的生产、销售、检疫、贸易和流通等方面，对开展期货交易都不存在重大政策性障碍。

（六）国际期货市场有成功先例

鸡蛋是国际上较早开展期货交易的品种之一，也是期货发展史上一个非常成功的品种，美国和日本等国家都曾开展过鸡蛋期货交易。

1874 年，一些供货商在芝加哥组建了农产品交易所，进行鸡蛋等商品的远期交易。1898 年，黄油和鸡蛋经销商退出农产品交易所，组建了芝加哥黄油和鸡蛋交易所。1919 年，芝加哥黄油与鸡蛋交易所正式更名为芝加哥商业交易所（CME）。CME 成立后，鸡蛋开始成为期货品种进行交易。1966 年，CME 在原来冷藏鸡蛋品种的基础上增加了鲜鸡蛋品种。

在 20 世纪 60 年代初，鸡蛋期货进入鼎盛时期，成为交易量仅次于大豆和小麦的全球第 3 大期货品种。20 世纪 70 年代后，由于美国鸡蛋现货市场发生变化，大型养鸡场直接向大型超市供货，价格和供给逐渐固定，产业客户避险需求降低。在这种背景下，1982 年，CME 撤销了鸡蛋期货品种。

1999 年，日本的中部商品交易所上市了鸡蛋期货，采取现金交割方式，2010 年由于交易萎缩停止交易。中国鸡蛋行业正处于从散养和小规模养殖向大规模养殖发展的过程中，养殖数量在 500 只以下的蛋鸡养殖户数占比高达 96.8%，而美国养鸡场的规模一般在 30 万 ~ 100 万只之间。

中国鸡蛋行业所处的发展阶段，非常适宜且非常需要开展期货交易。美国百年的鸡蛋期货市场运作经验，能够为我国鸡蛋期货合约的设计提供宝贵的借鉴，我们可以从中吸取经验、总结教训，设计出符合我国鸡蛋行业特点的期货合约。

（七）完善链条

中国蛋鸡养殖业正处在由零散生产向规模化、标准化生产的关键期，但缺少市场价格信息，养殖户宏观判断能力不足，使生产规模并不稳定，导致鸡蛋价格大幅波动，影响行业的稳定经营。当前形势下，推出鸡蛋期货，形成市场集中权威的未来价格并为经营者提供避险工具，有助于稳定生产，推动国内鸡蛋产业迈入发展新阶段，鸡蛋期货推出恰逢其时。

（八）优化结构

对于鸡蛋产业来说，鸡蛋期货还为产业发展带来更多正能量。通过鸡蛋期货，养殖户可以管理价格风险，平抑市场价格波动。家禽业当前突出的问题是规模化和标准化程度低，市场无序发展的问题（不过规模化并不是要无限大，规模也要适中），其中鸡蛋期货可以起到很好的引导推动作用。

国内鸡蛋消费具有明显的季节属性。一般来讲，在重大节庆日前一个多月，需求企业和贸易商便会启动采购模式，从而形成规律性的需求旺季景象。此外，根据往年数据，蛋价通常在 9 月上半月达到全年最高点，之后走势呈现出稳步回落的特征。芝华数据监测也显示出这种特征，其中浙江、广东和上海地区现货蛋价在每年 9 月之后均出现大幅下跌态势，并且走货量放慢，贸易商纷纷看淡后期价格。

从成本角度而言，鸡饲料两大构成部分——豆粕和玉米价格走势始终偏弱。一方面，新季玉米上市冲击市场；另一方面，豆粕价格上涨动力欠缺。

蛋价则处在相对高位，养殖利润仍然可观。蛋鸡出现大幅淘汰的可能性很低，加之秋季是蛋鸡补栏的高峰期，预计后期产蛋鸡存栏还会继续增加。

二、鸡蛋期货的意义

（一）有助于养鸡场和鸡蛋批发商规避价格风险

鸡蛋生产具有明显的季节性和周期性特点。一年之中，由于 9 月份前后玉米等饲料原料青黄不接、学校开学以及节日备货等因素影响，鸡蛋价格往往容易形成全年高点。冬季来临，蛋鸡禽流感等疫病发病概率增加，价格波动增大。

从中长期来看，中国鸡蛋价格呈现明显的周期性特点，大约 3 年一个周期（2 年上涨、1 年调整）。这些短期和中长期价格波动因素的存在，对养鸡场和鸡蛋批发商带来较大的风险。上市鸡蛋期货，为企业提供了规避价格波动风险的工具。

（二）有助于推广行业标准，促进规范行业发展

随着中国畜牧业标准管理体制逐步完善和管理机构的健全，有关部门在借鉴国际标准的基础上，制定了符合中国国情的行业标准，对推动鸡蛋相关技术进步和规范市场秩序等都发挥了重要的作用。

但是，主动执行鸡蛋行业标准的养鸡场多为规模大、技术先进和资金实力雄厚的养鸡场，在中国鸡蛋总产量中所占的比例还较小，中国有必要继续推广已有的行业标准。

大商所鸡蛋期货交割标准是在综合分析国内已有行业标准的优缺点，借鉴国际标准的基础上形成的，符合我国当前鸡蛋行业现状并能代表未来发展方向。上市鸡蛋期货有助于借助期货市场的影响力，宣传推广鸡蛋行业标准，对于规范和引领行业发展具有重要意义。

（三）有助于促进蛋鸡规模化养殖，增强行业抗风险能力

中国蛋鸡养殖行业和鸡蛋行业生产规模普遍较小，绝大部分养殖户没有中长期规划，发展较为盲目，严重影响了行业技术水平和标准化程度的提高，不利于整个行业的可持续发展。参照发达国家鸡蛋行业的发展规律，养殖企业做大做强，走集约化养殖道路，是未来的发展方向。

上市鸡蛋期货，可以为企业提供避险工具，平抑行业周期性波动带来的巨大冲击，有利于吸引大资金投入该行业，优化产业结构，提高整个行业的抗风险能力，促进行业平稳发展。

三、鸡蛋期货合约

表 12-3　鸡蛋期货合约

交易品种	鲜鸡蛋
交易单位	5 吨 / 手
报价单位	元（人民币）/500 千克
最小变动价位	1 元 /500 千克
每日价格最大波动限制	不超过上一交易日结算价的 ±5%
合约交割月份	1 月、3 月、4 月、5 月、6 月、7 月、8 月、9 月、10 月、11 月、12 月
交易时间	上午 9:00—11:30；下午 1:30—3:00
最后交易日	合约月份第 10 个交易日
交割日期	最后交易日后连续 3 个交易日
交割品级	大连商品交易所鸡蛋交割质量标准
交割地点	大连商品交易所鸡蛋指定交割仓库

续表

最低交易保证金	合约价值的 10%
交割方式	实物交割
交易代码	JD
上市交易所	大连商品交易所

第四节　影响鸡蛋期货价格的因素

一、宏观环境及政策影响

宏观环境以及国家相关产业政策，进出口政策的调整，农产品收储政策等，均会对鸡蛋价格产生直接或者间接的影响。

二、供给对价格的影响

鸡蛋产量的变动、生产规模的变化以及生产的季节性特征，均影响鸡蛋的供给，进而影响鸡蛋价格。

三、需求对价格的影响

鸡蛋需求量的变化影响供求关系，进而引起鸡蛋价格的变化。

影响需求的长期因素主要有如下几个方面。

（1）人口数量的变化。

（2）地区经济发展速度。

（3）鸡蛋商品本身的价格，其他相关商品的价格。

（4）消费者收入水平。

（5）消费者的饮食习惯。

（6）消费者未来的消费倾向。

影响需求的季节性因素主要有如下几个方面。

（1）学校假期或开学。

（2）重大节日备货。

（3）农民工季节性大规模流动。

四、成本因素

鸡蛋的成本包括蛋鸡饲料成本、雏鸡费以及其他成本，其中饲料成本和雏鸡费占总成本的 75% ~ 90%。饲料成本占总支出的 60% ~ 70%，是决定鸡蛋价格的主要因素。

五、天气因素及运输成本的影响

天气变化会影响到鸡蛋的储运，直接关系到鸡蛋价格的变化。同时，国际油价的波动影响运输成本，进一步对鸡蛋价格产生影响。

六、其他影响因素

除了以上因素之外，疫病、进出口数量变化等，均会对鸡蛋价格产生影响。

第五节　美国鸡蛋期货市场

一、美国鸡蛋期货市场的发展历史

美国是世界上最早开展鸡蛋期货交易的国家。1874 年，一些供货商在芝加哥组建了农产品交易所，进行鸡蛋等商品的远期交易。1898 年，黄油和鸡蛋经销商退出农产品交易所，组建了芝加哥黄油和鸡蛋交易所。1919 年，芝加哥黄油与鸡蛋交易所正式更名为芝加哥商业交易所（CME）。CME 成立后，鸡蛋开始成为期货品种进行交易。

进入 20 世纪 80 年代，因为鸡蛋的现货产业结构发生了很大变化，大型超市逐步取代随处可见的杂货店，成为鸡蛋的主要销售渠道，小农场也逐步被大农场吞并，蛋鸡养殖场规模越来越大，开始直接为大型超市供货，鸡蛋的价格趋于稳定，变化趋势变得可以预测，现货企业不再面临价格波动风险，套保需求大幅下降。为此，CME 于 1982 年 9 月停止了鸡蛋期货交易。

二、CME 鸡蛋期货合约设计与交易情况

（一）期货合约调整历史

CME 鸡蛋期货交易持续了百年，随着现货市场格局的变化，鸡蛋期货合约的设

计也进行了多次修改。

（1）1919 年 12 月，CME 正式挂牌开始交易鸡蛋期货。

（2）1936 年 9 月，CME 对鸡蛋期货合约进行了第一次标准化修改，鸡蛋成为真正意义上的标准期货品种。

（3）1966 年，CME 将鸡蛋期货合约标的物由冷藏鸡蛋调整为新鲜鸡蛋，冷藏鸡蛋可贴水交割。

从 1940 年开始，随着鸡蛋生产技术的创新和产量的提高，鸡蛋供给变得更加稳定，新鲜鸡蛋逐步成为现货市场的新宠，鸡蛋冷藏变得无利可图，冷藏鸡蛋的市场规模也逐步萎缩，鸡蛋期货交易变得非常清淡。

1966 年，为积极应对鸡蛋现货市场格局发生的变化，CME 将鸡蛋期货合约标的物调整为新鲜鸡蛋，冷藏鸡蛋仍可替代交割，但需承受一定的贴水。鸡蛋期货合约的修改取得了部分成功，期货交易渐趋活跃，新鲜鸡蛋成为投机和套保者的主要交易、交割品种，冷藏鸡蛋逐步退出了交易。

（二）合约条款及质量标准

1、合约条款

以冷藏鸡蛋为例，CME 鸡蛋期货合约的交易单位按照鸡蛋个数来设计，每张合约的规格为 12 000 打鸡蛋，具体条款详见表 12–4。

表 12–4　CME 鸡蛋期货合约

合约条款	内容
是否允许卖空	是
交易单位	每张合约＝ 1Carlot （1Carlot ＝ 12 000 打鸡蛋）
交易佣金	非会员，每 Carlot30 美金； 会员，每 Carlot15 美金
佣金收取	双边
基本等级	打包并冷藏
出入库时间	在 3 月、4 月和 5 月每周连续入库，从 9 月开始连续每周重进出直到 1 月底

2、质量标准及等级划分

美国的鸡蛋标准分为质量等级和大小等级两部分：质量等级主要参考蛋壳、气室、蛋清、蛋黄等感官指标，将鸡蛋分为 AA、A、B 和 C 四个等级，并通过每打的重量将鸡蛋分为六个等级。见表 12-5、表 12-6。

表 12-5　鸡蛋质量等级

质量因素	AA 级	A 级	B 级	C 级
蛋壳	蛋壳干净、清洁	蛋壳干净、清洁	蛋壳些微不干净	蛋壳允许有中等玷污
	蛋壳未破损（无破裂或裂缝）	蛋壳未破损（无破裂或裂缝）	蛋壳未破损（无破裂或裂缝）	无破损
	蛋壳正常形状（无变形）	蛋壳正常形状（无变形）	蛋壳不规则形状	形状可异常
气室	1/8 英寸（0.32cm）或以下深度	3/16 英寸（0.47cm）或以下深度	超过 3/16 英寸（0.47cm）深度	气室深度可超过 9.5mm
	可以无限移动	可以无限移动	可以无限移动	可随意移动
	无气泡	无气泡	无气泡	—
蛋清	蛋清明朗、清澈	蛋清明朗、清澈	蛋清较散，呈多水状	发稀如水（＜ 31 豪氏单位）
	蛋清牢固	蛋清较牢固	只能容许小的血点和肉斑	出现小血点或小血块，但血点不超过 3.2mm
蛋黄	蛋黄轮廓稍微清晰可见	蛋黄轮廓较清晰可见	蛋黄轮廓清晰可见	蛋黄轮廓清晰可见
	蛋黄紧密，圆形并且较高	蛋黄紧密并且较高	蛋黄较为扁平并且扩大	可扩大，扁平
	几乎无缺陷	几乎无缺陷	有清晰可见的蛋白带，但没有血点	能明显看出细菌生长
			有其他血液类的缺陷	无血迹，可出现其他缺陷

表 12-6　大小等级

大小（重量）等级	每打最小净重
Jumbo（巨大）	30 盎司（850 克）
Extra Large（很大）	27 盎司（765 克）
Large（大）	24 盎司（680 克）
Medium（中等）	21 盎司（595 克）
Small（小）	18 盎司（510 克）
Peewee（非常小）	15 盎司（425 克）

（三）持仓与交易概况

1919 年 12 月，CME 挂牌交易鸡蛋期货。上市后第一年，鸡蛋交易量就达到了 11 000 张合约。1929 年，交易量为 47 398 张合约，超过了当时现货交易量的 20 倍。

从持仓量来看，鸡蛋期货的持仓在 1960—1961 年达到了历史高点，日均持仓量为 8 112 张合约。就当时已上市的品种来看，无论是成交量还是成交额，只有大豆和小麦这两个品种的交易活跃度超过了鸡蛋。如图 12-1、图 12-2、图 12-3 所示。

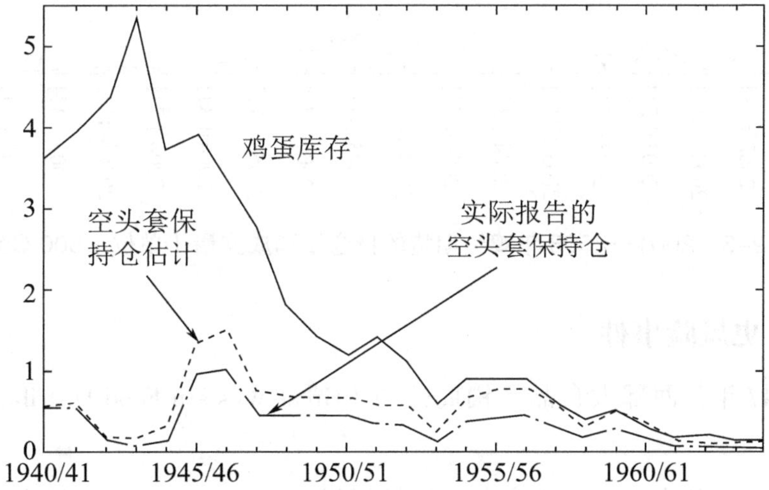

图 12-1　1940—1965 年鸡蛋库存及套保情况（单位：百万 Carlot）

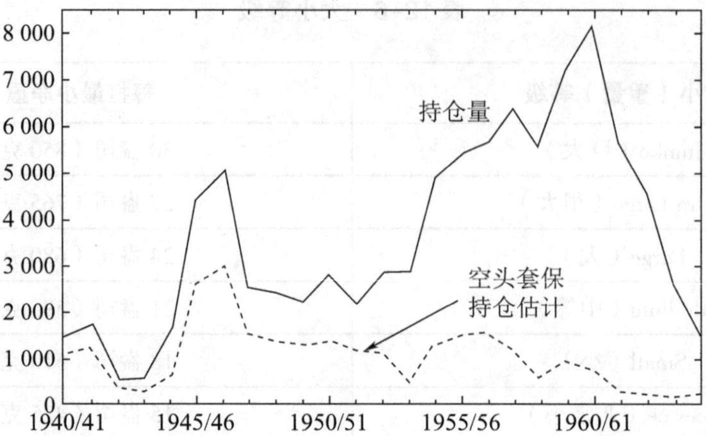

图 12-2　1940—1965 年鸡蛋期货持仓情况（单位：500 Carlot）

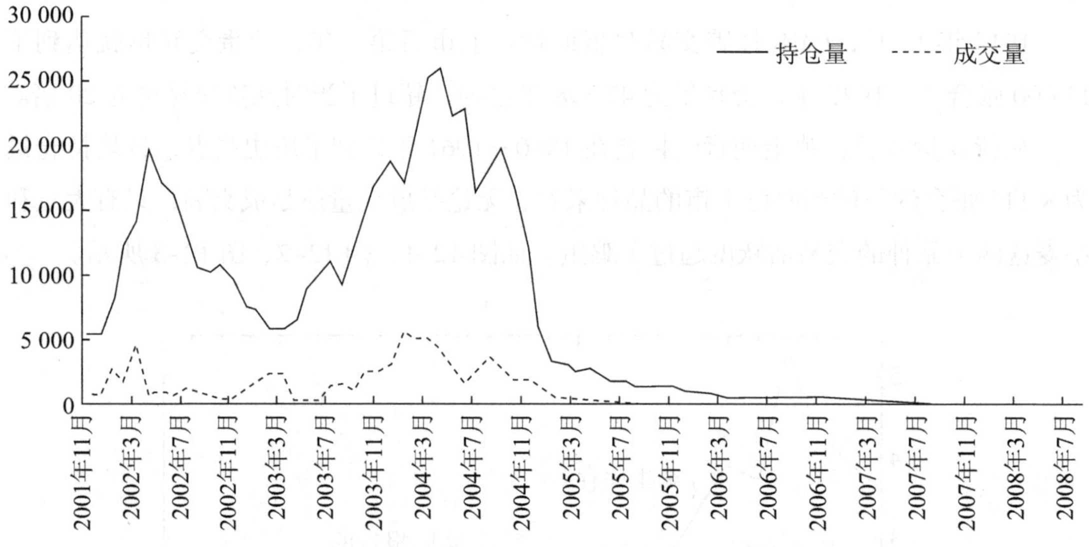

图 12-3　2001—2008 年鸡蛋期货的持仓量和成交量（单位：500 Carlot）

三、历史风险事件

（1）1947 年，西部大食品经销商公司（Great Western Food Distributors）操纵鸡蛋期货事件。

1953 年，西部大食品经销商公司被控操纵了 1947 年 12 月到期的鸡蛋期货合约价格。美国上诉法院指出，1947 年 12 月，在该鸡蛋期货合约交易结束前，可供交割的冷藏鸡蛋价格不正常地高于新鲜鸡蛋的价格，该期货合约的价格也远高于 1948 年 1 月的期货合约价格。

根据调查结果显示，1947 年 12 月 15 日，西部大食品公司占有该期货合约持仓量的 59.6%。12 月 22 日，该比例上升至 76.2%。交易结束时，上升至 73.9%。与此同时，在芝加哥冷藏鸡蛋现货市场上，西部大食品公司 12 月 17 日持有 37.6% 的可供交割现货。在交易结束的最后 3 天内，西部大食品公司持有 44% ~ 51% 的可供交割现货。以上数据足以证明西部大食品公司的市场操纵行为。

（2）1952 年，G.H.Miller 公司操纵鸡蛋期货事件。

1958 年，美国上诉法院起诉 G.H.Miller 公司，称其操纵 1952 年 12 月到期的鸡蛋期货价格。由于这一起诉讼的起因及判定结果与西部大食品公司的案件非常相似，法院讨论的重点不是如何界定和度量是否存在人为操纵价格，只是简单地讨论了如何界定可供交割量。

在判决书中，法院陈述了如下事实：在交易结束的前 3 天内，G.H.Miller 公司持有大量多头头寸，同时占有大量的现货货物（大约 77% 以上的多头头寸，22% 以上的可供交割现货量）。在交易结束前的最后 3 天，该期货合约每天都以涨停收盘。为找到可供交割的冷藏鸡蛋以便履行交割义务，空方不得不到外地市场上寻找货源，或高价购买新鲜鸡蛋。

第十三章　玉米期货

第一节　玉米概况

玉米又名玉蜀黍、大蜀黍、棒子、苞米、苞谷、玉菱、玉麦、六谷、芦黍和珍珠米等，属禾本科玉米属，是中国第一大粮食作物。在生物学范畴里，玉米是一种 C4 植物，苞叶却用 C3 模式进行光合作用，属于雌雄同株。

全世界玉米播种面积仅次于小麦、水稻，居于第三位。在中国，玉米的播种面积很大，分布也很广，是中国北方和西南山区及其他旱谷地区人民的主要粮食之一。玉米中的叶黄素和玉米黄质是强大的抗氧化剂，能够保护眼睛中叫做黄斑的感光区域，预防老年性黄斑变性和白内障的发生。

玉米属于禾本科玉蜀黍族，玉蜀黍属玉米种，学名玉蜀黍，原产于拉丁美洲的墨西哥和秘鲁沿安第斯山麓一带。哥伦布发现美洲大陆后，在第二次归程（1499 年）中把玉米带到西班牙。随着世界航海业的发展，玉米逐渐传到了世界各地，成为最重要的粮食作物之一。

一、国内方面

7 月份估计，2015/16 年度我国玉米产量为 22 458.0 万吨；进口量为 320 万吨；总消费量为 17 903.0 万吨，其中食用消费 1 816 万吨，饲用消费 10 300 万吨，工业消费 5 640 万吨；出口量 3 万吨；市场结余量为 4 875 万吨。

国家粮油信息中心预计，2016 年全国玉米播种面积为 37 170 千公顷，较上年减少 947 千公顷，减幅 2.5%。预计 2016 年全国玉米每公顷产量为 5.865 吨，较上年减少 27 公斤 / 公顷，较上年下降 0.5%。2016 年全国玉米产量为 21 800 万吨，较上年减少 658 万吨，较上年下降 2.9%。

7 月份预计，2016/17 年度国内总消费量为 20 228 万吨，其中玉米食用消费量为

1 820 万吨，玉米饲料消费为 12 200 万吨，玉米工业消费 6 070 万吨。

7 月份预计，2016/17 年度我国进口玉米 100 万吨，预计 2016/17 年度玉米结余量为 1 669 万吨。

二、国际方面

6 月份，美国农业部市场供需报告预计，2016/17 年度全球玉米产量为 10.11 亿吨，期末库存为 2.05 亿吨，全球玉米市场仍然显著供大于求。

第二节　玉米种植

一、玉米种植历史

玉米 16 世纪时传入中国，最早记载见于明朝嘉靖三十四年成书的《巩县志》，称其为“玉麦”。嘉靖三十九年《平凉府志》称作“番麦”和“西天麦”。“玉米”之名最早见于徐光启的《农政全书》。在原产地美洲以外，中国是玉米种植最为普及的地区之一。玉米也是全世界总产量最高的粮食作物。目前中国各地都有种植，尤以东北、华北和西南各省较多。

东北地区普遍种植硬粒型玉米，华北地区多种植适于磨粉的马齿型玉米，品质次于硬粒型玉米。玉米是粗粮中的保健佳品，食用玉米对人体健康颇为有利。

玉米喜温，种子发芽的最适温度为 25 ~ 30℃。拔节期日均 18℃以上。从抽穗到开花日均 26 ~ 27℃。灌浆和成熟需保持在 20 ~ 24℃。低于 16℃或高于 25℃，淀粉酶活动会受到影响，导致籽粒灌浆不良。

玉米为短日照作物，日照时数在 12 小时内成熟会提早。长日照则开花延迟，甚至不能结穗。

玉米在砂壤、壤土、黏土中均可生长。玉米适宜的土壤 pH 值为 5 ~ 8，以 6.5 ~ 7.0 最适。耐盐碱能力差，特别是氯离子对玉米危害大。

玉米的根为须根系，除胚根外，还从茎节上长出节根。从地下节根长出的节根称为地下节根，一般 4 ~ 7 层。从地上茎节长出的节根又称支持根、气生根，一般 2 ~ 3 层。株高 1 ~ 4.5 米，秆呈圆筒形。全株一般有叶 15 ~ 22 片，叶身宽而长，叶缘常呈波浪形。花为单性，雌雄同株。雄花生于植株的顶端，为圆锥花序。雌花生于植株中部的叶腋内，为肉穗花序。雄穗开花一般比雌花吐丝早 3 ~ 5 天。

玉米种植范围从北纬 58°（加拿大和俄罗斯）至南纬 40°（南美）均有种植。世界上整年每个月都有玉米成熟。玉米是美国最重要的粮食作物，产量约占世界产量的一半，其中约 2/5 供外销。中国年产玉米占世界第二位，其次是巴西、墨西哥和阿根廷。

玉米是谷实类饲料的主体，也是我国主要的能量饲料。玉米的适口性好，没有使用限制。

据研究测定，每 100 克玉米含热量 196 千卡，粗纤维 1.2 克，蛋白质 3.8 克，脂肪 2.3 克，碳水化合物 40.2 克，另含矿物质元素和维生素等。玉米中含有较多的粗纤维，比精米、精面高 4 ~ 10 倍。玉米中还含有大量镁，镁可加强肠壁蠕动，促进机体废物的排泄。玉米的上述成分与功能，对于减肥非常有利。玉米成熟时的花穗玉米须有利尿作用，也对减肥有利。

玉米胚特别大，占总重量的 10% ~ 14%，其中含有大量的脂肪，因此可以从玉米胚中提取油脂。由于玉米中含有较多的脂肪，所以玉米在贮存过程中易酸败变质。

玉米既可磨粉，又可制米。玉米粉没有等级之分，只有粗细之别。玉米粉可制作窝头、丝糕等。玉米粉中的蛋白质不具有形成面筋弹性的能力，持气性能差，需与面粉掺和后方可制作各种发酵点心。用玉米制出的碎米叫玉米渣，可用于煮粥、焖饭。尚未成熟的极嫩的玉米称为“玉米笋”，可用于制作菜肴。

黏玉米也叫糯玉米，是一种十分受欢迎的粮食兼蔬菜作物，黏玉米籽粒不透明，无光泽，外观似蜡质，煮熟后黏软，富于黏性。黏玉米淀粉比普通玉米淀粉易于消化，适口性好，营养丰富。

黏玉米最早是在中国发现的，由于黏玉米的干籽粒切口似蜡质而得名。黏玉米胚乳中的淀粉 100% 为支链淀粉，比普通玉米淀粉易于消化。鲜嫩黏玉米所具有的独特风味更为人们青睐。黏玉米食品产业呈现蓬勃的发展态势。适期采收的糯玉米鲜果穗可直接在市场上出售，用作鲜食。若采用相应的加工方法，则可以大幅度增值，提高经济效益。

我国在糯玉米的产品开发和综合加工利用方面取得较大进展，目前主要有果穗鲜食、速冻保鲜、加工罐头、制作食品、用于酿造、加工淀粉和淀粉糖等。

我国食用玉米市场已经开始启动，并在逐步扩大，其鲜穗市场主要是城镇和旅游景区，甜玉米、糯玉米鲜穗加工食品多采用速冻、真空包装冷冻等供应大中城市，很多产品已进入超级市场。

甜玉米、糯玉米是人们喜爱的食品，富有营养，有益健康，市场容量非常大。中国人口基数大，需求旺盛，黏玉米市场发展远远不能满足市场需要，目前黏玉米市场异常繁荣，产品供不应求。从总的趋势看，市场需求缺口仍很大，但农民朋友必须根据市场需求选择品种。

玉米在我国粮食安全中起着极其重要的作用，是重要的饲料作物，又是食品、化工、燃料、医药等行业的重要原料。因此，其产量和价格备受瞩目。

二、玉米分类

（一）根据玉米种皮颜色分类

根据玉米种皮颜色，可以将玉米分为以下三类。

（1）黄玉米。种皮为黄色，并包括略带红色的黄色玉米。

（2）白玉米。种皮为白色，并包括略带淡黄色或粉红色的白色玉米。

（3）混合玉米。混入本类以外玉米超过 5.0% 的玉米。

（二）按照玉米品质分类

玉米按照品质可分为常规玉米和特用玉米两大类。

（1）常规玉米。常规玉米是指最普通最普遍种植的玉米。

（2）特用玉米。特用玉米是指除常规玉米以外的各种类型玉米。传统的特用玉米有甜玉米、糯玉米和爆裂玉米，新发展起来的特用玉米有优质蛋白玉米（高赖氨酸玉米）、高油玉米和高直链淀粉玉米等。由于特用玉米比普通玉米具有更高的技术含量和更大的经济价值，国外把它们称为“高值玉米”。

①甜玉米。通常分为普通甜玉米、加强甜玉米和超甜玉米。甜玉米对生产技术和采收期的要求比较严格，且货架寿命短。我国现在已经掌握了全套育种技术并积累了一些种质资源，国内育成的各种甜玉米类型，基本能够满足市场需求。

②糯玉米。糯玉米的生产技术比甜玉米简单得多，与普通玉米相比几乎没有什么特殊要求，采收期比较灵活，货架寿命也比较长，不需要特殊的贮藏、加工条件。

糯玉米除鲜食外，还是淀粉加工业的重要原料。我国的糯玉米育种和生产发展非常快。

③高油玉米。含油量较高，特别是其中亚油酸和油酸等不饱和脂肪酸的含量达到 80%，具有降低血清中胆固醇、软化血管的作用。

此外，高油玉米比普通玉米蛋白质高 10% ~ 12%，赖氨酸高 20%，维生素含量也较高，是粮、饲、油兼顾的多功能玉米。

④优质蛋白玉米。优质蛋白玉米又叫高赖氨酸玉米，产量不低于普通玉米，而全籽粒赖氨酸含量比普通玉米高 80% ~ 100%。在我国一些地区，已经实现了高产优质的结合。

⑤紫玉米。紫玉米是一种非常珍稀的玉米品种，为我国特产。因颗粒形似珍珠，有“黑珍珠”之称。紫玉米的品质虽优良特异，但棒小、粒少，亩产只有 50 公斤左右。

⑥飞花玉米。玉米是异花传粉植物，在田间种植 2 ~ 3 个品种，在玉米开花的时候，各种玉米的花粉随着风的传播，很容易相互之间进行杂交，结出各种颜色的籽粒，这就产生了飞花玉米。

其他特用玉米和品种改良玉米，还包括高淀粉专用玉米、青贮玉米、食用玉米杂交品种等。

玉米作为世界上分布最广泛的粮食作物之一，被广泛应用于饲料原料、工业原料、食品生产等诸多领域。饲料消费是玉米最重要的消费渠道，约占消费总量的 70% 左右。作为工业原料使用，也是玉米消费的主要渠道，被广泛用于工业酒精、淀粉、造纸、纺织、医药、食用等诸多领域。

三、玉米籽粒类型

根据玉米籽粒的形态、胚乳结构以及有无颖壳，可分为以下 9 种类型。

（1）硬粒型。硬粒型，也称燧石型。籽粒多为方圆形，顶部及四周胚乳都是角质，仅中心胚部分为粉质，故外表半透明，有光泽，坚硬饱满。粒色多为黄色，间或有红、紫等色。籽粒品质好，是我国长期以来栽培较多的类型，主要作食粮用。

（2）马齿形。马齿形，又叫马牙型。籽粒扁平呈长方形，由于粉质的顶部比两侧角质干燥得快，所以顶部中间下凹，形似马齿，故名。

籽粒表皮皱纹粗糙不透明，多为黄、白色，少数呈紫或红色，食用品质较差。是世界上及我国栽培最多的一种类型，适宜制造淀粉、酒精或作饲料。

（3）半马齿型。半马齿型，也叫中间型。它是由硬粒型和马齿型玉米杂交而来。籽粒顶端凹陷较马齿型浅，有的不凹陷，仅呈白色斑点状。顶部的粉质胚乳较马齿型少，但比硬粒型多，品质较马齿型好，在我国栽培较多。

（4）粉质型。粉质型，又名软质型。胚乳全部为粉质，籽粒乳白色，无光泽。

只能作为制取淀粉的原料，在我国很少栽培。

（5）甜质型。甜质型，亦称甜玉米。胚乳多为角质，含糖分多，含淀粉较低。因成熟时水分蒸发，使籽粒表面皱缩，呈半透明状。多做蔬菜用，我国种植不多。

（6）甜粉型。籽粒上半部为角质胚乳，下半部为粉质胚乳。我国很少栽培。

（7）蜡质型。蜡质型，又名糯质型。籽粒胚乳全部为角质但不透明，而且呈蜡状，胚乳几乎全部由支链淀粉组成。食性似糯米，黏柔适口。我国只有零星栽培。

（8）爆裂型。籽粒较小，米粒形或珍珠形，胚乳几乎全部是角质，质地坚硬透明，种皮多为白色或红色。尤其适宜加工爆米花等膨化食品。我国有零星栽培。

（9）有稃型。籽粒被较长的稃壳包裹，籽粒坚硬，难脱粒，是一种原始类型，无栽培价值。

四、我国玉米质量国家标准

我国玉米质量国家标准，根据玉米的粒色和粒质分为以下四类。

（1）黄玉米。种皮为黄色，包括略带红色的黄玉米。美国标准中规定黄玉米中其他颜色玉米含量不超过 5.0%。

（2）白玉米。种皮为白色，包括略带淡黄色或粉红色的玉米。美国标准中将淡黄色表述为浅稻草色，并规定白玉米中其他颜色玉米含量不超过 2.0%。

（3）糯玉米。糯玉米是富含黏性的玉米。

（4）杂玉米。前三类玉米中混有本类以外玉米超过 5.0% 的玉米。我国国家标准中定义杂玉米为混入本类以外玉米超过 5.0% 的玉米。美国标准中表述为颜色既不能满足黄玉米的颜色要求，也不符合白玉米的颜色要求，并含有白顶黄玉米。

五、玉米的生长发育

玉米生长的三个阶段需肥数量比例不同，苗期占需肥总量的 2%，穗期占 85%，粒期占 13%。玉米从拔节到大喇叭口期是需肥的高峰期，要做到合理施肥，即底肥、种肥、追肥结合，氮肥、磷肥、钾肥结合，农肥、化肥、生物菌肥结合。底肥要施足，这是基础，一般亩施腐熟的有机肥 2 000 公斤，五氧化二磷 7.5 公斤，钾肥 5.5 公斤做底肥。

在底肥、种肥施入水平不高，地力条件较差，种植晚熟品种的地块，可在玉米 6 ~ 7 叶期进行追肥，亩追尿素 15 公斤左右，深追 15cm 以上，以提高化肥利用率。底肥、种肥施入水平高的地块，亩追尿素 10 公斤左右。

玉米追肥要及早进行，一是前边追肥，后边趟地，追肥和趟地要结合。二是用镐刨坑，深追 15cm 以上。追肥时，要化肥和生物肥相结合，以促进根系良好发育。一般情况下，亩追尿素 10 ~ 15 公斤，加生物菌肥 1 公斤，这样能促进玉米提早成熟。

在抽穗期和灌浆期，亩用 0.25 公斤磷酸二氢钾和 0.5 公斤尿素，兑水 50 公斤，进行叶面喷施，同时可喷施壮穗灵提高授粉、受精、灌浆质量，可防秃尖、缺粒，增加产量，提高质量。

有机食品玉米不能用化肥，最好用发酵好的有机肥做底肥，追肥用饼肥，这样肥效平稳而持久，效果好于化肥，而且后劲长。追肥时，饼肥与作物幼苗要保持适当距离，以免饼肥发酵时产生的热量灼烧幼苗。

六、玉米病虫害

常见玉米病害有 30 多种，主要有大斑病、小斑病，虫害有玉米螟、地老虎等。

（一）常见病害

常见病害有玉米小斑病、玉米大斑病、玉米黑穗病、玉米黑粉病、玉米茎腐病、玉米锈病、玉米炭疽病、玉米霉斑病、玉米矮花叶病、玉米普通花叶病、玉米条纹矮缩病等。

（二）常见虫害

常见虫害有玉米螟、玉米蚜、玉米蓟马、玉米红蜘蛛、地老虎、蛴螬、金针虫、蝼蛄、大垫尖翅蝗、亚洲飞蝗、宽须蚁蝗、小翅雏蝗、狭翅雏蝗、西伯利亚蝗、苜蓿夜蛾、小麦皮蓟马、赤须盲蝽、叶蝉类、粟茎跳甲、粟灰螟、甜菜夜蛾等。

七、玉米的储藏

（一）粒藏法

粒藏法，即脱粒玉米入仓贮藏。此法仓容利用率高。如仓库密闭性能好，种子处在低温干燥的条件下，可以长期贮藏而不影响活力。

粒藏法的要点如下。

（1）降低种子水分，干燥贮藏。严控种子入库水分，入库后严防种子吸湿回潮。在一般仓库条件下，种子含水量不能超过 13%。

（2）低温密闭。含水量降至安全标准以内的玉米种子，选择冷天入仓或冷天通风降温等办法，降温后堆面盖席或麻袋，再覆盖干净无虫的大豆杆、麦糠、干沙、棉毯等压盖密闭贮藏，可使种子长期处于低温状态，减少虫霉的危害。

（3）通风贮藏。北方地区由于冬季干旱，雨水少，有的地方采用围囤露天散装贮藏，可以利用通风降低种子水分，降水后再入仓贮藏。但必须要注意防止种子冻害。

（二）穗藏法

相对湿度低于 80% 的地区，一般以穗藏为宜，其优点如下。

（1）新收获的玉米果穗，穗轴内的营养物质可以继续运送到籽粒内，使种子达到充分成熟，且可在穗上继续进行后熟。

（2）穗与穗间孔隙度大，便于空气流通，堆内湿气较易散发。高水分玉米干燥不够，经过一个冬季自然通气，可将水分降至安全水分以内，来年春季即可脱粒，再进行密闭贮藏。

（3）籽粒在穗轴上着粒紧密处有坚韧果皮，能起到一定的保护作用。除果穗两端的少量籽粒可发霉或被虫蛀蚀外，中间部分种子活力不受影响，所以生产上常采用这部分种子作播种材料。

采用此法贮藏时，可将玉米果穗茎叶编成辫，挂在通风避雨的地方，或将玉米围绕树干挂成圆锥形，在锥顶部披草防雨。也可将去掉苞叶的玉米穗堆在由高粱杆编成的简易仓中，简易仓底部要离开地面一定的距离，以防止畜禽和老鼠的危害。

八、世界玉米利用现状

玉米利用总的情况是，在工业发达国家用作饲料的比例大，发展中国家用作口粮的比例大。

随着全世界畜牧业的大发展，饲料工业得以迅速发展，全世界饲料用玉米需求呈现快速增长趋势。在发展中国家表现为工业饲料消耗玉米增加，同时采用传统方式喂饲畜禽的饲料玉米消耗亦在增加。在发达国家和地区表现为大量的玉米原粮被加工为工业饲料。

第三节　玉米期货知识

玉米与豆粕是重要的饲料原料，其中玉米在配制饲料中所占比重可达到 60% 左右，其价格波动对于饲料企业影响很大。运用玉米期货，可以有效利用发现价格和规避风险功能，引导玉米产地调整种植结构，促进农民增收。还能吸引社会游资分担产业风险，提高企业市场竞争力，对于提高我国在国际玉米市场中的竞争优势具有重要的现实意义。

一、影响玉米价格变动的因素

（一）玉米的供给

从历年的生产情况看，国际玉米市场中，美国的产量占到了 40% 以上，中国的产量占到 20%，参见表 13-1，南美的产量占到大约 10%，成为世界玉米的主产区。上述三地的产量和供应量对国际市场的影响较大，特别是美国玉米产量，成为影响国际供给最为重要的因素。其他各个国家和地区的产量比重都较低，对国际市场的影响很小。

表 13-1　2013—2016 年中国玉米产量变化分析

单位：千公顷，公斤 / 公顷，千吨

项目	2013 年	2014 年	2015 年（7 月估计）	2016 年（7 月估计）	同比变量	同比变化
播种面积						
全国	36 318	37 123	38 117	37 170	–947	–2.5%
河北	3 109	3 171	3 201	3 100	–101	–3.2%
山西	1 670	1 677	1 699	1 698	–1	–0.1%
内蒙古	3 171	3 372	3 437	3 304	–133	–3.9%
辽宁	2 246	2 330	2 375	2 325	–50	–2.1%
吉林	3 499	3 697	3 754	3 650	–104	–2.8%
黑龙江	5 448	5 440	5 789	5 299	–490	–8.5%
山东	3 061	3 126	3 188	3 180	–8	–0.3%
河南	3 203	3 284	3 302	3 300	–2	–0.1%
陕西	1 166	1 154	1 153	1 140	–13	–1.1%
其他	9 747	9 873	10 219	10 174	–45	–0.4%
单　产						
全国	6 016	5 809	5 892	5 865	–27	–0.5%

续表

项目	2013 年	2014 年	2015 年（7 月估计）	2016 年（7 月估计）	同比变量	同比变化
河北	5 481	5 269	5 168	5 160	–8	–0.2%
山西	5 721	5 596	5 295	5 480	185	3.5%
内蒙古	6 528	6 483	6 569	6 480	–89	–1.4%
辽宁	6 961	5 023	5 599	5 900	301	5.4%
吉林	7 933	7 395	7 233	7 392	159	2.2%
黑龙江	5 904	6 146	6 147	6 000	–147	–2.4%
山东	6 427	6 360	6 475	6 400	–75	–1.2%
河南	5 608	5 274	5 604	5 500	–104	–1.9%
陕西	5 031	4 677	4 795	4 800	5	0.1%
其他	5 350	5 330	5 456	5 388	–67	–1.2%
产　量						
全国	218 489	215 646	224 580	218 000	–6 580	–2.9%
河北	17 039	16 707	16 543	15 996	–547	–3.3%
山西	9 555	9 381	8 996	9 305	309	3.4%
内蒙古	20 697	21 861	22 578	21 410	–1 168	–5.2%
辽宁	15 632	11 705	13 298	13 718	420	3.2%
吉林	27 757	27 335	27 153	26 981	–172	–0.6%
黑龙江	32 164	33 434	35 585	31 794	–3 791	–10.7%
山东	19 671	19 883	20 642	20 352	–290	–1.4%
河南	17 965	17 321	18 504	18 150	–354	–1.9%
陕西	5 867	5 396	5 527	5 472	–55	–1.0%
其他	52 141	52 624	55 754	54 823	–931	–1.7%

相对于大豆等农产品，我国的玉米生产具有相对独立性，每年进口量较低，出口量相对稳定，每年的国内产量成为影响国内供给的主要因素，参见表 13–2、表 13–3。

表 13-2　2012—2016 年中国月度玉米进口量

单位：千吨

项目	2012 年	2013 年	2014 年	2015 年	2016 年
1 月	751.14	396.89	650.90	579.39	7.99
2 月	520.67	394.09	479.76	602.95	62.30
3 月	471.98	237.04	48.08	50.56	575.35
4 月	16.42	419.50	93.06	140.84	1 155.34
5 月	116.31	66.61	79.26	403.88	1 036.85
6 月	528.65	7.82	27.25	872.92	
7 月	721.52	72.71	86.37	1 107.53	
8 月	598.84	10.64	133.67	607.58	
9 月	385.93	1.54	20.47	169.71	
10 月	445.25	38.86	114.19	42.88	
11 月	384.21	797.87	259.09	18.67	
12 月	265.82	820.97	607.20	133.01	
合计	5 206.75	3 264.54	2 599.31	4 729.92	2 837.83

注：①数据来源于中国海关总署。

②数字经四舍五入之后可能与其他表格数字出现微小差异。

③空白为不足千吨。

表 13-3　2012—2016 年中国月度玉米出口量

单位：千吨

项目	2012 年	2013 年	2014 年	2015 年	2016 年
1 月	2.31	0.54	0.01	0.19	—
2 月	0.40	5.28	0.00	0.03	0.62
3 月	2.33	5.62	1.23	0.24	0.03
4 月	221.11	2.59	4.43	5.60	0.28
5 月	3.61	1.77	—	0.58	0.01
6 月	3.37	1.88	0.16	0.36	
7 月	4.29	1.17	3.89	0.65	

续表

项目	2012 年	2013 年	2014 年	2015 年	2016 年
8 月	4.98	1.91	3.02	0.35	
9 月	6.11	50.64	3.38	0.65	
10 月	1.63	0.46	0.72	0.94	
11 月	2.12	2.61	1.31	0.41	
12 月	5.01	3.16	1.84	0.87	
合计	257.27	77.63	20.00	10.86	0.92

注：①数据来源于中国海关总署。

②数字经四舍五入之后可能与其他表格数字出现微小差异。

③“—”表述无数据，空白为不足千吨。

一般而言，国内玉米在 10 月底开始陆续上市，上市时正是玉米现货价格走低的时候。到来年五六月份，玉米开始走向紧缺，价格开始走高，七八月份价格达到顶峰。

（二）玉米的需求

美国和中国既是玉米主产国，也是主要消费国。对玉米消费较多的国家还有欧盟、日本、巴西、墨西哥等国家和地区，这些国家和地区消费需求的变化对玉米价格的影响较大。各主要消费国玉米深加工工业迅速发展，大大推动了玉米消费需求的增加。

从国内情况来看，玉米消费主要来自饲料和加工业，参见表 13–4、表 13–5。受国际市场和疫情的影响，历年畜牧业一直处于稳定的波动中，直接影响了对饲料的需求，进而影响玉米的需求，从而作用于玉米的价格走势。玉米深加工的发展是玉米需求增加，供给趋紧，促使价格上涨的直接推动力。

表 13–4　2013/14—2016/17 年度中国工业用玉米消费量

单位：千吨

项目	2013/14	2014/15	2015/16（7 月估计）	2016/17（7 月估计）	同比变量	同比变化
全国	49 000	50 500	56 400	60 700	4 300	7.6%
河北	3 700	3 700	4 000	4 220	220	5.5%
山西	800	740	800	800	0	0.0%
内蒙古	3 400	3 600	3 850	4 000	150	3.9%

续表

项目	2013/14	2014/15	2015/16（7月估计）	2016/17（7月估计）	同比变量	同比变化
辽宁	2 210	2 300	2 300	2 550	250	10.9%
吉林	9 350	9 800	10 980	11 200	220	2.0%
黑龙江	5 900	6 600	7 300	9 200	1 900	26.0%
安徽	2 400	2 400	2 850	3 150	300	10.5%
山东	13 580	14 250	16 000	16 530	530	3.3%
河南	3 950	3 670	4 550	5 100	550	12.1%
陕西	1 700	1 580	1 770	1 800	30	1.7%

注：表中玉米市场年度为当年10月至次年9月。

表13–5　2013/14—2016/17年度中国玉米供需平衡分析

单位：千吨，千公顷

项目①	2013/14	2014/15	2015/16（7月估计）	2016/17（7月估计）
播种面积②	36 318	37 123	38 117	37 170
东北地区③	14 363	14 839	15 355	14 578
华北黄淮地区④	12 620	12 838	13 033	12 916
单位产量②	6.016	5.809	5.892	5.865
东北地区	6.701	6.357	6.422	6.441
华北黄淮地区	5.739	5.597	5.668	5.626
产量②	218 489	215 646	224 580	218 000
东北地区	96 250	94 335	98 613	93 902
华北黄淮地区	72 428	71 851	73 874	72 668
生产量	218 489	215 646	224 580	218 000
进口量⑤	3 277	5 516	3 200	1 000
新增供给	221 766	221 162	227 780	219 000
食用消费	18 000	18 000	18 160	18 200

续表

项目①	2013/14	2014/15	2015/16（7月估计）	2016/17（7月估计）
饲料消费	111 500	100 000	103 000	122 000
工业消费	49 000	50 500	56 400	60 700
种用消费	1 480	1 500	1 440	1 380
国内消费	179 980	170 000	179 000	202 280
出口量⑤	22	12	30	30
总消费量	180 002	170 012	179 030	202 310
年度结余⑥	41 763	51 150	48 750	16 690

①表中玉米市场年度为当年10月至次年9月。
②表中产量数据为国家统计局统计数据，或以其为基础的预测数据。
③表中东北地区包括吉林、黑龙江、辽宁和内蒙古。
④表中华北黄淮地区包括北京、天津、河北、河南、山西、山东、江苏、安徽。
⑤表中进出口数据为中国海关总署统计数据，或以其为基础的预测数据。
⑥表中结余量为当年新增供给量与年度需求总量间的差额，不包括上年库存。

（三）玉米库存的影响

在一定时期内，一种商品库存水平的高低，直接反映了该商品供需情况的变化，是商品供求格局的内在反映。研究玉米库存变化，有助于了解玉米价格的运行趋势。一般来说，在库存水平提高的时候，玉米价格走低。在库存水平降低的时候，玉米价格走高，结转库存水平和玉米价格存在负相关关系。

（四）相关商品的价格

与玉米关系最密切的粮食品种，包括饲料小麦和饲料稻谷。历年的价格实践表明，上述粮食品种在消费过程中具有一定的替代作用。例如，饲料小麦和玉米的正常比价关系约为9:10，如果两者比价关系超过这一水平且幅度较大，则会引起两种商品在使用上替代情况的发生。因此，小麦和稻谷的价格，成为影响玉米价格走势非常重要的因素。

此外，由于玉米现阶段主要用于饲料生产，因此同样用于饲料生产的豆粕价格的变动，也会在很大程度上影响玉米的价格。尽管两者不能相互替代，但是在目前国内豆粕供给充裕的情况下，豆粕价格的涨跌常常是市场饲料产量和需求量增减的直观反映，玉米价格的变动会受到饲料需求量变动的影响。

（五）气候的影响

玉米作为农产品，无论现货价格还是期货价格，都会受到天气因素的影响。播种和生长期间，天气情况的改善会使玉米产量由减产转为增产，并导致供求心理预期的变化，玉米价格随之产生下跌压力。反之，玉米价格会由于长期干旱或其他不利天气因素而诱发供给紧张预期，产生推动价格上涨的动力。

由于美国是全球最大的玉米生产国和出口国，因此，不仅我国国内的天气变化会对我国期货价格产生影响，美国的天气变化同样也会对我国玉米价格产生较大的影响。其他主产地如南美天气的变化，也会对我国玉米价格产生一定的影响。

由于美国和中国处于同一纬度，两国玉米的种植与生长期间基本相同，每年 4—9 月是对两国玉米播种面积和天气（主要反映作物的生育状况）炒作的时候。10 月至次年 3 月，南美玉米产区的天气情况，就成为期货市场关注的要素之一。

一般情况下，玉米价格在收割期供应量达到最高时开始下跌，在春天和初夏供应紧缺及新作产量不确定时达到高点。夏天的中期到晚期，新作产量情况会逐渐明朗，但也是受天气影响最为关键的时期，因此对之应该重点关注。至收割期前，玉米价格一般会下跌。玉米价格对天气变化的反应程度，最终取决于市场总体的供需情况。

（六）经济周期

世界经济是在繁荣与衰退的周期性交替中不断发展的，经济周期是现代经济社会中不可避免的经济波动，是现代经济的基本特征之一。在经济周期中，经济活动的波动发生在几乎所有的经济部门，因此，经济周期是总体经济而非局部经济的波动。

衡量总体经济状况的基本指标是国民收入，经济周期也就表现为国民收入的波动，并由此引发产量、就业、物价水平、利率等的波动。经济周期在经济的运行中周而复始地反复出现，一般由复苏、繁荣、衰退和萧条四个阶段构成。受此影响，玉米的价格就会出现相应的波动。从宏观面进行分析，经济周期是非常重要的影响因素之一。

（七）货币汇率

无论以人民币还是以美元作为玉米价格的货币单位，货币实际币值的波动，必然会对玉米的现货价格产生影响，同样也会对期货价格产生影响。

金融资产与商品期货之间有一定的联动性，总的来说，当货币贬值时，相应地玉米期货价格会上涨。当货币升值时，期货价格会出现下跌。因此，货币汇率是除了供给量、需求量和经济周期等决定玉米期货价格主要因素之外的另一个重要的影响因素。

从 2002 年以来美国 CBOT 玉米等商品期货品种走势与美元走势的关系可以看出，美元贬值是推动商品期货价格上涨的主要因素之一。

（八）国家相关政策的影响

国家的粮食产业政策，一直以来都在影响甚至左右着玉米市场和玉米价格，20 世纪 80 年代中期开始，我国一直致力于进行粮食的市场化改革，从 1985—1997 年的“合同定购、国家定购和价格双轨制”，1998 年的“三项政策，一项改革”，2001 年的“放开销区、保护区，省长负责，加强调控”，至目前全面放开粮食收购市场，实现粮食购销市场化和市场主体多元化。

经过多年改革，我国玉米市场基本上已达到完全的市场化运作，玉米价格已经基本上完全反映市场供需。但相关的产业政策、进出口政策、储备政策、货币政策，仍将对玉米市场及其价格走势产生重要影响，需予以关注。

（九）其他因素

除了上述八个主要方面的影响外，在玉米播种与生长期间，还应注意国内经济景气情况、政治局势、军事行动以及一些突发事件对玉米价格走势的影响。

以下是国内玉米各省区供需表，参见表 13-6，供投资参考用。

表 13-6　2015/16 年度中国玉米分省区供需平衡分析

单位：千吨

项目[①]	产量	总供给[①]	饲料消费[②]	其他[③]	总需求	结余量[④]
全国	224 580	227 780	103 000	76 030	179 030	48 750
北京	490	490	1 440	295	1 735	–1 245
天津	1 047	1 047	1 340	347	1 687	–640
河北	16 543	16 543	9 300	5 090	14 390	2 153
山西	8 996	8 996	1 300	1 288	2 588	6 408
内蒙古	22 578	22 578	2 440	4 272	6 712	15 866
辽宁	13 298	13 348	5 900	2 934	8 834	4 514
吉林	27 153	27 153	3 200	11 470	14 670	12 483

续表

项目①	产量	总供给①	饲料消费②	其他③	总需求	结余量④
黑龙江	35 585	35 585	3 100	7 980	11 080	24 505
上海	26	126	570	260	830	−704
江苏	2 549	2 609	3 550	1 132	4 682	−2 073
浙江	299	359	2 550	612	3 162	−2 803
安徽	5 103	5 163	2 150	3 781	5 931	−768
福建	202	322	2 200	490	2 690	−2 368
江西	123	183	3 100	590	3 690	−3 507
山东	20 642	20 942	11 000	17 380	28 380	−7 438
河南	18 504	18 504	7 800	6 061	13 861	4 643
湖北	3 378	3 438	4 900	1 392	6 292	−2 854
湖南	2 208	2 268	7 100	914	8 014	−5 746
广东	769	2 769	7 000	1 397	8 397	−5 628
广西	2 647	2 707	3 200	680	3 880	−1 173
海南	0	50	2 100	111	2 211	−2 161
重庆	2 582	2 582	1 850	390	2 240	342
四川	7 735	7 795	7 800	1 300	9 100	−1 305
贵州	3 252	3 252	1 500	559	2 059	1 193
云南	7 552	7 652	2 800	650	3 450	4 202
西藏	26	26	10	10	20	6
陕西	5 527	5 527	1 560	2 325	3 885	1 642
甘肃	5 706	5 706	1 000	860	1 860	3 846
青海	183	183	70	40	110	73
宁夏	2 222	2 222	270	647	917	1 305
新疆	7 655	7 655	900	774	1 674	5 981

①表中玉米市场年度为当年10月至次年9月，总供给为产量与进口量之和。

②表中饲料消费包括工业配合饲料消费、浓缩饲料配料消费以及农户自养直接投喂。

③表中其他消费包括工业、食用、种用、损耗等项目。

④表中结余量为当年产量与消费量的差额，不含上年库存。

二、美国玉米期货

美国是世界玉米生产、消费和贸易第一大国。以CBOT为代表的美国玉米期货市场同现货市场有效接轨，其形成的玉米期货价格成为世界玉米市场价格的“风向标”。

美国市场拥有相当可观的市场规模，而且流动性、价格发现、转移风险等经济功能也比较完善。其玉米期货合约及交易交割规则的设计和修改中的经验，更是成为世界期货市场的共同财富，为众多期货交易市场借鉴和采用。

美国是世界上玉米产量最大的国家，玉米播种面积占世界玉米总面积的1/4，总产接近世界总量的1/2，贸易量占全球贸易量的2/3。这一现状决定了美国玉米现货商对于玉米价格的敏感性要比其他国家强得多，也使美国玉米期货市场具有世界上最广泛的客户基础和巨大的影响力，这是支撑美国玉米期货市场持续活跃的根本因素。

美国生产的玉米多数用于生产配合饲料。用作饲料的谷物中，玉米约占90%，每年饲料工业消耗的玉米大约占玉米总产的60%左右。美国中西部玉米带的几十个州，是美国饲料的主产区，同时这些地区的畜牧业也非常发达。

在美国，玉米除了主要用于饲料工业外，在食品及轻工等行业也应用广泛。美国玉米加工利用的特点是规模大、品种多、产品附加值高，已开发的玉米加工产品达数千种。在消费产品中，玉米作为原料或配料每加工一次，都增加了玉米的经济价值，提供和创造了新的就业机会，增加了生产商、运输服务商、零售商及供应商的收入。

三、玉米期货合约

表13-7 国内玉米期货合约

交易品种	黄玉米
交易单位	10吨/手
报价单位	元（人民币）/吨
最小变动价位	1元/吨
涨跌停板幅度	上一交易日结算价的 ±5%
合约月份	1月、3月、5月、7月、9月、11月
交易时间	每周一至周五上午9:00—11:30，下午13:30—15:00

续表

最后交易日	合约月份第 10 个交易日
最后交割日	最后交易日后第 2 个交易日
交割品级	大连商品交易所玉米交割质量标准（FC/DCE D001-2009）
交割地点	大连商品交易所玉米指定交割仓库
最低交易保证金	合约价值的 7%
交割方式	实物交割
交易代码	C
上市日期	2004 年 9 月 22 日

表 13-8　CBOT 玉米期货合约

交易品种	黄玉米
交易单位	5 000 蒲式耳
报价单位	0.25 美分 / 蒲式耳（12.5 美元 / 张合约）
最小变动价位	（A + B/4）美分 / 蒲式耳（B = 1，2，3，A 为大于 0 的整数）
涨跌停板幅度	前一交易日结算价高低 20 美分 / 蒲式耳（1 000 美元 / 张合约）
合约月份	3 月、5 月、7 月、9 月、12 月
交易时间	公开喊价：周一至周五上午 9:30 至下午 1:15（芝加哥时间） 电子交易：周日至周五 下午 8:30 至早 6:00（芝加哥时间）
最后交易日	交割月 15 日的前一交易日
最后交割日	最后交易日后第 2 个交易日
交割品级	2 号黄玉米，1 号和 3 号升贴水为 1.5 美分 / 蒲式耳
交易代码	公开喊价：C；电子交易：ZC

第十四章 稻谷期货

第一节 稻谷概况

一、稻谷概述

稻谷是我国的口粮品种，我国有2/3的人以大米为主食。早籼稻、粳稻与晚籼稻（含中籼稻）共同组成了我国稻谷最主要的市场供给，三者的产量在整个稻谷中的份额约为16%、33%、50%。

郑商所从2007年启动了稻谷品种系列的研究工作，并于2009年4月、2013年11月分别上市了早籼稻、粳稻期货。自上市以来，早籼稻、粳稻期货市场运行平稳，为上市晚籼稻期货奠定了基础，积累了经验。与早籼稻、粳稻相比，晚籼稻品种规模更大，影响因素更多，市场化程度更高，价格波动更大。

水稻原产于亚洲热带，是一年生禾本科植物，24条染色体。在中国广为栽种后，逐渐传播到世界各地。水稻所结稻粒去壳后称大米或米。

世界上一半人口都以大米为食。大米的食用方法多种多样，有米饭、米粥、米饼、米糕、米线、米酒等。水稻除可食用外，还可制作淀粉、酿酒、制醋，米糠可制糖、榨油、提取糠醛，供工业及医药用，稻壳、稻秆也有很多用处。

我国水稻主产区主要是东北地区、长江流域、珠江流域。水稻喜高温、多湿、短日照，对土壤要求不严，水稻土最好。按照不同的方法，水稻可以分为籼稻和粳稻、早稻和中晚稻、糯稻和非糯稻。我国科学家袁隆平对杂交水稻的研究作出了巨大贡献，被誉为“杂交水稻之父”。

稻是人类的主要粮食作物，据知世界上可能有超过14万种的稻，而且科学家还在不停地研发新稻种，因此稻的品种究竟有多少，是很难估算的。有以非洲米和亚洲米作分类，不过较简明的分类是依稻谷的淀粉成分来粗分。稻米的淀粉分为直链和支链两种。支链淀粉越多，煮熟后黏性越高。

二、国内外稻谷的生产和消费

（一）国内方面

7 月份估计，2015 年全国稻谷播种面积为 3 021.3 万公顷，与上月估计一致，较上年减少 9.7 万公顷。全国稻谷单位产量为 6.893 吨 / 公顷，与上月一致，较上年增加 80 公斤 / 公顷，增幅 1.17%。全国稻谷产量为 20 825.1 万吨，与上月一致，较上年增加 174.4 万吨，增幅 0.8%。

7 月份估计，2015/16 年度国内稻谷总消费为 18 300 万吨，较上年度增加 138.8 万吨，增幅 0.8%。其中全国食用消费为 15 750 万吨，较上年度略减 3.2 万吨；饲料消费为 1 220 万吨，较上年度增加 100 万吨，增幅 8.9%，工业消费 1 200 万吨，较上年增加 40 万吨，增幅 3.4%。

7 月份估计，2015/16 年度进口稻谷（进口大米折算后）500 万吨，较上年增加 65.1 万吨。预计 2015/16 年度全国稻谷结余量为 2 975.1 万吨，较上年度增加 114.3 万吨，库存结余量呈现上升态势。

7 月份估计，2016 年全国稻谷播种面积为 3 050 万公顷，较上年增加 28.6 万公顷，增幅 0.9%。全国稻谷单位产量为 6.862 吨 / 公顷，较上年下降 30 公斤 / 公顷，减幅 0.4%。全国稻谷产量为 20 930 万吨，较上年增加 104.9 万吨，增幅 0.5%。

7 月份估计，2016/17 年度国内稻谷总消费为 18 511 万吨，较上年度增加 211 万吨，增幅 1.1%。其中全国食用消费为 15 700 万吨，较上年度略减 50 万吨，减幅 0.3%；饲料消费为 1 380 万吨，较上年度增加 160 万吨，增幅 13%，工业消费 1 300 万吨，较上年增加 100 万吨，增幅 8.3%。

7 月份估计，2016/17 年度进口稻谷（进口大米折算后）350 万吨，较上年减少 150 万吨。预计 2016/17 年度全国稻谷结余量为 2 689 万吨，较上年度减少 286.1 万吨。

（二）国际方面

美国农业部 6 月份预计 2016/17 年度全球大米产量达创纪录的 48 072 万吨，较上年增加 983 万吨，增幅 2%。全球大米消费总量预计为 4.804 亿吨，比上年增长 173 万吨，也是历史最高纪录。全球大米出口预计为 4 053 万吨，比上年减少 72 万吨，是连续第二年减少。全球大米期末库存预计为 1.069 5 亿吨，略高于上年的水平。

6 月份越南大米理论到港完税价仍然显著低于国内。月末越南 5% 破碎率大米到港完税价为 3 007 元 / 吨，比国内低 663 元 / 吨。预计 2015/16 年度进口大米折稻谷 500 万吨，较上年度增加 65.1 万吨。

三、籼稻和粳稻

籼稻（Indica rice）：有 20% 左右为直链淀粉，属中黏性。籼稻起源于亚热带，种植于热带和亚热带地区，生长期短，在无霜期长的地方一年可多次成熟。去壳成为籼米后，外观细长，透明度低。有的品种表皮发红，如中国江西出产的红米，煮熟后米饭较干松。通常用于萝卜糕、米粉、炒饭。

粳稻（Japonica rice）：粳稻的直链淀粉较少，低于 15%。种植于温带和寒带地区，生长期长，一般一年只能成熟一次。去壳成为粳米后，外观圆短、透明（部分品种米粒有局部白粉质）。煮食特性介于糯米与籼米之间。用途为一般食米。

籼稻和粳稻是长期适应不同生态条件，尤其是温度条件而形成的两种气候生态型，两者在形态生理特性方面都有明显差异。在世界产稻国中，只有中国是籼粳稻并存，而且面积都很大，地理分布明显。

籼稻主要集中于中国华南热带和淮河以南亚热带的低地，分布范围较粳稻窄。籼稻具有耐热、耐强光的习性，它的植物学特性为粒形细长，米质黏性差，叶片粗糙多毛，颖壳上茸毛稀而短，较易落粒，与野生稻类似。籼稻是由野生稻演变成的栽培稻，是基本型。

粳稻分布范围广泛，从南方的高寒山区，云贵高原到秦岭、淮河以北的广大地区均有栽培。粳稻具有耐寒、耐弱光的习性，粒形短圆，米质黏性较强，叶面少毛或无毛，颖毛长密，不易落粒，与野生稻有较大差异。

可以说，粳稻是人类将籼稻由南向北、由低向高引种后，逐渐适应低温的变异型。

四、稻的分类

（一）早、中、晚稻

早、中、晚稻的根本区别在于对光照的反应不同。早、中稻对光照反应不敏感，在全年各个季节种植都能正常成熟。晚稻对短日照很敏感，严格要求在短日照条件下才能通过光照阶段抽穗结实。

晚稻和野生稻很相似，是由野生稻直接演变形成的基本型，早、中稻是由晚稻在不同温光条件下分化形成的变异型。北方稻区的水稻属早稻或中稻。

以下是早、中、晚稻供需状况，参见表 14-1，供投资分析用。

表 14-1　2013/14—2016/17 年度中国稻谷供需平衡分析

单位：千公顷，吨 / 公顷，千吨

项目①	2013/14	2014/15	2015/16②（7月估计）	2016/17②（7月估计）
播种面积	30 312	30 310	30 213	30 500
早稻面积	5 804	5 795	5 716	5 650
中稻面积	18 186	18 333	18 349	18 580
晚稻面积	6 321	6 182	6 149	6 270
单位产量	6.717	6.813	6.893	6.862
早稻单产	5.881	5.869	5.895	5.841
中稻单产	7.312	7.379	7.488	7.492
晚稻单产	5.772	6.020	6.043	5.917
生产量	203 594	206 507	208 251	209 300
进口量	3 367	4 349	5 000	3 500
新增供给	206 960	210 856	213 251	212 800
食用消费	158 470	157 532	157 500	157 000
其中大米	109 344	108 697	108 675	108 330
其中糠麸	49 126	48 835	48 825	48 670
饲料及损耗	13 200	11 200	12 200	13 800
工业消费	11 800	11 600	12 000	13 000
种用量	1 250	1 280	1 300	1 310
年度国内消费	184 720	181 612	183 000	185 110
出口量	420	636	500	800
年度总消费量	185 140	182 248	183 500	185 910
年度结余③	21 820	28 608	29 751	26 890

①稻谷市场年度为当年 10 月至次年 9 月。表中进出口数据引自中国海关总署，并将大米以 70% 的比例折合稻谷。

② 2015/16 年度和 2016/17 年度为预测数据。

③结余量为当年新增供给量与年度总需求量间的差额，不包括上年库存。

（二）陆稻

水稻种在水田，陆稻种在旱地。水陆稻形态上差异较小，生理上差异较大。水、陆稻均有通气组织，但陆稻种子发芽时需水较少，吸水力强，发芽较快。陆稻的茎叶保护组织发达，抗热性强。根系发达，根毛多，对水分减少的适应性强。

陆稻可以旱种，也可水种。有些品种既可作陆稻，也可作水稻栽培，但陆稻产量一般较低，陆稻逐渐为水稻所代替。北方稻区只有少量陆稻栽培。

（三）非糯稻和糯稻

1. 糯稻

中支链淀粉含量接近 100%，黏性最高，又分粳糯及籼糯。粳糯外观圆短，籼糯外观细长，颜色均为白色不透明，煮熟后米饭较软黏。通常粳糯用于酿酒、做米糕，籼糯用于八宝粥、粽子。

中国做主食的为非糯米，做糕点或酿酒用为糯米，两者主要区别在米粒黏性强弱，糯稻黏性强，非糯稻黏性弱。

黏性强弱主要决定于淀粉结构，糯米的淀粉结构以支链淀粉为主，非糯稻则含直链淀粉多。当淀粉溶解在碘酒溶液中，非糯稻吸碘性大，淀粉变成蓝色。糯稻吸碘性小，淀粉呈棕红色。一般糯稻的耐冷和耐旱性都比非糯稻强。

2. 旱稻和水稻

根据稻作栽培方式和生长期内需水量的多少，有水稻和旱稻之分。旱稻，也称陆稻，是种植于旱地，靠雨养或只辅以少量灌溉的稻作，一生灌水量仅为水稻的 1/4 ~ 1/10，适于低洼易涝旱地、雨水较多的山地及水源不足或水源紧缺的稻区种植。

旱稻又可称陆稻，它与水稻的主要品种其实大同小异，一样有籼、粳两个亚种。有些水稻可在旱地直接栽种（但产量较少），也能在水田中栽种。旱稻则具有很强的抗旱性，就算缺少水分灌溉，也能在贫瘠的土地上结出穗来。

旱稻多种在降雨稀少的山区，也因地域不同，演化出许多特别的山地稻种。旱稻已成为人工杂交稻米的重要研究方向，可帮助农民节省灌溉用水。

五、稻的种植

稻米的种植技术，包括稻田和插秧，是中国发明的。传说是神农氏教导人们如何种稻。稻的耕种除传统的人工耕种方式外，亦有高度机械化的耕种方式。

（一）整地

种稻之前，必须先将稻田的土壤翻过，使其松软。这个过程分为粗耕、细耕和盖平三个阶段。过去使用兽力和犁具，主要是水牛来整地犁田，但当今多用机器整地。

（二）育苗

农民先在某块田中培育秧苗，此田往往称为秧田。撒下稻种后，农人多半会在土上洒一层稻壳灰。现代则多由专门的育苗中心使用育苗箱使稻苗成长，好的稻苗是稻作成功的关键。在秧苗长高约 8cm 时，就可以进行插秧了。

（三）插秧

将秧苗仔细地插进稻田中，间隔有序。传统的插秧法会使用秧绳、秧标或插秧轮，用于在稻田中做记号。手工插秧时，会在左手大拇指上戴分秧器，帮助农人将秧苗分出，并插进土里。

插秧时的气候相当重要，如遇大雨则会将秧苗打坏。现代多由插秧机插秧，但在土地起伏大，形状不规则的稻田中，还是需要人工插秧。秧苗一般呈南北走向。还有更为便利的抛秧。

（四）除草除虫

秧苗成长的时候，得时时照顾，并拔除杂草。有时也需用农药来除掉害虫（如福寿螺）。

（五）施肥

秧苗抽高长出第一节稻茎的时候，称为分蘖期，这段期间往往需要施肥，让稻苗生长得健壮，并促进日后结穗米质的饱满和数量。

民谚说：秧好一半禾。这说明水稻秧苗健壮是增产的基础，另一半禾是指秧苗移栽后的管理。水稻秧苗在本田的生长期比秧苗长得多，早、中、晚稻都在 100 天以上。此期水稻要经过营养生长、生殖生长到成熟期几个时期。这段时间水稻营养的及时供应更为重要。

水稻一般本田施肥按水稻的生育过程分为前、中、后三个时期。

前期是指从移栽至分蘖终止，也就是水稻的营养生长阶段，此时以促进有效分蘖和争取多穗为目标。

中期是指水稻生育已进入生殖生长阶段（花粉形成时期），此时以壮秆攻大穗为目标，但施肥不能过多。

后期是指水稻进入抽穗到成熟的时期，此时以攻粒多、粒饱为主，既要保住不脱肥，又不能贪青晚熟。

以上水稻三个时期的施肥方法，实际上是指施肥的原则、理论和目标，真正实践起来还要根据具体情况确定，也就是要根据不同的土壤和不同的水稻品种来确定施肥量的多少，要做到因地制宜，灵活掌握。

此外，还要注意看苗施肥，苗壮少施，苗瘦多施，这就是下面施肥量中，为什么要有一个幅度的缘故。

水稻本田的肥料施用量如下。

（1）底肥，也叫基肥，包括有机肥和各种化肥。有机肥用量为每 667 平方米 2 000 ~ 3 000 千克，化肥用量为硫酸铵 30 千克或碳酸氢铵 50 千克，过磷酸钙 30 ~ 50 千克，硫酸钾 10 ~ 15 千克。以上这些肥料均在耙田前一次施入，耙田后可使肥、土、水相融，以减少肥料流失。

（2）追肥，追肥以氮素化肥为主。如果总的追肥量每 667 平方米不超过 30 千克硫酸铵，其大致的肥料分配如下。

①面肥。插秧前耙田时施入，每 667 平方米施硫酸铵 3 ~ 5 千克。

②分蘖肥。插秧后 10 ~ 15 天施入，每 667 平方米施硫酸铵 5 ~ 10 千克。

③穗肥。在拔节初期施入，每 667 平方米施硫酸铵 8 ~ 10 千克。

④粒肥。抽穗前 7 天施入，每 667 平方米施硫酸铵 3 ~ 5 千克。

（六）灌排水

水稻比较依赖这个程序。旱稻是旱田，灌排水的过程较不一样，但是一般都需在插秧后，幼穗形成时，还有抽穗开花期加强水分灌溉。

（七）收成

当稻穗垂下，金黄饱满时，就可以开始收成。过去是农民一束一束用镰刀割下，再扎起，利用打谷机使稻穗分离。现代则有收割机，将稻穗卷入后，直接将稻穗与稻茎分离出来，一粒一粒的稻穗就成为稻谷。

（八）干燥、筛选

收成的稻谷需要干燥，过去多在三合院的前院晒谷，需要时时翻动，以让稻谷干燥。筛选则是将瘪谷等杂质去掉，可以用电动分谷机、风车或手工抖动分谷，利用风力将饱满有重量的稻谷自动筛选出来。

六、稻病害

水稻三大主要病害是稻瘟病、白叶枯病、纹枯病。其他重要病害有稻曲病、恶苗病、霜霉病等。病害流行爆发的根本原因是：优质感病品种比重增大，病菌生理小种增多，耕作栽培制度变化等向着有利于病害发生和危害的方向发展。

（一）防治对象要明确

针对田间病虫害种类的不同，采取相应的农药防治。农药进行混配时，农药的含量要搞清楚，特别是穗颈瘟防治，三环唑有2种剂型，切不得搞错。

（二）不要随意加大农药用量

盲目加大药剂用量，则加大了病虫防治的成本，又易使作物发生药害。另外，农药一定要注意现配现用，防止农药间发生化学反应，降低药效。夏秋时节雷雨天多，在农药中添加助剂，既可以增进药液的效果，又可延缓雨水的冲刷，较好地保证了防效。

1. 稻瘟病

稻瘟病又名稻热病，俗称火烧瘟、吊头瘟、掐颈瘟等，是流行最广、危害最大的世界性真菌病害之一，主要危害寄主植物的地上部分。由于危害时期和部位不同，可分为苗瘟、叶瘟、穗颈瘟、枝梗瘟、粒瘟等。寄主范围是水稻、小麦、马唐等多种禾本科植物。

稻瘟病病菌主要在病稻草上越冬，第二年从病稻草上传入稻田中侵染为害。病菌主要靠风传播，雨、水流、昆虫也可传播。天气转暖，又有雨淋的情况下，越冬病菌会大量复苏、增殖，从堆在田边的病稻草转移到水稻上为害。

2. 恶苗病

恶苗病又称徒长病，中国各稻区均有发生。病谷粒播后，常不发芽或不能出土。苗期发病病苗比健苗细高，叶片叶鞘细长，叶色淡黄，根系发育不良，部分病苗在移栽前死亡，枯死苗上有淡红或白色霉粉状物。

3. 穗颈瘟

穗颈瘟是水稻上常发性、气流性主要病害，直播稻扬花灌浆期，由于气候条件适宜，水稻很容易发生穗颈瘟。

染病后，随着病菌的繁殖与危害，穗颈节坏死，输送到穗子的养分通道被阻断，从而形成白穗或瘪粒的稻穗。一旦穗颈染上稻瘟病，会造成不同程度的减产。

4.害虫

外源性害虫，即远距离迁飞性害虫，如褐稻虱、白背稻虱、稻纵卷叶螟、粘虫等。20 世纪迁飞性稻飞虱发生相对偏轻，但不能麻痹，要加强监控，防止回升。稻纵卷叶螟持续猖獗，特别是第 4 代（8 月下旬至 9 月上旬）大发生，对粳稻穗期造成严重危害。

内源性害虫，即本地虫源、本地繁殖、本地为害，如三化螟、二化螟、大螟、灰飞虱、稻蓟马等。20 世纪螟虫兴风作浪，灰飞虱小虫闹大灾。

5. 灰飞虱

灰飞虱爆发因素有 8 个。

（1）粳稻面积扩增，感虫感病品种覆盖面积大，带毒虫增加。

（2）少免耕、麦套稻、稻套稻有利于灰飞虱增殖。

（3）麦田杂草防治放松，三边（田边、沟边、路边）杂草较少有人问津。

（4）秋季代数量猛增，越冬基数增加。

（5）全球气候变暖，暖冬频率增加。

（6）对路农药不多，农药质量不高，施药技术不佳。

（7）吡虫啉防效降低，可能已发生抗药性。

（8）治螟用药频率高，有机磷农药为主，农田天敌减少。

防治策略：以农业防治为基础，抗虫品种为先导，实施以防治灰飞虱为中心的化学防治与生态防治相结合的综合治理体系。

农业防治具体措施是：大力推广旋耕、深耕，压缩麦套稻、稻套麦。适当调整水稻品种布局。淘汰感病品种，选育与推广抗虫抗病品种，强化春后对麦田杂草清除措施（特别是禾本科杂草），力求做到面面光。秧田选择远离虫源田，建立无毒秧田。适度推迟水稻播期，推广抛秧、机插秧等栽培方式。

6. 稻纵卷叶螟

20 世纪，江淮稻区稻纵卷叶螟迁入代数和迁入数量增加。第 4 代（8 月下旬至 9 月上中旬）本地虫源滞留本地，水稻正处穗期，功能叶受害，产量损失大。

不迁出的原因如下。

（1）栽培制度变革，营养条件有利于第 4 代激增。粳稻叶片营养条件有利于生存与繁殖。

（2）秋季持续高温，有利于增加第 4 代滞留量。稻纵卷叶螟是喜温喜湿性昆虫，温度是影响发育与繁殖的主要关键因素，25 ~ 28℃为最适温度。

（3）无节制施用高毒农药，影响了生物多样化，天敌作用降低。

控制稻纵卷叶螟最有效的天敌是稻螟赤眼蜂、拟澳洲赤眼蜂、稻纵卷叶螟绒茧蜂、赤扁胶小蜂、拟环纹狼蛛、草间小黑蛛。这些天敌对农药很敏感。

稻纵卷叶螟的防治策略是：治前压后，压 3 控 4；治早治小，重点打 2 龄高峰。农药品种有锐劲特、毒死蜱、阿维菌素、乙酰甲胺磷、杀虫单、三唑磷、Bt 复配剂等。

防治原则是狠、准。

防治指标是：分蘖 100 ~ 120 头 / 百穴，穗期 60 ~ 80 头 / 百穴。

七、稻的储存

（一）控制水分

水分过大，容易发热霉变，不耐储存，因此稻谷的安全水分是安全储藏的根本。入库前应经过自然干燥，水分达到安全标准（14% 以下）。若入库原始水分大，应及时进行干燥处理。

（二）清除杂质

水稻中通常含有稗子、杂草、穗梗、叶片、糠灰等杂质以及瘪粒，这些物质有机质含水量高、吸湿性强、载菌多、呼吸强度大、极不稳定，而糠灰等杂质又使粮堆孔隙度减少，湿热积集堆内不易散去，这些都是储藏不安全的因素。

入库前必须把杂质含量降低到 0.5% 以下，这样可以大大提高储藏稳定性。

（三）适时通风

新水稻往往呼吸旺盛，粮温较高或水分较高，应适时通风。特别是一到秋凉，粮堆内外温差大，这时更应加强通风，结合深翻粮面，散发粮堆湿热，以防结霉。有条件的可以采用机械通风。

（四）低温密闭

充分利用冬季寒冷干燥的天气通风，使粮温降低到 10℃以下，水分降低到安全标准以内，在春暖以前进行压盖密闭，以便度夏。

八、种植划分

水稻属喜温好湿的短日照作物。影响水稻分布和分区的主要生态因子有以下几点。

（1）热量资源一般高于 10℃，积温 2 000 ～ 4 500℃的地方适于种一季稻，4 500 ～ 7 000℃的地方适于种两季稻，5 300℃是双季稻的安全界限，7 000℃以上的地方可以种三季稻。

（2）水分影响水稻布局，体现在“以水定稻”的原则。

（3）日照时数影响水稻的品种分布和生产能力。

（4）海拔高度的变化，通过气温变化影响水稻的分布。

（5）良好的水稻土壤应具有较高的保水、保肥能力，又应具有一定的渗透性，酸碱度接中性。

全国稻区可划分为 6 个稻作区和 16 个亚区。

（一）华南双季稻稻作区

位于南岭以南，中国最南部，包括闽、粤、桂、滇的南部以及台湾省、海南省和南海诸岛全部。包括 194 个县（市，暂不包括台湾省），水稻面积占全国的 17.6%。

1. 闽粤桂台平原丘陵双季稻亚区

东起福建的长乐县和台湾省，西迄云南的广南县，南至广东的吴川县，包括 131 个县（市），长年温度不低于 10℃，积温 6 500 ～ 8 000℃，大部分地方无明显的冬季特征。水稻生长期日照时数 1 200 ～ 1 500 小时，降水量 1 000 ～ 2 000mm。

籼稻安全生育期（日平均气温稳定通过≥ 10℃始现期至≥ 22℃终现期的间隔天数，下同）212 ～ 253 天。粳稻（日平均气温稳定通过≥ 10℃始现期至≥ 20℃终现期的间隔天数，下同）235 ～ 273 天。稻田主要分布在江河平原和丘陵谷地，适合双季稻生长，常年双季稻占水稻面积的 94% 左右。

稻田实行以双季稻为主的一年多熟制，品种以籼稻为主。主要病虫害是稻瘟病和三化螟。应充分发挥安全生育期长的优势，防避台风、秋雨危害。选用抗逆、优质、高产品种。提倡稻草过腹还田，增施钾肥。发展冬季豆类，实行蔬菜作物和双季稻轮作制。

2. 滇南河谷盆地单季稻亚区

北界东起麻栗坡县，经马关、开远至盈江县，包括滇南 41 个县（市）。这里地形复杂，气候多样。最南部的低热河谷接近热带气候特征，年≥ 10℃积温 5 800 ～ 7 000℃，生长季日照时数 1 000 ～ 1 300 小时，降水量 700 ～ 1 600mm。

安全生育期：籼稻 180 天以上，粳稻 235 天以上。稻田主要分布在河谷地带，种植高度上限为海拔 1 800 ~ 2 400m。多数地方一年只种一季稻，以白叶枯病，二化螟等为主要病虫害。今后要改善灌溉条件，增加复种，改良土壤，改变轮歇粗耕习惯。

3. 琼雷台地平原双季稻多熟亚区

包括海南省和雷州半岛，共 22 个县（市），年≥ 10℃积温 8 000 ~ 9 300℃，水稻生长季达 300 天，南部可达 365 天，一年能种三季稻。生长季内日照 1 400 ~ 1 800 小时，降水 800 ~ 1 600mm。

籼稻安全生育期 253 天以上，粳稻 273 天以上。台风影响最大，土地生产力较低。双季稻占稻田面积的 68%，多为三熟制，以籼稻为主。主要病虫害有稻瘟病、三化螟等。今后，要改善水肥条件，增加复种，扩大冬作，发挥增产潜力。

（二）华中双季稻稻作区

东起东海之滨，西至成都平原西缘，南接南岭，北毗秦岭、淮河，包括苏、沪、浙、皖、赣、湘、鄂、川 8 省（市）的全部或大部和陕、豫两省南部，是中国最大的稻作区，占全国水稻面积的 67%。

1. 长江中下游平原单双季稻亚区

位于年≥ 5 300℃等值线以北，淮河以南，鄂西山地以东至东海之滨，包括苏、浙、皖、沪、湘、鄂、豫的 235 个县（市）。年≥ 10℃积温 4 500 ~ 5 500℃，大部分地区种稻一季有余，两季不足。

粳稻安全生育期为 159 ~ 170 天，粳稻 170 ~ 185 天。生长季降水 700 ~ 1 300mm，日照 1 300 ~ 1 500 小时。春季低温多雨，早稻易烂秧死苗，但秋季气温、光照条件好，生产水平高。双季稻仍占 2/5 ~ 2/3，长江以南部分平原高达 80% 以上。一般实行“早籼晚粳”复种。

稻瘟病、稻蓟马等是主要病虫害。今后，要种好双季稻，扩大杂交稻，并对超高产品种下功夫，合理复种轮作，多途径培肥土壤。

2. 川陕盆地单季稻两熟亚区

以四川盆地和陕南川道平原为主体，包括川、陕、豫、鄂、甘 5 省的 194 个县（市）。年≥ 10℃积温 4 500 ~ 6 000℃，籼稻安全生育期 156 ~ 198 天，粳稻 166 ~ 203 天，生长季降水 800 ~ 1 600mm，日照 700 ~ 1 000 小时。

盆地春温回升早于东部两亚区，秋温下降快。春旱阻碍双季稻扩展，已下降到

3% 以下，是全国冬水田最多的地区，占稻田的 41%。

以籼稻为主，少量粳稻分布在山区。病虫害主要有稻瘟病和稻飞虱。今后要创造条件扩种双季稻，丘陵地区增加蓄水能力，改造冬水田，扩种绿肥。

3. 江南丘陵平原双季稻亚区

年≥ 10℃积温 5 300℃线以南，南岭以北，湘鄂西山地东坡至东海之滨，共 294 个县（市）。年≥ 10℃积温 5 300 ~ 6 500℃，籼稻安全生育期 176 ~ 212 天，粳稻 206 ~ 220 天。双季稻占稻田的 66%。生长季降水 900 ~ 1 500mm，日照 1 200 ~ 1 400 小时，春夏温暖，有利于水稻生长，但“梅雨”后接伏旱，易造成早稻高温逼熟，晚稻栽插困难。

稻田主要在滨湖平原和丘陵谷地。平原多为冬作物—双季稻三熟，丘陵多为冬闲田—双季稻两熟，均以籼稻为主，扩种了双季杂交稻。稻瘟病、三化螟等为主要病虫害。水稻单产比其他两亚区低 15%。今后，有条件的地区可以发展“迟配迟”形式的双季稻，开发低丘红黄壤，改造中低产田。

（三）西南高原单双季稻稻作区

地处云贵和青藏高原，共 391 个县（市）。水稻面积占全国的 8%。

1. 黔东湘西高原山地单双季稻亚区

水稻包括黔中、黔东、湘西、鄂西南、川东南的 94 个县（市）。气候四季不甚分明，年≥ 10℃积温 3 500 ~ 5 500℃。籼稻安全生育期 158 ~ 178 天，粳稻 178 ~ 184 天。生长季日照 800 ~ 1 100 小时，降水 800 ~ 1 400mm。

北部常有春旱接伏旱，影响插秧、抽穗、灌浆。大部分为一熟中稻或晚稻，多以油菜—稻两熟为主。水稻垂直分布，海拔高地种粳稻，海拔低地种籼稻。稻瘟病、二化螟等为主要病虫害。

粮食自给率低，30% ~ 50% 的县缺粮靠外调。今后仍需强调增产稻谷，它是脱贫的基础。低热川道谷地应积极发展双季稻。

2. 滇川高原岭谷单季稻两熟亚区

包括滇中北、川西南、桂西北和黔中西部的 162 个县（市）。区内大小“坝子”星罗棋布，垂直差异明显。年≥ 10℃积温 3 500 ~ 8 000℃，籼稻安全生育期 158 ~ 189 天，粳稻 178 ~ 187 天。生长季日照 1 100 ~ 1 500 小时，降水 530 ~ 1 000mm。

冬春旱季长，限制了水稻复种。以蚕豆（小麦）—水稻两熟为主，冬水田占稻田 1/3 以上。稻田最高高度为海拔 2 710m，也是世界稻田最高限。多为抗寒的中粳或早中粳类型。稻瘟病、三化螟等为害较重。今后，在海拔 1 500m 以下河谷地带积极发展双季稻，在 1 200 ~ 2 000m 的谷地发展杂交稻为主的中籼稻并开发优质稻。

3. 青藏高寒河谷单季稻亚区

适种水稻区域极小，稻田分布在有限的海拔低的河谷地带，其中云南的中旬、德钦和西藏东部的芒康、墨脱等 7 县有水稻。由于生产条件差，水稻单产低而不稳，但有增产潜力。

中国北方稻区稻作面积常年只有 3 000 万亩，约占全国水稻播种面积的 6%。

（四）华北单季稻稻作区

位于秦岭、淮河以北，长城以南，关中平原以东，包括京、津、冀、鲁、豫和晋、陕、苏、皖的部分地区，共 457 个县（市）。水稻面积仅占全国 3%。

此区有两个亚区：华北北部平原中早熟亚区和黄淮平原丘陵中晚熟亚区。年≥10℃积温 3 500 ~ 4 500℃。水稻安全生育期约 130 ~ 140 天。生长期间日照 1 200 ~ 1 600 小时，降水 400 ~ 800mm。

冬春干旱，夏秋雨多而集中，北部有海河。京津稻区多为一季中熟粳稻，黄淮区多为麦稻两熟，多为籼稻。稻瘟病、二化螟等为害较重。今后要发展节水种稻技术，对稻田实行综合治理。

（五）东北早熟单季稻稻作区

水稻位于辽东半岛和长城以北，大兴安岭以东，包括黑、吉全部和辽宁大部及内蒙古东北部，共 184 个县（旗、市）。水稻面积仅占全国的 3%。

此区有两个亚区：黑吉平原河谷特早熟亚区和辽河沿海平原早熟亚区。年≥ 10℃积温少于 3 500℃，北部地区常出现低温冷害。水稻安全生育期约 100 ~ 120 天。生长期间日照 1 000 ~ 1 300 小时，降水 300 ~ 600mm。

近几年来，水稻扩展很快，品种为特早熟或中、迟熟早粳。稻瘟病和稻潜叶蝇等危害较多。今后要加快三江平原建设，继续扩大水田，完善寒地稻作新技术体系，推广节水种稻技术。

（六）西北干燥区

位于大兴安岭以西，长城、祁连山与青藏高原以北，银川平原、河套平原、天山南北盆地的边缘地带是主要稻区。水稻面积仅占全国的 0.5%。

此区有三个亚区：北疆盆地早熟亚区、南疆盆地中熟亚区和甘宁晋蒙高原早中熟亚区。年≥ 10℃积温 2 000 ～ 5 400℃。水稻安全生育期 100 ～ 120 天。生长期间日照 1 400 ～ 1 600 小时，降水 30 ～ 350mm。

种稻完全依靠灌溉。基本为一年一熟的早、中熟耐旱粳稻，产量较高。稻瘟病和水蝇蛆为害较重。旱、沙、碱是提高产量的三大障碍。要推行节水种稻技术，增施农家肥料，改造中低产田，参见表 14-2。

表 14-2　2013—2016 年中国稻谷产量预测

单位：千公顷，吨 / 公顷，千吨

	2013 年	2014 年	2015 年（7 月估计）	2016 年（7 月估计）	同比变化	同比变幅
	面　积					
全国	30 312	30 310	30 213	30 500	286	0.9%
黑龙江	3 176	3 205	3 240	3 400	161	5.0%
江苏	2 266	2 272	2 284	2 288	4	0.2%
安徽	2 214	2 217	2 179	2 196	17	0.8%
江西	3 338	3 339	3 331	3 287	–44	–1.3%
湖北	2 101	2 144	2 166	2 161	–5	–0.2%
湖南	4 085	4 121	4 106	4 095	–11	–0.3%
广东	1 909	1 893	1 881	1 873	–8	–0.4%
广西	2 047	2 026	1 989	1 973	–16	–0.8%
四川	1 991	1 992	1 988	1 971	–17	–0.9%
其他	7 186	7 100	7 050	7 256	206	2.9%
	单　产					
全国	6.717	6.813	6.893	6.862	–0.030	–0.4%
黑龙江	6.993	7.023	7.156	7.200	0.044	0.6%
江苏	8.484	8.417	8.520	8.397	–0.124	–1.4%
安徽	6.153	6.289	6.412	6.551	0.139	2.2%
江西	5.998	6.064	6.024	5.982	–0.042	–0.7%
湖北	7.980	8.067	8.182	8.069	–0.113	–1.4%
湖南	6.271	6.392	6.435	6.397	–0.038	–0.6%

续表

	2013 年	2014 年	2015 年（7 月估计）	2016 年（7 月估计）	同比变化	同比变幅
广东	5.475	5.766	5.831	5.795	-0.036	-0.6%
广西	5.649	5.755	5.801	5.691	-0.111	-1.9%
四川	7.784	7.664	7.800	7.659	-0.141	-1.8%
其他	6.768	6.930	7.009	6.995	-0.015	-0.2%
总　产						
全国	203 594	206 507	208 251	209 300	1 049	0.5%
黑龙江	22 206	22 510	23 182	24 480	1 298	5.6%
江苏	19 223	19 120	19 461	19 211	-250	-1.3%
安徽	13 623	13 946	13 973	14 386	413	3.0%
江西	20 021	20 252	20 067	19 662	-405	-2.0%
湖北	16 766	17 295	17 721	17 437	-284	-1.6%
湖南	25 615	26 340	26 421	26 194	-227	-0.9%
广东	10 450	10 916	10 969	10 854	-115	-1.0%
广西	11 562	11 661	11 540	11 228	-312	-2.7%
四川	15 495	15 265	15 503	15 093	-409	-2.6%
其他	48 632	49 203	49 415	50 755	1 340	2.7%

第二节　早籼稻概况

早籼稻是上市最早的一季稻谷，也是当年种植、当年收获的第一季粮食作物。早籼稻可以分为普通早籼稻（常规）和优质早籼稻。普通早籼稻一般用于储备，个体加工企业则以加工优质早籼稻为主。优质早籼稻做配米比例也较大。

普通早籼稻和优质早籼稻主要根据粒型和腹白区分。据调研，早籼稻、中籼稻、晚籼稻的优质率估计为 15%、28% 和 76%。

一、早籼稻的种植

早籼稻是生长期较短、收获期较早的籼稻，一般米粒腹白较大，角质粒较少，品质较中晚籼稻差。早籼米质疏松，耐压性差，加工时易产生碎米，出米率较低，食味品质也较差。中晚籼米质坚实，耐压性好，加工时碎米较少，出米率较高。但是，早籼稻也具有许多中晚籼稻无法替代的品质优点。

第一，早籼稻生长期雨水充沛，光热充足，病虫害少，灾害性天气较少，比较容易获得稳产高产。加上各地积极发展优良品种，推广新技术，良种面积有所扩大，早籼稻单产稳步提高。

第二，早籼稻含水量低，耐贮藏。

第三，早籼稻用途广，既可食用，也可饲用，还可以作酿造、食品等工业原料。

第四，早籼米消费市场大，富人、部分高收入的城镇居民和高级白领以食用早籼米为主，饲料用粮、工业用粮对早籼稻的需求量也比较大。

第五，早籼稻营养品质好。早籼稻的蛋白质含量和质量都明显优于中晚稻。

第六，早籼稻卫生品质较高。由于早籼稻化肥、农药的施用量相对较少，早籼米的卫生品质也相对较高。随着早籼米质量的提高和品种多样化的发展，当前及未来还有相当数量的消费群体。

第七，早籼稻品种质量一致性好，易标准化。早籼稻优质品种较少，品种之间差异相对较小，更容易标准化。中晚籼稻优质品种较多，不同品种内在质量和价格差异较大，而且优质品种产量所占比例较大，因此标准化难度也相对较大。

通常，水稻一生的自然生长发育过程可以分为 3 个阶段。

（1）从种子萌发至幼穗开始分化前，是单纯的营养生长期，形成根、茎、叶等营养器官。

（2）幼穗开始分化至抽穗前为营养生长与生殖生长并进期，最后 3 片叶及稻穗形成。

（3）抽穗至成熟是单纯的生殖生长期，经历开花、乳熟、蜡熟、完熟等时期。

习惯上把水稻的生长发育过程划分为“2 个阶段 4 个时期”，即以幼穗开始分化为界，幼穗分化前称为营养生长阶段，幼穗分化后称为生殖生长阶段。

在高产栽培中，为便于掌握生育进程，又把它分为幼苗期、分蘖期、幼穗形成期及开花灌浆结实期。在实际操作时，移栽插秧的幼苗期为秧田期，移栽后称本田期，它也分为 3 个时期：前期，从移栽返青到分蘖高峰；中期，稻穗分化形成；后期，从始穗扬花到灌浆成熟。

二、早籼稻的重要性

（1）早籼稻是当年种植、当年收获的第一季主要粮食作物，因此，早籼稻生产已经成为国家政策是否扶持粮食生产、农民种粮积极性高低的试金石。

（2）早籼稻生产波动直接影响晚稻生产，进而影响全年的水稻生产。据有关研究表明，1994—2005 年期间，早籼稻与晚稻种植面积相关系数达 0.93。

（3）早籼稻的商品性优于其他各季水稻，是南方稻区最重要的商品粮源。早籼稻作为食用稻的适口性较差，农民一般除了留一些作为口粮和饲料粮的补充外，大部分作为商品粮出售。随着农民务工人数的增多和农民储粮方式的变化，早籼稻的商品量还在不断增加。因此，早籼稻的商品率相对较高，约 50% ~ 60%。

（4）早籼稻是主要储备用粮。由于早籼稻比中晚籼稻耐储藏，而且是第一季上市的水稻品种，南方地区粮食部门将早籼稻作为储备粮轮换的主要稻谷品种。从实践看，各地的政策性储备需求已成为早籼稻谷的重要出路，尤其是当年上市的新粮。各地的政策性储备需求，成为决定其收购价格的高低乃至短期内市场销售价格走势的最重要因素。

（5）早籼稻是南方多数农民生活的基本保障之一。南方水稻产区涉及 13 个省份 4 亿农民，早籼稻是他们口粮的一部分，也是早籼稻主产区农民的主要经济来源，占有很大份额。以江西为例，早籼稻产区的早籼稻人均收入在 500 元以上。从综合效益来看，早籼稻的种植成本与其他作物比较相对较低，产量比较稳定，卫生品质也较好，自然风险相对较小。因此，早籼稻对于稳定增加稻农收入有不可忽视的作用。

（6）从长期来看，早籼稻是我国粮食安全的重要支撑。就当前的粮食生产能力看，早籼稻无论是种植面积还是产量，其他品种尚难补充或替代。失去这一块，粮食安全必然受到威胁。同时，江西、湖南等稻区都有提高复种指数的潜力，全国粮食产量如能再次突破万亿大关，主要有赖早籼稻的发展。

三、早籼稻的价格特点

（1）早籼稻的价格波动幅度较大，波动比较频繁。以下为历史资料，可以为当下的期货投资提供借鉴。

由于价值较低，用途广泛，早籼稻不仅作为主要储备用粮，而且工业属性较强。

2004 年起，国内购销市场完全放开，早籼稻价格不仅受国家政策、早籼稻供需格局等基本面因素的影响，也受国家宏观经济形势、收购市场竞争、与其他大宗农产品的比价、种植成本和收益、物流运输成本、国际市场价格以及天气、自然灾害和农民惜售心理等因素的影响，从而成为稻谷中一个比较活跃的品种，价格波动幅度较大，波动频率较高。

1996 年开始，由于连年丰收，供大于求，早籼稻的价格不断走低，从 1996 年的 1 700 元 / 吨左右，一直跌至 2000 年 9 月的 800 元 / 吨左右，跌幅达 50% 以上。尤其是从 2003 年以来，受国内外因素的影响，国内早籼稻价格反复波动。

从 2004 年起，我国全面放开粮食收购和销售市场，早籼稻购销市场主体明显增加，竞争非常激烈。同时，由于早籼稻的需求方主要是各级粮食储备、规模消费单位口粮以及米粉加工，粮食储备受政府计划约束，相对比较稳定，但作为单位口粮和米粉加工，价格需求较具弹性，导致早籼稻的价格波动增大。继 2003—2004 年 40% 左右的大幅波动之后，2005—2006 年，在国家最低收购价的主导下，波幅明显减小。但 2006 年底至 2007 年，又展开一轮大幅上涨，2006 年与 2007 年价差达 300 元 / 吨，波幅约 21.4%。

早籼稻价格波动也比较频繁。以全国主要早籼稻产区江西九江为例，早籼稻出库价格从 2003 年 6 月份的 920 元 / 吨，涨至 12 月的 1 260 元 / 吨，2004 年 3 月份则涨至 1 760 元 / 吨。之后逐步下跌，2005 年最低跌至 7 月份的 1 320 元 / 吨，2006 年基本持平，2007 年 8 月又涨至最高 1 760 元 / 吨以上。进入 9 月，随着中籼稻逐步上市，早籼稻收购价格 9 月底普遍回落至 1 600 元 / 吨附近。随后在国际稻米价格的带动下，早籼稻价格出现一轮快速上涨，一直涨到 2008 年收购季节的 1 900 元 / 吨左右。

（2）早籼稻价格受政策影响较大，但由于其他各种因素的影响，价格独立性也较强。以下为历史资料，可以为当下的期货投资提供借鉴。

2004 年以来，国家政策对稻谷价格的支持力度较大，呈现明显的政策托市效果。2005 年，自 7 月 28 日正式启动早籼稻最低收购价预案之后，托市效果明显，早籼稻由未启动之前的 62 ~ 65 元 / 百斤迅速抬升至 70 元 / 百斤，拉动早籼稻市场价格上扬 5 ~ 8 元 / 百斤，基本回升到政策底价之上。政策收购控制大部分粮源，集中拍卖又调控了市场供给，稳定了销售价格。

2006 年，最低收购价政策公布较早，由于政策明朗，农民心中有数，低价不卖，加上各类主体积极入市收购，竞争相对往年激烈。加上受灾减产等因素影响，导致早稻收购价格高开高走，同比提升 3 ~ 6 元 / 百斤。

2007 年，南方新产早籼稻市场价格在国家政策底价保障、多元化收购主体积极入市、农民惜售、灾害频繁以及物价飞速上涨的支撑下，上市之初价格即高开高走，收购价由开秤之初的 73 ~ 74 元 / 百斤涨到 77 ~ 78 元 / 百斤，个别地方甚至达到了 88 元 / 百斤。到 8 月底，各地收购价格相继达到最高点，多在 85 ~ 88 元 / 百斤之间，创出历史新高，致使最低收购价预案未能启动。

尽管政策价格成为市场行情的主导价格，但诸多因素的影响，推动市场行情提升，也导致政策价格相应提高，并且影响后市行情走势。

2008 年，受国家政策底价保障、多元化收购主体积极入市、农民惜售、灾害频繁导致产量下跌，以及物价上涨、国际米价暴涨等因素的支撑，早籼稻收购价格继续高开高走，开秤价格普遍在 1 900 元 / 吨左右，比 2007 年的 1 500 元 / 吨高出约 27%，一些销区则达到 2 100 元 / 吨的历史高点。在收购期结束以及消费的淡季，早籼稻价格则明显回落。

（3）早籼稻价格季节性规律比较明显。

由于农产品生产具有周期性特点，因而农产品市场也具有较明显的季节性特征。一般来说，三四月份早籼稻加工企业正在消耗库存，采购比较弱，早籼米消费也处于淡季，价格比较低迷。6 月份左右，由于青黄不接，价格开始回升。七八月份处于早籼稻销售旺季，但由于收购竞争激烈，往往价格相对较高，出现反季节行情。九十月份中晚籼稻上市后，早籼稻价格开始逐步回落。在年底前后的消费旺季，早籼稻价格又开始新一轮上涨。由于每年供需情况不完全一样，偶尔也会因为供给严重下降而出现反季节行情。

随着稻谷生产与流通的市场化程度加深，进程加快，稻谷行情不再是单独演绎，不仅受国家政策因素、早籼稻供求等基本面因素影响，而且与整个国家宏观经济的发展休戚相关，与其他农产品价格联动，受天气、自然灾害、心理等不可控因素的影响。

四、影响早籼稻价格的因素

（一）供给和需求

供求因素是决定稻谷价格的根本因素。供给方面主要由三方面组成。

（1）前期库存量。

它是构成总产量的重要组成部分。前期库存量的多少，体现了供应量的紧张程度。

供应短缺价格上涨，供应充裕价格下跌。

（2）当期生产量。

当期生产量主要受种植面积、单产的影响。影响种植面积的因素，主要是籼稻与其他农产品的比较收益、国家的农业政策等。影响单产的因素主要是天气、科技水平等。进行稻谷期货交易，必须研究稻谷的播种面积、气候情况和作物生产条件、生产成本以及政府的农业政策等因素的变动情况。

（3）商品的进口量。

商品的实际进口量，往往会因政治或经济的原因而发生变化。因此，应尽可能及时了解和掌握国际形势、价格水平、进口政策和进口量的变化。参见表 14-3。

表 14-3　2012—2016 年中国大米月度进口量

单位：千吨

	2012 年	2013 年	2014 年	2015 年	2016 年
1 月	36.49	303.96	199.73	122.41	287.17
2 月	65.05	120.36	138.95	67.67	175.35
3 月	137.67	267.91	152.25	143.78	430.04
4 月	299.05	301.08	321.73	330.24	447.26
5 月	427.52	160.55	270.98	347.38	432.87
6 月	212.57	163.00	235.52	404.78	
7 月	224.16	141.33	182.56	325.23	
8 月	238.64	113.96	145.47	214.97	
9 月	233.84	142.66	180.00	357.74	
10 月	107.93	140.88	179.81	322.60	
11 月	146.25	180.54	228.68	317.66	
12 月	215.32	208.07	321.57	395.53	
合计	2 344.49	2 244.30	2 557.25	3 349.98	1 772.68

注：数据来源于中国海关总署。

需求方面通常有国内消费量、出口量和期末商品结存量三部分组成。

（1）国内消费量。

国内消费量并不是一个固定不变的常数，而是受多种因素的影响而不断变化的。

影响因素主要有：消费者购买力的变化，人口增长及结构的变化，政府收入与就业政策。

（2）出口量。

在产量一定的情况下，出口量增加，会减少国内市场的供应。反之，出口量减少，会增加国内的供应量。参见表 14–4。

表 14–4　2012—2016 年中国大米月度出口量

单位：千吨

	2012 年	2013 年	2014 年	2015 年	2016 年
1 月	55.93	38.22	23.54	19.31	22.22
2 月	22.04	63.10	0.64	15.12	3.87
3 月	29.68	65.73	7.01	4.49	15.08
4 月	28.74	54.01	9.77	29.22	27.04
5 月	34.56	35.59	22.83	13.15	40.05
6 月	23.49	22.12	16.55	35.32	
7 月	11.61	24.11	29.45	6.70	
8 月	10.73	23.92	25.78	18.96	
9 月	16.91	36.38	43.49	62.99	
10 月	10.42	42.11	57.49	24.19	
11 月	10.82	50.70	108.81	28.53	
12 月	20.61	22.43	73.70	27.94	
合计	275.55	478.42	419.07	285.94	108.25

注：数据来源于中国海关总署。

（3）期末商品结存量。

这是分析期货商品价格变化趋势最重要的数据之一。如果当年年底存货增加，则表示商品供应量大于需求量，期货价格有可能下跌。反之则上升。

从历年生产情况看，由于早籼稻品种的特殊性，农业政策和种植结构调整、科技进步等因素，对早籼稻的面积和产量影响较大，相应地引起早籼稻的价格也发生较大波动。此外，早籼稻库存变化、储备稻谷的轮换、托市粮出库销售的数量和价格等，也影响早籼稻的供给量，进而影响早籼稻的价格。

在消费方面，我国早籼稻主要用于口粮、国家储备、工业及饲料消费，总体上呈平稳增长势头。由于早籼稻用于储备的数量较大，工业和饲料消费增长也较快，对市场的影响比较明显，特别是常规品种供不应求，价格还有上涨空间。

此外，节日和群体消费效应、进口和出口量的变化等，也会影响到早籼稻市场的阶段性需求。

（二）国家政策

国家的粮食产业政策影响甚至主导着早籼稻的供求和价格。

第一，各项惠农政策提高了农民的种粮积极性，促进了粮食生产，保证了粮食种植面积和产量，对早籼稻的面积和产量形成了有力的支撑。

第二，早籼稻的最低收购价政策和公开竞价拍卖、政府储备等宏观调控政策，基本主导了早籼稻的价格走势。

（三）收购竞争

早籼稻收购市场状况直接影响收购价格的走势。2004 年全面放开粮食收购市场后，早籼稻收购市场入市主体增加，不仅有国有粮食收储企业和地方收储企业，还有产业化龙头企业，民营加工企业和个体商贩等，激烈的竞争推动了早籼稻市场价格的提升。

（四）比价关系

玉米、小麦等都是重要的粮食作物，它们需求的旺盛与否，最能反映农业经济的好坏。从长期看，玉米、小麦等价格高低与农业经济发展的快慢有较强的相关性。早籼稻与中晚籼稻、粳稻、小麦、玉米的消费比价关系非常重要，这些替代品的产量、价格及消费的变化，对早籼稻价格会产生直接或间接的影响。

早籼稻与其他大宗农产品的比价关系，会对早籼稻的供需产生影响，进而影响早籼稻的产销情况，导致其未来价格走势发生变化。

（五）生产成本比较

生产早籼稻谷的种子价格、化肥、农药等成本变化，直接导致了稻谷价格的变化。其成本主要包括：种子费、化肥费、农药费、雇工收割费、农膜费、租赁作业费、机械作业费、燃料动力费、技术服务费、工具材料费、修理维护费等。

早籼稻的成本收益情况，是影响农民种植积极性的主要因素之一。早籼稻成本对市场价格有一定的影响力，市场粮价过低，农民会惜售。收益情况会影响农民对下一年度的种植安排，收益增加，农民可能会增加种植面积，反之可能会减少种植面积。

早籼稻种植成本的刚性上涨，为早籼稻价格提供了有力支撑。2007 年总成本较 2004 年上涨 16.52%，现金成本更是上涨 30.49%，总成本、现金成本平均涨幅分别为 4.09%、7.03%。成本上涨，也带动农民售粮价格上涨。

（六）季节性因素

早籼稻的价格表现出明显的季节性波动规律。一般来说，每年 9—10 月、12 月至次年 1—2 月为消费旺季，早籼稻价格上涨。3—5 月、10—11 月为季节性消费淡季，需求疲软，价格通常下跌。每年的 6 月为青黄不接时期，价格开始回升。7 月、8 月、9 月为收购旺季，早籼稻价格通常上涨。

（七）环境心理因素

早籼稻生长期间，易受天气、干旱、台风、暴雨、洪涝和病虫害等自然灾害的影响，成为市场炒作的题材。同时，产销各方对市场行情判断往往存在分歧，看涨或看跌的心理进而影响其购销行为。如果农民惜售心理较强，使得市场粮源有限，自然会促使价格抬升。

（八）国际价格波动

由于我国多年来稻谷自给率很高，进口量和出口量较小，与国际市场关联度较低，因此稻谷价格受国际市场影响较小。早籼稻也是这样，其价格主要由国内因素决定。

但是，随着国际一体化进程的发展，我国主要粮食品种和国际粮食品种之间的价格联动性不断增强，国外粮价的上涨或下跌，直接影响国内市场预期，对早籼稻价格的影响也不容忽视。

第三节　稻谷期货知识

一、早稻期货合约

表 14-5　早籼稻期货合约

交易品种	早籼稻
交易单位	20 吨 / 手
报价单位	元（人民币）/ 吨
最小变动价位	1 元 / 吨
涨跌停板幅度	上一交易日结算价格的 ±4%
合约交割月份	1 月、3 月、5 月、7 月、9 月、11 月
交易时间	每周一至周五（法定节假日除外）上午 9:00—10:15、10:30—11:30，下午 13:30—15:00
最后交易日	合约交割月份的倒数第 10 个交易日
最后交割日	合约交割月份的倒数第 12 个交易日
交割品级	基准交割品：符合《中华人民共和国国家标准稻谷》（GB1350-2009）规定的早籼稻。替代品及升贴水见《郑州商品交易所期货交割细则》
交割地点	交易所指定交割仓库
交易保证金	合约价值的 5%
交割方式	实物交割
交易代码	RI
上市日期	2009 年 4 月 20 日

二、粳稻期货合约

表 14-6　粳稻谷期货合约

交易品种	粳稻谷
交易单位	20 吨 / 手

续表

报价单位	元（人民币）/ 吨
最小变动价位	1 元 / 吨
涨跌停板幅度	上一交易日结算价格的 ±4% 及《郑州商品交易所风险控制管理办法》相关规定
合约交割月份	1 月、3 月、5 月、7 月、9 月、11 月
交易时间	每周一至周五（法定节假日除外）上午 9:00—10:15、10:30—11:30，下午 13:30—15:00
最后交易日	合约交割月份的倒数第 10 个交易日
最后交割日	合约交割月份的倒数第 12 个交易日
交割品级	见《郑州商品交易所期货交割细则》
交割地点	交易所指定交割地点
交易保证金	合约价值的 5%
交割方式	实物交割
交易代码	JR
上市日期	2013 年 11 月 18 日

三、晚稻期货合约

表 14–7　晚籼稻期货合约

交易品种	晚籼稻
交易单位	20 吨 / 手
报价单位	元（人民币）/ 吨
最小变动价位	1 元 / 吨
涨跌停板幅度	上一交易日结算价格的 ±4% 及《郑州商品交易所风险控制管理办法》相关规定
合约交割月份	1 月、3 月、5 月、7 月、9 月、11 月
交易时间	每周一至周五（法定节假日除外）上午 9:00—10:15、10:30—11:30，下午 13:30—15:00
最后交易日	合约交割月份的倒数第 10 个交易日
最后交割日	合约交割月份的倒数第 12 个交易日
交割品级	见《郑州商品交易所期货交割细则》

续表

交割地点	交易所指定交割地点
交易保证金	合约价值的 5%
交割方式	实物交割
交易代码	LR
上市日期	2014 年 7 月 8 日

第十五章　小 麦 期 货

第一节　小 麦 概 况

小麦是小麦属植物的统称，是一种在世界各地广泛种植的禾本科植物，起源于中东地区。小麦是三大谷物之一，产量几乎全部作为食用，仅约有 1/6 作为饲料使用。

小麦的颖果是人类的主食之一，磨成面粉后可制作面包、馒头、饼干、蛋糕、面条、油条、油饼、火烧、烧饼、煎饼、水饺、煎饺、包子、混沌、蛋卷、方便面、年糕、意式面食、古斯米等食物；发酵后可制成啤酒、酒精、伏特加或生物质燃料。

小麦富含淀粉、蛋白质、脂肪、矿物质、钙、铁、硫胺素、核黄素、烟酸及维生素 A 等。因品种和环境条件不同，营养成分的差别较大。

小麦是一年生草本植物，高 30 ~ 120cm。叶鞘无毛，叶舌膜质，短小。叶片平展，条状披针形，长 10 ~ 20cm，宽 5 ~ 10cm。穗状花序圆柱形，直立，长 5 ~ 10cm，宽约 1cm，穗轴每节着生 1 枚小穗。小穗长约 10cm，含 3 ~ 5 小芝，两侧嵯扁，侧面向穗轴，无柄。颖卵形，革质，中部具脊，顶端延伸成短尖头或芒。外稃扁圆形，顶端无芒或具芒。内稃与外稃等长，具 2 脊。颖果卵圆形或矩圆形，顶端具短毛，腹具纵沟，易与稃片分离。花果期 7—9 月。颖果大，长圆形，顶端有毛，腹面具深纵沟，不与稃片黏合而易脱落。

小麦是一种温带长日照植物，适应范围较广，自北纬 17° ~ 50° ，从平原到海拔约 4 000m 的高原（如中国西藏）均有种植。

一、国内外小麦的生产和消费

（一）国内方面

国家粮油信息中心 7 月份估计，2015 年全国小麦播种面积为 2 414.1 万公顷，较 2014 年增加 7.2 万公顷，增幅 0.3%；全国小麦单位产量为 5.393 吨 / 公顷，较 2014

年增加 149.5 公斤 / 公顷，增幅 2.8%；2015 年全国小麦产量 13 018.7 万吨，较上年增加 397.9 万吨，增幅 3.15%。

7 月份预计，2015/16 年度国内小麦消费总量为 10 977 万吨，较上年度减少 943 万吨，减幅 7.9%。其中，食用消费为 9 000 万吨，较上年度减少 200 万吨，减幅 2.2%；饲料消费为 650 万吨，较上年度减少 650 万吨，减幅 50%；工业消费为 856 万吨，较上年度减少 94 万吨，减幅 9.9%。

根据海关数据，2015/16 年度我国进口小麦 330.5 万吨，较上年度增加 181 万吨，增幅 121%，原因是国内对优质进口小麦存在刚性需求。国内小麦供求向宽松发展，预计 2015/16 年度全国小麦供求结余量为 2 371 万吨，较上年度增加 1 521 万吨，全国小麦库存水平继续上升。

国家粮油信息中心 7 月份预测，2016 年全国小麦播种面积为 2 420 万公顷，较 2015 年增加 5.9 万公顷；全国小麦单位产量为 5.338 吨 / 公顷，较 2015 年减少 55 公斤 / 公顷；2016 年全国小麦产量 12 918 万吨，较 2015 年减少 101 万吨。

7 月份预计，2016/17 年度国内小麦消费总量为 11 101 万吨，较上年度增加 124 万吨，增幅 1.1%。其中，食用消费为 8 880 万吨，较上年度减少 120 万吨，减幅 1.3%；饲料消费为 1 000 万吨，比上月增加 440 万吨，较上年度增加 350 万吨，增幅 54%；工业消费为 750 万吨，较上年度减少 106 万吨，减幅 12.4%。

7 月份预计，2016/17 年度我国小麦进口量为 300 万吨，比上年度减少 30.5 万吨。预计 2015/16 年度全国小麦供求结余量为 2 117 万吨，较上年度减少 254 万吨，减幅 10.7%。

（二）国际方面

6 月份，美国农业部预计 2016/17 年度全球小麦产量为 7.308 3 亿吨，较上年度减少 341 万吨；预计 2016/17 年度世界小麦消费量为 7.124 3 亿吨，较上年度增加 700 万吨，为历史最高记录；预计 2016/17 年度世界小麦期末库存为 2.578 4 亿吨，较上年度增加 1 483 万吨，创历史最高记录；库存消费比预计为 36.2%，为 15 年的最高水平。

6 月底，7 月交货的美国 2 号软红冬小麦到中国口岸完税后总成本约为 1 695 元 / 吨，较 5 月底下降约 30 元 / 吨，较国产红麦价格低 895 元 / 吨，国内外价差处于较高水平。2015/16 年度（2015 年 6 月至 2016 年 5 月）我国共进口小麦 330.5 万吨，较上年度的 149.47 万吨增长 121.1%。预计 2016/17 年度小麦进口总量 300 万吨，保持相对高位。

二、栽培历史

大约1万年前，农业的发明为近东地区文明的出现打下了基础。但是一直以来，考古学家对农业是如何出现的意见不一。一些人认为它出现在地中海附近的一个单一地点，然后从那里向外扩散。也有人相信它有多重的独立起源。来自伊朗一个早期农业地点的考古发现，使得后一观点获得了新的证据支持。

小麦原产地在西亚的新月沃地。中国最早发现小麦遗址，是在新疆的孔雀河流域，也就是人们常说的楼兰。在楼兰的小河墓地，发现了4000年前的炭化小麦。4000年前的塔里木河和孔雀河下游一带的沙漠绿洲中，有较充沛的水资源和高达40%的植被覆盖率。那时水中有游荡的鱼儿，林中有飞奔的动物，翠绿的草地可以放牧，土地适于耕种。在小环境里有着相当不错的生存土壤，但是唯一的问题也是最关键的问题，便是沙漠绿洲生态的脆弱性，一点点改变，就会给生命造成意想不到的灾难。

南方原先很少种麦，汉以后才逐渐向南推广。《晋书·五行志》说："元帝大兴二年（公元319年），吴郡（今江苏）、吴兴（今浙江湖州）、东阳（今浙江东阳）无麦禾（这里的禾指水稻），大饥。"可见4世纪初，麦在江浙一带已经取得了一定的地位。此后，又陆续得到推广，主要是出于农民自己的传播，有时王朝政府或地方官也督促推广。

南宋初年，北方人大批迁移到长江中下游和福建、广东等省。北方人习惯吃麦，麦的需求量突然增加，因而麦价大涨，刺激了麦的生产，麦的栽培迅速扩大开来。南宋庄季裕在他写的《鸡肋编》（12世纪前期）中说："此时一眼看去，连片的麦田，已经不亚于淮北。"这就是说，已经不亚于北方了。

麦和稻的生长季节不同，只要安排得好，可以在秋季收稻以后种麦，夏季收麦以后插秧，同一块田一年可以两熟。

麦的推广并不妨碍稻的栽培面积。北宋朱长文的《吴郡图经续记》（1084年）就说："吴中土地肥沃，物产丰富，割麦后种稻，一年两熟，稻有早晚。"南宋陈旉（fū 肤）《农书》（1149年）和王祯《农书》（1313年）所说的也是稻麦两熟制。根据王祯《农书》记载，南方对于种麦，已有相当的技术水平，单位面积产量也比较高，并不比北方差。

小麦不但向南方推广，同时北方也在发展。元以前就有这样的农谚：“收麦如救火。”在生产工具方面，唐代已使用麦钐（shàn扇，一种长形的镰刀）。到元朝初年，又有了新的改进，创造了用麦笼、麦钐、麦绰（一种竹篾编成的抄麦器，形状像簸箕而稍大，一边装有钐刃，当挥刃割麦穗时，麦穗自然落到绰里）结合成为一整套的快速收麦器。

它的使用方法是这样的：麦笼安装在下面有四个小轮的木架子上，用绳系在腰部拖着走。割麦人用钐割麦穗，麦穗跟着落向绰里去，随手把绰里的麦往后倒到笼里，笼装满了以后就拉到打麦场上。据王祯《农书》记载：“一天可以收割十亩，比南方用镰刀割，要快十倍。”如果不是种麦很多，是不会创造出这种快速收麦器的。

据明宋应星《天工开物》的估计来推算，当时小麦约占全国粮食总产量的15%多一点。这虽是一个粗略的估算，但已明白看出，小麦在明代粮食作物中仅次于稻而居第二位。

三、小麦的品类

（一）冬麦与春麦

冬麦种植于温带地区，秋天播种。春麦则生长在有长冬的地方，在无霜的春天播种。它们都可长出软质麦和硬质麦（取决于谷的质地），参见表15-1、表15-2。

表15-1　2013—2016年中国冬小麦的产量情况

单位：千公顷，吨/公顷，千吨

	2013年	2014年	2015年（7月估计）	2016年[①]（7月估计）	同比变化	同比变幅
面　积						
全国	22 553	22 564	22 710	22 720	10	0.0%
河北	2 368	2 337	2 310	2 250	–60	–2.6%
山西	677	674	675	671	–4	–0.6%
江苏	2 147	2 160	2 179	2 190	11	0.5%
安徽	2 433	2 435	2 450	2 450	0	0.0%
山东	3 673	3 740	3 800	3 770	–30	–0.8%
河南	5 367	5 407	5 426	5 450	24	0.4%

续表

	2013 年	2014 年	2015 年（7 月估计）	2016 年[①]（7 月估计）	同比变化	同比变幅
陕西	1 095	1 083	1 086	1 092	6	0.6%
其他	4 793	4 729	4 784	4 847	63	1.3%
单　产						
全国	5.137	5.322	5.475	5.423	–0.052	–0.9%
河北	5.848	6.107	6.234	6.224	–0.010	–0.2%
山西	3.405	3.844	4.030	4.083	0.053	1.3%
江苏	5.130	5.372	5.415	5.305	–0.110	–2.0%
安徽	5.475	5.724	5.739	5.635	–0.104	–1.8%
山东	6.040	6.053	6.158	6.135	–0.023	–0.4%
河南	6.012	6.157	6.451	6.385	–0.066	–1.0%
陕西	3.560	3.853	4.213	4.054	–0.159	–3.8%
其他	3.550	3.717	3.843	3.858	0.014	0.4%
产　量						
全国	115 853	120 080	124 340	123 220	–1 121	–0.9%
河北	13 851	14 270	14 400	14 004	–396	–2.8%
山西	2 305	2 589	2 720	2 740	20	0.7%
江苏	11 013	11 604	11 800	11 618	–182	–1.5%
安徽	13 320	13 936	14 060	13 806	–254	–1.8%
山东	22 188	22 638	23 400	23 129	–271	–1.2%
河南	32 264	33 290	35 000	34 798	–202	–0.6%
陕西	3 898	4 172	4 575	4 427	–148	–3.2%
其他	17 014	17 580	18 385	18 698	313	1.7%

① 2016 年冬小麦种植时间为 2015 年秋，收获时间为 2016 年 5—6 月，其消费时间为 2016/17 年度。

表 15-2 2013—2016 年中国春小麦产量情况

单位：千公顷，吨 / 公顷，千吨

	2013 年	2014 年	2015 年（7 月估计）	2016 年（7 月估计）	同比变化	同比变幅
面积						
全国	1 565	1 506	1 431	1 480	48	3.4%
内蒙古	571	563	560	565	5	0.9%
黑龙江	133	146	75	90	15	20.0%
甘肃	241	216	200	210	10	5.0%
青海	95	89	85	85	0	0.0%
宁夏	64	60	61	60	–1	–0.8%
新疆	424	399	415	430	15	3.6%
其他	36	34	36	40	4	10.3%
单产						
全国	3.881	4.070	4.085	4.029	–0.057	–1.4%
内蒙古	3.158	2.731	2.804	2.796	–0.008	–0.3%
黑龙江	2.923	3.199	3.067	3.000	–0.067	–2.2%
甘肃	3.644	4.831	4.900	4.814	–0.086	–1.8%
青海	3.769	3.935	3.990	3.941	–0.049	–1.2%
宁夏	5.036	4.839	4.628	4.667	0.039	0.8%
新疆	5.114	5.712	5.487	5.349	–0.138	–2.5%
其他	4.220	4.899	4.781	4.668	–0.112	–2.3%
产量						
全国	6 073	6 128	5 847	5 960	113	1.9%
内蒙古	1 804	1 539	1 570	1 580	10	0.6%
黑龙江	389	466	230	270	40	17.4%
甘肃	880	1 043	980	1 011	31	3.2%
青海	360	349	339	335	–4	–1.2%

续表

	2013 年	2014 年	2015 年（7月估计）	2016 年（7月估计）	同比变化	同比变幅
宁夏	323	289	280	280	0	0.0%
新疆	2 166	2 278	2 277	2 300	23	1.0%
其他	151	165	171	184	13	7.7%

（二）硬麦和软麦

小麦蛋白质的含量由谷的硬度决定。质硬的小麦含蛋白质高，主要用于制面包和面食。质软的小麦含蛋白质稍低，主要用于做蛋糕和糕饼。

（三）一般分类

（1）硬红冬麦：含高蛋白质及筋度，适合制作发酵面包及硬面包的面粉。

（2）硬红麦：含极高蛋白质及筋度，适合制作发酵面包及硬面包卷的面粉。

（3）软红麦：含低蛋白质及筋度，适合制作蛋糕及饼干粉。

（4）硬白麦：适合制作面包及面条粉。

（5）软白麦：含低蛋白质及筋度，适合制作蛋糕、饼干及面条粉。

（6）硬粒小麦：适合制作通心粉及意大利面条的面粉。

受气候及地理条件等客观因素的影响，国际、国内公认的优质小麦产区为36° N附近。国内来说，山东高密小麦品质较高，为公认的“黄金优麦区”。民间素有“东北米，高密麦（面）”之说。

国内，小麦主要分布在黄河下游平原、汾河谷地、关中平原和山东半岛。

华北地区：北京、天津、河北、山西。

华东地区：山东、江苏、安徽北部和中部、河南。

华中地区：江西、湖北。

西北地区：陕西、甘肃、青海、宁夏、新疆。

东北地区：辽宁、吉林、黑龙江。

西南地区：重庆、四川、贵州。

北方地区：内蒙古、新疆。

以下是国内各地小麦产量状况，供投资分析使用。参见表 15-3。

表 15-3 2013—2016 年中国小麦产量情况

单位：千公顷，吨 / 公顷，千吨

	2013 年	2014 年	2015 年（7 月估计）	2016 年（7 月估计）	同比变化	同比变幅
面积						
全国	24 117	24 069	24 141	24 200	59	0.2%
河北	2 378	2 343	2 316	2 257	–59	–2.5%
山西	677	674	676	672	–4	–0.6%
内蒙古	571	563	560	565	5	0.9%
黑龙江	133	146	75	90	15	20.0%
江苏	2 147	2 160	2 179	2 190	11	0.5%
安徽	2 433	2 435	2 450	2 450	0	0.0%
山东	3 673	3 740	3 800	3 770	–30	–0.8%
河南	5 367	5 407	5 426	5 450	24	0.4%
陕西	1 095	1 083	1 086	1 092	6	0.6%
其他	5 643	5 519	5 574	5 664	90	1.6%
单产						
全国	5.056	5.244	5.393	5.338	–0.055	–1.0%
河北	5.834	6.104	6.230	6.219	–0.011	–0.2%
山西	3.406	3.845	4.030	4.084	0.053	1.3%
内蒙古	3.158	2.731	2.804	2.796	–0.008	–0.3%
黑龙江	2.923	3.199	3.067	3.000	–0.067	–2.2%
江苏	5.130	5.372	5.415	5.305	–0.110	–2.0%
安徽	5.475	5.724	5.739	5.635	–0.104	–1.8%
山东	6.040	6.053	6.158	6.135	–0.023	–0.4%
河南	6.012	6.157	6.451	6.385	–0.066	–1.0%
陕西	3.560	3.853	4.213	4.054	–0.159	–3.8%
其他	3.698	3.927	4.019	4.021	0.002	0.0%

续表

	2013 年	2014 年	2015 年（7 月估计）	2016 年（7 月估计）	同比变化	同比变幅
			产　量			
全国	121 926	126 208	130 187	129 180	–1 008	–0.8%
河北	13 872	14 299	14 429	14 036	–393	–2.7%
山西	2 307	2 591	2 722	2 742	20	0.7%
内蒙古	1 804	1 539	1 570	1 580	10	0.6%
黑龙江	389	466	230	270	40	17.4%
江苏	11 013	11 604	11 800	11 618	–182	–1.5%
安徽	13 320	13 936	14 060	13 806	–254	–1.8%
山东	22 188	22 638	23 400	23 129	–271	–1.2%
河南	32 264	33 290	35 000	34 798	–202	–0.6%
陕西	3 898	4 172	4 575	4 427	–148	–3.2%
其他	20 871	21 673	22 401	22 774	373	1.7%

全世界有 43 个国家 35% ～ 40% 的人口以小麦为主要粮食。据联合国粮农组织 2004 年统计，全世界小麦收获面积 32.36 亿亩（1 亩约为 667m^2），单产 193.8 千克 / 亩，总产 6.27 亿吨，单产较高的国家主要集中在西欧。

第二节　小麦种植

耕作整地可使耕层松软，土碎地平，干湿适宜，促进小麦苗全苗壮，保证地下部与地上部协调生长，所以是创造高产土壤条件的重要环节。具体方法因水田、旱地以及不同前作而不同。

一、稻麦复种的麦田整地

稻麦复种的麦田整地由于稻田长期浸水，土壤板结，通透性较差，所以要通过水旱轮作，干湿交替，促进土壤熟化。

整地特点是，前作收获较早时，应抓住宜耕期尽早翻耕，利用初秋的高温晴朗天气，充分炕土晒垡，播种前再行浅耕细耙，达到深软细平，上虚下实。

前作为晚稻或杂交稻制种田，由于收播间距很短，应在水稻散籽时即开沟排水，力争薄片晒垡，短期炕田。在不贻误小麦适时播种的前提下，也可浅旋整地，为小麦创造良好的苗床和生长基础。

二、旱地小麦的整地

旱地小麦的整地要立足于逐年加深耕层，结合增施有机肥，提高保蓄水肥的基础上，根据不同复种形式进行整地。

前作收获较早者，如春玉米、高粱、烟草等，收获后应首先浅耕灭茬，然后深翻炕土，使残茬腐烂并接纳秋雨。雨后浅耙，减少蒸发。

另一类如甘薯、棉花等，收获时间紧迫，如果用常规之法，势必贻误播期，这是西南地区小麦低产的重要原因之一。一方面推行在前作后期行间松土保墒，种麦时再耕细整平。另一方面提倡挖薯、平地、施肥、播种等连续作业，保证小麦适时播种。

三、少耕和免耕

所谓少耕、免耕，是与传统的整地而言，减少整地次数，降低整地强度。对于田湿土黏，耕作困难，又易破坏土壤结构的麦田，免去不必要的甚至有害的耕作，这是对小麦整地技术的一个发展和完善。

据对稻茬麦免耕研究，其增产机理可以归纳如下。

（1）保持良好的土壤结构与水分。

免耕未打乱土层，保持了水稻土原有孔隙，避免湿耕造成的黏闭现象。免耕与翻耕相比，耕层土壤容重分别为 1.15 ~ 1.20 及 1.34 ~ 1.40，水、气比较协调。

（2）利于提高播种质量。

在保证适时播种的前提下，由于田面平整，利于挖窝或开沟点播，贯彻种植规范，避免了粗耕烂种造成的深籽、丛籽、露籽，达到苗齐、苗匀、苗壮。

（3）根系发达，抗倒力强。

土壤结构较好，有利于根系发展和吸水。据调查，免耕单株次生根数比翻耕平均多 16.0%；灌浆期用 32p 示踪测定，标记后第 8 天，脉冲数高出 63.01%。

（4）壮苗早发，增产显著。

免耕田有较好的土壤生态环境。幼苗出时快，分蘖早，生长优势明显。在各个生育时期，免耕的叶面积指数均高，群体光合能力强，单位面积增产 5% ~ 20%。

四、半旱式栽培

小麦半旱式栽培是水田自然免耕的重要环节。它是在半旱式水稻收获后，利用原垄埂稍加修整后播种小麦。下湿、烂泥田厢宽 170 ~ 200cm，一般为 27 ~ 40cm，沟宽 33 ~ 40cm，沟深 27 ~ 33cm。用沟中稀泥覆盖稻茬和肥料后，晾晒 1 ~ 2 天后播种，并以干渣粪或细土盖种。小麦生育期间，沟内保持一定水位（前期距厢面 12 ~ 15cm，后期 18cm），以使垄面不干，既有利于小麦生长，又能保证水稻及时栽插，是冬水田利用改良的一条有效途径。

半旱式小麦生产水平，一般可达旱作条件下 70% ~ 80%，个别土壤类型还高于旱作水平，因而在西南三省已推广种植较大面积。其增产原因，除一部分与少耕、免耕相同外，突出作用在于改变了土壤的水热状况。一方面，垄沟把小麦根系深度扩大了 10cm 左右，而且垄面通透状况好，又有毛管上升水，水气协调。另一方面，垄沟使土体表面积增大，白昼较平作温度高 1.2 ~ 2.0℃，最大可达 4℃，夜间比平作降低 0.3 ~ 0.7℃，土壤受光面积增加约 200 ~ 400 ㎡ / 亩。在良好的水、热、气条件下，促进了微生物的活动和有机质的分解，提高了土壤供肥能力。

由于半旱式栽培供肥能力较强，前期应适当控氮，以免增多无效分蘖。后期容易脱肥，所以应在增施有机肥的基础上，补施氮、磷肥。此外，半旱式栽培的起垄作埂，播种施肥等花工较多，需要提高机械化程度和其他配套技术，进而提高此类中低产田的小麦生产水平。

五、高产技术

（1）注意选择高肥水地块。高产优质小麦品种要求土壤养分必须全面、充足，才能满足其高产栽培的需要。宜选择地力高、水浇条件好的地块，要增施有机肥，采用配方施肥技术。

（2）注意适期晚播，根据品种特性，确定适宜的基本苗。要防止播量过大，造成后期管理被动。

（3）注意防止倒伏，重施起身拔节肥。推广的优质小麦品种，有的不抗倒伏，特别对于群体过大的麦田，在返青至拔节前须进行一次化控处理，可喷施多效唑或麦业丰。要重施起身拔节肥，控制多余下落穗的形成，促进穗大粒多。

（4）注意浇好灌浆水、麦黄水，喷施叶面肥，防止早衰。浇好灌浆水，对于增粒重，预防干热风有重要作用。天气干旱，运用麦黄水，有利于下茬套种，防止早衰。在5月上中旬，结合防治病虫害，喷2～3次叶面肥，如0.2%～0.3%磷酸二氢钾，能减轻干热风危害，增产效果明显。

（5）注意防治病虫害。一般来说，优质小麦更易遭受病虫害，如小麦纹枯病、白粉病。蚜虫比常规品种发生早且重，应根据预测预报，及早防治。

六、抗旱增产

深浅轮耕，以土蓄水。深耕可以打破犁底层，增加透水性，加大蓄水量，并能促进根系下扎，扩大根系吸收范围，提高水肥利用率。但深耕一定要因地因时制宜，一般在整地早、降水多、墒情足的年份宜深耕，耕深22～25cm，耕后接着耙实、耧平。耕后少雨干旱，往往会因土壤不实而严重失墒。

实践证明，旱地小麦在3～4年时间里遇足墒深耕一年，以后浅耕2～3年，既能达到深耕改土的目的，又增加了沉土保墒的机会，是旱麦增产的重要措施。

增施肥料，以肥调水。旱地麦田要尽量多施有机肥，配方施足无机肥，尤其要施足磷肥，以改良土壤，培肥地力，提高蓄水保肥能力和水分的利用率。一般地块，每亩可施有机肥2 500～3 000千克，碳铵和过磷酸钙各50千克，并酌情配施适量钾肥和微肥。如果地力差，可在三四年内连续亩施标准氮肥40～60千克，磷肥50～100千克。旱地高产麦田，可采取“一炮轰”的施肥方法，即将全部肥料结合整地一次性施入土壤作基肥，其中氮肥要适当深施，磷肥浅施，以利培育冬前壮苗。

采用镇压，减少水分蒸发。在小麦单棱期进行镇压，可增加单株次生根数，提高植株的吸水能力，破坏地表毛细管，减少水分蒸发。

七、常见病害

危害小麦的病害有小麦条锈病、叶锈病、秆锈病、腥黑穗病、散黑穗病、黄矮病、红矮病、全蚀病、叶斑病等。虫害有小麦蚜虫、麦种蝇、吸浆虫、红蜘蛛、叶蝉、蛴螬、金针虫、蝼蛄、麦叶蜂、麦秆蝇等。

（一）防治锈病

1. 农业防治

（1）因地制宜，种植抗病品种，注意品种合理搭配和轮换，这是防治小麦锈病的基本措施。小麦锈病致病流行小种变化较快，同一时期的不同地区流行小种不同，因此要不断培育抗新流行小种的品种。

（2）调节播种期。如在陇南、陇东、川北、关中、华北等广大冬麦地区，不宜过早播种。播种越早，秋苗条锈病发生越早、越重，为当地提供了越冬菌源。因此，在保墒的前提下，应尽可能不要早播。

（3）及时翻耕灭茬和中耕，消灭自生麦苗，减少菌源。

（4）搞好大区抗病品种合理布局，切断菌源传播路线。南方麦区雨水多，麦田湿度大，有利于锈病发展，加强开沟排水，可以减轻危害。

（5）合理、均匀施肥。控制氮肥用量，适当增施磷、钾肥，以防止贪青晚熟，加重锈病危害。尤其在土壤缺乏磷、钾肥的地区，增施这两种化肥，可以减轻锈病危害。

（6）加强测报，及时喷药控病。

2. 化学防治

（1）药剂拌种，减少病原菌。对秋苗常年发病较重的地块，用15%粉锈宁可湿性粉剂60 ~ 100克或12.5%速保利可湿性粉剂，每50千克种子用药60克拌种。务必干拌，充分搅拌均匀，严格控制药量，浓度稍大会影响出苗。

（2）大田防治，在秋季和早春，田间发现锈病中心，应及时喷药控制。如果病叶率达到5%，严重度在10%以下，每亩用15%粉锈宁可湿性粉剂50克或20%粉锈宁乳油每亩40毫升，或25%粉锈宁可湿性粉剂每亩30克，或12.5%速保利可湿性粉剂每亩用药15 ~ 30克，兑水50 ~ 70千克喷雾，或兑水10 ~ 15千克进行低容量喷雾。

在病害流行年，如果病叶率达25%以上，严重度超过10%，就要加大用药量，视病情严重程度，用以上药量的2 ~ 3倍浓度喷雾。常用药剂有：粉锈宁、速保利、广枯灵、3%广枯灵水剂。

3. 注意事项

在锈病发生初期用药，防治效果最好。若发生大流行情况，除及时防治发病严重的麦田外，要对周边发病轻和不发病的麦田施药剂防治，以控制病害进一步蔓延，减轻损失。

（二）防治害虫

1. 农业防治

（1）种植抗病品种，特别是具慢（耐）白粉性品种。在常发重病地区，对品种的抗性要求要高一些，在一般发病区可低一些。

（2）根据品种特性和麦田肥力水平合理密植。

（3）采用正确的栽培措施可减轻发病。例如，施肥要合理，注意氮、磷、钾肥配合，适当增施磷、钾肥。南方麦区注意开沟排水，北方麦区适时浇水，使植株生长健壮，增强抗病能力。此外，在自生麦苗能越夏的地区，应在小麦秋播前尽量清除田间和场院等处的自生麦苗，以减少秋苗期的菌源。

2. 化学防治

在种植的品种不抗病或抗病能力弱的情况下，药剂防治是最重要的防治措施。药剂防治的重点是长势好、产量高、发病较重的地区和麦田。

常用药剂有以下几种。

（1）三唑酮（粉锈宁），每亩用有效成分 8 克，在小麦孕穗—抽穗阶段喷洒 1 次，一般可控制此病的危害，并可兼治小麦锈病。在秋苗发病较多的地区，用三唑酮拌种可有效控制秋苗期的病情，减少越冬菌量，并能兼治各种黑穗病和秋苗期锈病。拌种的用药量是种子重量的 0.03%（有效成分）。

（2）保丰宁、植保宁、复方粉锈宁等，防治效果较好，用量用法与三唑酮相同。

（3）三唑醇（羟锈宁），其施用方法与三唑酮相同，用药量减少一半。

（4）硫制剂，如波美 0.5 ~ 0.8 度石硫合剂、胶体硫 200 倍液、50% 硫磺悬浮剂每亩 0.5 千克，这些药一般需喷 2 次以上，每次间隔 7 天左右，开始喷药的时间也应提早一些。

3. 注意事项

在白粉病发生初期用药，防治效果最好，若整株叶、茎、穗大部分都发病的情况下，喷药基本无效果，主要依靠品种本身的抗病性控制病害，但需控制该病的扩散危害。

八、储存原理

（一）后熟作用

一般半冬性小麦的后熟期为 60 ~ 70 天，冬性小麦的后熟期为 80 天。在后熟期，种子的呼吸作用很旺盛，不断释放水和二氧化碳，引起种子表层湿润。未完成后熟作用的小麦种子，储藏时稳定性很差，必须采取措施，加速其后熟阶段的完成。干燥的空气、充足的氧气和日光曝晒，都有利于种子后熟。

（二）抗热性

没有完成后熟作用的种子，具有较强的抗热性。含水量在 16% 以上的麦种，只要种子温度短时间内不超过 50℃，进行干燥处理，都不会降低种子的发芽率。小麦种子的热进仓就是依据此原理。

已完成后熟作用的小麦种子，抗热性显著降低，若用高温处理，会影响种子的发芽率。对已完成生理后熟、含水量较高的三益小麦种子，宜用日晒的方法进行干燥，不能用高温烘干的办法干燥，更不宜将种子热进仓处理。

（三）吸湿性

小麦种子吸湿性强，吸湿速率大，容易吸收空气中的水分，尤其是空气湿度较大时，会使种子含水量增加。

九、储藏方法

（一）热入仓，密保管

在盛夏晴朗、气温高的天气下，将麦温晒到 50℃左右，延续两小时以上，水分降到 12.5% 以下，于下午 3:00 前后聚堆，趁热入仓，散堆压盖，整仓密闭，使粮温在 40℃以上持续 10 天左右，日晒中未死的害虫全部死亡。根据情况，可以继续密闭，也可转为通风。

（二）低温冷冻

利用冬季低温时进行翻仓、除杂、冷冻，将麦温降到 0℃上下，而后趁冷密闭，对消灭麦堆中的越冬害虫有较好的效果。低温密闭的麦堆，要严防温暖气流的接触，以免麦堆表层结露。

（三）自然缺氧

小麦收获时正值高温，若干燥及时，水分降至 12.5% 以下，可利用粮温较高，后熟期生理活动旺盛的特点进行薄膜密封，达到麦堆自然缺氧状态，从而抑制害虫的危害。对于隔年陈麦，可采用辅助降氧，或充二氧化碳、氮气等方法进行防治害虫的储藏。

（四）干燥密闭

合乎入库要求的小麦，就可散堆入仓，压盖密闭，以防吸湿及虫害滋生，这对抑制麦蛾繁殖尤为有效。在高温季节，要注意防虫。秋凉后积极通风，揭盖降温散湿。春暖后加强压盖或密闭，以保持粮堆低温干燥无虫。总之，只有采取科学的储藏和保管方法，才能保证小麦的正常生命特性。

中国从 1996 年起就对小麦进口实行配额管理。从 2002 年 4 月开始，玉米、小麦和大米实行出口零税率政策，提高了我国粮食品种的出口竞争力。小麦进出口增加，则与品种有关系，我国主要是以较低价格向韩国等周边国家出口饲料用陈麦（主要是春小麦），再从美国等国家进口优质硬粒小麦。

小麦是中国最重要的口粮之一，小麦产业发展直接关系到国家粮食安全和社会稳定。国内资源环境、粮食供求格局和国际贸易形势，都使我国小麦生产和贸易发生了深刻变化。

中国人口众多，保障国家粮食安全始终是治国理政的头等大事。2013 年，中央经济工作会议和中央农村工作会议都将粮食安全问题摆在首位，明确提出国家粮食安全战略方针是“以我为主、立足国内、确保产能、适度进口、科技支撑”，战略目标是“确保谷物基本自给，口粮绝对安全”。

第三节　小麦期货知识

小麦是我国粮食系统中的重中之重，特别是营养比较丰富、经济价值较高的商品粮。小麦籽粒含有丰富的淀粉，较多的蛋白质，少量的脂肪，还有多种矿质元素和维生素 B。

小麦按播种季节分，可分为冬小麦和春小麦。小麦品质的好坏，取决于蛋白质的含量与质量。一般来说，春小麦蛋白质含量高于冬小麦，但春小麦的容重和出粉率低于冬小麦。

一、小麦品种

硬冬白小麦：种皮为白色或黄白色的麦粒不低于 90%，角质率不低于 70% 的冬小麦。

优质强筋小麦:面筋数量较高，筋力较强，品质优良，具有专门加工用途的小麦。按照国标，优质小麦分为两类，即优质强筋小麦和优质弱筋小麦。

二、小麦用途

（一）硬冬白小麦用途

由于国标没有规定内在品质，所以硬冬白小麦期货交割的货物比较杂，既有内在品质较高的品种，也有较低的品种，因此用途不一。

在没有强筋小麦期货时，硬冬白小麦期货交割标准的用途比较广。有了强筋小麦期货后，硬冬白小麦中能够达到强筋小麦标准的，就专门用来做面包、饺子、拉面等，这样强筋小麦的大部分就从硬麦中分离出来。

从期货交割的标准来说，硬冬白小麦一般稳定时间在 8 分钟以下（不排除有 8 分钟以上）。达不到强麦标准的硬麦，大部分用来做馒头、面条、饺子等。

（二）优质强筋小麦用途

优质强筋小麦主要用于加工制作面包、拉面和饺子等要求面粉筋力很强的食品。其中，面包全部用优质强筋小麦，对小麦品质要求最高。

为了提高面包粉质量，国内一些专用粉厂还经常在国产优质强筋小麦中添加进口高筋小麦。加工饺子粉，也要优质强筋小麦混配，提高面粉质量，增加食品的口感。

另外，对于一些质量较差的小麦，添加优质强筋小麦，改善内部品质，可用于加工馒头和其他面食。如东北地区用优质强筋小麦与春麦搭配,改善春小麦粉的质量。

（三）国家优质强筋小麦标准

国家优质强筋小麦标准与普通小麦标准相比，主要增加了以下指标:小麦粗蛋白、湿面筋、面团稳定时间、降落数值和烘焙评分。这些指标主要是衡量小麦面筋值的含量及质量，小麦蛋白质含量，发酵品质（降落数值）和加工面包食品的质量。

三、小麦期货合约

表 15–4　普通小麦标准合约

交易品种	普通小麦
交易单位	50 吨 / 手
报价单位	元（人民币）/ 吨

续表

最小变动价位	1元/吨
涨跌停板幅度	上一交易日结算价格的 ±4%
合约交割月份	1月、3月、5月、7月、9月、11月
交易时间	每周一至周五（法定节假日除外）上午 9:00—10:15、10:30—11:30，下午 13:30—15:00
最后交易日	合约交割月份的倒数第 10 个交易日
交割品级	符合《中华人民共和国国家标准小麦》（GB1351-2008）的三级以上小麦，且物理指标符合《郑州商品交易所期货交割细则》规定要求
交割地点	交易所指定交割仓库及指定交割计价点
交易保证金	合约价值的 5%
交割方式	实物交割
交易代码	PM
上市日期	2008 年 3 月 24 日

表 15-5 强筋小麦期货合约

交易品种	强筋小麦
交易单位	20 吨/手
报价单位	元（人民币）/吨
最小变动价位	1元/吨
涨跌停板幅度	上一交易日结算价格的 ±4%
合约交割月份	1月、3月、5月、7月、9月、11月
交易时间	每周一至周五（法定节假日除外）上午 9:00—10:15、10:30—11:30，下午 13:30—15:00
最后交易日	合约交割月份的倒数第 10 个交易日
最后交割日	合约交割月份的倒数第 12 个交易日
交割品级	符合《中华人民共和国国家标准小麦》（GB1351-2008）的三级以上小麦，且稳定时间、湿面筋等指标符合《郑州商品交易所期货交割细则》规定要求
交割地点	交易所指定交割仓库及指定交割计价点
交易保证金	合约价值的 6%

续表

交割方式	实物交割
交易代码	WH
上市日期	2003 年 3 月 24 日

四、影响小麦价格的因素

（一）天气与质量

天气对农产品价格的影响非常大。美国的期货投资者除了关注农业部的供需报告外，最热衷的就是天气因素。

我国冬小麦种植时间为 10 月上旬（寒露后）至下旬，小麦生育期为 230 天，收获期在 5 月下旬至 6 月初。冬小麦生长期大约在 8 个月左右。春小麦播种期为 3 月底至 4 月初，收获期为 8 月底至 9 月初。在此期间，气候因素、生长情况、收获进度，都会影响小麦产量，进而影响小麦价格。因此可以说，天气决定产量，决定价格。

相对于硬冬白小麦来说，优质强筋小麦的品质受气候影响更大。优质强筋小麦品质在不同区域和年度间的差异，主要是气候条件不同引起的，从而影响达标产量。

（二）库存

期末库存量是分析期货价格变化趋势最重要的数据之一。如果当年年底存货增加，则表示当年商品供应量大于需求量，期货价格就可能下跌。反之则上升。

影响需求的因素还有消费者的购买力、消费者偏好、代用品供求、人口变动、商品结构变化及其他非价格因素等。从季节因素来说，优质强筋小麦季节性价格波动有一定规律性。每年的双节和季节末是价格较高的时期。

（三）国家政策

我国粮食政策的变化对小麦价格具有潜在的影响。随着小麦价格市场化程度和国际化程度的提高，小麦价格主要由市场调节，政策对小麦价格的影响越来越小。影响优质小麦价格的因素，主要体现在国家对进口小麦储备的增减或抛售方面。

（四）消费与季节

郑州小麦期货是目前交易的农产品期货中最大的品种，其价格走势有很强的规律性。一般来说，小麦的长期走势（3 ~ 5 年）由宏观经济形势及粮食总供求关系决定。中期走势（1 ~ 2 年）主要受年度产量预期、库存量变化以及相关农业政策、进出口政策的影响。短期走势（3 ~ 5 个月）受季节性波动周期的影响比较大。

小麦价格表现出明显的季节性波动规律。一般来说，每年冬麦上市后的7月份为小麦的供应旺季,价格最低。从9月份开始,小麦消费进入旺季,现货价格稳步上升。春节期间，小麦消费进入高峰期，小麦价格也抵至年内高点。春节过后，价格逐步回落，在四五月份青黄不接时，价格会略有反弹，随后一直回落到六七月份的低价区，如此循环往复。

当然，受其他因素影响，这一规律也会有所变化，比如近年四五月份，小麦产区常常进行陈化粮、库存小麦的拍卖，制约了这一期间小麦价格的回升。

（五）进出口

加入WTO以后，小麦的自由贸易程度不断提高，国内优质小麦价格和国际市场接轨，价格变动方向也和国际市场价格趋于一致。因此，把握优质强筋小麦价格走势，需要及时了解和掌握世界小麦生产情况、价格水平、进口政策和进口量的变化等，参见表15-6、表15-7。

表15-6　2012—2016年中国小麦月度进口量

单位：千吨

	2012年	2013年	2014年	2015年	2016年
1月	212.59	179.36	725.94	73.98	241.43
2月	372.26	222.52	578.79	130.20	106.06
3月	536.26	289.34	538.95	152.24	208.80
4月	293.38	203.34	373.61	241.40	302.41
5月	556.60	283.18	225.58	367.71	439.11
6月	216.74	219.37	112.25	429.07	
7月	251.47	308.74	116.72	301.30	
8月	251.37	417.82	35.34	343.39	
9月	524.16	718.48	133.65	206.60	
10月	350.38	1 307.84	40.34	315.75	
11月	117.90	968.07	43.28	196.97	
12月	5.53	388.99	47.58	214.15	
合计	3 688.65	5 507.05	2 972.04	2 972.75	1 297.80

注：数据来源于中国海关总署。

表 15-7 2012—2016 年中国小麦月度出口量

单位：千吨

	2012 年	2013 年	2014 年	2015 年	2016 年
1 月	—	—	—		1.88
2 月	—	—	—	1.00	8.65
3 月	—	—	—	0.80	—
4 月	—	—	—	0.86	0.00
5 月	—	—	0.00	—	—
6 月	—	—	—	—	
7 月	—	0.58	—	—	
8 月	—	1.70	0.66	0.84	
9 月	—	—	0.14	1.48	
10 月	—	—	0.16	—	
11 月	—	—	—	—	
12 月	—	—	—	—	
合计	—	2.52	0.96	4.98	10.53

注：数据来源于中国海关总署，“—”表示无进口。

（六）外盘

优质强筋麦品种一等交割品已经与国际接轨，随着我国进出口量的增加，外盘走势对优质强筋麦期货的影响逐渐增大。

美国有 3 家交易所交易小麦期货，其品种分别如下。

芝加哥期货交易所（CBOT）合约标的物交割等级：二号软红冬麦、二号硬红冬麦、二号褐色北部春麦以及等值的二号北部春麦。替代品的差价由交易所制订。CBOT 软红冬和硬红冬麦交割品湿面筋绝大部分达不到郑州商品交易所强筋小麦标准，替代品可以达到。

明尼阿波利斯谷物交易所（MGE）合约标的物交割等级：二号或以上北部春麦，蛋白质含量为 13.5% 或以上。13% 蛋白质含量可以按贴水进行交割。MGE 交割品可以达到郑州商品交易所强筋小麦标准。

堪萨斯期货交易所（KCBT）合约标的物交割等级：二号硬红冬麦。如交割等级为二号，按合约价执行。如为一号，则升水 1.5 美分 / 蒲式耳。如为三号，则贴水 3 美分 / 蒲式耳。KCBT 硬红冬麦湿面筋绝大部分达不到 30%，不符合郑州商品交易所强筋小麦标准。

美国 3 家交易所的期货价格走势比较一致，大家可以参考 MGE 期货价格，也可以参考 CBOT 期货价格。

（七）现货价格

现货中报价较多，有普通小麦报价、优质小麦报价、不同地区和不同品种的优质小麦报价等，一定要注意区分，以便正确参考现货价格。

（八）机构投资者的参与

在期货市场中，机构投资者的投资方向会对价格行情产生较大的影响，小麦市场也同样存在。投资者在进行小麦期货交易过程中，同样应该注意机构投资者的方向。因为机构投资者往往会长时间、大单量参与某一个品种，而且他们往往关注所参与品种的中长期趋势，投资者在分析价格走势时应予注意。

以下是国内谷物产量情况，供投资分析使用。参见表 15-8。

表 15-8　2013—2016 年中国主要谷物产量情况

单位：千公顷，千吨，吨 / 公顷

	2013 年	2014 年	2015 年（7 月估计）	2016 年（7 月估计）	同比变量	同比变幅
面　积						
总计	90 747	91 503	92 471	91 869	–602	–0.7%
玉米	36 318	37 123	38 117	37 170	–947	–2.5%
小麦	24 117	24 069	24 141	24 200	59	0.2%
冬小麦	22 553	22 564	22 710	22 720	10	0.0%
春小麦	1 565	1 506	1 431	1 480	48	3.4%
稻谷	30 312	30 310	30 213	30 500	286	0.9%
早稻	5 804	5 795	5 716	5 650	–65	–1.1%
中稻	18 186	18 333	18 349	18 580	231	1.3%
晚稻	6 321	6 182	6 149	6 270	121	2.0%

续表

	2013 年	2014 年	2015 年（7 月估计）	2016 年（7 月估计）	同比变量	同比变幅
单　产						
总计	5.995	5.993	6.089	6.057	−0.031	−0.5%
玉米	6.016	5.809	5.892	5.865	−0.027	−0.5%
小麦	5.056	5.244	5.393	5.338	−0.055	−1.0%
冬小麦	5.137	5.322	5.475	5.423	−0.052	−0.9%
春小麦	3.881	4.070	4.085	4.029	−0.057	−1.4%
稻谷	6.717	6.813	6.893	6.862	−0.030	−0.4%
早稻	5.881	5.869	5.895	5.841	−0.054	−0.9%
中稻	7.312	7.379	7.488	7.492	0.004	0.1%
晚稻	5.772	6.020	6.043	5.917	−0.126	−2.1%
产　量						
总计	544 009	548 362	563 018	556 479	−6 539	−1.2%
玉米	218 489	215 646	224 580	218 000	−6 580	−2.9%
小麦	121 926	126 208	130 187	129 180	−1 008	−0.8%
冬小麦	115 853	120 080	124 340	123 220	−1 121	−0.9%
春小麦	6 073	6 128	5 847	5 960	113	1.9%
稻谷	203 594	206 507	208 251	209 300	1 049	0.5%
早稻	34 135	34 012	33 692	33 000	−691	−2.1%
中稻	132 976	135 281	137 402	139 200	1 798	1.3%
晚稻	36 482	37 215	37 157	37 100	−58	−0.2%

注：本表中主要谷物的范围指玉米、小麦和稻谷。